天府文化研究

流沙河 题

THE RESEARCH OF TIANFU CULTURE

传承巴蜀文明　发展天府文化

【优雅时尚卷】

主编／天府文化研究院

四川大学出版社

序　言

曹顺庆[1]

天府之国成都，以秀冠华夏的历史人文、源远流长的巴蜀文化、绚丽多彩的民俗民风和社会生活形成了独特的天府文化内涵和精神气质。自古以来，不少文人墨客都与成都结下了不解之缘，并留下了大量的名篇诗作歌咏成都，譬如"诗圣"杜甫的"野径云俱黑，江船火独明。晓看红湿处，花重锦官城"和"锦城丝管日纷纷，半入江风半入云。此曲只应天上有，人间能得几回闻"，前者细腻地描摹了锦城的春夜雨景，后者通过描写悠扬动听的乐曲让人真切地感受到当地高雅闲适的生活；"诗仙"李白对成都优越的地理位置和秀美的风景发出感慨，赞叹"九天开出一成都，万户千门入画图。草树云山如锦绣，秦川得及此间无"；陆游的咏梅佳句"当年走马锦城西，曾为梅花醉似泥。二十里中香不断，青羊宫到浣花溪"，"走马蜀锦园，名花动人意"，"西郊梅花矜绝艳，走马独来看不厌"，在赞誉梅花的同时，也再现了锦城传统的赏花习俗；在范成大的笔下，"天府之国"蕴含着浓厚的风土人情，如"新年后饮屠苏酒，故事先然窣堵香"，同时也有其静谧的一面，如"吏退焚香百虑空，静闻虫响度帘栊。江头一尺稻花雨，窗外三更蕉叶风"。这些都是对天府

---

[1] 曹顺庆，欧洲科学与艺术院院士，四川大学文科杰出教授，长江学者特聘教授，四川省社科联副主席。

文化丰富的精神内涵和蜀人闲适怡然的生活姿态最真实的抒写。

早在先秦时期，古蜀文明来源于多个族群及其文化的交融，随后在与中原文化的长期融合下，蜀地的农业、手工业、工商业不断发展，并形成了源远流长、开放包容的文化特质。至唐宋时期，社会、经济、文化的飞速发展，加上历史上的几次对外文化交流，使得成都在中国的历史，特别是文化史上占有一席之地，成为国际化大都市，以及时尚、繁荣的象征。可见，古蜀文明的辉煌得益于多元共生的文化形态和文化基因。历经几千年的发展，锦城以其深厚的历史文化底蕴，彰显出了历久弥新的魅力和源源不断的活力。

在21世纪的今天，"多元"成为整个时代的关键词，多元文化的碰撞与对话已然是时代发展的主旋律。在全球化的今天，如何保持"自我"，并发出"自我的声音"，避免被"同一化"的浪潮所席卷，更是需要我们深刻反思的重要问题。在这股现代化潮流中，天府文化以古今传承、中西合璧，实现了文化的自我革新，并以此形成了独具一格的"优雅时尚"的城市文化气质，这种文化气质和精神内涵主要体现为对巴蜀传统文化精髓的承袭和对现代摩登新文化的融会与创新。事实上，"优雅时尚"的传统基因自古以来就渗透进了蜀人的社会生活当中，并随着历史的流变，以不同的姿态衍生出来，参与城市历史和文化的建构。它是不同历史时期成都的社会、经济、文化高度发达的真实写照，也象征着人们高品位的文化生活。

对于天府文化内涵的反思与重新挖掘，不仅能够为当今多元文化视野下成都的城市建设和发展指明方向，促进人们对天府文化及其背后深厚的历史文化渊源、人文风俗、社会生活的了解，而且还能够激发出文化的传承和保护意识，重塑文化独特性，增强文化自信和创新动力。这也是本项研究工作的重要价值、现实意义，值得充分肯定。

《天府文化研究》（优雅时尚卷）所收录的二十余位学者的文章，分别从传统与现代的视角和不同侧面对天府文化"优雅时尚"的气质进行了充分的阐释，为我们再现了诗歌传统、历史遗迹、审美品位、社会风俗等多重因素对天府文化形成所起的重要作用。从对巴蜀文化的考察来看，一些学者通过对文人名士在蜀地创作的古诗词、一脉相承的诗酒文化、四川出土的汉代画像砖，以及那些具有文史价值和艺术价值的书法、牌匾、楹联、碑刻的考察，发掘出了天府文化"优雅时尚"的历史基因，"乐容天下"的精神气质，蜀人丰富多彩的宴乐歌曲、社会生活，博大精深的书法艺术，乃至古时优雅的文人书院生活。另外一批学者则从现代化的视角出发，既回顾了古时成都时尚风气的形成，又注重对近代成都中西合璧、趋新与守旧并立的时尚新元素的剖析，并认为这种极富现代化气息的时尚风气最典型的表现集中于近代成都居民时尚的衣着打扮当中，此外，这种时尚风气还成为带动周边乡镇、县城社会发展的隐形推动力，其影响力可见一斑。

总的来看，本卷不仅涵盖的研究范围极广、视野开阔，而且研究能够深入浅出地将天府文化这种"优雅时尚"的渊源、历史构成、现代特征娓娓道来。正如学者们在文中所概括的那样，从发源于天府文化传统的"道德仁义礼"的核心价值观念、"乐容天下"的精神气质，以及杜甫草堂、武侯祠、大慈寺、青羊宫等名胜古迹所传承的悠悠文脉，再到当下商业区和流行服饰的时尚新潮，无不是天府文化传统和现代文化融合的典型例证。在现代化的今天，天府文化依然能够凭借着优雅时尚的强大文化基因，大力发展文化软实力，推动成都新时代的中心城市建设，打造世界历史文化名城，以此彰显天府文化传统与现代交相辉映的独特魅力！

2018年4月27日

目录

"优雅时尚"综论

天府文化：另一种优雅时尚…………………………………… 段玉明 003
天府之国的优雅意境…………………………………………… 李永明 015
论天府文化的整体性
　　——强烈的统一意识和家国情怀………………………… 谭　平　谭俊峰 032
摩登成都：从现代化视角看近代成都时尚文化的主要特点…… 徐学初 049
蜀都古史辨……………………………………………………… 谢桃坊 061

"优雅时尚"的物质呈现

从汉代画像说天府时尚………………………………………… 黄剑华 077
优雅时尚：诗酒成都…………………………………………… 王　炎 096
卓筒井与北宋人文、科技时尚风气…………………………… 张学君 115
传统川菜"成都肉"（回锅肉）的历史源流考辨……………… 蓝　勇 128
论近现代巴蜀服饰的时尚化
　　——以竹枝词中的天府成都为考察中心………………… 且志宇 136

"优雅时尚"的思想结晶

话说优雅时尚的成都精神……………………………………… 邓经武 159
扬雄"道德仁义礼"五德观中的天府文化特点………………… 舒大刚 170
论天府文化的三国因素
　　——兼谈三国时期正统观念问题………………………… 刘咏涛 185

天府之国　优雅之都
　　——古今诗词中的成都形象……………………………汪洪亮　龙　刚　201
"蜀地名花擅古今，一枝气可压千林"
　　——宋代士大夫笔下的成都花卉………………………………粟品孝　213
成都：杜甫笔下的"喧然名都会"………………………………………潘殊闲　232

"优雅时尚"的艺术魅力

信美无与适　优雅九天开
　　——四川盆地号称"天府"的由来与李白、杜甫对"天府之国"的赞美
　　………………………………………………………………………祁和晖　265
五腔共荣的川剧"雅"文化浅论……………………………王　淼　康雪梅　276
优雅绵长的成都书法………………………………………………………王兴国　289
"优雅时尚"的古典文学与诗意成都研究…………………王　苹　冯　婵　315
成都时尚生活的诗意呈现…………………………………………………邱宇林　326
浅谈天府文化之"核"：大熊猫文化………………………………………张志和　334

"优雅时尚"的生活意态

花都竹韵：唐宋成都城市的优雅精神……………………………………谢元鲁　349
明代西南上层社会的生活状态
　　——以蜀府为中心………………………………………………胡开全　377
清末成都文人的优雅生活
　　——以王闿运及其弟子为中心的考察…………………………魏红翎　396
试论优雅时尚的社区文化建设……………………………陈沫吾　侯李游美　409
雅与俗：聚焦茶馆中的市井艺术
　　——以成都为例…………………………………………陈谋　刘珂君　419
韩国人心目中的天府成都
　　——围绕旅游景点与汉文学传统的研究…文/朴钟茂　翟海青　译/朴民赫　434

后　记……………………………………………………………………………………453

"优雅时尚"
综论

▼

传承巴蜀文明　发展天府文化
THE RESEARCH
OF TIANFU CULTURE

▲

　　"优雅时尚"综论旨在探讨天府文化"优雅时尚"的本质内涵、精彩呈现、时代特征及现实意义等。成都是中国历史文化名城，秦灭巴蜀后在此设立郡治，营建城防，拉开了优雅天府、时尚之都的历史序幕。天府文化"优雅时尚"是根植于成都精英文化与传统文化的一种文化特质，温和包容，融汇古今，在成都人文历史、自然风光、现代生活等多个方面均有所体现。天府文化儒、释、道三教并存，多元文化和谐发展；成都历史上文豪将帅辈出，自始至终贯穿着爱国爱乡的家国情怀。近现代以来，成都由崇西尚洋走向趋新与守旧并立，再到新旧时尚快速更迭，积极带动城市经济文化发展，催生了一批充分体现新发展理念的国家中心城市、创建世界文化名城的可喜成果。天府文化的"优雅时尚"是成都自古以来的人文气质，谱写了诗风雅韵，充盈着书香茶香，是天府成都在城市建设新征程上最为独特的竞争力。

天府文化：另一种优雅时尚

段玉明[1]

摘 要："优雅"具有形式与品位两大向度，通常是与精英文化匹配。"时尚"具有历史性与潜质性两大特质，通常是与传统文化相对。天府文化的优雅不啻精英性的优雅，同时还是平民性的优雅，以其切实、温和、包容、舒适的特性，让置身其中的个体倍感自信、自在并自得其乐。天府文化的时尚不啻追慕新潮，同时还有传统的固守与融化，以在传统与时尚之间实现时代的华丽转型。优雅而不孤绝高冷，时尚而不抛弃传统，这是"另一种的优雅时尚"，将会成为后现代城市的文化范式。

关键词：优雅；时尚；天府文化

一、说"优雅"

"优雅"一词古已有之，王充《论衡》卷三十《自纪篇》借他人之口言："案经艺之文，贤圣之言，鸿重优雅，难卒晓睹。"又自设问："夫文由语也，或浅露分别，或深迂优雅，孰为辩者？""如深鸿优雅，须师乃

---
[1] 段玉明，四川大学道教与宗教文化研究所教授。

学,投之于地,何叹之有?"其"鸿重优雅""深迂优雅""深鸿优雅"都是博大精深、迂回委婉的意思,主要用来形容言语表述的深奥难懂。晋时,陈頵批评参佐掾属故避事任:"诸僚属乘昔西台养望余弊,小心恭肃,更以为俗,偃蹇倨慢,以为优雅。至今朝士纵诞,临事游行,渐弊不革,以至倾国。"[1]"偃蹇倨慢"为骄横傲慢之意,参佐掾属"以为优雅",则"优雅"一词已有修养风度的含义在内,只不过被参佐掾属歪曲成了骄横傲慢罢了。那么,至迟不晚于两晋,"优雅"一词已被用来形容人的姿态举止了。然此词的广泛推开,应是晚近的事,清代以前找不到更多的实例,除了反复引证上面的两例。事实上,现代汉语所用的"优雅"一词来自拉丁文"eligere"(英文转成"elegance"),本意为"挑选",引申出精致、漂亮、含蓄、简洁等语义。也就是说,我们现在使用的"优雅"一词是被西方"eligere"或"elegance"重新定义过的,语义及使用范围都较古代更宽。

各种现代汉语词典对"优雅"一词少有解释,唯百度百科释之稍详:

优雅是一种和谐,类似于美丽,只不过美丽是上天的恩赐,而优雅是艺术的产物。优雅从文化的陶冶中产生,也在文化的陶冶中发展。

进一步分说,优雅既可以指物的优美雅致(如"优雅动听""环境优雅"),也可以指人的优美高雅(如"姿态优雅""举止优雅")。但很明显,此一解释其实并未将其本质属性昭然目前,乃至多属套话、废话。就其词源分析,"优雅"一词来自"优美"与"高雅"二词。"优美"即优秀美丽(优秀是就卓异而言,美丽是就状貌而言),强调形式,要在激起审美感觉;"高雅"即高尚雅致(高尚相对于低贱,雅致相对于粗俗),强调品位,要在升起崇高感觉。由此看到,就词源学而言,"优雅"一词其实可以包含被西方"eligere"或"elegance"重新定义的全部语义,虽然古代的用法窄于现代。而其本质属性,则不外形式与品位两大向度:形式上要求形状、比例、色彩、音调等和谐完美,品位上要求高贵、精致、冷艳、清高等,卓尔不群。质言之,"优雅"应该更多地属于精英文化的范畴。它的反义词是"粗俗",相对地属于平民文化。

---

[1] 房玄龄等:《晋书》卷七十一《陈頵传》,中华书局,1972年,第1892页。

二、说"时尚"

按《现代汉语词典》解释,"时尚"即"当时的风尚"。此词亦古已有之,俞文豹《吹剑录外集》:"夫道学者,学士大夫所当讲明,岂以时尚为兴废?"其"时尚"之用,与"当时之风尚"不悖。至清,钱泳《履园丛话》卷十二《艺能》"成衣"条:"今之成衣者,辄以旧衣定尺寸,以新样为时尚,不知短长之理。"此"时尚"之用,已有追慕新潮的语义在内。无论怎样,我们现在所用的"时尚"一词,同样是经过西方"fashion"重新定义的,具有时髦、新潮、前卫、引领等语义。

"时尚"是"时"与"尚"的结合。"时"为时下,即一个特定的时间段内;"尚"为崇尚,即推崇、追慕的高度。就时间论,时尚与历史密不可分,常常直接受到历史条件的影响;就崇尚论,时尚与潜质密不可分,往往确有引领时代潮流的内质,而非单纯的标新立异。质言之,时尚具有历史性与潜质性的特质。前者要求我们在具体时段上评价时尚,后者要求我们在内质趋势上评价时尚。《百度百科》将"时尚"视为"潮流代言词",言其特性有短暂性、阶层性、包容性、时代性四个方面。但此"潮流"必须具有引领时代的潜质,否则即仅仅是潮流而不是时尚。"时尚"具有正向的文化价值,但"潮流"不一定。短暂性、时代性包含在历史性里面,是对历史性的分说——既然是就具体时段而言,则必是特定的、短暂的,隐含了变化在内。阶层性是就"时尚"的等次而言,最初是与贵族相连,属于精英文化的范畴;近时方与普罗大众相连,不同的社会群体具有不同的时尚表达。包容性是就"时尚"的内容而言,没有狭隘的、单一的时尚限定,其本身即是一个开放视野下的范畴——因其开放才有追慕,因其视野宽广而无内容限定。"时尚"的反义词是"传统",有保守、落伍、陈旧、过时等贬义。

三、说"天府文化的优雅时尚"

"天府文化"是以"天府"作为区域限定凝固的地方文化形态。"天府"范围虽无历史确分,但以成都为中心的成都平原富庶区域是其核心应无问题。关于"天府文化",有关专家学者已经有过很多阐释。它既不是凭空造作的概念——有其历史的传承性，也不是巴蜀文化的翻版——有其时代的创新性。前者言其文化的厚重与积淀，后者言其文化的开放与包容。正是这种立足传统、着眼未来的文化态度，决定了"天府文化"是一个具有高度统摄力、生命力的概念。故如某些学者所言："'天府文化'作为极具个性的独特地域文化，既能在国内外城市文化营销上获得鲜明的标志性和影响力，又能统摄成都多元的文化主题和要素，形成内容丰富、气质独特且魅力无穷的文化品牌。"[1]

天府文化的精神特质被提炼为"创新创造、优雅时尚、乐观包容、友善公益"。其中，"创新创造"言其内生动力，"优雅时尚"言其文化气质，"乐观包容"言其文化态度，"友善公益"言其文化温度。[2]在此，我们仅就其"优雅时尚"略作阐释，以见"天府文化"具有何种珍贵的气质。

（一）说"天府文化的优雅"

根据上面的概念梳理，"优雅"具有形式与品位两大向度。前者着意展现形态，后者着意所具高度。展现形态以和谐、舒适、完美为上，所具高度以精致、典雅、高贵为上。

谈到天府文化，都江堰水利工程是不可回避的历史胜绩。其工程性方面的成就已是举世瞩目，被中外建筑史家、科技史家高度称誉。撇开工程性的成就，古今水利工程大多以改变环境为代价，不仅仅是改变自然地理状态，同时也在改变气候和生态环境。这些水利工程固然可能因其雄伟气派形成新的景观，但其与原有自然环境的关系总是紧张。都江堰水利工程例外，它是顺应自然地理状态而成的一大水利工程，其与自然环境的关系并不紧张，乃至被和谐地镶嵌在所处的自然环境之中。故就文化的角度而言，它是古代天府工程艺术上的杰作，称得上是一件高雅的艺术品（和谐、完美而且精致）。不仅仅是都江堰水利工程，连成都建城——传说中的龟化城都非常讲究顺应地理地势，而不彰显人的伟力，所以才有并不正向、轴线转折的独特

---

[1] 冯婵：《增强西部文创中心功能：以"天府文化"为内核提升成都文化软实力》，《成都日报》2017年5月24日第07版。

[2] 《"天府文化"涵养人文成都》，原载《人民日报》（海外版）2017年7月4日第11版，转见《成都日报》2017年7月5日第13版。

城市布局。这在中国古代城市建设中是少有的实例,需要一种高度的优雅态度(以和谐、舒适、完美为准则)方可如此。否则,就会成为自我膨胀了的建城者的暴力之作,把城市变成一个暴发户的实力炫耀。成都早期的二江"七桥"(永平桥、长升桥、冲治桥、市桥、江桥、万里桥、笮桥〔夷里桥〕)传为李冰所造,"上应七星"[1]。但这只是"长老传言",不必强加于李冰之身。[2]至南北朝,按李膺《益州记》载,此"七桥"确实更名成了长星桥、员星桥、玑星桥、夷星桥、尾星桥、冲星桥、曲星桥,将"上应七星"变为事实。[3]这种为实体建筑赋予特定的文化意象,也是优雅的一种表达,贯穿于整个天府文化。道教早期所设"二十四治"与"二十八治",下应"二十四(节)气",上应"二十八宿",即是此种做法。[4]晚期成都的几大桥梁,东门大桥设计为三洞,北门大桥设计为五洞,南门大桥设计为七洞,宏济桥(九眼桥)设计为九洞,就中也有中国传统文化的神秘意义。如此,这些实体建筑不仅仅是建筑本身,同时还是文化载体,在形式与品位上均与其他地方的普通桥梁形成了差别。桥已不仅仅是桥,除了实用,还是文化表达。由此看到,在公共工程方面,天府文化从不满足于简单的建筑与实用,而是依照和谐、舒适、精致、完美、内蕴、典雅等准则,将其提升到了优雅的境界。

汉时,成都西南有车官城、锦官城。车官城专事造车,说明汉时成都的造车水准很高。常璩《华阳国志》卷三《蜀志》言其"东西南北皆有军营垒城"[5],推测其主要制造军事用车。然据大量汉画像砖上的图案,以及在郫都发现的"豪车"青铜盖弓帽,包括司马相如驷马归来的故事,车官城当也为成都地区的达官贵族制造用车,以确保其优雅的生活。同样,锦官城专事织锦,除满足成都地区的达官贵族需要外,产品远销全国各地(在新疆发现的"五星出东方利中国"护臂就是蜀锦制品),本身就是天府文化优雅的物质

---

1 常璩撰,刘琳校注:《华阳国志校注》,成都时代出版社,2007年,第116页。
2 四川省文史研究馆:《成都城坊古迹考》,成都时代出版社,2006年,第108页。
3 祝穆:《方舆胜览》卷五一引,中华书局,2003年,第899页。
4 居阅时等:《中国象征文化》,上海人民出版社,2001年,第76~79页。
5 常璩撰,刘琳校注:《华阳国志校注》,第116页。

象征。连带生出的锦江、锦城、锦里等河名、地名,则为天府文化平添了更多的优雅。与蜀锦堪称姊妹的蜀绣,至迟不晚于宋代就已经成为中原文人墨客的珍爱之物,在葛立方《归愚词》、洪咨夔《平斋文集》(卷十一)、王十朋《梅溪先生后集》(卷三)、周必大《文忠集》(卷一)等书中可以频繁地看见它们的身影。造纸不起于四川,但至唐宋,成都所生产的笺纸(如薛涛笺、谢公笺、百韵笺、青白笺、学士笺、十色笺、鱼子笺、流沙笺等)极为精致,与罗、锦一道作为贡品进献朝廷,并深受文人学士的喜爱。[1] 川扇从"团扇"发展到"聚骨扇"("折叠扇"),一直"称佳"全国,明时进贡朝廷多达一万多柄。[2] 它们都是天府文化优雅的物质象征。

古蜀国时,杜宇化鹃之类的神话传说已经以其特有的凄美动人,影响了中国源远流长的文学艺术。秦汉以降,司马相如汉赋的恢宏磅礴,李白诗歌的豪放不拘,花间词派的婉约清丽,"三苏"诗文的纵横俊逸,虞集诗歌的清和淡远,杨慎诗歌的浓丽婉至,张问陶诗歌的清新沉郁,以及郭沫若诗歌的浪漫主义,巴金小说的现实主义,由他们组成的文学方阵是中国文学史上殿堂级的组合,一代一代地书写了天府文学的优雅。倘若再把王勃、卢照邻、杜甫、岑参、高适、刘禹锡、元稹、白居易、李商隐、欧阳修、黄庭坚、陆游、范成大等曾旅居巴蜀的诗人算上——所谓"自古诗人例到蜀",那将是一个庞大的文学队伍,支撑了半壁中国古代精英文学的江山。

秦汉以降,由严君平、范长生(蜀才)、袁天罡、李鼎祚、彭晓、陈抟、龙昌期、治篾箍桶者、张行成、谯定、魏了翁、熊过、来知德等组成的"易学在蜀"方阵,由扬雄、谯周、神清、苏轼、杨慎、唐甄、李调元、刘沅、廖平等人组成的思想文化方阵,由陈寿、常璩、张唐英、范镇、范祖禹、苏洵、苏辙、李焘、李心传、王偁、李攸、郭沫若、刘咸炘、蒙文通等组成的史学方阵,都在中国学术思想的发展方面居功至伟,共同构建了中国精英学术思想的巍巍殿堂。

总而言之,无论是在物质文明还是精神文明方面,天府文化所具有的精

---

[1] 粟品孝等:《成都通史·五代两宋时期》,四川人民出版社,2011年,第236~238页。
[2] 陈世松等:《成都通史·元明时期》,四川人民出版社,2011年,第270~273页。

英性丝毫不让于中国其他地方文化，占有举足轻重的地位。就此，说天府文化具有优雅的精英文化气质绝非虚言。

但是，我们还必须强调天府文化优雅的非精英性，这是中国其他地方文化少有的特质。在物质文明方面，以林盘作为川西民居的代表，一笼竹林掩映一户人家，房屋四周满植花木，如杜诗所谓"黄四娘家花满蹊"（《江畔独步寻花》），"但见群鸥日日来"（《客至》）；陆游所谓"二十里中香不断"（《梅花绝句》），"风花时傍马头飞"（《成都书事》）。这种诗意的栖居，不能因其平民化而否定其所具有的优雅属性，因其合于和谐、舒适、优美等优雅特质。川西是茶叶的原产地之一，汉时的"武都买茶"和唐宋的"蒙顶第一"，分别从饮茶风气与茶叶品质两个方面展示了川西茶文化的悠久与高度。再发展到盖碗茶，发展到茶铺遍地，茶成为近代天府文化的一张名片，虽然是以"俗文化"的形式展现出来的，却实在不能简单地否定其内蕴的优雅成分。作为中国"四大菜系"之一的川菜，即使也有高端的精英菜品，目标消费者仍主要定位为中下层，色香味俱，价廉物美，但也不能将其武断地划入"俗文化"的范畴，其所表现出来的优雅属性更有内涵。在精神文明方面，成都地区大量出土的汉代伎艺陶俑本是大众化娱乐的一种反映，但现在已经被写入了所有正版的戏曲史、表演艺术史中，说明其属性未必是"俗文化"所可涵盖的。杜甫所谓"锦城丝管日纷纷"（《赠花卿》），张籍所谓"万里桥边多酒家"（《成都曲》），绵延至五代宋元，在成都地区形成了一种浓郁的宴游文化，乃至月月有游。[1]这种宴游文化席卷了几乎所有的社会阶层，上自达官贵人，下至庶民百姓，尽在一种"临池畅饮，尽日为乐"的气氛中呈现出一种承平景象。这显然也是无法简单定义为"俗文化"的，张咏、宋祁、田况、薛奎、赵抃这些一方大员乐此不疲，号称"遨头"（遨游领头），号称"故事"（治化传统），号称"薛春游"。至于明清，此宴游之风有增无减，形成了灯会、花会等文化品牌。[2]除了精英文学，天府文学中我们也看到了李劼人、沙汀、周克芹等人以川西韵味、方

---

1 粟品孝等：《成都通史·五代两宋时期》，第518~533页。
2 陈世松等：《成都通史·元明时期》，第345~347页；张莉红等：《成都通史·清时期》，四川人民出版社，2011年，第519~542页、第547~550页。

言书写的作品，或者被视为当代自然主义的杰作，或者被授予茅盾文学奖，成功地诠释了以俗为雅的文学内涵。凡此种种，让我们看到了天府文化非精英性的优雅一面，笔者将其命名为"平民优雅"。这种"平民优雅"突破了传统"优雅"的定义，不只不输于精英优雅，而且很难为精英优雅所改造。川剧起于下里巴人（主要来自唐宋时期的川杂剧），后来逐渐雅化，剧本、唱腔、表演、服饰越来越精致，列于中国著名地方戏行列。尽管如此，蕴含其中的平民审美趣味始终保持不变。举折子戏《秋江》为例，意境隽永淡远自不待言，其以缓控急的节奏，以风趣俏婉丽的风格，让此剧呈现出一种非常特别的张力，曾经得到傅雷等人的高度赞赏。[1]但此剧被梅兰芳先生改为京剧后，本有的独特韵味全部丧失，最终宣告失败，究其原因，还是由于其中的平民优雅很难被京剧化。[2]

天府文化在精英优雅与平民优雅之间似乎没有隔阂，就中自有一种转化机制。苏轼《于潜僧绿筠轩》："宁可食无肉，不可居无竹。无肉令人瘦，无竹令人俗。人瘦尚可肥，士俗不可医。"这种对居住环境必须有竹的要求，可以肯定地说是得益于川西林盘文化的厚赐。但当其被苏轼转化成诗作之后，这种对居与竹的认识便有了一种精英文化的高度，被融合进了传统竹文化精神的内涵之中。不止于此，在苏轼的文学作品里，许多前人不敢运用的俚语、俗典统统都被他转化成神来之笔，这当不只是出于勇气，还有天府文化传统的培育。同样，唐宋以降兴起的成都印刷业，最初主要是为满足普罗大众的信仰需求（如刻印简单的佛咒、佛经等），属于平民文化的范畴。当其发展为一个庞大的产业，就不仅仅是为了满足普罗大众的信仰需求了（如刊印《开宝藏》），各种知识文化书籍均在印行之列。这些书被称为"蜀本""川本"，成都亦因此成为全国著名的四大书籍刻印中心之一。宋人《爱日斋丛抄》说："大概唐末渐有印书，特未能盛行，遂始于蜀也。当五季乱离之际，经籍方有托而流布于四方，天之不绝斯文信矣。"[3]平民优雅

1　傅雷：《傅雷家书》，生活·读书·新知三联书店，1984年，第43~45页。
2　按，京剧《秋江》后来被重新编排上演，但其风格韵味已与川剧相去甚远。
3　转引自谢元鲁：《成都通史·两晋南北朝隋唐时期》，四川人民出版社，2011年，第231~235页；粟品孝等：《成都通史·五代两宋时期》，第239~243页。

转入精英优雅如此平滑，中间亦无明显的隔阂。再有，传统成都人的语言表达充满诗性，好用比兴，好用俚谚，不喜直截了当。其与诗歌的表达方式距离很近，故天府历来多出诗人，时下成都诗社最多。其间的平民优雅与精英优雅本自暗通，绵绵如流不断。这是天府文化优雅表现的又一应予重视的地方。

（二）说"天府文化的时尚"

根据上面的概念梳理，"时尚"具有历史性与潜质性两大特质。前者强调具体时段，后者强调内质趋势。具体时段要求我们在具体的历史环境中讨论时尚，内质趋势要求我们考虑时尚的引领潜质。

秦并巴蜀，文化建设上似未过多地改造旧习，因袭多于变更。至汉，文翁至蜀，有感于蜀人"质文刻野"，于是开办学校教化蜀人，由是"学徒鳞萃，蜀学比于齐鲁"[1]。说巴蜀在文翁之前没有教化，绝对是中原人士的偏见。文翁兴学改变了蜀人向学的风气，我们只能理解为蜀人追慕中原学术思想文化的时尚表现。唐时，两次帝王避难入蜀，大批文人才俊随同前来，将中原新锐的学术思想文化带进巴蜀，磨合至宋，"声教攸暨，文学之士，彬彬辈出焉"[2]。以三苏（苏洵、苏轼、苏辙）作为领军人物，范祖禹、李焘、张栻、李心传、魏了翁并皆享誉全国。至于晚清，在近代大变革的时代背景下，由川籍洋务派赋闲官僚薛焕等人倡议，在四川总督吴棠与四川学政张之洞支持下，尊经书院于成都南校场石犀寺附近创立。书院不志科举，倡导经世致用，国学、西学并重，先后培养出了一大批影响近现代政治、思想、经济、文化和科学发展的名人，诸如杨锐、廖平、宋育仁、吴玉章、张澜、罗伦、蒲殿俊、骆成骧等。此中，我们看到的也是天府文化追慕时代风气的时尚特性。由此看到，三次对学术思想文化的追慕引发了天府文化的三次根本变革，成就了天府文化永不枯竭的活力。

于寺观绘制壁画以为装饰、以辅教法起于汉晋，南北朝时成为风气。传至巴蜀，至唐而成一代时尚，得益于随两次帝王避乱入蜀而来的大批一流画

---

[1] 常璩撰，刘琳校注：《华阳国志校注》，第109页。
[2] 脱脱等：《宋史》卷八十九《地理志》，中华书局，1977年，第2210页。

师，寺观壁画遍于成都各地，"把整座城市变成了一座壁画艺术之城"[1]。而且，晚唐五代的成都寺观壁画水准很高，"代无及者""冠绝古今"[2]。他们中的许多名师，随着后蜀的灭亡而被俘获到开封，转而成为宋代开封寺观壁画绘制的主力，把成都寺观壁画变成了中原乃至全国的模范。[3]就中所揭示的，则是天府文化由追慕时尚到引领时代的华丽转变。与此相似，摩崖造像起于西域，北朝成为一代风气。传至巴蜀，唐宋之间至于极盛，绵延至明清，新近统计多达5973处。这些摩崖造像装饰繁复、技法精湛，具有很高的艺术水准，已经成为中国文化艺术长廊中的瑰宝。[4]这也是天府文化从追慕时尚到后来居上的实例。北宋前期，巴蜀佛教盛行义学，宝梵、敏行被苏轼、黄庭坚等人视为可以折服天下的巨匠。后从黄庭坚处获悉湖南、江西一带禅宗大师辈出，引领大江南北佛教，敏行遂率弟子法灯慨然弃讲出行，意欲往参各路高僧，不幸示寂于恭州觉林禅院。弟子法灯继其遗志，于芙蓉道楷门下得其心印，终成禅宗一代名僧。[5]此一事例最清楚不过地证实了天府文化不囿传统、紧跟时尚的特性，否则，已经在巴蜀极享盛誉的敏行是犯不着以其高龄外出寻求改变的。事实上，宋代成都佛教从初期的重视义学到后期的转向禅宗，都有赖于此一不囿传统、紧跟时尚的特性，因之而有五祖法演、圆悟克勤、龙门清远、真歇清了、灵隐慧远、北涧居简、无准师范、痴绝道冲等一代禅宗名僧。

显然，天府文化不囿传统、紧跟时尚的特性，不仅充分地表现在物质文明的追慕与变革上，也充分地表现在精神文明的追慕与变革上，故其总能与时俱进、后来居上。

因其天然的对立关系，追慕时尚常常会以牺牲传统为代价。但天府文化例外，其在追慕时尚时从不排斥传统，而是融化传统以成新象。文翁兴学虽然改变了蜀人向学的风气，以儒学为核心的中原学术思想逐步在巴蜀推展开

---

1 段玉明等：《成都佛教史》，宗教文化出版社，2017年，第132页。
2 黄休复：《益州名画录》卷上，四川人民出版社，1982年，第10页。
3 段玉明：《相国寺——在唐宋帝国的神圣与凡俗之间》，巴蜀书社，2004年，第140~141页。
4 吴晓铃：《家底厚，底气足，四川石窟要申报世界文化遗产》，《四川日报》2015年3月3日第14版。
5 段玉明等：《成都佛教史》，第138~140页。

来，但中原学术思想并未彻底改写巴蜀旧有的学术思想传统（如玄易之学、神仙之学），二者相互磨荡之后形成了所谓"蜀学"。其杰出的代表，早期以扬雄成就最大，把对"玄"的探讨引入了中国学术，乃至影响到魏晋玄学。中期则有李鼎祚，其《周易集解》十七卷为有唐一代集大成之作，在中国易学史上地位相当重要。外有严君平、谯周、范长生、袁天罡等，均在术数易学方面卓有贡献。由于他们的努力，再加上此后儒学的易玄之学一直受到蜀人长久、普遍的关注，"易学在蜀"的深厚传统逐渐形成。[1]天府学术思想文化的唐宋变革，将文史博杂炼成蜀学的一大传统，也是得益于其不弃巴蜀学术思想文化旧有传统。至于晚清，以尊经书院为先导而酝酿出的天府学术思想文化的第三次变革，将时尚新学融入传统经学，而非其他地方的以史废经、以新学废旧学，被学者称为"转型而不同调"[2]。其中，以刘沅、刘咸炘、蒙文通等为代表的诸师多喜融摄传统道学，而以袁焕仙及其维摩精舍为代表的诸师则喜融摄传统佛学，共同形成了天府晚近学术思想文化的时代特色。[3]

纵观有两千余年历史的成都佛教，其地方文化特征可以概括为五：一是佛教在成都地区的流传在全国范围内均属较早，二是一贯重视行仪，三是义学与禅学并重，四是佛教社会化程度较为明显，五是具有勇于改变自身的精进态度。[4]其中，第二条意在强调其传统的稳固性，第三条当是融合时尚的结果，第五条是肯定其勇于改变的根本态度。成都佛教作为天府文化的重要组成部分，这些特征昭示了天府文化辩证处理时尚的态度。谈论天府文化的时尚特性，不弃传统、融化传统也是必须着重强调的。

四、简短的结论

天府文化的优雅不啻精英性的优雅，同时还是平民性的优雅，是一种可以融入社会各个阶层的混合性优雅。这种优雅改变了传统赋予优雅的冷酷形

---

1 段玉明：《成都的文化品格初探》，《成都史志》2011年第2期。
2 刘复生：《转型而不同调：晚清以来蜀中学人之经史观》，《湖南大学学报》（社会科学版）2015年第6期。
3 段玉明：《袁焕仙及其维摩精舍简评》，《中华文化论坛》2017年第12期。
4 段玉明等：《成都佛教史》，第344~348页。

象，而以其切实、温和、包容、舒适的特性，让置身其中的个体倍感自信、自在与自得其乐。同样，天府文化的时尚也不啻追慕新潮，同时还有传统的固守与融化，以在传统与时尚之间寻找时代的华丽转型。这种时尚既不会扬弃根本，也不会故步自封，呈现出一种稳健、富有朝气的文化抉择。优雅而不孤绝高冷，时尚而不抛弃传统，天府文化的这种异于其他地方文化的优雅时尚，笔者将之称为"另一种优雅时尚"。而且可以肯定，这种优雅时尚将会在平民已成社会主流、文化已无新旧对立的后现代城市发展中成为新的文化范式。

天府之国的优雅意境

李永明[1]

摘　要：天府之国的历史底蕴和现代气质，营造了一种令人心驰神往、流连忘返的优雅意境。这是天府之国的鲜明审美特征、特色文化品牌和重要文化软实力。天府之国的优雅意境，主要表现于自然基底、历史影像、城市形象、田园风物、人文遗迹、文化艺术、居民生活现代气息等诸多领域。天府之国优雅意境的形成，受到地理环境、经济条件、移民文化、世家大族、办学传统、哲学思想等多种因素的影响，而以儒释道为代表的中国传统哲学思想具有根本性的终极影响，其中儒学的影响主要在于"雅"，道教的影响重在"优"，而佛学的影响则既有"优"的启示，又有"雅"的滋养。

关键词：天府之国；优雅意境；内涵诠释；表现；成因

历史底蕴与现代气质的交相辉映，为天府之国营造出一种优雅意境，令人心驰神往，流连忘返。这种优雅意境，是精气神韵的集中体现，是魅力独具的人文符号，是特色鲜明的地域形象，是不可多得的文化软实力和发展推动力。

---

[1] 李永明，重庆旅游文化研究院院长。

天府之国的优雅意境，是天府文化研究中值得关注和探讨的一个课题。本文拟从历史和现实两个视角，把天府之国作为一个审美对象进行观照，揭示天府之国优雅意境的客观存在，诠释天府之国优雅意境的内涵特质，对天府之国优雅意境的表现进行梳理，对天府之国优雅意境的成因做出分析，以期引起有关方面对"天府之国优雅意境"这一文化品牌的高度重视。

一、天府之国优雅意境的内涵诠释

天府之名，始见于《周礼·春官》，本为"掌祖庙之守藏"的官员，后来引申为朝廷藏物的府库和土地肥沃、物产丰饶的地域。天府之国，最早指"金池汤城，沃野千里"的秦国统治区域，尤其是关中平原，东汉后期，才渐渐成为巴蜀地区尤其是成都平原的专称。基于此，本文讨论天府之国的优雅意境，以成都平原为主要对象，兼及成都平原的周边地区。

天府之国，有一种与生俱来的人文意境。意境，本指各类文艺作品中表现出来的主观之情意与客观之景象情景交融的艺术境界。按照一般的美学观点，文艺作品中情意与景象的融合，形成寓意之象即意象，而意象经过叠加组合之后，升华成一种富有意蕴的艺术境界和引人愉悦的总体形象，这就是意境。基于这个美学原理，天府之国的人文意境，就是指天府之国的自然与人文留存于人们心中具有审美功能的形象记忆。天府之国，本是一个地域概念，是禀赋超群、经济发达、财力雄富的代名词，其最初的内涵显然偏重于经济属性。而经济地位显赫，文化必臻发达，经过长久的历史积淀，天府之国早已成为国内屈指可数的文化奥区，其辉煌绚烂的人文成就，流播天下的人文故事，星罗棋布的人文遗迹，峥嵘蓬勃的人文气象，形成了令人陶醉痴恋的人文气场，创造出令人高山仰止的人文意境。天府之国的人文意境，形、神、情、理浑然天成，虚、实、有、无兼而有之，时时处处皆可感受，时时刻刻都能领悟，让人既感到魅力无穷，又觉得难以言表。

优雅，是天府之国人文意境最大的美学特质。优雅，是一个使用频率极高的词汇，一般解释为"优美高雅"或"优美雅致"。如东汉王充《论衡·自纪》"经艺之文，贤圣之言，鸿重优雅，难卒晓睹"[1]；《资治通鉴》

---

1 王充：《论衡》卷三十《自纪篇》，上海人民出版社，1974年，第450页。

卷八十八载东晋陈頵之言"洛中承平之时,朝士以小心恭恪为凡俗,以偃蹇倨肆为优雅,流风相染,以至败国"[1];唐朝谢观《琴瑟合奏赋》"放郑声于域外,屏优雅于乐府"。这里的优雅,含义不外乎"优美高雅"。需要注意的是,作为天府之国人文意境最大美学特质的"优雅",除了通行的含义,还应当有其与众不同的文化内涵。天府之国优雅意境的"优",除通常的"优美"外,还应该有"丰饶充足、自信从容、优游不迫、悠闲自得"等义项;而"雅"除通常的"高雅"外,还应当包括"儒雅、文雅、典雅、大雅、尔雅、风雅、骚雅、古雅、淡雅、秀雅"等含义。"优"与"雅",通常合称"优雅",其实细分起来,既各有胜义,又相互彰显。"优"是"雅"的因,"雅"是"优"的果;"优"是"雅"的神,"雅"是"优"的貌;"优"决定"雅"的特质,"雅"彰显"优"的韵味。简而言之,天府之国人文意境之"优雅",其内涵应当是拥有丰饶充足物质基础的儒雅,具备自信从容精神气质的大雅,带着优游不迫心理状态的古雅,充满悠闲自得生活态度的高雅。中国历史文化的优雅之区,齐鲁、江南与西蜀并称,历来鼎足而立,各擅其美。天府之国的优雅意境,与齐鲁、江南的优雅意境相比,自有其独具的气质特征和文化地位,可以概括成这样两句话:"优"则有过之而无不及,"雅"则相颉颃而呈异彩。

天府之国的优雅意境,以成都平原最为典型。土地肥沃、物产丰裕的苍茫平野,"一年成邑,二年成都"的筑城奇迹,"锦城""蓉城"的著名雅号,"扬一益二"的历史辉煌,"九天开出一成都,万户千门入画图"的深情歌咏,"窗含西岭千秋雪,门泊东吴万里船"的精彩描绘,"美酒成都堪送老,当垆仍是卓文君"的由衷艳羡……成都的优雅意境,聚东西南北之优长,集天府人文之大雅,既有山水人文的滋养,更有经年累月的创造;既有历史底蕴的厚重,更有现代气息的时尚;既有经济名都的活力,更有旅游名城的悠然,让人坚信这里真是"一座来了就不想走的城市"。古往今来,不管是达官贵人还是富商巨贾,不管是文人雅士还是普通民众,只要读过有关成都的诗文,或者有幸踏上成都的土地,一定会被天府之国的优雅意境深深

---

[1] 司马光:《资治通鉴》(第六册)卷八十八《晋纪十》,中华书局,1956年,第2796页。

吸引，或是热切向往，期盼早日成行，一睹山川之辉媚，体味文化之渊懿；或是美好回忆，深情眷念，期待故地重游，重温优雅旧梦。

二、天府之国优雅意境的主要表现

天府之国的优雅意境，时间上纵贯古今，空间上无处不在，具有全过程、全方位、全领域、全覆盖的突出特点。天府之国的优雅意境，涉及的时间跨度太长，渗透的空间领域太广，几乎表现在自然与社会、历史与现实的方方面面，举其大者，盖有八端。

一是自然基底的优雅意境。天府之国的优雅意境，归根到底是环境的产物。就自然基底而言，穷山恶水与优雅无缘，但灵山异水却天生优雅。天府之国的优雅意境，根柢在自然禀赋的优势独具，实乃受惠于天赐。天府之国所在的四川盆地，四围群山环绕，盆周丘陵起伏，盆底平原迤逦，江河纵横其间，土质肥沃，四季分明，雨量充沛，日照充足，物产丰饶，民众安居乐业，这样的自然基底，本身就是一幅绝美的山水长卷，已经营造出一种令人赏心悦目的优雅意境。成都及其周边的青城山、峨眉山、岷江、锦江等山川景观，沃野千里、河渠纵横的田园风光，草木葱茏、花香四溢的城市风物，无不彰显大自然的优雅气质。文章因江山而勃兴，江山因文章而显扬。经过历代文人墨客的描写传播，天府之国的自然基底中的优雅气质开始转化为一种虚实相生、优游雅正的人文意境。扬雄的《蜀都赋》，极尽赞美成都的壮美秀丽，"禹治其江，渟皋弥望，郁乎青葱，沃野千里"的名句，让天府之国的优雅跃然纸上。左思的《蜀都赋》，描写成都的山川风物，引得人们争相传抄，一时洛阳纸贵，是天府之国优雅意境的营造名篇。李白的"草树云山如锦绣，秦川得及此间无""水绿天青不起尘，风光和暖胜三秦"，则直言成都平原胜过唐朝京城长安所在的关中平原，这是对天府之国优雅意境的一次正名。杜甫的"锦江春色来天地，玉垒浮云变古今"，极赞锦江春色的弥天触地，玉垒浮云的变幻莫测，成了人们耳熟能详的成都城市宣传语。而杜甫的"好雨知时节，当春乃发生。随风潜入夜，润物细无声"，把成都的夜雨表现得人性十足，温柔体贴，从一个侧面展示了成都自然禀赋的优雅意境。这些经由诗文名篇渲染传播的优雅意境，早已嵌入中国读书人的心灵深处，构成了人们对天府之国的优雅记忆。

二是历史影像的优雅意境。天府之国的历史影像，由于史籍的记载、诗文的赞美、小说的描写、媒体的宣传，浓墨重彩地呈现于世，向人们展示着独具个性与品位的优雅意境。大凡稍微了解中国历史文化的人，关于天府之国尤其成都平原，脑海里都会储存有或多或少的优雅影像。李白《蜀道难》"尔来四万八千岁，不与秦塞通人烟"的著名诗句，直观地告诉世人天府之国乃"四塞之国"，自古就是一方与世隔绝的乐土，独有一种宁静的优雅。公元前316年，秦国兼并巴蜀，因此而"益强富厚轻诸侯"[1]。后来李冰任蜀郡太守，主持修筑都江堰，成都平原"水旱从人，不知饥馑，时无荒年，天下谓之天府也"[2]，号为"天府"的成都平原开始展示出一种富厚的优雅。西汉景帝末年，文翁守蜀，"见蜀地僻陋有蛮夷风"，一面选拔蜀地学子"亲自饬厉，遣诣京师，受业博士"，一面创办中国最早的地方官学"文翁石室"，蜀地"由是大化"而"好文雅"[3]，天府之国开始展示出一种文气馥郁的优雅。三国时期，刘备入蜀，诸葛亮辅佐刘禅，集忠臣与智者于一身，"鞠躬尽瘁，死而后已"，对蜀人影响至巨，天府之国的人文意境开始展示出一种道德高尚的优雅。安史之乱，大唐皇室据蜀避难，五代十国，前蜀后蜀依蜀而立，远战乱而独享安定，重人文而盛极一时，天府之国的人文意境展示出一种别开生面的优雅。更有甚者，2008年的"5·12"大地震，四川民众在遭受巨大牺牲和痛苦之时，表现出让世人难以想象的临危不惧、坚忍不拔、镇静从容、淡定幽默、乐观豁达，天府之国的人文意境展示出一种极富人格震撼力的优雅。

三是城市形象的优雅意境。天府之国是一个城市群，而最具代表性者非成都莫属。无论古代还是当代，成都的城市形象，无不弥漫着一种令人心存向往的优雅意境。对于成都城市形象的优雅意境，可以举出很多例证，如古蜀文明的发祥地、中国十大古都、中国历史文化名城、西南政治经济文化中

---

1 刘向撰，高诱注：《战国策》卷三《秦策一》，上海书店出版社，1987年，第23页。
2 常璩撰，刘琳校注：《华阳国志校注》，巴蜀书社，1984年，第202页。
3 班固：《汉书》卷八十九《循吏传·文翁传》，中华书局，1962年，第3625～3626页。

心等。其实，仅从成都的别称，就能感受到这座城市不同凡响的优雅气质。成都的别称，从某种意义上讲，就是构成优雅意境的优雅意象。西汉时期，成都织锦业驰名天下，朝廷在此设立锦官，专管织锦刺绣，并筑有锦官城，故成都有"锦城"之称。而环绕成都的"锦江"，也因有众多织工濯锦而得名。成都所织之"蜀锦"，是"织彩为文"的彩色提花丝织品，是丝织品中最为精致、绚丽的珍品，因制作工艺复杂，耗时费力，其价如金，有"寸锦寸金"之说。五代后蜀时，因花蕊夫人偏爱芙蓉花，后主孟昶命令百姓在城墙上遍植芙蓉树，花开时节，"四十里为锦绣"，故成都有"芙蓉城""蓉城"之称。到了清朝，成都依然保有"四十里城花作郭，芙蓉围绕几千株"的盛况，芙蓉花成为一道亮丽的城市景观。成都、天府、锦城、蓉城，每一个名字都是一个极尽优雅的意象，早已共同融入天府之国的优雅意境之中。难怪，唐初诗人王勃在其《入蜀纪游诗三十首》中称赞蜀地是"优游之天府，宇宙之绝观"；而19世纪末的法国旅行家古德尔孟曾经赞叹成都"此等绝妙未经开辟的舞台，如加点缀，即可成为东方的巴黎"[1]。

四是田园风物的优雅意境。天府之国的最大根柢，是沃野千里的成都平原，其田园风物之美，自有一种的优雅意境。西晋左思《蜀都赋》，对天府之国的田园风物多有描述，写山川之奇有"山阜相属，含溪怀谷，岗峦纠纷，触石吐云，郁蒀蒀以翠微，崛巍巍以峨峨，干青霄而秀出，舒丹气而为霞"；写田园之美有"原隰坟衍，通望弥博，演以潜沫，浸以绵雒，沟洫脉散，疆里绮错，黍稷油油，粳稻莫莫"；写风物之异有"邑居隐赈，夹江傍山，栋宇相望，桑梓接连，家有盐泉之井，户有橘柚之园"。唐代大诗人杜甫曾经流寓成都，居住于郊外浣花溪畔的草堂，对成都田园风物之美有很多亲身体验，像"舍南舍北皆春水，但见群鸥日日来"，"清江一曲抱村流，长夏江村事事幽"，"风含翠筱娟娟净，雨浥红蕖冉冉香"，"桤林碍日吟风叶，笼竹和烟滴露梢"，"白沙翠竹江村暮，相对柴门月色新"，"黄四娘家花满蹊，千朵万朵压枝低"，"澄江平少岸，幽树晚多花。细雨鱼儿出，微风燕子斜"，等等，都是天府之国田园风物的真实记录。当代，成都

---

[1] 谭继和：《成都城市文化的性质及其特征》，《四川大学学报》1988年第3期。

是中国乡村旅游的发源地，目前正致力打造"乡村田园秀丽、民俗风情多姿、生态五彩斑斓、功能现代时尚"的世界乡村旅游目的地，众多景区景点成为乡村旅游的升级版。成都的田园风物正以全新面貌，展示出符合时代特点和大众需求的优雅意境。

五是人文遗迹的优雅意境。天府之国优雅意境的一个显著特点，是历史文化的悠久、厚重和神奇，而众多的历史文化遗迹，以极富人文魅力的优雅意象，共同支撑了天府之国博大精深的优雅意境。四川共有5处世界遗产，是中国列入世界遗产名录最多的省份，主要集中于成都及其周边。九寨沟、黄龙和卧龙大熊猫栖息地，属于世界自然遗产；而都江堰—青城山，属于世界文化遗产；峨眉山—乐山大佛，属于世界文化和自然双遗产。同时，目前尚未列入世界文化遗产名录的人文遗迹，如三星堆遗址、金沙文化遗址、战国船棺葬遗址等，都是世界级和国家级的精品，尤其以三星堆遗址最为典型。三星堆遗址历史可追溯至距今5000至3000年前，所出土的大量陶器、石器、玉器、铜器、金器，具有鲜明的地域特征，自成一个文化体系，被学术界称为"三星堆文化"。其中高2.62米的青铜大立人，宽1.38米的青铜面具，高达3.95米的青铜神树等，堪称独一无二的旷世神品，早已震惊世界，是世界顶尖级的人类文化遗产。除此之外，成都市区，有武侯祠、杜甫草堂、永陵、望江楼、青羊宫、文殊院、明蜀王陵、昭觉寺等历史人文遗迹；成都周边，有广元昭化古城、广元皇泽寺、广元千佛崖摩崖造像、射洪陈子昂故里、江油李白故里、眉山三苏祠、阆中古城、广安邓小平故居、荣县大佛寺、遂宁观音故里、平武报恩寺等历史人文遗迹。这些不同类别、不同层级的人文遗迹，无不向世人展示出天府之国独具历史感、厚重感和神奇性、震撼性的优雅意境。

六是文化艺术的优雅意境。粗俗者多鲁莽，优雅者必尚文。文化艺术的发达，是天府之国优雅意境的鲜明标记和显著特点。从文学史考察，天府之国曾经对中国文学发展做出过巨大贡献。汉代文学，最具特点的文学体裁是赋，而就汉赋的繁盛来说，天府之国的贡献比任何地方都大，诞生了司马相如、王褒、扬雄三位辞赋家，其中司马相如是汉大赋的奠基者和成就最高的代表作家，王褒是汉代写咏物小赋的代表作家，扬雄是西汉末年最著名的赋家。唐诗是中国古诗的最高峰，最具代表性的人物是诗仙李白和诗圣杜甫，李白生长于天府之国，杜甫诗的最高成就，全是流寓四川时期的作品。词是中国文学的代表性体裁，历来诗词并称，而词的起源地在成都平原，唐末五代填词风气最盛、成就最高的地方首称后蜀，次称南唐，收录蜀地词人作品的《花间集》，是中国文学史上第一部文人词选集。词至北宋，臻于鼎盛，而苏轼的词，词风雄放，词境大开，代表北宋词的最高成就，苏轼与南宋的辛弃疾并称苏辛。散文是中国文学的重要体裁，而中国古代散文最具代表性的人物是唐宋八大家，在唐宋八大家中，眉山的苏洵、苏轼、苏辙三父子就独占三家，创造了中国文学史上的奇迹。中国现当代文学的代表人物，学术界流行"鲁郭茅巴老曹"之说，而其中的郭沫若、巴金都是蜀地作家。文学与史学，历来不分畛域，蜀地重文学，史学也异常发达。陈寿的《三国志》，列入二十四史中的前四史。常璩的《华阳国志》，是专门记述古代中国西南地区历史的权威著作。北宋的范镇、范祖禹、范冲祖孙三人，先后纂修《仁宗实录》《起居注》《新唐书》《神宗实录》《唐鉴》《哲宗实录》等书，创造了"三范修史"的佳话。南宋李焘的《续资治通鉴长编》，多达520卷，是中国古代私家著述中卷帙最大的断代编年史。而李心传的《建炎以来系年要录》，是研究南宋前期历史的著名史籍。对于中国传统艺术，天府之国也多有创建。宋代书法，素推"苏黄米蔡"四大家，而苏轼居其首。五代两宋时四川画家的成就冠于天下，后蜀画家黄筌创立的黄筌画派，是中国绘画史上第一个有明确记载的画派。而文同、苏轼创立的湖州竹派，是中国第一个文人画派。蜀地的雕塑，在中国雕塑史上有重要地位。三星堆的青铜像，代表了国内青铜雕塑的最高成就；乐山大佛，代表了当时国内佛教雕像的一流水平。乐器制作，也是蜀人所长，以雷威为代表的雷氏家族，是唐代最为著名的斫琴世家，其琴精妙无比，弹之者众，形成了"雷氏琴"这一大品牌。至于戏曲、音乐、歌舞、民间工艺等，在天府之国也异常发达，异彩纷呈，展示出蜀人不同凡响的艺术造诣。

七是居民生活的优雅意境。成都居民的生活状态，如同一幅幅悠远淡雅的风情画，把天府之国的优雅意境表现得淋漓尽致，出神入化。天府之国，尤其成都平原的居民，生活状态最大的特点就是"安逸"，用当今的话讲叫"享受生活",且享受出了一种优雅意境。成都人好吃,下班后的城市居民,许多人都会在外吃饭,而特色小吃和麻辣火锅往往是他们的最爱。川派美食之琳琅满目,花样百出,正是好吃的产物。成都人好耍,什么好耍就耍什么,不在乎路途远近,周边的名山大川自不必说,城郊的农家乐更是人流的集中地。于是私家车成为每个家庭的标配,成都的私家车保有量在全国数一数二,周末前往乡村的出城车辆,时常在高速路上排成长龙,蔚为壮观。成都人喜欢喝茶,公园、河边、老街、商场,凡是人流出入的地方,必有茶馆。日常生活中,成都人吃完午饭就去茶馆,既可喝茶,还可下棋、打牌、摆龙门阵、谈生意、调解纠纷等,泡茶馆成了最大众化的休闲方式。成都人以喜欢打麻将全国闻名,茶馆、公园,麻将的声音此起彼伏。醉翁之意不在酒,麻将之意不在赌。成都人打麻将,似赌而非赌,纯是消遣娱乐,且营造了其乐融融的社会氛围,已经形成一种麻将文化。成都人打麻将,执天下之牛耳,成都麻将的游戏规则,流行于全国,为各地所效仿。成都人喜欢夜生活,夜晚来临,温柔乡的真容开始显露,大商场、美食街、歌舞厅、棋牌室、咖啡屋、酒吧等,熙来攘往,人流如潮,让成都成了一座不夜城。有一句民谚叫"少不入川,老不出蜀",很有几分"少儿不宜"的意味,这其实是在提醒人们,天府之国生活太过优裕,少年入川易于沉溺温柔乡中,消磨意志,乐不思返,难免一生碌碌无为,抱憾终生;而对于老年人而言,天府之国是适合生活的养生养心养老之地。这句谚语,从一个侧面反映了当地居民的生活状态。其实,成都人的"玩",颇具文化韵味,是一种以"文"为核的"玩",无处不充溢着天府之国特有的优雅意境。成都人以文化之都自豪,源远流长的文脉书香,浸润着生活的方方面面,因而爱读书成为社会风尚,人们的人文素养和文明程度,远远高于国内很多城市,让成都的"玩"于悠然中透出高雅。

　　八是现代气息的优雅意境。天府之国的优雅特质,从远古而来,演绎为一种饱含深厚历史底蕴,具有浓郁现代气息的优雅意境。从空中俯瞰成都,一座气势磅礴的巨型城市镶嵌于苍苍茫茫的平原之上,造型各异的高楼大厦气宇轩昂地矗立于相对低矮的建筑群落之中,宽窄不一、纵横交错的街道,将整座城市划分为一个一个的小方块,又和谐地拼合成一幅色彩绚丽、气韵生动的大画卷。走近成都，整洁美观的大道，诗情画意的街景，装饰精致的店铺，琳琅满目的商品，绿意盎然的公园，闲情逸致的居民，形成一个完美的统一体，让人目不暇接，心生艳羡。古雅而具时尚，悠闲而显活力，宽窄巷子最能体现成都这种与众不同的现代气息。众多咖啡馆、小餐厅、小商店、小客栈汇聚于斯，掏耳、变脸、喝茶、逛街等传统休闲方式随处可见，传统与现代已经水乳交融，浑然一体。到了夜晚，成都更是万家灯火，流光溢彩，于夜色静谧、月华如水之中，吹着习习晚风，漫步大街小巷，总会让人感到一种浪漫的惬意。"中国最佳旅游城市""世界优秀旅游目的地""全球最适合居住的城市之一""一座来了就不想走的城市"，只要亲身走近成都，就会对这些评价深信不疑。而今，成都已经被定位为国家中心城市，预示着成都的现代化进程已经加快步伐，一场轰轰烈烈的城市建设正在拉开大幕。未来的成都，将是产业发达、经济繁荣的实力之都，科技领先、创新活跃的活力之都，融入全球、开放包容的国际之都，生态优美、绿色发展的美丽之都，大气秀丽、蜀风雅韵的魅力之都，生活富足、安居乐业的幸福之都。那时，成都这座城市所展示出来的优雅意境，不再只属于天府之国，而将属于整个中华民族。

三、天府之国优雅意境的成因简析

天府之国的优雅意境，是文化发达的标志，无疑是自然与社会合力营造的结果，究其成因，应当涉及多个方面，其最主要者，可以概括为六点。

一是地理环境的影响。一方水土养一方人。天府之国优雅意境的形成，首要因素是地理环境。天府之国是"四塞之国"，四周崇山峻岭，有"一夫当关，万夫莫开"之势，不易受到外部战争的威胁，因而营造了一个天然的持续安定的社会环境。天府之国土地肥沃，水利充足，气候温和，人们获得生活所需的劳动强度与蛮荒之地迥然不同，于是渐渐形成了偏于柔弱的性格，故有"蜀人懦"之说。天府之国多名山大川，多平原，亦多丘陵，山水田园的奇丽风光，易于引发人们的奇思妙想，激发人们潜藏于心的审美情趣，培植出人们追求优游高雅的文化基因。

二是经济条件的影响。天府之国，是中国首屈一指的农耕文明区域，山深林茂，地肥水丰，粮食的丰产自不必说，各种经济作物也十分丰饶，在数千年的粮猪型农业时代中，都是富甲天下之地。农业的高度发达，必然带来工商业的大发展。秦并巴蜀之后，中原的大批工商业者移民盆地，与本土的工商业者融为一体，刺激了天府之国工商业的发展。其中成都最为引人注目，渐成工商繁茂的大都会。秦代，成都是全国有名的商业都市。汉代，成都是全国五大都会（洛阳、邯郸、临淄、宛、成都）之一。唐代，中国经济重心南移，成都与扬州成为中国工商业最为发达的两大中心，史称"扬一益二"。宋代，成都是汴京以外的第二大都会，工商业异常发达。成都生产的"锦绣"，花样由唐朝的十多种发展到四十多种[1]，产量占全国各地上交总数的70%以上[2]。城内有东市、南市、新南市、西市和北市，城外有草市，晚上有夜市。一年之内，灯、花、蚕、锦、扇、香、宝、桂、药、酒、梅、桃符等专业市场持续不断。正是由于工商业发达，成都出现了世界上最早的纸币"交子"，官府在成都设立了世界最早的管理储蓄银行"交子务"。时至今日，以成都为中心的天府之国，依然是经济发达、生活富足的首善之区。富而思文，富而思乐。优雅是富足生活的必然产物，没有良好的物质基础，优雅无从谈起。农业的发达，工商的繁荣，为天府之国的优雅意境，提供了强大的经济支撑。

三是移民文化的影响。海纳百川，有容乃大。天府之国历史文化的发达及其优雅意境的形成，是海纳百川的必然结果。没有外来移民对四川文化的贡献，天府之国的优雅意境必然大为逊色。天府之国的人口构成，历来就有典型的移民色彩，正是外来移民的加入，让天府之国的优雅意境变得更加丰厚博大。春秋时期，巴楚文化移入四川。公元前666年，荆人开明氏入蜀建立开明王朝，治蜀三百余年，巴楚文化与蜀地文化深度融合，经济社会发展，国势日渐强大。秦汉时期，中原文化对四川产生重大影响。秦定巴蜀，将四川作为战略后方，关中文化大量输入蜀地，秦末又把六国工商大户迁徙入蜀，带来了先进的工商文化。汉初开发西南夷，大量中原移民进入四川，

---

1 费著：《蜀锦谱》，《巴蜀丛书》第一辑，巴蜀书社，1988年，第204~209页。
2 徐松：《宋会要辑稿·食货》卷六十四之九，中华书局，1957年，第6104页。

其中不乏文化家族。汉赋四大家中，出生于四川的司马相如和扬雄，都是外来移民。司马相如祖籍夏阳（今陕西韩城南），与司马迁为一个家族；扬雄祖上初居"楚巫山"，后家"巴江州"，汉武帝时迁"岷山之阳曰郫"[1]。三国时期，刘备入蜀定都，将大批江南和中原的军人、文人、工匠和百姓带入蜀地，实现了巴蜀文化与江南文化、中原文化的大融合。唐代，玄宗、僖宗两次"幸蜀"，带来了大批诗人、画家、歌手和百工技艺之才，除杜甫、岑参、薛涛、韦庄等诗人外，花间词派成为中国最早的词人团体，而黄筌画派则开中国古代画派之先河。宋代，四川为抗金抗元的西部屏障，宦游巴蜀的文士达三百多人[2]，知名者有宋白、张咏、宋祁、石介、丁谓、蒋堂、张方平、赵抃、范纯仁、黄庭坚、王十朋、王质、陆游、范成大等。明清时期，两次大规模"湖广填川"，促进了四川经济、文化、风俗的大交流大融会。尤其值得注意的是，一批入蜀官员，以兴学为要，对四川文化贡献甚巨。康熙四十三年（1704），四川按察使刘德芳在文翁石室旧址创办锦江书院，成为当时四川地区的最高学府，人才辈出。同治十三年（1874），时任四川学政张之洞创办尊经书院，不久邀请湖南大学者王闿运担任山长，培养了一大批优秀人才。这两大书院，成为后来四川大学的两大源头。抗战时期，成都成为大后方文化中心，各种社会团体和27所大专院校迁入[3]，大批文化名流移居成都传道授学，徐中舒、缪钺、冯汉骥等学术大师留居四川大学，执教终生，著作宏富，桃李满天下，为四川的学术研究和文化繁荣做出了重大贡献。

四是世家大族的影响。优雅的意境，离不开优雅的士人。天府之国优雅意境的形成，世家大族的文化引领至关重要。世家大族是世代为官的名门望族，而文化传承之优势，则是世家大族赖以发展兴盛的根基，故世家大族往往为文化家族，且对当地文化有重大直接影响。就巴蜀而言，世家大族对文

---

1 班固：《汉书》卷八十七上《扬雄传》，第3513页。
2 从《全宋诗》的记载来看，北宋入蜀的文人有二百多人，南宋入蜀的文人则有一百多人。引自伍联群：《试论历史上的文人入蜀现象》，《青海社会科学》2009年第2期。
3 伍松乔：《柔与刚：一座城市的DNA——成都》，中国青年出版社，2009年，第192页。

化风尚的引领不仅历史悠久,而且沾溉至深。西汉至东晋,以谯隆、谯玄、谯周、谯秀为代表的谯姓,形成了一个以《周易》为家学、传承六百余年的世家大族。类似的文化家族如司马相如家族、扬雄家族、陈寿家族、李密家族、常璩家族等,还为数不少。两宋时期,四川世家大族的兴旺达于极盛。正如蒙文通先生所言,"中国之世族盛于晋唐,而蜀独盛于两宋"[1]。孙鸿猷(仲山)《宋代蜀文辑存·序》云:"《宋史》列传八百余人,而蜀中一隅之地,多至百数十名。其他见于故书雅记者,犹数倍于兹。终两宋之世,吾蜀人才臻于极盛,殆自来所未有,其人且率皆文学政事史才之选,徒以武勇取功名者绝罕。"[2]两宋时期四川人杰辈出之盛况空前,正是世家大族鼎盛的结果。当时的世家大族,举其知名者,有华阳范氏(范镇、范祖禹、范冲),新津张氏(张唐英、张商英),阆中陈氏(陈省华、陈尧叟、陈尧佐、陈尧咨),梓州苏氏(苏易简、苏舜钦、苏舜元),眉山苏氏(苏洵、苏轼、苏辙),绵竹张氏(张咸、张浚、张栻),丹棱李氏(李焘、李壁、李垣),丹棱唐氏(唐淹、唐庚、唐文若),井研李氏(李舜臣、李心传、李道传、李性传),井研牟氏(牟子才、牟巘、牟应龙),蒲江高氏(高载、高稼、高定子、高斯得),仁寿虞氏(虞允文、虞集),合州阳氏(阳枋、阳炎、阳恪)等。这些文化官宦之家,主要集中于成都平原及其周边地区,仅一个小小的隆州(今仁寿县),世家大族就多达十余家。世家大族科甲蝉联,青紫相属,极大地刺激了天府之国的读书风气。史载眉州"民以诗书为业,以故家文献为重。夜燃灯,诵声琅琅相闻"[3]。隆州"家贫而好学,颇慕文学"[4]。潼川府(治三台)"士通经学古,罕为异习"[5]。蓬州"少为商,多为儒。家诗户书,文物甚盛"[6]。如此浓郁的读书风气,对天府之国的优雅意境,无疑有巨大的熏育陶冶之功。宋蒙战争,四川经济社会受到极大破坏,大批世家大族外迁东南,故有元一朝,天府之国名门望族锐减,文

---

1 蒙文通:《蒙文通文集》第四卷,巴蜀书社,1998年,第108页。
2 傅增湘:《宋代蜀文辑存》第一册,北京图书馆出版社,2005年,第20页。
3 祝穆:《方舆胜览》卷五十三《眉州》,中华书局,2003年,第946~947页。
4 祝穆:《方舆胜览》卷五十三《隆州》,第955页。
5 祝穆:《方舆胜览》卷六十二《潼川府》,第1090页。
6 祝穆:《方舆胜览》卷六十八《蓬州》,第1183页。

化学术几近凋零。明清时期,经过两次大规模"湖广填川",一大批文化家族入川,四川的世家大族开始呈现出以湖广文化为代表的长江东南文化特色,文化的兴盛格局虽然不及两宋,却也斐然可观,如南充陈氏(陈以勤、陈于陛)、丹棱彭氏(彭端淑、彭肇洙、彭遵泗)、遂宁张氏(张鹏翮、张问陶)、遂宁吕氏(吕大器、吕潜)、达州唐氏(唐瑜、唐甄)、犍为李氏(李拔、李元模)、巴县蹇氏(蹇义、破山禅师)、长寿李氏(李开先、李彬然、李滋然)等,就是这个时期的代表。这些世家大族,以家学传承为核心依托,集地主、士绅与官僚三种身份为一体,其学术风格和文化风尚,成为整个社会推崇仿效的对象。除此而外,一些艺术世家对天府之国优雅意象形成的贡献,也值得注意,如以雷俨、雷威、雷珏、雷文、雷会、雷迟、雷霄为代表的雷氏制琴家族,以黄筌、黄惟亮、黄居寀、黄居宝为代表的绘画家族,以蒲大韶、蒲知微为代表的制墨家族等,对天府之国崇文尚艺之风的养成发挥了特殊作用。

五是办学传统的影响。天府之国优雅意境的形成,与注重学校教育的传统有莫大关系。西汉文翁治蜀,创办文翁石室,为中国地方官学之始。自此,天下郡国皆立学官,"郡国曰学,县道邑侯国曰校"[1]。四川为中国地方官学的起始地,对官学的重视由来已久。以南宋为例,四川244个州县中,有42%的州县已设置学校[2],其弟子员生人数占全国25%左右[3]。明清时期,四川每个县都设立县学,与孔庙合署而办,成为定制,一直延续到清末废科举。地方官学之外,四川学校教育的重要阵地是民办书院。三国蜀汉时,有"西部孔子"之称的大学者谯周于川北创办了果山书院,这是四川的第一个书院。全国最早以"书院"冠名的"士子肄业之所",是唐朝贞元九年(793)于今遂宁市西南书台山下建立的张九宗书院。两宋时期,以学者聚众讲学授徒为特色的书院在四川大量出现,多达31所[4],其中川东最著名者为谯定创办于程颐注易之地涪陵的北岩书院,川西最著名者为魏了翁创办于蒲

---

1 班固:《汉书》卷十二《平帝纪》,第355页。
2 陈世松、贾大全:《四川通史》,四川大学出版社,1993年,第263页。
3 林天蔚:《宋代史事质疑》,台湾商务印书馆股份有限公司,1987年,第192页。
4 李国钧:《中国书院史》,湖南教育出版社,1994年,第1025~1026页。

江老家的鹤山书院。清代，四川书院数量达到顶峰，乾隆时书院数量达394所，居于全国第2位。仅成都一地，就达21所[1]，著名者有锦江书院、墨池书院、芙蓉书院、潜溪书院四大书院。同治年间创办的尊经书院，是新式书院的开端，在中国教育史上写下浓墨重彩的一笔。清末废科举，书院纷纷改为学堂，四川开风气之先，成为中国近代教育的先进区，郭沫若、巴金、李劼人、蒙文通、周太玄、魏时珍、张亦僧、王光祈、胡少襄、宋成之等蜀中杰出人物，都是在这个时期受近代新学影响而启蒙的。当代，四川亦属国内教育之发达区域，仅成都就有高校五十余所。显然，发达的学校教育，为天府之国优雅意境的营造提供了持续不断的人才支撑，营造了重文尚雅的社会氛围。

　　六是哲学思想的影响。哲学既是世界观又是方法论，既是思维的准则又是行动的指南，可以说是一切文化的灵魂。尽管，天府之国的优雅意境，成因涉及诸多方面，但归根到底，是受中国传统儒、释、道三大哲学思想体系的影响。儒学对天府之国优雅意境的影响，要在一个"雅"字。天府之国受儒学的影响，始于文翁治蜀。春秋时期，蜀国为开明王朝，战国后期，为秦国统治，到西汉武帝时，依然"有蛮夷风"，而文翁守蜀，选派蜀中子弟赴长安，学习《易》《书》《诗》《礼》《春秋》等儒学经典，又开石室官学传播儒学，巴蜀与儒学结下了不解之缘，"好文雅"之风从此发轫。宋代，四川儒学进入第二次发展高潮。理学创始人周敦颐来川为官，理学思想开始传播。不久，其弟子程颢、程颐随父入蜀，得出"易学在蜀"的论断，足见当时蜀地儒学之发达。稍晚，以三苏父子为领袖的蜀学与二程洛学、王安石新学鼎足而三，构成北宋学术三大流派。而蜀人谯定师从程颐，将程氏理学传回四川，并创立涪陵学派，史称"洛学入蜀"。到了南宋，绵竹籍名相张浚之子张栻讲学湖南，奠定湖湘学派的根基，与朱熹、吕祖谦合称"东南三贤"。而蜀人昝渊远赴福建师从朱熹，将朱熹理学引入四川，实现了"闽学入川"。他长期执掌涪陵北岩书院，成就了涪州学派的巅峰。其后，蒲江人魏了翁更是尽心传播理学，创办鹤山书院，使"蜀人尽知义理之学"。清朝康熙以来，成都先后创办锦江书院、尊经书院、存古学堂三大名校，培养出

1　李国钧：《中国书院史》，第1164~1186页。

了一大批杰出的思想家、政治家、教育家。道教对天府之国优雅意境的影响，要在一个独具蜀地内涵的"优"字。东汉后期，道教起源于四川，吸纳巴蜀原始巫教、战国神仙学说和道家黄老思想衍化而成。除宗教仪轨而外，道教奉行老子、庄子的道家学说。老子的核心世界观是"道法自然"，主要方法论是"无为而治"，强调"无为而无不为"，主张"不尚贤，使民不争"，"使民无知、无欲"，"天下之至柔，驰骋天下之至坚"（以柔克刚）。庄子继承老子而拓展其学说，提出"天地与我并生，而万物与我为一"的"天人合一"思想，以"逍遥游"为喻追求精神自由，强调返璞归真，清静无为，安时处顺，逍遥自得。老庄哲学的精髓，概括起来就是"顺其自然，自然而然"。不管是李白、苏东坡的为人及诗文风格，还是四川人在日常生活中所表现出来的与世无争、豁达大度、淡定从容、浪漫飘逸、优游不迫、悠闲自得、自由自在、逍遥洒脱、以柔克刚等思维方式和处世哲学，无一不受老庄哲学思想的沾溉。佛教对天府之国优雅意境的影响，既有"优"的启示，又有"雅"的滋养。佛教起源于印度，传入中国后与本土文化融合，到唐初六祖慧能创立禅宗，实现了佛教的中国化。在中国佛教史上，前人有"言蜀者不可不知禅，而言禅者尤不可不知蜀"[1]之说，足见四川在佛教发展史上的重大贡献和崇高地位。唐初，著名高僧玄奘曾经入川求学，师从多师，居留四五年，并在成都受具足戒。盛唐时期，什邡的马祖道一，传承弘扬六祖慧能的禅学精义，创立丛林制度，中国禅宗从此而大盛，被铃木大拙和胡适共称为"唐代最伟大的禅师"。宋代的圆悟克勤，为临济宗杨岐派奠定了坚实基础。清代的破山海明，从江南引入佛学新风，创立双桂法派，推动了清初西南佛教的大复兴。整个四川，历来古刹林立，龙象并出，法雨广施，信教者众，佛教特别是禅宗对人们的思想观念和言行举止都产生了全面而深刻的影响。禅宗提倡的自觉觉他、自利利人、清心寡欲、因果报应、众生平等、慈悲博爱、以和为贵、平常心是道等主张，与儒道学说多有相通之处，已经成为人们遵循的准则而深入骨髓。而佛教对文化发展的诸多贡献，也直接影响到人们的文化生活和精神境界。佛经翻译创造的汉语

---

[1] 贾题韬：《巴蜀禅灯录·序言》，冯学成等：《巴蜀禅灯录》，成都出版社，1992年，第3页。

词汇达三万五千多个，极大地丰富了汉语的表现力，很多饱含佛教意蕴的词汇广为流传，已经成为日常用语。佛经的翻译，引发了中国音韵学的肇兴，催生了格律诗的繁荣，促进了诗词、弹词、平话、戏曲、小说等文学的创作和书法、绘画、雕塑、音乐、舞蹈等艺术的发展，尤其是促进了以诗论、词论、曲论、赋论、文论、书论、画论等为特色的中国传统美学理论体系的创立，极大地刺激了人们对精神生活高雅情趣的追求，为天府之国优雅意境的构建和丰富，提供了源源不断而又博大精深的美学支撑。

论天府文化的整体性

——强烈的统一意识和家国情怀

谭 平 谭俊峰[1]

摘 要: 本文从解读天府文化的整体性特征入手,论述了爱国主义这一人类最高贵的优雅情感在天府文化中的表达与呈现。文中以文豪司马相如、扬雄、苏轼、杨慎的文章和生平,将帅岳钟琪、杨遇春的历史功绩,近现代川军抗日(尤其是四川军民含辛茹苦支持中国空军抗日)以及今人樊建川先生的事业等为典型事例指出,天府成都的众多先贤都具备以坚定的爱国爱乡为底色,在和平年代深谋远虑,先天下之忧而忧,敢作敢为,在天灾人祸到来时,面对家国盛衰、天下沉浮,追逐仁义、勇敢豪迈的人生格调;普通人民也能够在和平年代奉公守法,积极创造,在灾难降临时与国家和民族风雨同舟、生死与共。而每当国家走向统一或出现统一前景时,他们能做出基于民族大义的理性取舍,其不支持地方分裂割据的传统尤其体现出天府文化的强烈的统一意识和更高层面的家国情怀。说天府文化之

---

[1] 谭平,成都大学文学与新闻传播学院院长、教授,天府文化研究院院长。谭俊峰,电子科技大学2017级MBA研究生。

"优雅",这是最珍贵的一部分。

关键词:天府文化;整体性;统一意识;家国情怀;地域表达

一、综论

"文化"是一个内涵、外延迄今尚不能够求得中外学术界共识的概念。但文化之核心是指以价值观和生活方式为主要代表的人类精神活动,则应该是学术界的基本共识。在中国传统文化的语境中,文化实际上是"人文教化"的简称。"文"是基础和工具,包括语言和文字、各种艺术形式等;"教化"是这个词的真正重心所在。它的基础功能是使人形成并维系、传承健康人性,阻止人的异化,并构建一个国家或族群的个性与特色。如果一个民族的文化能够在应对各种内外挑战中与时俱进并稳定传承,那么这个民族就具有最为强大的生命力。纵观人类历史,爱国主义始终是所有强盛国家和民族最为高贵、最为壮美的情感与价值共识,而爱国主义在中华文化中的主要表达就是炎黄子孙始终念兹在兹、融入血脉的强烈的天下统一意识和家国情怀。那些勇敢践行者从来都是我们中华儿女高山仰止、景行行止的对象,他们的价值观和人生取舍构成了中华文明精神殿堂的最高雅部分。本文所论述的天府文化的整体性特征,正是对强烈的统一意识和家国情怀的地域文化表达。

所谓整体性,其一是指天府文化自诞生起,就逐步开始了向大一统的华夏政权、国家轴心文化的凝聚和集结,在实现中华民族"最广泛的文化认同"(美国学者亨廷顿语)的历史进程中,成为一支最有向心力、承载力和创造力的地域文化。在神话传说与历史记录交织的文献中,蜀人的早期发展脉络与黄帝、昌意、颛顼一系降居江水、若水紧密关联:夏禹兴于西羌,当他在会稽号令天下时,巴、蜀均是其追随者;大禹治水,勘定九州疆界后,巴蜀即归梁州范围。巴、蜀还十分勇敢积极地参与了周武王的联军,助周歼商。孔子请教过的音乐老师是东周贤大夫苌弘,来自蜀地。蜀人、蜀文化自古即是华夏族和中原文化的紧密关联者。其二是指自秦以来,这里的官民向往、维护、支持国家统一的情感和意识特别强烈,而对于在此地形成、崛起的割据分裂势力、政权,除非它们能在一定时期内有统一中国的希望(实际上这种情况只在三国时期刘备、诸葛亮治蜀阶段存在过[1])或起到保境安民的作用,一般都绝不会倾力支持其坐大与国家统一趋势顽抗到底。主要原因除了儒家仁义礼智信和忠孝廉耻的核心价值观在天府大地深入人心,还有生活在这块罕有其匹的人间乐土的人民对于国家统一的好处领会最深,对于国家因为腐败、衰落或被强敌入侵,陷入分裂战乱后带给本地区的祸患与灾难(如宋末元初、明末清初成都平原承受了两次原住民几乎全体被灭绝的巨大人祸,这在中国其他同级别城市的历史上是十分罕见的)有着刻骨铭心的记忆和理性认识。这也加速了地域文化在主流价值观和生活方式上对国家轴心文化的融汇。

众所周知,中华文化的主干是儒家文化,儒家的忠孝节义伦理和大一统意识是中国爱国主义传统的核心和灵魂。释、道是中华文化的重要组成部分,尤其是在理学崛起以后,三教都把爱国作为核心价值。谭继和先生讨论蜀学对中华文明的贡献时指出:"在传统文化的儒、释、道三大主干之学中,巴蜀皆占有特殊地位,或是开源性贡献,或是奠基性贡献,可归纳为'仙源(道家)在蜀''儒学在蜀''菩萨在蜀'三大特点。"[2]也就是在逐步建构以儒家为主体、儒释道相互融汇的中华文明核心价值体系的过程中,蜀学个性鲜明、贡献卓越。有积淀深厚、个性鲜明的优秀地域文化滋养,天

---

[1] 诸葛亮六出祁山,始终得到蜀地广大官民毫不动摇的坚定支持。从道的层面来讲,六出祁山为的是匡复汉室,重新统一中国,而且因为刘备、诸葛亮代表的蜀汉政权的正统色彩,尤其是相对的政治清明,所以由蜀汉来追求国家统一,更能代表正义。因此蜀地官民流血流汗,忍饥挨饿,都坚定拥戴其政权。关于这段历史,古今史学、文学爱好者因为读了《三国志》《三国演义》,大多数都为诸葛亮的事业没有成功而扼腕叹息。后人基于既成事实,从"术"的层面指责诸葛亮劳民伤财,固然不无道理,但是否属于"事后诸葛亮",也很值得探讨。为何这种指责在总体上并不能影响后人对诸葛亮的崇拜,那是因为诸葛亮矢志不移追求国家统一,且敢于逆水行舟,知难而进,不管是在价值观还是在"天行健,君子以自强不息"的人文精神方面,他都几乎做到了极致,堪为后世楷模。成都人民对诸葛亮的崇敬,也深深感动了杜甫,所以他能够留下融爱国主义和贤能政治理想为一体的千古名句:"丞相祠堂何处寻,锦官城外柏森森。映阶碧草自春色,隔叶黄鹂空好音。三顾频烦天下计,两朝开济老臣心。出师未捷身先死,长使英雄泪满襟。"

[2] 谭继和:《儒释道的根柢与巴蜀文化》,蔡方鹿主编:《"蜀学与中国哲学"学术研讨会论文集》,四川文艺出版社,2013年,第8页。

府成都的众多先贤以坚定的爱国爱乡情怀,在和平年代深谋远虑,先天下之忧而忧,敢作敢为,在天灾人祸到来时,面对家国盛衰、天下沉浮,追逐仁义、勇敢豪迈;普通民众也能够在和平年代奉公守法,积极创造,在灾难降临时与国家和民族风雨同舟、生死与共。而每当国家走向统一或出现统一前景时,他们能做出基于民族大义的理性取舍,其不支持地方分裂割据的传统尤其体现出天府文化的强烈的统一意识和更高层面的家国情怀。说天府文化之"优雅",这是最珍贵的一部分。对于天府成都人民来讲,这正是爱我中华,舍我其谁。

二、文豪

代表天府文化整体性的历史人物不胜枚举,文豪中的典型者如下。

司马相如(约前179—前118),出身贫寒,但在有"选贤举能"社会理想的汉朝,凭借其才华,不仅与富家千金卓文君喜结连理,而且受到武帝信任,助益其实现文治武功。当然他主要的历史地位是以其作为彪炳史册、荣耀乡邦的文学家而获得的,其《上林赋》铺陈渲染了大汉天子上林苑的壮丽以及汉天子率众臣游猎的盛大规模,但也鲜明讽谏了汉武帝的纵欲奢靡,表达了他对汉帝国鼎盛时期存在的严重问题的忧患意识;《哀二世赋》是我国赋史上第一篇涉及秦朝暴政的作品,借哀悼二世委婉议政,借此前车之鉴委婉讽谏汉武帝。而他的说理散文《难蜀父老》,不仅留下"盖世必有非常之人,然后有非常之事;有非常之事,然后有非常之功。夫非常者,固常人之所异也"的名句,更是高瞻远瞩,以其如椽之笔,引领家乡百姓积极支持朝廷开拓西南夷。时司马相如以中郎将身份,奉武帝之命,持节出使巴蜀。蜀地长父多言打通西南夷没有用处,朝中大臣也以为如此,司马相如遂创作《难蜀父老》,假借驳诘蜀父老的形式为已推行的政策辩护,对开发西南地区、沟通汉族与西南少数民族的关系,起了积极的作用。《难蜀父老》首先概括了西汉的国势和"西征"的形势,假托蜀中父老对开发西南的异议,以使臣的名义阐明开通西南夷乃天子之急务,百姓虽劳而不能停止,并以大禹治洪水为例,说明凡举大事必极劳苦,开始时"黎民惧焉","及臻厥成,天下晏如也"。文章论点集中、语言锋利、气势充沛、说理透辟,具有先声夺人的艺术效果，凸显了他浓厚的家国情怀。显然，司马相如不仅是大文豪，还是主动积极为国分忧、深谋远虑、不避艰险的政治家与外交家。

西汉后期的扬雄，家贫但不慕富贵，博学多识，奇才旷世，学跨儒道，论兼史、文。作为思想家，气度恢弘，拟《易经》而作《太玄》，拟《论语》而作《法言》，坚定捍卫、传承孔孟的学说，为儒学在汉代的健康发展开辟道路。他在《法言》中还主张文学也应当宗经、征圣，以儒家经书为典范，对后世文艺理论有重要影响。虽然生在成哀新莽之世，曲高和寡，但绝不随波逐流，更不会为了富贵而屈膝迎合，终得青史流芳，为后世所敬重。[1]唐代大文豪刘禹锡特别敬佩他的安贫乐道，在其著名散文《陋室铭》中以"南阳诸葛庐、西蜀子云亭"双褒并美，激励自己坚守高洁傲岸的情操。作为汉赋四大家之一，扬雄留下的璀璨名篇《甘泉赋》《河东赋》《羽猎赋》

---

[1] 张衡在《论衡》卷八十五《自纪》中记载王充赞美扬雄说："身与草木俱朽，声与日月并彰，行与孔子比穷，文与扬雄为双，吾荣之。"北宋司马光在《读玄》中说："孔子既没，知圣人之道者，非扬子而谁？孟与荀殆不足拟。"扬雄一生安贫乐道，引起后人纷争的是他留下的《法言·孝至》和《剧秦美新》。这种纷争，就指责他的人来讲，一是出于"袒刘"情结，二是回避了扬雄写此文时王莽本身形象就是正面的，是众望所归。而且他死于王莽大败之前。当时这种类似的文章数不胜数，许多人在王莽失败以后都将自己的文章销毁了。所以，著名学者周桂钿专文指出："我以为，扬雄对中国文化的贡献是巨大的，不会因此而损害他的光辉形象。"（转引自周桂钿《重评扬雄〈剧秦美新〉》，载蔡方鹿主编《"蜀学与中国哲学"学术研讨会论文集》第124~127页）扬雄在为自己《太玄》的高深做辩护所写的《解难》中言："若夫闳言崇议，幽微之涂，盖难与览者同也。昔人有观象于天，视度于地，察法于人者，天丽且弥，地普而深，昔人之辞，乃玉乃金。彼岂好为艰难哉？势不得已也。独不见夫翠虹绛蜺之将登乎天，必耸身于仓梧之渊；不阶浮云，翼疾风，虚举而上升，则不能撠胶葛，腾九闳。日月之经不千里，则不能烛六合，耀八纮；泰山之高不嶕峣，则不能浡滃云而散歊烝。是以宓牺氏之作《易》也，绵络天地，经以八卦，文王附六爻，孔子错其象而象其辞，然后发天地之藏，定万物之基。《典》《谟》之篇，《雅》《颂》之声，不温纯深润，则不足以扬鸿烈而章缉熙。盖胥靡为宰，寂寞为尸；大味必淡，大音必希；大语叫叫，大道低回。是以声之眇者不可同于众人之耳，形之美者不可棍于世俗之目，辞之衍者不可齐于庸人之听。今夫弦者，高张急徽，追趋逐耆，则坐者不期而附矣；试为之族《咸池》，揄《六茎》，发《箫韶》，咏《九成》，则莫有和也。是故钟期死，伯牙绝弦破琴而不肯与众鼓；獿人亡，则匠石辍斤而不敢妄斫。师旷之调钟，俟知音之在后也；孔子作《春秋》，几君子之前睹也。老聃有遗言，贵知我者希，此非其操与！"显然，他希望在精神上并驾齐驱的是宓牺氏、文王、孔子、伯牙、师旷、老聃这些中华文明史上有开源和典范之功德的先贤。

《长杨赋》同样出于忧患意识对君主的虚骄奢靡、劳民伤财进行了讽劝。班固赞美他的高洁："实好古而乐道，其意欲求文章成名于后世，以为经莫大于《易》，故作《太玄》；传莫大于《论语》，作《法言》；史篇莫善于《仓颉》，作《训纂》；箴莫善于《虞箴》，作《州箴》；赋莫深于《离骚》，反而广之；辞莫丽于相如，作四赋；皆斟酌其本，相与放依而驰骋云。用心于内，不求于外，于时人皆曶之；唯刘歆及范逡敬焉，而桓谭以为绝伦。"[1]显然，班固对扬雄卓尔不群的才华以及其好古而乐道，关心天下兴衰，传承和弘扬圣贤学术及精神志向十分敬佩。

历史上蜀地不计功名富贵，直道而行，对国家竭尽忠诚的文豪数不胜数，典型如苏东坡、杨升庵，虽然天纵英才，但都命途多舛，然而不论遭遇多少人生坎坷，其对天下兴亡、国家安危、苍生休戚的关怀都不会改变，其人生灾难形成的巨大压力都能在儒释道的共同作用下得到消解，使其人格始终不会沉沦，其文学创作能够继续产生家喻户晓的千古名篇。关于儒家忠孝伦理对苏轼的影响，一翻开他的列传，就赫然在目："苏轼，字子瞻，眉州眉山人。生十年，父洵游学四方，母程氏亲授以书，闻古今成败，辄能语其要。程氏读东汉《范滂传》，慨然太息，轼请曰：'轼若为滂，母许之否乎？'程氏曰：'汝能为滂，吾顾不能为滂母邪？'"事实上，苏轼忠君爱民，直道而行，历尽坎坷，也终身未改。所以《宋史》在其本传中给予了罕有其匹的高度评价："自为举子至出入侍从，必以爱君为本，忠规谠论，挺挺大节，群臣无出其右。但为小人忌恶排挤，不使安于朝廷之上。"[2]苏轼生活在北宋中晚期，对于朝廷面对辽和西夏的懦弱无能，他将自己的郁闷和希望都寄托于像《念奴娇·赤壁怀古》这样的咏叹中："大江东去，浪淘尽，千古风流人物。故垒西边，人道是，三国周郎赤壁。乱石穿空，惊涛拍岸，卷起千堆雪。江山如画，一时多少豪杰。遥想公瑾当年，小乔初嫁了，雄姿英发，羽扇纶巾。谈笑间，樯橹灰飞烟灭。故国神游，多情应笑我，早生华发。人生如梦，一樽还酹江月。"苏轼多么希望朝廷振作起来，有像周瑜这

---

1 班固：《汉书》卷八十七下《扬雄传》第五十七下，中华书局，1964年，第3683页。
2 脱脱等：《宋史》卷三百三十八《列传》第九十七，中华书局，1977年，第10817页。

样的英雄来对付来自北方强邻的威胁，赢得国家的优势地位与尊严。事实上，这首洋溢着英雄主义情结的名篇不知激励了多少炎黄子孙不畏强敌，保家卫国。而杨慎，践行理学的"得君行道""致君泽民"理想，为了阻止明世宗出自私欲而破坏国家正统礼制，奋不顾身争"大礼"，被终身流放云南边陲。可是在三十六年的流放生涯中，他并没有自暴自弃，而是克服众多艰辛，不仅成为在文教上开化云南，受到云南官民世代崇拜的伟大先贤，而且成为有明一代文人中百科全书似的泰山北斗。（综观杨慎一生，除了对云南的巨大贡献，他还对天府家乡也尽可能做出贡献——曾十余次因省亲、奔丧或其他特殊原因回到新都，其中八次以上发生在他二十六岁被流放以后，所以虽然在经济上、聚集资源上帮扶家乡能力有限，但他发挥了作为大作家、大学问家和书法家的优势，有求必应地为家乡编撰典籍、撰写碑铭。比如正德十年即1515年，杨慎应新都知县韩奕之请，撰写《新都县八阵图记》。次年，其碑立于县北弥牟镇之武侯祠[1]，今藏新都桂湖碑林内。嘉靖二十年，杨慎省父亲墓，经成都回到新都，居家半年，期间两次到成都，完成《全蜀艺文志》，并应四川巡抚刘大谟延聘，与杨名、王元正纂修《四川总志》，书成，为其作序。[2]他做出的这类贡献，虽然不能与他对于其第二故乡云南的贡献相比，但应该说已经做到了极致。）而且他还留下了"位卑未敢忘忧国"，坚决反对地方势力叛乱的堪称英雄的事迹：嘉靖五年（1526）十一月至十二月，流放云南边地永昌的杨慎获悉寻甸府土舍安铨、武定土舍凤朝文叛乱，攻掠城堡为患，叹曰："此吾效国之日也。"遂身穿戎服，率旅僮及步卒百余，往援木密所守御，并入城与副使张峨共谋固守之策，至叛军败退而复归会城。[3]读到这样的记载，令人对这位伟大先辈的特殊敬意油然而生。

三、将帅

古语说巴出将，蜀出相，这只是一个将两地人物相比较而言的笼统总结。其实，在清代此话就并不适用了。与历朝历代相比，清朝在中国历史上

---

[1] 倪宗新：《杨升庵年谱》，中央文献出版社，2013年，第172页。
[2] 倪宗新：《杨升庵年谱》，第435~437页。
[3] 倪宗新：《杨升庵年谱》，第305~306页。

的卓越贡献是运用软硬实力，在辽阔边疆地区建立起文治武功，虽在近代以来历经西方列强鲸吞蚕食、巧取豪夺，却仍为20世纪中国重新统一时的辽阔疆域奠定了较好的基础。在清朝解决西部问题，维护国家统一方面，出自天府成都的将帅起了很重要的作用，他们的杰出代表是岳钟琪和杨遇春。

岳钟琪（1686—1754），字东美，号容斋，成都人，四川提督岳升龙之子，岳飞二十一世孙。康熙四十八年（1709）捐官做了候补知府，后历任松潘镇中军游击、四川永宁（今四川叙永）协副将等职。康熙五十八年（1719），以准噶尔部入扰西藏，奉命率兵入川。次年挥师入藏，夺桥渡江，直抵拉萨。雍正元年（1723），以参赞大臣随年羹尧征青海和硕特部首领罗卜藏丹津，出归德堡（今青海贵德），断敌退路。次年正月，授奋威将军。二月，袭破罗卜藏丹津大营，平定青海。雍正三年（1725），授川陕总督，加兵部尚书衔。次年，奉命主持云贵两地"改土归流"。雍正七年（1729），以宁远大将军率师西征，会北路靖远大将军傅尔丹，镇压声势浩大的噶尔丹策零叛乱，历经艰辛占领乌鲁木齐，给叛军以沉重打击。雍正十年（1732）十月哈密之战，岳钟琪派出的负责断敌退路的部下石云倬因迟一日发兵，延误了战机，又没有及时追歼逃敌。雍正大怒，石云倬被斩首，岳钟琪以"误国负恩"等罪被夺官拘禁，差点被判死罪。乾隆十三年（1748），初以总兵启用，复授四川提督。参与大小金川之战，献南北夹击、直捣中坚之策，被经略傅恒采纳，并以十三骑入勒乌围（今四川金川东）大营，劝导大金川土司莎罗奔父子归降。乾隆十五年（1750），西藏珠尔默特那木札勒叛乱，六十四岁的岳钟琪奉命出兵康定，会同总督策楞，讨平叛乱。乾隆十九年（1754），岳钟琪抱重病出征邪教陈琨暴动，返回时病逝于资州，年六十八。乾隆帝赐谥襄勤，称赞他是"三朝武臣巨擘"。[1]综观岳钟琪一生，尽管智勇兼备，文武双全，赤胆忠心，战功卓著，但却身不由己卷入清朝的政治漩涡，被不识时务的书生曾静的策反活动置于险境，被雄猜之君主雍正和妒贤之满汉权臣合力贬黜，甚至雍正十二年由兵部小题大做罗织罪状，被判"斩决"（后雍正改为"斩监候"），入狱两年之久。乾隆

---

[1] 赵尔巽：《清史稿》卷二百九十六《列传》八十三，中华书局，1977年，第10367页。

二年出狱后被贬为庶人达11年之久。但不管宠辱，他都表现了良好的道德情操，忠君、爱国、爱兵从未改变。岳钟琪是清代唯一统领过满州八旗将士保家卫国的汉族军事家，也是一代儒将，著作有《姜园集》《蛩吟集》等。他与妻子的琴瑟相和、伉俪情深也被传为佳话。[1]此外，其弟岳钟璜自青年起便在其麾下一起征战，参加了征讨青海罗卜藏丹津和"庄浪王"的战役及讨伐噶尔丹策零战役，立下大功，历任副将、总兵、提督。时大小金川互斗不宁，乾隆三十一年（1766），钟璜率兵出讨，依靠其威信，以招抚为主，使大小金川归于安宁。经仲璜奏准，朝廷在大金川设阿尔古通判厅，在小金川设梅诺通判厅，加强了朝廷对这一地区的管控。钟璜在川任职十余年，威震西南，对地方经济发展和民族团结、国家统一做出了贡献。是年，岳钟璜病逝于任所，谥"庄恪"，葬成都。岳钟琪长子岳濬也是一代名臣。今人面对岳氏兄弟，最大感叹就是他们的事迹和精神并没有得到应有的广泛传播，他们的历史地位也没有得到应有的重视和充分肯定。著名清史专家周远廉[2]曾指出：岳钟琪是弘扬岳飞"精忠报国"爱国主义思想最为杰出的英雄，他有着"文官不爱钱，武官不惜命"的清正廉洁、视死如归的高风亮节，代表着中华民族的传统美德；他的军事思想闪烁着中国优秀传统军事思想的光彩。岳钟琪一生所创造的精神财富和物质财富是构成中国优秀传统文化的一分子。[3]但这种评价并没有转化为后人应有的历史观。就他的故乡成都来讲，岳府、

---

[1] 妻子岳高氏，华阳（今成都双流）人，封一品夫人。娴熟弓马，明悉军事，佐理内政，井井有条。岳钟琪每出征战，署中内外，莫不肃然。待人以宽，人咸敬服。尤工吟咏，著有《高夫人集》四卷。李调元《蜀雅》、孙桐生《国朝全蜀诗钞》、徐世昌《晚晴簃诗汇》录有其诗。高氏与岳钟琪伉俪情深，既殁，岳钟琪哭之以诗云："五载西曹我困危，长安寄食赖谋为。全家幸得归田里，相守翻成永别离。一字如金爱惜之，却因相敬故如斯。从今永阁闺中笔，自此无人解和诗。鬓增白发面增癯，行亦无双坐亦孤。仍向合欢床上卧，入帘凉月照鳏夫。"（见《哭夫人》，《清诗纪事》（雍正朝卷），江苏古籍出版社，1987年，第4484页）

[2] 周远廉先生还以他五十七年清史研究的成果，以康雍时期的四万六千余件朱批奏折和岳钟琪亲手写的四百多件奏折的坚实史料基础，写有历史小说《宁远大将军岳钟琪》《岳钟琪传》《金川风云》，可谓研究、传播岳钟琪第一人。2014年成都一言文化传播有限公司将《宁远大将军岳钟琪》改编成了三十二集电视连续剧剧本，但迄今并无后话。

[3] 眉山市彭山区政府网，2015年1月11日。网址为http://www.scps.gov.cn/content.jsp?urltype=news.NewsContentUrl&wbtreeid=1039&wbnewsid=12092.

姜园作为其故居早就只剩名称且仅存于个别史学专家的记忆之中。位于金堂县三学山西北栖贤乡岳公村的岳钟琪墓园，不仅毁损严重，而且迄今也不过是县级文物保护单位；至于这位一生风云际会、金戈铁马、功勋卓著、命运跌宕起伏，本人和亲属都具有大量"故事"可讲的大英雄，至今的"文创"表达也不过是在1992年的香港电视剧《满清十三王朝》和1999年的电视连续剧《雍正王朝》中偶尔作为配角出现，他们的塑像在成都地区也几乎无处可觅。[1]在笔者看来，这是珍贵资源的浪费，天府文化研究和传播应该改变目前的这一局面。

杨遇春（1761—1837），字时斋，成都崇州人，清朝名将，生活在清朝逐渐衰落，各种社会矛盾汇聚并转化成严重的社会动荡，以及边疆出现严重危机的时期。乾隆四十四年（1779），"以武举效用督标，为福康安所识拔，从征甘肃石峰堡、台湾、廓尔喀，咸有功，累擢守备"。为国家南征北讨，平息各地动荡、叛乱。道光六年（1826），以代理陕甘总督之职率军讨平张格尔叛乱，收复南疆西四城。史载这场大战惊心动魄："七年二月，连败贼于洋阿尔巴特、沙布都尔、阿瓦巴特，擒斩数万，追至浑河，距喀什噶尔十余里，贼悉众抗拒，列阵二十余里。会大风霾，前队迷道，未即至，将军欲退屯十余里，须霁而进，遇春不可，曰：'天赞我也，贼不知我兵多少，又虞我即渡，时不可失！且客军利速战，难持久。'乃遣千骑绕趋下游牵贼势，自率大兵乘晦雾骤渡上游，炮声与风沙相并，乘势冲入贼阵，贼大

---

[1] 赵尔巽之《清史稿》岳钟琪本传，长达五千四百多字，加上其父、弟、子的附传文字，共计6107字，并没有刻意贬低岳钟琪。该传不仅对其一生有基本属实的介绍，还将其传与清朝另一位德才俱佳、建有大功的顶尖军事家策棱的本传并为一篇，且置于其前。二人合传的文字是《清史稿》武将列传中最长的，且最后的总评是："世传钟琪长身颀面，隆准而骈胁。临阵挟二铜锤，重百余斤，指麾严肃不可犯。军西陲久，番部皆詟其名。其受莎罗奔降也，傅恒升幄坐，钟琪戎服佩刀侍。莎罗奔出语人曰：'我曹仰岳公如天人，乃傅公俨然踞其上，天朝大人诚不可测也！'策棱白晰微髭，善用兵，所部多奇士。有脱克浑者，日行千里，登高张两手，若雕鼓翼，诇敌，敌不之察。事定，策棱欲官之，辞，赉以千金，酌酒劳之。脱克浑请出侍姬舞，起而歌，慷慨，策棱大悦，即以姬及所乘马赐之。载籍言名将，往往举其状貌及其轶事，使读者慕焉。钟琪忠而毅，策棱忠而勇，班诸卫、霍、郭、李之伦，毋谓古今人不相及也。"显然，《清史稿》是把他与卫青、霍去病、郭子仪、李光弼这些在中国历史上于国家有着无上军功的伟大人物相提并论的。

奔。三月朔，遂复喀什噶尔，甫旬日，英吉沙尔、叶尔羌、和阗以次复，加太子太保。张格尔远遁，诏遇春先入关。八年正月，杨芳擒张格尔于铁盖山，遇春入觐，捷音适至，帝大悦，赐紫缰，实授陕甘总督，图形紫光阁。"道光十五年（1835），以年老辞官返乡，进封一等昭勇侯。道光十七年（1837），病逝，年七十八。追赠太子太傅、兵部尚书，入祀贤良祠，谥号"忠武"，故后世称其为"杨忠武侯"。著有《武备制胜编》十三卷。杨遇春历仕乾隆、嘉庆、道光三朝，一生交战数百次，临战常顶石冒矢冲锋陷阵，未曾受伤，被嘉庆帝称为"福将"。史载其人品和威望是"遇春结发从戎，大小数百战，皆陷阵冒矢石，未尝受毫发伤。仁宗询及，叹为'福将'。治军善于训练，疲卒归部下即胆壮，或精锐改隶他人，仍不用命。将战，步伐从容，虽猝遇伏，不至失措。俘虏必入贼三月以外始诛，老稚皆赦免。驭降众有恩，尤得其死力。操守廉洁，治家严整，子弟皆谨守其家风"[1]。杨遇春是平息内忧外患的功臣，尤其是舍生忘死平息声势浩大的张格尔叛乱，收复南疆疆土，确保有辽阔疆域的新疆免于分裂，这是中国近代史上可与左宗棠收复新疆相提并论的伟大功勋。可是他也一直没有得到历史学界和林林总总各类"文创"所应有的重视和正面表达。究其原因，极"左"年代产生的"封建统治"时期凡民变兵变（包括基于民族、宗教隔阂、会党甚至邪教为主的社会心理，摧毁现成社会法制的各类行为）均属于"起义"的僵化思维是主要根源。在推动天府文化深入研究的过程中，在以命运共同体意识重新审视中华文化、描绘人类未来的当下，我们应该综合运用近代以来国内外丰富的学术研究成果，择善而从，实现学术评价应有的拨乱反正，还给岳钟琪、杨遇春、左宗棠这些伟大先辈客观真实的历史评价，才能够拨开历史的迷雾，实现中华优秀传统文化、天府文化精髓的传承与弘扬。

四、近现代表达

舒大刚先生论述蜀学流变时指出："经研究表明，巴蜀文化在上古时期几乎与中原同步孕育、平行发展，随着历史上的民族迁徙、经济交往、文化交流、军事活动和政治统一等过程的推进，巴蜀文化又与其他地区，特别

---

[1] 赵尔巽：《清史稿》卷三百四十七《列传》一百三十四，第11197页。

是与中原甚至中央王朝彼此影响，互相充实，共同丰富和发展了中华文化宝库。"[1]天府成都自古就爱国爱乡，有着十分深厚的思想文化积淀，勇于承担各种责任，克服各种艰险，开拓创新，创造各种财富，先贤、忠烈、名流、大师巨匠辈出，留下了众多名篇、义举、伟业。除了前述案例外，在近代保路运动、抗战大后方建设、川军出川抗战、抗美援朝等历史背景下均谱写了可歌可泣的历史篇章。尤其在三线建设、改革开放以后，还崛起了成都、重庆两座国家中心城市。如此种种，我们都能感受到天府儿女强烈的国家、民族使命意识和责任担当意识。

川军和四川人民在抗战中的表现，是天府文化里爱国主义基因最生动的写照。以成都为中心的四川军民，不仅给艰难曲折的卫国战争提供了最多的兵源，最多的军需物资，最大的中国空军培养、生存基地，而且以华西坝五大学（时西人简称Big Five，即"华西五大"）为中心，形成中华民族在抗战期间足以与昆明以西南联合大学为中心、重庆以众多高校和学术机构为中心媲美的不屈不挠、勇敢精进的教育、学术与精神高地，书写了天府成都英勇无惧、乐观奋发、勇于创建的璀璨华章。

这些事实和数据，值得天府成都和人类良知永远铭记：

抗战期间，为了战胜穷凶极恶的日本法西斯，实现伟大的民族解放，川军将士以窳劣简陋的装备和后勤保障[2]，浴血奋战，参加了正面战场大多数重大战役，包括淞沪会战、南京保卫战、徐州会战、太原会战、武汉会战、南昌会长、四次随枣会战、三次长沙会战、浙赣战役、常德会战、豫中会战、豫西鄂北会战等，甚至还参加了远征印缅的作战。川人在抗战中伤亡共计64.6万人（其中成都地区占20%以上），阵前牺牲将领5人；四川总共担负了大后方粮食征收总数的三分之一，生产了后方所用的大部分机器，以及化工、造纸等工业产品；"Big Five"事实上成为战时中国规模最大、学科设

---

[1] 舒大刚：《蜀学的流变及其基本特征》，《江苏科技大学学报》（社会科学版）2017年第3期。

[2] 袁庭栋先生在其巨著《成都街巷志》（四川文艺出版社，2017年，第456页）上卷，介绍鸡公车道："据笔者所见到的资料，川西坝的鸡公车还曾经远走华北，因为抗日战争中川军出川抗战时，没有现代的交通工具，一些士兵就是用鸡公车推着辎重走上战场的，最远的到达的山西前线。"照片今存建川博物馆。

置最完备的大学集团,华西坝学府毗连、学子如云,许多海内外知名学者都曾在此任教、治学。而抗战进入相持阶段以后,成都还曾是抗战时期中国空军最重要的人才培训基地和中国空军指挥中枢,更是中国空军最大的前进基地和后方基地,集结了中国空军的主要攻击力量,在对日空中作战,特别是对日军战争基地和设施的轰炸中发挥了重要作用。[1]从1938年开始,中国空军军士学校、机械学校、通信学校、参谋学校、防空学校和空军幼年学校等先后迁来成都或在成都创建。抗战中后期,成都一地占中国空军全部作战力量和后勤力量的比重常常在50%以上,美国驻华空军的主力也有相当部分驻扎于成都。[2]成都军民含辛茹苦,为抗战时期中国空军的建设和发展做出了重大贡献,仅仅是主要靠人力修建或扩建出的军用机场的清单,就足以让川人子孙后代为之敬佩和自豪:广汉机场、彭山机场、新津机场、邛崃桑园机场、华阳太平寺机场、双流双桂寺机场、双流彭镇机场、成都凤凰山机场、灌县机场、浦江寿安方坝机场、崇庆县王场猴子坝机场……没有这些众志成城、血汗铸就的基础工程,哪来中国空军抗战的由弱到强,由被动到主动,直至坚持至抗战获得最后胜利?[3]

在当代成都,能够体现家国情怀的人和事数不胜数。限于篇幅,以建川博物馆聚落的形成为例。出身宜宾,定居成都的民营企业家樊建川先生,以高远的志向和独到的眼光,耗尽一生积攒的财富,从事收藏数十年,殚精竭虑,搜集各种历史文化珍品,在成都市大邑县安仁古镇建成占地500亩,建筑面积十余万平方米,拥有藏品一千万余件,其中国家一级文物达404件的气势宏伟的博物馆聚落。它以"为了和平,收藏战争;为了未来,收藏教训;为了安宁,收藏灾难;为了传承,收藏民俗"为主题,建设了抗战、民俗、红色年代、抗震救灾四大系列三十余座分馆,现已建成开放28座场馆,是目前国内民间资本投入最多、建设规模和展览面积最大、收藏内容最丰富

---

[1] 王苹、许蓉生、胡越英:《成都与抗战时期的中国空军》,四川大学出版社,2015年,第6~7页。
[2] 王苹、许蓉生、胡越英:《成都与抗战时期的中国空军》,第47、49页。
[3] 十四年抗战,中国空军面临强敌,视死如归,战绩辉煌,共阵亡失踪4321人,无一人被俘、投降。第二次世界大战参战各国的所有军种、兵种都有投降的、被俘的,只有中国空军无一人投降、被俘,这是中国空军的骄傲,也是成都的骄傲。参见《成都与抗战时期的中国空军》,第34~35页。

的民间博物馆。[1] 人们在馆中参观游览，能深切感受到其中处处洋溢的家国桑梓情怀，众多展馆和展品震撼人心、教益后人。而且，他在2010年就已经成功说服家人并向媒体公开宣布，身后将博物馆群全部捐献给国家。[2] 2018年1月，樊建川当选为《成都商报》策划的由广大网民参与投票、由专家庄重推荐产生的"天府成都·十大文化名人"之一，在2月9日接受记者专访时，他豪情满怀地告诉记者，他要在生前争取建100座博物馆，去世后全部捐给国家，"我很愿意为国家为社会承担责任"。[3] 樊先生身上彰显的是巴蜀儿女对故土和国家的忠诚以及强烈的历史使命感，他和他的博物馆群已成为体现当代天府文化整体性的靓丽名片之一。

总之，巴蜀儿女在和平统一年代总是国家强大凝聚力的重要组成部分；在中央政权处于各种内忧外患的时候，他们又总是国家最能依靠的坚定力量。从汉武帝时支持朝廷经营西南夷王到唐朝时抗击安史之乱以及随后的严重动荡，从宋朝时坚定支持朝廷对付来自西夏、辽、金、蒙古的长期挑战到抗战时期支撑国家十四年浴血奋战，巴蜀儿女自始至终都以实际行动捍卫国家的主权和利益。李冰、文翁、诸葛亮、杜甫、陆游等体现中华文化整体性和爱国主义核心价值观的伟大先贤从古至今在此都受到人民无以复加的顶礼膜拜。

五、不支持分裂割据的传统

天府文化最耀眼的明珠之一是三国文化。三国文化的魅力突出表现在它对大一统观念、正统观念、仁义礼智信的推崇上，其理想主义、英雄主义情怀感动了历代炎黄子孙，强大的正能量辐射儒家文化圈和所有中华文化的爱好者。以成都武侯祠为拜谒中心的"三国文化热"长盛不衰。《三国演义》开篇写道：话说天下大势，久分必合，久合必分。而一部巴蜀通史告诉我

---

1 据建川博物馆聚落官网之"聚落介绍"，网址为http://www.jc-museum.cn/cn/int.html。
2 余文龙采写：《樊建川坦然面对死亡 身后博物馆捐政府》，四川新闻网，2010年5月2日，网址为http://scnews.newssc.org/system/2010/05/02/012702086.shtml。
3 参见《成都商报》2018年2月7日，第05版。

们，每当王纲解纽，神州板荡，在四川建立独立的割据政权者，绝大多数都是外来的政治、军事集团，如刘焉刘璋父子以益州牧割据成都，刘备诸葛亮集团建立蜀汉政权，李特李雄父子建立成汉政权，王建集团建立前蜀政权，孟知祥集团建立后蜀政权，以及昙花一现的东汉初年公孙述建立成家政权，元末明初明玉珍建立大夏政权和明末清初张献忠建立大西政权，他们都不是四川本地人。仅有两个例外，一是反抗北宋王朝欺压的王小波、李顺起义建立了存在仅一年的大蜀政权，其领袖是本地人；二是北洋政府十几年执政时期，四川出现了若干军阀割据、混战，这些军阀基本都是本地人。但抗战爆发以后，这些军阀几乎全部投入了伟大的卫国战争。总之，这是一个很有意思的历史现象，值得历史学家深入分析。究其文化意蕴，笔者认为巴蜀古今官民大一统意识强烈，向往、顺应统一的文化积淀深厚，而缺乏积极主动支持地方政权进行割据的意识[1]，这恰恰是天府文化整体性强的一种体现。兹举三例如下。

三国时期，蜀国大儒，时任散骑黄门侍郎的谯周（201—270，巴西西充国——今四川西充槐树镇人，《三国志》作者陈寿的老师）在魏军兵临城下时劝刘禅投降。他在蜀汉任官时期，除了对后主刘禅的荒怠行为进行谏诤，留下了《谏后主疏》名篇，要求后主克己修身，励精图治，任贤授能，绝不可居危偷安，快情恣意，还一向反对北伐战略。[2]谯周对姜维多次北伐、虚耗蜀汉国力而忧心忡忡，著《仇国论》力陈北伐之失。文中，谯周以"伏愚

---

1 出自明末清初广安人欧阳直《蜀警录》的"天下未乱蜀先乱，天下已治蜀未治"的说法流传甚广。这是他在回忆自己先后从张献忠、土匪摇黄之手中幸得逃脱，在安居任县令又面临饥民欲杀死他充饥而再次逃难的恐怖人生时，发出的带有狭隘偏见的泄愤式的表达，虽然其中包含了他的警世良意，但放在秦统一巴蜀以后的成都及四川的通史来看，这句话只适用于表述成都、四川历史中的少数时期，在整体上是完全不能成立的。

2 谯周在诸葛亮健在的时候对北伐也持保留态度，但其一，他在诸葛亮在世期间代表的是少数人的心理和意见；第二，他本人对诸葛亮是非常敬佩的。诸葛亮做益州牧时，任命他做劝学从事。诸葛亮死后，谯周前往奔丧，虽然朝廷随后立即下诏禁止奔丧，但谯周仍因行动迅速而顺利到达。姜维统军以及同时期刘禅统治下的蜀国，已经与诸葛亮治蜀、北伐时期不可同日而语了，且魏军已经兵临城下，所应采取的对策也当有所改变。所以，本文对于蜀地人民对诸葛亮坚定支持的赞美和对谯周基于大势已去而做出的抵抗无益的客观判断及劝降行为的理解，与本文基于蜀文化的整体性特征所做的正面解读并不矛盾。

子"的口吻,分析魏蜀实力的显著落差,揭示蜀汉国小力弱的客观现实,并以秦亡汉兴的历史为实证,对蜀汉当时"极武黩征""相与战争,无日宁息"的社会现实予以集中批判。263年,强大的魏军兵临城下,群臣计无所出,有人建议后主向南逃跑,而谯周却上《谏后主南行疏》,从四个方面分析了南行之弊,条分缕析,层层推进,并援引《易经》及史实,力谏后主刘禅要认清形势,顺应潮流,归降魏国。事实上,蜀国在诸葛亮去世以后,已经没有任何"匡复汉室"的可能了,也就没有了做无谓抵抗的理由,所以,谯周的行动是完全可以理解的。

东晋时期在成汉政权担任散骑常侍的常璩(约291—361,蜀郡江原——今崇州三江镇人),于桓温大军兵临城下时劝说因骄狂吝啬、贪财好色、杀人夺妻、不理国事、残害大臣、滥用刑法而早已经不得人心的李势投降。后来成汉旧势力再度反叛,被桓温平定,常璩虽与反叛无关,但作为成汉旧臣,自然不受东晋朝廷信任。常璩转而将精力转向撰写《华阳国志》,这部书不仅是中国地方志的开山之作,而且通篇贯穿着"大一统"的历史观。王国巍先生研究后指出:常氏在该书中赞颂了秦汉的国家统一之功以及统一对蜀地发展的重要意义,贬斥了在蜀地先后割据过的地方政权的野心或无德,"再三强调巴蜀和中原人民都是炎黄的子孙,都是祖国大家族的成员,是不能分割的统一整体"。[1]

南宋开禧三年(1207),拥兵自重的四川宣抚副使吴曦(非巴蜀人)叛宋投金,但叛乱发生仅仅41天就被军民迅速平息,吴曦授首。平叛的三位主角中,有两人是四川本地人——安丙(广安军——今华蓥市人),杨巨源(祖籍成都,利州昭化——今四川广元人)。这也说明天府儿女维护国家统一、完整意识的强烈。

重庆师范大学李禹阶教授专门论述过中国古代的民族认同与国家认同,指出:"华夏国家、民族从春秋战国起,就开始了它的一体化进程。""在中国古代,分与合常常相伴而行。……但分总是暂时的,合则是长久的。每一次'分'往往为其后的'合'奠定了基础……正是这些分分合合,铸就了

---

[1] 王国巍:《论常璩的"大一统"史学观》,《蜀学》第4辑,巴蜀书社,2009年,第84~87页。

一个具有悠久文化传统的、久经考验的民族，也造就了一个人口最多、幅员辽阔的泱泱大国。而由冲突向融合转化的必然性背后，一个最为重要的原因就在于我们民族意识中所积淀下来的深层价值结构，即国家、民族统一的一致性，国家认同与民族认同的同一性。"[1]在笔者看来，保持这种同一性的最深层次的力量源泉是国人很早就在共同应对各种内忧外患中形成了同舟共济、相亲相爱、患难与共的命运共同体意识；儒家经典是其滥觞，司马迁及其《史记》则成为这一意识的主要奠基者。[2]而天府儿女，始终是这一意识的有力建构者和践行者，前述三个案例从一个特殊的视角呈现了这一点。

1　李禹阶：《民族认同与国家认同——论华夏社会中民族、国家意识的同一性》，载李禹阶：《政统与道统——中国传统文化与政治伦理思想研究》，中国文联出版社，2004年，第62~63页。
2　谭平：《儒家经典与命运共同体意识的建构——以〈礼记〉〈尚书〉〈论语〉为例》，载向宝云主编：《国学》集刊，四川人民出版社，2014年，第13~26页。

摩登成都：
从现代化视角看近代成都时尚文化的主要特点

徐学初[1]

摘 要：本文从"崇西尚洋"，趋新守旧并立，新旧时尚更替转换节奏快及对周边地区具有辐射、带动作用等方面，探讨近代成都时尚文化的主要特点。意在说明：当代成都的优雅时尚文化气象，既是成都市委、市政府带领全市人民创建现代文明城市、提高城市文明程度的结果，也是对成都优雅时尚历史文化传统的传承和当代发展。讨论成都的优雅时尚文化，既要观照现实，着重挖掘那些表现成都优雅时尚文化气质的当代具象，分析影响成都优雅时尚文化发展的现实因素，也要回顾历史，梳理成都优雅时尚文化的历史脉络，展现其历史风采，揭示其历史基因。这有利于我们深刻认识和准确把握成都优雅时尚文化的历史脉络，并可为当前当代成都的优雅时尚文化建设提供历史经验之启示。

关键词：现代化；近代成都；时尚文化；主要特点

---

[1] 徐学初，西南民族大学教授。

成都是一座优雅时尚的文明城市。当代成都优雅时尚的文化气象,既是中共成都市委、市政府带领全市人民创建现代文明城市,提高城市文明程度的结果,同时也是历史时期成都优雅时尚文化传统的延续和当代发展,是当代成都人传承、弘扬成都优雅时尚历史文化传统的结果。因此探讨成都的优雅时尚文化,既要观照现实,重点挖掘那些生动活泼足以表现成都优雅时尚文化气质的当代具象,分析影响成都优雅时尚文化健康发展的现实因素;也要回望历史,通过梳理成都优雅时尚文化发展的历史脉络,展现其精彩的历史风貌,揭示其历史基因,说明当今成都荣获"中国时尚第三城""新时尚之都"等殊誉,及所展现出来的既有古典韵味又具现代特征的优雅时尚文化气象,是渊源有自,是有深厚的历史文化底蕴作为依托的。另外,近代的成都处于现代化前期,与国内其他地区一样,置身于西风东吹、西力东侵这一大的时代环境。在欧风美雨的侵袭激荡之下,来自西洋(欧美)、东洋(日本)的形形色色的、以现代工业文明为背景的新事物——从坚船利炮、声光电化、服装交通、家庭器用到西艺西政,纷纷侵入并渗透到社会生活的各个方面,以和风化雨、润物无声的方式,在影响和改变近代成都居民衣食居行、日用器具等生活习俗的同时,也促使近代成都的优雅时尚文化发生了激烈而意味深长的变革,使得近代成都的优雅时尚文化呈现出亦中亦西、华洋并存、新旧交织、变化急速的态势,显示出若干区别于传统时代成都优雅时尚文化的特点。探讨近代成都优雅时尚文化及其主要特点,将有助于我们更清楚地认识和更准确地把握当代成都优雅时尚文化的历史脉络,并可为当前成都进行优雅时尚文化建设,把成都打造为"新时尚之都"提供历史经验的启示。鉴于此,本文拟从现代化这一视阈,对近代成都时尚文化的主要特点做一浅略而粗疏的探讨,意在抛砖引玉,求教于方家,并期能引起学界同仁对成都优雅时尚文化的重视和进一步探讨。

一

先要说明的是,从语义的内涵及其变迁看,"摩登"一词,最早出现于佛教经典《楞严经》中,为一首陀罗种姓(奴隶阶级)年轻女性(摩登伽解)的名字,其在巴利文经典、《大正藏》第十四卷《佛说摩登女经》中也有记载。19世纪20年代，随着西方文化侵入中国并逐渐流行开来成为时尚，"摩登"因与英文单词"modern"读音相近，并因"modern"在英文中也有"近代、现代、新奇、时髦、不同于过去"等意义，便逐渐被用来指称"近代、现代"及现代化、现代性，形容那些在服装饮食、言行举止及生活做派方面走在时代前列的"新潮、时髦"的时尚达人，并且愈益倾向于使用后一个意思（新潮、时髦）。由此，今人往往误解，以为"摩登"就是英语单词"modern"的音译。其实，它们同音近意，只是中、英两种语文上的巧合。从本义上看，英语中的"modern"一词，更偏重于"现代"；"时尚"则有另一个英语单词"fashion"来表示。因此，本文主题名曰"摩登成都"，是从其本意和从众从俗两方面考虑，取其"现代"和"时尚"两义，意在强调近代成都时尚文化中存在的现代性和新潮、流行等时尚文化要素。

在历史上，成都就是一座充满时尚气息的摩登之城。从古至今，成都人不但勇于、善于跟风赶时髦，经常走在时尚的前列，并且也创造时尚文化，引领时尚潮流。在史籍中，即有不少对成都各个历史时期时尚生活的生动而翔实的记述。从历史文献和考古文物材料看，两汉唐宋时期，是古代成都时尚生活的兴盛期。特别是唐宋时期，成都所在的巴蜀地区社会安定，经济发达，物富民殷，文化繁荣，成都即因此成为国内时尚都市之名列前茅者，显示出"喧然名都会"之文化娱乐活动频频而且繁荣的时尚新潮态势。这一时期，成都官民游玩娱乐之盛，全国闻名。蜀中所产蜀锦、蜀瓷、蜀笺、筇杖等成为时尚用品而流行于全国，还成了文人墨客在诗词歌赋中反复吟咏赞叹的重要题材。[1]其时，成都女性追求时尚，以穿透而薄的纱罗衫、碧罗裙以及道袍为时尚之美。女诗人薛涛所设计制作的"红绡道袍"，色彩艳丽，款式别致，更能凸显女性风韵，不但流行于成都本地，并且走出四川盆地，成为风靡全国的女性时尚服装。[2]

然而，在历史航船驶入近代以后，时尚的风气变了——欧风美雨从西方浮槎而来。随着西方资本主义列强对华侵略的逐步深入，形形色色的西

---

1 李晓、雷涛：《成都出品唐代时尚达人的"标配"》，《成都晚报》2017年12月18日，第08版。
2 游上：《唐代成都女装引领时尚》，《成都日报》2018年1月28日，B02版。

方工业品打着"洋货"的旗号(如:洋纱洋布——机制纱布,洋装——西式服装,洋碱——肥皂,洋胰子——香皂,洋火——火柴,洋烟——纸烟,洋油灯——煤油灯,洋钉——铁钉,洋马儿——自行车,洋车——黄包车,洋灰——水泥,等等),从沿海向内陆梯度推进,由炫耀性、奢侈性的中高档消费品逐渐变成实用性的日用消费品,渐次风靡于中国城市并深入乡镇农村,成为平民百姓居家日用所必备的物品。对此,当时人观察指出,"道光年间,凡物之极贵重者,皆谓之洋:重楼曰洋楼,彩轿曰洋轿,衣有洋绉,帽有洋筒,挂灯名为洋灯,火锅名为洋锅。细而至于酱油之佳者,亦呼为洋秋油;颜料之鲜明者,亦呼洋红、洋绿","大江南北,莫不以洋为尚"。[1] 光绪二十一年(1895),康有为等人在呼吁朝廷维新变法的"公车上书"中,列举当时中国人所日用之洋货已达五十余种,并形成了"外国奇技淫巧,流行内地","家置户有,人多好之"之态势。[2] 时人在竹枝词中也咏叹道:"新式衣裳夸有根,极长极窄太难论。洋人着服图灵便,几见缠躬不可蹲。""贫富人人抽纸烟,每天至少几铜元。兰花潮味香无比,冷落当年万宝全。""或坐洋车或步行,不施脂粉最文明。衣裳朴素容幽静,程度绝高女学生。"[3] 其时,穿洋装,用洋货,家中拥有并使用"洋"气的东西,成为时髦、新潮和高档生活的象征。"洋"字成为社会流行语而为人们所津津乐道,并于街谈巷议、口耳相传过程中潜移默化地渗透进人们的思想意识深层。"以洋为尚"成为影响当时人们时尚消费观念、引领社会时尚风气的重要因素。这种"崇西尚洋"和"以洋为尚"的时尚风气及其盛行,反映了当时国人对以洋货、洋物为代表的西方现代文化从排拒到接受再到崇尚的曲折历程和复杂心情与社会行为。[4]

在这样的时代环境和社会氛围的影响下,成都居民在日常生活器用和消

---

1 陈作霖:《洋字先兆》,《炳烛里谈》卷上,陈作霖、陈诒绂编:《金陵琐志九种》(下),南京出版社,2008年,第307页。
2 康有为等:《上清帝第二书(公车上书)》,中国史学会编:《戊戌变法》第2册,神州国光社,1953年,第140~145页。
3 路工编:《清代北京竹枝词(十三种)》,北京出版社,1962年,第119~129页。
4 王建朗、黄克武主编:《两岸新编中国近代史》(晚清卷),社会科学文献出版社,2016年,第741页。

费时尚方面，也逐渐倾向于"喜外物，轻国货"，把穿洋装、用洋货看作新潮、时髦、前卫和高品质生活的象征。"崇西尚洋"因此成为近代成都时尚文化中尤为突出且十分重要的一个特点。

近代成都"崇西尚洋"的时尚文化气象，典型而突出地表现在当时成都居民对洋货[1]的认知和态度方面。在傅崇矩所办的《通俗画报》上，曾刊有一幅题名《中西人》的漫画，其所描画的追求新潮、时髦、前卫的成都时尚达人（成都民间把这种人叫作"假洋鬼子"）的形象是一个八字胡老头，头戴鸭舌帽，口衔香烟，手持文明棍，神态忸怩。画旁的打油诗用讽刺的口气调侃说："一身洋装，满口华语。周身洋货，不遗下体。又非讨口，狗棍夹起。好像闷头，软帽戴起。又不屙屎，把烟咬起。金钱外输，国货不喜。只恨父母，非洋种子。不中不西，人而无耻。改良社会，个个笑你！"著名现代成都本土作家李劼人在其以晚清成都社会生活为主题的"三部曲"（《死水微澜》《暴风雨前》《大波》）中，也用生动、形象而细致的笔触描述了成都人对"洋货"极其崇尚的态度。他们称赞"洋布"说："那真好，又宽又细又匀净，白的雪白，蓝的靛蓝，还有印花的，再洗也不脱色。"官府之人郝达三的家人对"洋货"啧啧赞叹说大保险洋灯（有玻璃灯罩、灯伞的煤油灯，也叫"马灯"）"何等的稀奇珍贵"，"全家人看得不想睡觉"；留声机（唱机）让人佩服洋人技艺的巧夺天工；对于日用洋货，则是"只要你一经了手，就离它开不开"。郝达三因对"洋货"太喜爱，甚至担心中国打败洋人后就再也买不到"洋货"了——对"洋货"的喜爱甚至超越了对国家危亡、民族前途的忧虑！维新人士葛寰中在比较中日两国使用"洋货"的差异时说："中国真该革命，论起与西洋通商，上海比日本早得多，洋房子那么高大，大马路那么整齐，电气灯自来水，样样比日本齐全，唯独穿洋装的，除了几个留学生，以及讲新学到底的人外，真没有几个，恶恶而不能去，善善而不能从，这就是劣根性。"[2] 把是否穿洋装、用洋货视为"善善""恶恶"的分界线，甚至把不穿洋装看作中国国民的"国民劣根性"，并上升到

---

1 当时成都人所认为的"洋货"，既有来自欧美、日本的真正舶来之洋货，也有中国民族工业自己生产的机制工业品。
2 刘永丽：《李劼人"大河小说"中的"现代"》，"辛亥百年与四川小说创作"学术研讨会论文集，《当代文坛》2011年增刊。

必须革命的高度来评说。李劼人用夸张的笔法，生动地描绘出了近代成都社会上那种趋新尚洋之时髦人士对西洋器具和西方事物盲目推崇的姿态。另外，近代以来，成都民间有个新词语"欧起"，据说就与近代"洋货"以及西方生活方式、西方文化的流传及其影响有关。"欧起"起初的意思，是指被欧化了的一种形态。清季，随着被称为"洋货"的西方日用品、西洋器具进入成都社会和官民的日常生活之中，追逐"欧风"渐成时尚。当时，那些骑"洋马儿"（自行车），穿"洋装"（西服），吃"洋餐"（西餐），抽"洋烟"（香烟）的新潮、时髦人士，就很"欧"，就"洋盘得很"。普通市民看不惯他们"趋新尚洋"的穿着打扮和谈吐做派，就说他们"欧起"，含有假洋盘、臭显摆、拽得很、端架子等贬义。还有一个形容词"洋气"，也流行于成都以及国内其他城市。"洋气"的本意，是指外国的式样、风格、习俗等，近代则主要指具有西洋风格、西方文化特征的器具事物，又指西方文化，也被解读为富有现代性的新潮、西化的时尚气息。清人采蘅子在笔记《虫鸣漫录》卷二中说："凡物稍饰观，人少轩昂，皆曰洋气。"世人取其意，用以形容穿戴服饰、谈吐做派的时髦。上述种种，或可从不同的侧面，说明近代成都时尚文化中"趋西尚洋"的风气之盛和影响之深。

二

近代成都时尚文化的第二个特点，是趋新守旧并立，并且"旧瓶装新酒"——对旧时尚事物进行改造，加入新时尚的元素，使之重新焕发生机，与时俱进，成为适应时代要求的新时尚。首先，依然存在并且占据主流地位的旧时尚事物和异军突起的新时尚，形成新旧并立、中（华）西（洋）交织的近代时尚风气。例如，在饮食方面，遍布于成都市区大街小巷的中餐馆与零星的西餐厅（主要制作糕饼等西式餐点）毗邻营业，林林总总的中国茶馆与少数几家西式冷饮店竞争揽客；在服装方面，男子既穿长袍马褂又穿洋服西装，妇女既穿赤臂露腿的洋服也穿中式旗袍和传统的对襟长褂、及地长裙（如据《成都通览》记载："妇女衣服，近时分三派：一旧派，则大袖大衫，镶缘宽阔也；一时派，窄袖窄腰，不满不汉也；一学生派，小袖窄边，淡妆无华也。"[1]）；在交通工具方面，中式的轿子、鸡公车与洋车（黄包车）、洋马儿（自行车）并行于市井街巷；在文娱休闲方面，川戏、清音、评书等四川地方传统戏曲与来自西方的电影（默片）、话剧等同城竞技上演；在礼仪方面，既行传统的中式跪拜作揖之礼，也用西式的鞠躬握手之仪……当时人所作竹枝词也吟咏道："新旧历颁各过年，参差一月总春天。姓名小片人投刺，女士花笺独逞妍。"[2]显示出近代成都时尚文化亦中亦西、新旧并存的态势——这也是处于激烈变革时期和艰难转型中的中国近代社会生活与时尚文化的普遍特征。

其次，"旧瓶装新酒"，对一些旧的时尚事物进行改造，使之与时俱进，成为适应时代要求的新时尚。这方面最典型的事例，恐怕要数民国时期流行的女性时装——旗袍。旗袍原是以满族妇女为主体人群的八旗[3]女性所穿之传统长袍，所以名叫"旗袍"。进入民国后，旗袍一方面保留了清代旗袍的一些特点，如线条造型以平直为主、色调素雅等，同时为适应新的时尚风气、审美趣味变化和女性服装变革的要求做了改变，由原来的宽袍大袖改为瘦窄紧身，绣纹趋向于简单，以突出女性身体的曲线之美。20世纪20年代，在西方女性服装时尚潮流的影响下，旗袍进一步改革——缩短衣身，收紧腰身并缀以肩缝，显得更合体，也更能衬托出女性的形体美。之后，旗袍不断创新变化，样式更加多彩多姿。如开襟有如意襟、琵琶襟、斜襟、双襟等，衣领有高领、低领、无领等，衣袖有长袖、短袖、无袖等，开衩有高开衩、低开衩等，裙摆有长旗袍、短旗袍，厚薄有棉旗袍、夹旗袍、单旗袍等。改造创新以后，旗袍进一步适应了近代妇女对服装样式、审美情趣的多样化需求，改变了中国传统服装封闭、掩饰、隐藏女性身体等特点，尽量把女性的手、足、腿等身体部位显露出来，以展示女性身体的曼妙玲珑，凹凸有致，满足了近代社会及妇女对女性身体的审美趣味，因而受到女性的喜

---

1 傅崇矩：《成都通览》，成都时代出版社，2006年，第54页。
2 杨燮等著，林孔翼辑录：《成都竹枝词》，四川人民出版社，1982年，第77页。
3 清代的八旗，包括满洲八旗、蒙古八旗和汉军八旗，共二十四旗。这二十四旗中的人，皆系旗人。郑天挺：《清代的八旗制度》，郑天挺：《及时学人谈丛》，中华书局，2002年，第141页。

爱，成为民国时中国社会各阶层妇女爱穿的流行时装。[1]时人作竹枝词咏叹道："汉族衣裙一起抛，金闺都喜衣旗袍。阿侬出众无他巧，花样翻新好社交。""服长偏又着旗袍，服短何曾盖裤腰。长则极长短极短，不长不短不时髦。""短裙短袖短衣裳，三短偏偏脚杆长。寄语路人休见笑，这宗装束有明堂。""新妆近世更稀奇，剪发文身夏变夷。长褂旗袍何所似，'法华庵'里小妖尼。"[2]另外，成都青羊宫花会，也是近代成都时尚文化中"旧瓶装新酒"的又一典型案例。从唐宋时起，成都就开始举办花会，因一般于每年农历二月十五日在市区北郊青羊宫（当时属城郊）举行，因此称为"青羊宫花会"。青羊宫花会是当时成都市区规模最大、最热闹的赏春游乐盛事。花会期间，从权贵官吏、文人墨客、淑女名媛到平民百姓，成都各阶层居民，纷纷偕家人，约亲友，出城踏青赏花。宋代诗人陆游在诗中描述青羊宫花会的盛况说："当年走马锦城西，曾为梅花醉似泥。二十里中香不断，青羊宫到浣花溪。"青羊宫花会在元明时期一度衰落，清代又恢复举办。清前期的成都青羊宫花会，于每年农历二月十五日至四月间举行。花会期间，"奇木珍卉，连圃接畦，异鸟佳禽，叠笼累立，农耕蚕器，与夫家居必需竹木各具，儿童游弄细物，鳞萃其中。古书籍字画，真赝参半，盈摊满壁。游人场中簇拥，车马郊路喧闹，往来如织，积日不衰，始终三四十日而后罢散。"[3]不过直到近代，青羊宫花会都没有固定场所，都是每年筹办花会时，临时租用青羊宫、二仙庵附近农田搭棚作为会场，即竹枝词所形容之情形："丘田顷刻变繁华，开出商场几百家。酒肆茶寮陈列处，大家棚搭篾笆笆。"[4]光绪三十一年（1905），四川商务劝工局总办沈秉堃鉴于有人评说青羊宫花会"商情涣散，漫无纪纲"，遂呈文四川总督锡良，建议对花会"利导扩充"，"先赴会场详略查看，预将陈列地段量为分划，略仿博览会场，从简布置，一面通饬各州县示谕各商，届时一体赴会"。次年春，在青羊宫举办了第一次新式花会，并取名为"劝业会"。青羊宫新式花会（劝业

---

1 潘家德：《近代四川民俗变化研究》，四川大学出版社，2017年，第41页。
2 杨燮等著，林孔翼辑录：《成都竹枝词》，第165、96、91、182页。
3 李致刚：《成都花会考——即花会导游记》，易君左：《川康游踪》，中国旅行社，1943年，第224页。
4 杨燮等著，林孔翼辑录：《成都竹枝词》，第91页。

会），除仍然保持了向市民提供踏春游玩、亲友会聚、休闲娱乐等娱玩公共场所，集中展示、售卖铁木农具，进行物资交流等传统旧时尚习俗外，也展览现代工业品。[1]此外，为方便成都市民出城参加花会，沈秉堃还主持修筑了一条从老南门外锦江北岸直达青羊宫的马路，并有商人用从上海购回的新式马车载客往来——这是成都最早的马路和马车。宣统元年（1909），这条马路又延展至草堂寺，并从上海购置了二十余辆黄包车。从老南门直达花会，"每次取当十铜元四枚，游人争坐之"[2]。时人作竹枝词咏叹道："马路修通共道佳，包车不断好繁华。莫将'花会'成车会，只见车翻不见花。"[3]一年一度的青羊宫花会（劝业会），逐渐成为成都市区春季规模盛大的公共聚会和物资交流活动。每到花会期间，"城市纷纷有若狂，今年更比往年强。乡间妇女尤高兴，背起娃娃赶会场"[4]。马路上，"汽车人力车，往来熙攘，又有所谓鸡公车者，系土法手推车。上置一椅或草垫，推一人行"[5]。会场内，"名媛闺秀，接踵骈肩，马迹车尘，芬留草根"[6]。其热闹繁荣之盛况，"固非昔日可相提而并语，即国内南北各省所有旧俗乡会罕能埒此盛且久者。斯洋洋大观，可谓成都民俗特点之一"[7]。近代成都青羊宫新式花会（劝业会），其实是中国传统庙会和西方现代博览会的结合。它既传承了中国传统庙会的游玩娱乐、物资交流会场功能，又借鉴、加入了西方现代博览会的形式、长处等时尚元素，因此是时尚文化的新旧融合、中西合璧。[8]

---

1 孙跃中：《近代成都劝业会研究》，四川大学历史文化学院2006年硕士学位论文，第15、84页。
2 四川省文史研究馆：《成都城坊古迹考》，成都时代出版社，2006年，第371页。
3 杨燮等著，林孔翼辑录：《成都竹枝词》，第93页。
4 杨燮等著，林孔翼辑录：《成都竹枝词》，第88~89页。
5 陈友琴：《川游漫记》，正中书局，1936年，第77页。
6 李致刚：《成都花会考——即花会导游记》，易君左：《川康游踪》，第224~225页。
7 李致刚：《成都花会考——即花会导游记》，易君左：《川康游踪》，第225页。
8 余文倩：《青羊花市景无边——花会与民国时期成都市民的娱乐生活》，《文史杂志》2012年第1期。

三

近代成都时尚文化的第三个特点,是新旧时尚更替转换节奏较快,接纳和传播新时尚、新事物迅速,并对周边县城、乡镇具有辐射、带动作用。

第一,新旧时尚更替、转换的节奏较快,接纳、传播新时尚及新事物迅速。历史时期成都就是有名的时尚之都。长期的时尚文化积淀和熏陶,使成都市民富含追求时尚的文化基因,对新时尚感觉敏锐、接纳迅捷,从而使得新时尚、新事物能够在成都迅速推广开来。清光绪二十三年(1897),法国人马尼爱来成都游历,看见成都市场上"洋货甚希,各物皆中国自制。而细考之下,似有来自欧洲者,但大半挂日本牌记"[1]。但是仅仅数年之后,在成都市中心繁华商业地段,就已经有从仁祥号(科甲巷)、公泰字号(西东大街)、光裕厚号(总府街)、马裕隆号(西东大街)、正大裕号(暑袜街)、章洪源号(东大街)、大有征号(总府街)、元利生号(西东大街)等专售苏广洋货的商铺。[2]在东大街、西大街的夜市之鱼市口至盐市口一段,也有洋货买卖。《成都通览》还记述,成都市区"在前三四年,除市摊栈铺面,夜不闭户者甚少,只有香货铺、药铺而已。近来则洋广货铺,与上海同,均开夜市,又布绸缎铺、洋布铺等,至夜市时一变而为彩票铺矣,到白天仍售洋布、绸缎也"[3]。李劼人在其以晚清成都社会生活为主题的系列小说《死水微澜》《暴风雨前》《大波》中,也借教书先生王中立的嘴巴说,从前的成都,"洋货铺子只有两家",成都人"也不讲穿,也不讲吃。做身衣裳,穿到补了又补,也没有人笑你……如今的成都人,几乎没有一个不用洋货的"![4]另据《成都通览》记载,宣统年间,成都女性的"衣服妆束,随时改变,一年一变,大约因戏台上优伶衣服式样,为妇女衣服改革之模范","近来妇女多下江

---

[1] 马尼爱:《游历四川成都记》,《渝报》第9册,(光绪二十四年正月)1898年1月。
[2] 傅崇矩:《成都通览》,第365页。
[3] 傅崇矩:《成都通览》,第131页。
[4] 刘永丽:《李劼人"大河小说"中的"现代"》,"辛亥百年与四川小说创作"学术研讨会论文集,《当代文坛》2011年增刊。

装束，前留海也，画眉毛也，短袖口也"。帽子式样，也是"年年变更，大帽多照京都新式，小帽多照苏杭新式"。"成都男靴，近来都尚薄底者，如靴要一项，穿者甚多。近又添出一种洋式皮靴，学生多用之。……女靴女鞋，五色缤纷，罗列街市，与男鞋争消场矣。"[1]竹枝词也咏叹道："新制衣裳费万钱，着来犹说不新鲜。侬家小户难争赛，一件单衫也拜年。""轻衫薄履窄衣裳，女界争趋时世装。缜发如云收拾去，蛾眉省得怨秋霜。""阿婆老去也维新，若不维新俗了人。白发苍然都在剪，拼同少女共争春。"[2]

第二，成都作为四川地区政治、经济、文化中心和两大中心城市之一，其所流行之时尚文化，对周边区域乃至四川各地的时尚文化具有辐射、带动作用。近代中国新时尚、新事物的传播，往往是沿着自沿海沿江地区向内地，由上层社会向中下层社会，从中心城市向周边县城、乡镇乃至农村的路径进行。因此，新事物和时尚风气在近代四川地区的流行，首先开始于成都、重庆等川内中心城市，然后再逐渐传播、流行于四川其他县、市。所以，成都的时尚潮流与风气变化，也起到了引领、带动成都周边乃至四川其他地区风尚的作用。如服饰鞋帽，作为"社会生活变迁中较为敏感的晴雨表"[3]，是对近代中国社会生活与时尚风气的最敏感而突出的典型反映。根据地方志记载，受近代成都主城区时尚风气之影响，地处成都郊区的新繁县（今属成都市新都区），"近年服公务者多用西装短制、中山装"，"青年妇女则用纯长衫短裙，不逮膝，露腿赤胫，争趋时髦"。[4]崇庆县（今成都市崇州市），女性服饰"专尚紧狭，近复男好广袖，衣有内缘，女乐短裙"[5]。新津县（今成都市新津县）武阳镇，妇女"流行旗袍，有时长至脚背，内穿短裤，有时短至膝盖，内穿长裤"。崇尚西方文化，追逐时髦的新式学堂学生和新派知识分子则开始改穿中山

1　傅崇矩：《成都通览》，第54、288~290页。
2　杨燮等著，林孔翼辑录：《成都竹枝词》，第76、83、102页。
3　何一民：《变革与发展——中国内陆城市成都现代化研究》，四川大学出版社，2002年，第867页。
4　《崇庆县志》卷四《礼俗》，民国三十六年（1947）刊本。
5　《崇庆县志·礼俗五》，民国十五年（1926）刊本。

装,"马褂逐渐减少"[1]。由此可见,近代成都以"趋新尚西"为主要特征的新时尚风气,已深深渗入天府成都及其周边县城、场镇甚至农村。其流行、普及的程度和辐射范围与影响力,远远超出了今人对近代成都城市现代化水平和时尚文化影响力的想象。这也提示我们,当前进行成都优雅时尚文化建设,也同样需要重视和发挥成都优雅时尚文化对周边乃至四川地区各区、县、市的模范引领和积极推动作用。

---

1 《武阳镇志》,四川省新津县武阳镇人民政府1983年铅印本。

蜀都古史辨

谢桃坊[1]

摘　要：成都作为中国历史文化名城，其建城史在史学界一直有着不同的看法，学者们所依据的材料多是西汉末年的传说与方志，这使得对巴蜀古史的探讨陷入了迷乱的境地。古蜀社会属于原始社会性质，秦国灭蜀后，蜀地始与中原交通。古蜀在为秦所灭之前，闭塞、西僻，秦灭蜀后才开始在川西平原选址设郡和筑城，这样才开始有郡治成都。

关键词：蜀都；古史；建城

成都是中国历史文化名城，它有悠远的历史。20世纪80年代，成都市城市科研会发出《关于举办成都建城纪念月活动的建议》。[2]成都学者强烈支持此建议，认为成都建城已经2500年，或认为不会超出2400年而只有2370年，或认为应是2300年。晋代常璩《华阳国志》卷三《蜀志》云："开明王自梦郭移，乃徙治成都。"宋代乐史《太平寰宇记》卷七十二引《蜀王本纪》

---

[1] 谢桃坊，四川省社会科学研究院研究员。
[2] 成都市城市科研会：《关于举办成都建城纪念月活动的建议》，《成都志通讯》1988年第3期。

云:"蜀王据有巴蜀之地,本治广都樊乡,徙居成都。"学者们据此认为古蜀开明王朝时期,成都已经成为蜀国的都城,已具备城市的规模,四周筑有城墙,城内有宫殿楼阁和宗庙等建筑。[1]蜀国望帝杜宇新营造这座都城,之所以取名"成都",是取成功、成就、完成的意义。当时他得到鳖灵为相,实现了屡世希望开垦这个冲积洳湿平原,使其成为农田的愿望。他认为建国成功,可垂永久,这个都城可以一成不变了,所以命名为成都。[2]或以为杜宇、开明时代曾辗转于南安(今乐山)、广都樊乡和瞿上(今双流)、郫县、成都诸处选择都城。他们最早在小郫(今彭县)建市,继而在大郫(今郫县)建邑。因郫县低湿,常为水患所侵,于是又在邑外东界赤里开拓出一个新的市场,这就是最早的成都。[3]中国历史文献中关于古蜀国诸王的记载,皆见于西汉末年以后的传说和方志,而由此所做出的判断和推论的真实性是值得怀疑的。胡适认为古史讨论涉及史料辨伪问题,以为对待史料应追问:"(1)这种证据是什么地方寻出的?(2)什么时候寻出的?(3)什么人寻出的?(4)从地方和时间看起来,这个人有做证人的资格吗?(5)这个人虽有证人资格,而他说这话时有作伪(无心的或有心的)的可能吗?"[4]关于成都建城史事所涉及的诸多史料均应加以辨析,尤其应对先秦两汉史料予以认真考察,将神话传说与信史区分开,这样才可能得出较为合理的结论。

一

在公元前316年秦国灭蜀之前,古蜀处西鄙之地,因特殊的地理条件所限而与中原交通十分困难,长期属于闭塞的状态。春秋时期有关于蜀的记载,如《左传》宣公十八年:"楚庄王卒,楚师不出,既而用晋师。楚于是乎有蜀之役。"杜预注:"蜀,鲁地。泰山博县西北有蜀亭。"鲁成公三年(前588)鲁国与中原十一国盟于蜀,此蜀地皆在鲁国内,与西蜀无关。

---

[1] 成都市城市科学研究会编:《成都城市研究》,四川大学出版社,1989年,第546~556页。
[2] 任乃强:《四川地名考释》,《社会科学研究》1980年第2期。
[3] 谭继和:《巴蜀文化辨思集》,四川人民出版社,2004年,第264页。
[4] 胡适:《古史讨论的读后感》,《胡适文集》,北京大学出版社,1998年,第86页。

《尚书·周书·牧誓》为周武王伐纣在牧野誓师之辞。《史记》卷四《周本纪》记述:"武王……乃遵文王,遂率戎车三百乘,虎贲三千人,甲士四万五千人,以东伐纣。十一年十二月戊午,师毕,渡孟津。……二月甲子昧爽,武王朝至于商郊牧野,乃誓。武王左杖黄钺,右秉白旄以麾,曰:'远矣!西土之人。'武王曰:'嗟!我有国冢君,司徒、司马、司空、亚旅、师氏,千夫长、百夫长,及庸、蜀、羌、髳、微、纑、彭、濮人,称尔戈,比尔干,立尔矛。'"裴骃《集解》引孔安国曰:"八国皆蛮夷戎狄。羌在西。蜀,叟。髳、微在巴蜀,纑、彭在西北,庸、濮在江汉之南。"[1]这似可以说明古蜀国曾参加了周武王伐纣的军事活动。顾颉刚认为庸、纑、彭、濮均在湖北省境,楚郢都之北与西,羌在今甘肃南部,蜀之北境达汉中,髳居今山西南端,微在陕西郿县。此八国实难确考,学者意见分歧,所以顾颉刚说:"今欲问此诸夷国是否居今四川、云南、贵州间?此一地区是否周初已与周人发生关系?此问题复杂,非数语可了。"[2]在《牧誓》里周武王称他们为"西土之人",当是西周附近之八个部落,并非八个国。称庸、蜀等部落为"国"始于汉初的孔安国,然而他并无任何依据,因为它们在先秦典籍中并无"国"之称。西周以至春秋之"国"乃周王朝畿内诸侯受封之地,庸、蜀等八个部落距离中原王朝甚远,始终未成为封国。蜀之北境少数蜀人参加了武王伐纣是可能的,却不能表明当时已有蜀国了。

公元前316年秦国灭蜀。《史记》卷五《秦本纪》:"(惠文王后元)九年司马错伐蜀,灭之。"司马贞《索隐》云:"蜀西南夷旧有君长,故昌意,娶蜀山氏女也。其后有杜宇,自立为王,号曰望帝。《蜀王本纪》曰:张仪伐蜀,蜀王开战不胜,为仪所灭也。"此所述秦国主将为张仪,与《秦本纪》所述相异。《史记》卷七十《张仪列传》记述张仪为秦相,时值"苴(巴)蜀相攻击","秦惠王欲发兵以伐蜀,以为道险狭难至,而韩又来侵秦。秦惠王欲先伐韩,后伐蜀,恐不利;欲先伐蜀,恐韩袭秦之敝,犹豫未能决,司马错与张仪争论于惠王之前"。惠王接受司马错的建议,决定先伐蜀,"卒起兵伐蜀,十月,取之,遂定蜀"。此段记述虽未言明谁为伐蜀主

---

1 司马迁:《史记》卷四《周本纪》,中华书局,1959年,第121~123页。
2 顾颉刚:《牧誓八国》,《史林杂识初编》,中华书局,1963年,第28页。

将,但伐蜀事详于张仪传,则参以《秦本纪》所载,应是司马错与张仪共同伐蜀,故有张仪筑成都城之说。《水经·江水注》:"秦惠王二十七年,遣张仪与司马错等灭蜀,遂置蜀郡焉。使仪筑成都,以象咸阳。"然而西晋左思《蜀都赋》刘逵注引《蜀王本纪》云:"秦惠王讨灭蜀王,封公子通为蜀侯。惠王二十七年使张若与张仪筑成都城。"常璩《华阳国志·蜀志》亦云:"(赧王四年)惠王二十七年,仪与若城成都,周回十二里,高七丈。"周赧王四年为公元前311年,此据秦灭蜀已经六年,张仪已死,不可能与蜀守张若共筑成都城。据《秦本纪》记载,张若为蜀郡太守应在秦昭襄王三十年即公元前277年前后,根本不可能在惠王时期筑城。刘琳认为张仪筑城之说乃属附会:"后世传说张仪筑成都城,并称成都秦城为'张仪城';甚至说张仪筑城之初,屡颓不立,有大龟从江中出,周行旋步,仪循其迹以筑之,城乃得坚,因此成都城又称为'龟城'。这都是附会。"[1]我们据以上史料可做这样的推断:第一,秦灭蜀后开始筑成都城,则此前古蜀时此地并无城池。第二,秦灭蜀后蜀地立即成为秦国行政区域,如果在灭蜀三十余年后始由张若筑城,则此前作为郡治的成都怎样推行政治?怎样防御郡治?怎样进行商品贸易?因此必然应在灭蜀后立即筑城。第三,秦国灭蜀后即筑城必然由当时伐蜀的司马错和张仪负责,或竟是由张仪专职此事。我们可以肯定成都的筑城是在设郡之日即开始的。关于蜀中设郡,马非百认为:"然据《汉书·司马迁传》云:在秦者(司马)错与张仪争论,于是惠王使错将兵伐蜀,遂拔,因而守之。苏林曰:为郡守。考司马错灭蜀,在惠文王后九年,错既灭蜀后即为郡守,则蜀郡之置亦必在是年甚明。"[2]秦国设蜀郡之后即开始筑城以为郡治,择地于古蜀已有基础的川西平原中心之处。因此处为肥沃的冲积平原,筑城颇为困难,最终建成一个都会,遂名之曰成都。在先秦文献中虽无"成都"的记载,但实已为蜀郡都会。20世纪80年代,在四川省青川县出土了一件完整的秦始皇时期的铜戟,有"九年相邦吕不韦造""成都"等字样。此戟为成都所造的唯一的一件出土文物,也是迄今所

---

[1] 常璩撰,刘琳校注:《华阳国志校注》,巴蜀书社,1984年,第196~197页。
[2] 马非百:《秦集史》,中华书局,1982年,第610页。

见最早的"成都"之名。[1] "九年"乃秦始皇九年（前238），事涉吕不韦迁蜀事，《史记》卷八十五《吕不韦列传》载：

> 始皇九年，有告嫪毐实非宦者，常与太后私乱，生子二人，皆匿之，与太后谋曰："王即薨，以子为后。"于是秦王下吏治，具得情实，事连相国吕不韦。九月，夷嫪毐三族，杀太后所生两子，而遂迁太后于雍。诸嫪毐舍人皆没其家而迁之蜀。……秦王十年十月，免相国吕不韦……其与家属徙处蜀。

据《史记》卷六《秦始皇本纪》，嫪毐之有关谋反诸人及家属"迁蜀四千余家"；秦始皇十二年（前235），吕不韦在蜀自杀。吕不韦迁蜀时间在秦始皇十年，为什么他在九年于成都造铜戟呢？嫪毐于九年谋反被诛，其事牵连吕不韦，秦始皇未立即处置吕不韦，但吕不韦已做应变计划，命其亲信于成都造作兵器，以为即将迁蜀应变之准备。可知在秦始皇统一中国之前，已有成都之名了。

公元前206年汉王朝建立后，行政区划沿用秦王朝郡县制。《汉书》卷二十八上《地理志》记载：

> 蜀郡，秦置。户二十六万八千二百七十九，口百二十四万五千九百二十九。县十五：成都（户七万六千二百五十六，有工官）、郫、繁、广都、临邛、青衣、江原、严道、绵虒、旄牛、徙、湔氐道、汶江、广柔、蚕陵。

蜀郡辖十五县，成都县乃郡治所在，设有工官以负责主造武器、日用金属器及各种手工艺品，人口76256户，以每户平均5人计，则西汉时成都人口有381280人，应是中国西南大都会了。关于蜀中地理与文化情况，《汉书》卷二十八下《地理志》云：

---

1 陈友山：《成都得名，古今异解》，《成都城市研究》，四川大学出版社，1989年，第531页。

> 巴、蜀、广汉本南夷，秦并以为郡。土地肥美，有江水沃野，山林竹木疏食果实之饶。南贾滇、僰僮，西近邛、笮马旄牛。民食稻鱼，亡凶年忧，俗不愁苦，而轻易淫佚，柔弱褊阨。景（帝）、武（帝）间，文翁为蜀守，教民读书法令，未能笃信道德，反以好文刺讥，贵慕权势。及司马相如游宦京师诸侯，以文辞显于世，乡党慕循其迹。后有王褒、严遵、扬雄之徒，文章冠天下。繇文翁倡其教，相如为之师。故孔子曰："有教无类。"

从这段记述可知西蜀在秦汉时期设置巴郡、蜀郡和广汉三郡，自然条件优越，物产丰富。人民虽然安居乐业，但文化水平低下，甚至不信道德，在汉代初年尚未完全接受中原文化，直到文翁兴学，司马相如以辞赋显于中原之后，这种文化落后的状况始有改变。

二

成都作为蜀郡治所都会，甚至西南之大都会，而称为蜀都，此源于西汉末年蜀中著名学者扬雄的《蜀都赋》。[1]《周礼·地官·县师》："凡造都邑，量其地，辨其物，而制其域。"都邑即大都市。西汉时期的成都已是近四十万人的大都邑了，扬雄为此特作赋以赞颂。他首先叙述了蜀地属古梁州之地理分野，继而以很大篇幅记述蜀地领域，东有巴賨百濮，北有岷山外羌，左有沈犁（沈黎，四川雅安古郡），右有羌庭。并记述了在此数十百里范围内之山川、树木、特产、动物。其中关于蜀都之都城的建制及经济繁荣的描写是极为珍贵的史料：

> 尔乃其都门二九，四百余闾。两江珥其市，九桥带其流。武儋镇都，刻削成蒑。王基既夷，蜀侯尚丛。并石石骈，圻岑倚从。秦汉之徒，充以山东。是以隤山厥饶，水贡其获。……东西鳞集，南

---

[1] 扬雄：《蜀都赋》，《扬子云集》卷五，文渊阁《四库全书》本，上海古籍出版社，1982年。

北并凑。驰逐相逢，周流往来。方辕齐毂，隐轸幽辑。埃壳尘拂，万端异类。崇戎总浓，般旋阗齐。沓楚而喉不感。概万物更凑，四时迭代。彼不折货，我罔之械。财物饶赡，蓄积备具。

赋中"都门二九"指成都于汉武帝元鼎二年（前115）辟十八门。"四百余间"，古制每间为二十五户，每户以五人计，则成都市区已有人口五万。"两江"即郫江和锦江。"九桥"即市桥、江桥、龟化桥、清远桥、濯锦桥、万里桥、笮桥、冲治桥、长千桥等。"武儋"即武担，成都西北武担山。[1]由此可见西汉时成都城市规模宏大，人口众多，物产丰饶，车马往来，交通便利，商品云集，已是国内经济繁荣的大都会了。关于成都的古史，扬雄在《蜀都赋》最后一段记述：

> 昔天地降生杜鄩密促之君，则荆上亡尸之相。厥女作歌，是以其声呼吟靖领，激呦喝啾。

《鄩》，古地名，《玉篇·邑部》："鄩，鲁地名。""杜"，古国名，陶唐氏之后，祁姓，一说即唐杜氏，春秋初为秦宁公所灭，故址在陕西西安东南。"杜鄩"若理解为传说中的"杜宇"，是缺乏依据的。扬雄所述意为上天降生在古代陕西西安东南的一位勤勉首领，是为古蜀人之君。"荆上亡尸"，《太平御览》卷五十六引应劭《风俗通》："荆鳖令死，尸随水上，荆人求之不得也。鳖令至岷山下，已复生，起见蜀望帝。帝使鳖令凿巫山，然后易得陆处。望帝自以德不如，以国禅与鳖令，为蜀王，号曰开明。""厥女"应指蜀女，左思《蜀都赋》有"巴姬弹弦，汉女击节"以指蜀女歌唱。扬雄简述这段古蜀传说，与其《蜀王本纪》所述差异极大，并未历述古蜀帝王，这应是他以为古蜀诸帝王之传说过于荒唐了。

《蜀都赋》是否为扬雄所作？徐中舒对此表示怀疑，其理由是，一、此赋不见于《汉书·扬雄传赞》，亦未收入《文选》；二、蜀之为都（京都）

---

[1] 王文才：《成都城坊考》，巴蜀书社，1986年，第2~4页。

始于蜀汉称帝,故扬雄时代蜀未有都。[1]当然,蜀都作为京都之义是始于三国蜀汉的,但它作为蜀郡郡治所在的大都会却始于秦国灭蜀之初,所以扬雄所称之蜀都是大都会之义,后来西晋左思所称的蜀都则是指蜀汉之国都。此两者之含义不同。唐人李善引刘渊林注左思《三都赋序》云:"《三都赋》成,张载为注《魏都》,刘逵为注《吴》《蜀》,自是之后,渐行于俗也。"[2]左思、张载、刘逵俱为西晋人。刘逵注《蜀都赋》引用了扬雄《法言》《太玄经》和《方言》,其中引用扬雄《蜀都赋》共八处。这表明西晋学者刘逵当时确实见到过此赋。《汉书》卷三十《艺文志》著录扬雄赋十二篇,而今《扬子云集》仅存赋七篇,其中即包括《蜀都赋》,它见存于《古文苑》。《汉书·扬雄传赞》仅述及扬雄赋之代表作品,《文选》亦仅收其代表作品,这是易于理解的。《蜀都赋》为扬雄之作是无疑的。

左思的《蜀都赋》在整体结构方面均有模仿扬雄之迹,值得我们关注的是,因蜀汉以成都为都城,其宏伟壮丽已胜于扬雄的描述了。左思笔下的成都已是:

> 金城石郭,兼市中区。既丽且崇,实号成都。开二九之通门,画方轨之广途。营新宫于爽垲,拟承明而起庐。结阳城之延阁,飞观榭乎云中。开高轩以临山,列绮窗而瞰江。内则议殿爵堂,武义虎威,宣化之闼,崇礼之闱,华阙双邀,重门洞开,金铺交映,玉题相辉。外则轨躅八达,里闬对出,比屋连甍,千庑万室。

如果以为扬雄之赋乃左思之后的文人模仿而作,则其描述应更为繁华。扬雄之描述简朴,而左思之描述华丽工巧,他们各自反映了不同时代成都的风貌。关于成都建城的历史,左思赋云:"夫蜀都者盖兆基于上世,开国于中古。廓灵关以为门,包玉垒而为宇;带二江之双流,抗峨眉之重阻。"他所谓的"上世"是指古蜀,为成都的建城奠立基础。其所谓"中古"是指

---

[1] 徐中舒:《论〈蜀王本纪〉成书年代及其作者》,《论巴蜀文化》,四川人民出版社,1981年,第147~148页。
[2] 李善注:《文选》卷四,中华书局,1977年。

秦在蜀设郡之始，李善注云："秦惠王二十七年使张仪与张若筑成都城，其后置蜀郡，以李冰为守。《地理志》曰：蜀守李冰凿离堆，穿两江，为人开田，百姓飨其利。是时蜀人始通中国。"左思所谓"开国于中古"，即是说秦国于蜀筑成都城后，蜀人始与中国——中原交通。自东汉迄于魏晋，关于古蜀的神话传说甚多，左思在赋的最后一段表述：

> 焉独三川为世朝市，若乃卓荦奇谲，倜傥罔已。一经神怪，一纬人理。远则岷山之精，上为井络。天帝运期会昌，景福肸蚃而兴作。碧出苌弘之血，鸟生杜宇之魄。妄变化而非常，羌见伟于畴昔。

李善注云："岷山之精，上为天之井星也。昌，庆也，言天帝于此会庆建福也。庄周曰苌弘死于蜀，藏其血，三年化为碧。《蜀记》曰若有人姓杜名宇，王蜀，号曰望帝；宇死，俗说云宇化为子规。子规，鸟名也。蜀人闻子规鸣，皆曰望帝也。"[1]关于这些神话传说，左思以为属于"奇谲"，将"神怪"与"人理"混杂，是虚妄变幻而非合于常理。由此可见他对于古蜀神话传说的否定态度。扬雄与左思的赋虽然具有赋体的铺张夸饰，但亦在某种程度上是对蜀都真实的描绘。

三

关于巴蜀古史——包括成都建城的历史，学者们——主要是蜀中的学者每以《蜀王本纪》和《华阳国志》的记载作为信史，由此做种种推测，试图建构古蜀的历史框架，发掘巴蜀文化的现实意义。这从弘扬地域文化意愿出发是应予以支持的，然而这两种著作所提供的史料都是经不住验证的。《蜀王本纪》属于神话传说性质，而《华阳国志》误以之为信史，这使探讨巴蜀古史陷入迷乱的境地。

从汉代至晋代，关于记述古代蜀王的"本纪"之类的著作，据常璩说有司马相如、严君平、扬子云、阳成子玄、郑伯邑、尹彭城、谯常侍、任给事

---

1 左思：《蜀都赋》，李善注：《文选》卷四，中华书局，1977年。

等著,但这些著作早已佚散。扬雄的《蜀王本纪》亦佚,但在古文献中多有引述,《隋书·经籍志》《旧唐书·经籍志》《新唐书·艺文志》均有著录,清人严可均辑有佚文二十余则。[1]西晋学者刘逵注左思《蜀都赋》时引:

> 扬雄《蜀王本纪》曰:"蜀王之先名蚕丛、柏濩、鱼凫、蒲泽、开明。是时人萌,椎髻左言,不晓文字,未有礼乐。从开明上到蚕丛,积三万四千岁。"

这是关于古蜀最重要的一则资料,刘逵的引用应是无误的,可证《蜀王本纪》确为扬雄所著而且其佚文竟保存有二十余则。至于这些佚文出现了记述上的矛盾现象,应是由于神话传说本身即是荒诞错乱的。我们没有充分的证据怀疑它非扬雄之著,却可怀疑它出自扬雄的杜撰。

扬雄《蜀王本纪》的资料来源是什么呢?若以为是根据文献记载,则此前任何文献均无蜀王的名称和朝代的记载。《史记》虽有秦灭蜀的记载,却未言及最后一位蜀王为谁。若以为得之于耆旧传闻,但蜀灭亡已经三百余年,古蜀人早已被消灭或同化了,所以不可能出于传闻,而且此前并无一点传闻的线索。因此扬雄所拟蜀王世系是无任何依据的,如果一定要从文献中寻找线索,便应是《山海经》中的神话。《山海经·海外北经》:"欧(吐)丝之野在大踵(跂踵国)东,一女子跪据树欧丝。"郭璞注:"言啖桑而吐丝,盖蚕类也。"这是"蚕丛"的来源。《山海经·大荒南经》:"大荒之中,有人名驩头。鲧妻士敬,士敬子曰炎融,生驩头。驩头人面鸟喙,有翼,食海中鱼,杖翼而行,且宜苣穋杨是食。"这是"柏灌"(柏濩)的来源。《山海经·大荒西经》:"有鱼偏枯名曰鱼妇。颛顼死即复苏,风道北来,天乃大水泉。蛇乃化为鱼,是为鱼妇。"这是"鱼凫"的来源。以上三条均可推测与三位蜀王有间接关系,但尚难确证。而《山海经·海内西经》所记"开明"则与蜀王之名相同:

> 帝之下都,昆仑之墟方八百里,高万仞,上有木禾长五寻,大

---

1 刘琳:《华阳国志校注》,第892页。

五国，面有九井，以玉为槛；面有九门，门有开明兽守之，百神之所在。

昆仑南渊深三百仞。开明，兽身，大类虎而九首皆人面，东向立昆仑上。

开明是神话中的神兽，也是某些民族的图腾。扬雄因《山海经》所述，遂仿《五帝本纪》而给西蜀本土编造了古蜀王的世系。他记述古蜀自蚕丛到开明共有三万四千年。中国历史以传说中的"黄帝"为始，迄今五千年，而蚕丛竟早于黄帝两万九千年，也比依托的"人皇"早一万多年。四代蜀王平均在位八千五百年，这比黄帝以来中国任何一个朝代都长久。这显然纯属神话了。《蜀王本纪》记述，在开明之前，有一位蜀王杜宇，又名望帝。《文选》卷十五《思玄赋》李善注引《蜀王本纪》："望帝治汶山下邑曰郫，积百余岁。荆地有死人名鳖令，其尸亡，随江水上至郫，与望帝相见。望帝以鳖令为相，以德薄，不及鳖令，乃委国受之而去。"鳖令，或作灵鳖。郫即四川郫县，扬雄的故乡。此段记述甚为怪异，灵鳖死于湖北，其尸身竟逆长江而上，漂浮至岷江，再到郫县而复活，并与望帝相见。此望帝是犹如后世帝王宰相之类的职官。《艺文类聚》卷九十四引《蜀王本纪》："秦惠王欲伐蜀，乃刻五石牛，置金其后。蜀人见之，以为牛能大便金。牛下有养卒，以为此天牛也，能便金。蜀王以为然，即发卒千人，使五丁力士拖牛成道，致三枚于成都。秦得道通，石牛力也。后遣丞相张仪等随石牛道伐蜀。"这里讲述秦王欲灭蜀国，雕塑了五头石牛，扬言牛的大便是黄金，并愿送金牛与蜀王。蜀王派人去验证之后信以为真，遂命五壮士劈山开道以迎金牛。蜀道一开，秦兵随金牛入蜀而灭了蜀国。在秦灭蜀的史料中并无"开明""望帝"等蜀王名号，亦无金牛及五丁之传说。当时秦国作为一个文明的强盛的方国，其发起的攻击对其相邻的原始部落而言势不可挡，很快便取得了胜利。因古蜀本无文字，亦无姓氏，故未留下什么历史遗迹。从蚕丛至五丁开山的故事，袁珂将它们视为"巴蜀神话"。[1] 晋代蜀中史学家常璩对古蜀的社会性

---

[1] 袁珂、贾雯鹤：《上古神话》，春风文艺出版社，1999年，第88~98页。

质难以确切判断,在其《华阳国志》卷三《蜀志》里使用了以上《蜀王本纪》所述之神话,并与史事杂糅以建构古蜀历史。顾颉刚比较了《蜀王本纪》和《华阳国志》所述古蜀国史事后说:

> 列观二书异同,可悟昔人整理史料之方法。扬氏所录固多不经之言,而皆为蜀地真实之神话、传说。常氏书雅驯矣,然其事既非民之口说,亦非旧史之笔录,乃学士文人就神话传说之素地而加以渲染粉饰者。[1]

常璩毕竟是史学家,他虽然以《蜀王本纪》为依据而建构了古蜀历史,但在《华阳国志》卷十二《序志》里亦对所述古蜀史表示怀疑。他说:

> 《史记》周贞王之十六年,秦历公城南郑。此(斜)谷道之通久矣,而说者以为蜀士因石牛以通,不然也……蚕丛自王,杜宇自帝,皆周之叔世,安得三千岁?且太素资始,有生必死;死,物终也。自古以来,未闻死者能更生当世;或遇有之,则为怪异,子所不言,况为帝王乎!碧珠不一处,地之相距动数千里,一人之血岂能致此?子鹃鸟今云是巂,或曰巂周,四海有之,何必在蜀!

常璩对《蜀王本纪》之种种古蜀神话传说是持否定态度的,表明他具备真正史学家的特质。但他在探讨古蜀史时仍以《蜀王本纪》和《华阳国志·蜀志》为依据,则是重复神话传说,将荒诞虚无的东西作为信史了。我们既然明确了此两种著作的性质,若依然依据它们所述而认定成都建城始于古蜀开明王朝徙居成都之时,自然亦是荒诞虚无的了。

城市的起源必须具备一定的经济和社会条件。城市在政治方面是政府所在地,政府于此施行政令,建立军队以起到防御的作用;在经济方面是商品贸易的集中区域。城市生活的三个基本要素是贸易、市民和政府,因此"随

---

1 顾颉刚:《〈蜀王本纪〉与〈华阳国志〉所记蜀国史事》,《史林杂识初编》,中华书局,1963年,第244页。

着城市的出现也就需要有行政机关、警察、赋税等等，一句话就是需要有公共的政治机构，也就是说需要一般政治。在这里，居民第一次划分为两大阶级，这种划分直接以分工和生产工具为基础。城市本身表明人口、生产工具、资本、享乐和需求的集中，而在乡村里所看到的却是完全相反的情况——孤立和分散"[1]。贸易与人口的集中和政府的设置，无论对于古代城市或近代城市都是必要的条件。此种条件的具备必须是农业生产发展到相当程度而有了剩余物资时，出现与农村分离的一个特殊的居住地才可能形成的。城市是在人类脱离原始社会的极低下生产水平的部落时代产生的。顾颉刚1941年在成都考察了古蜀的历史和遗迹之后认为："当时的蜀国本和中原没有关系，直到春秋战国间才同秦国起了交涉。"[2]古蜀社会属于原始社会性质，如张仪说"今夫蜀，西僻之国，而戎狄之长也"，扬雄说"是时人萌，椎髻左言，不晓文字，未有礼乐"，左思说"开国于中古"。秦国灭蜀后，蜀地始与中原交通。古蜀在为秦所灭之前，正如张仪、扬雄和左思所说那样尚是一个闭塞西僻的戎夷社会，根本不具备产生城市的条件。所以秦灭蜀后才开始在川西平原选址设郡和筑城，这样始有郡治成都。成都在西汉时期已经是中国西南的大都会了，扬雄特称之为"蜀都"，并作赋以颂扬。

---

1 《德意志意识形态》，《马克思恩格斯全集》第三卷，人民出版社，1965年，第57页。
2 顾颉刚：《古代巴蜀与中原关系说及其批判》，《论巴蜀与中原的关系》，四川人民出版社，1981年，第1~2页。

"优雅时尚"的物质呈现

▼

传承巴蜀文明 发展天府文化
THE RESEARCH
OF TIANFU CULTURE

▲

　　"优雅时尚"是影响成都城市品格、地域文化、风俗人情发展的关键因素。成都出土的汉画像砖向我们展示了古蜀在城市建设、大众生活等方面的情景,对"优雅时尚"的追求造就了成都闲适安逸、富足清雅的生活方式。诗酒文化是天府文化独具特色的代表,成都酿酒历史源远流长,先民酿造出临邛酒、郫筒酒、烧春酒等众多美酒,开启了丰富多彩的诗酒生活。川菜是成都食色生活的代表,源于清代末年的经典川菜"回锅肉",在百余年发展中浓缩了时代的变化,成为川菜"麻辣鲜香、复合重油"的代表。近现代以来,成都服饰风格也呈现出优雅时尚的地域特色。服饰潮流是成都时尚前沿的代表,成都在服装款式、服饰搭配、发型妆容等方面的时尚追求,融合了历史积淀,影响着时尚潮流。丰富的、高水准的物质呈现,揭示出成都作为时尚之都的历史背景、社会根源,也表明"优雅时尚"是成都文化创新的不竭动力。

从汉代画像说天府时尚

黄剑华[1]

摘　要：天府文化有着绚丽多彩的内涵，秦汉以来天府成都的社会生活风貌与蜀地的民俗民风，也是天府文化中非常重要的组成部分。优雅时尚体现了天府成都的神韵气质，生动而又深刻地反映了蜀人的生活品格与精神崇尚。四川出土的汉代画像，对此就有生动的刻画，为我们了解当时的社会风貌与民俗民风，提供了很多真实的资料。天府文化迄今仍洋溢着充沛的活力，显示出鲜明而浓郁的地域文化魅力。

关键词：天府文化；汉代画像；优雅时尚；成都神韵；城市魅力

一、秦汉以来天府成都的社会生活

天府文化是一个宏大而又充满魅力的话题，有着绚丽多彩的丰富内涵。秦汉以来天府成都的社会生活风貌与蜀地的民俗民风，也是天府文化中非常重要的组成部分。我们知道，地域文化最为鲜明的特色，通常在社会生活风貌与民俗民风中都有精彩的体现；地域文化最为独特的魅力，也大都是通过

---

[1] 黄剑华，四川省文物考古研究院研究员。

民俗民风而生动地展示出来的。所以研究天府文化，也需要对其中的民俗民风进行一些深入的探讨。四川出土的汉代画像，就为我们了解当时的社会生活风貌与民俗民风，提供了很多真实的资料。

古代文献记载中的古蜀国，是一个颇为神秘的地方，扬雄《蜀王本纪》对古蜀先王的记载，就有着较为浓郁的传说色彩。常璩《华阳国志》对古蜀早期历史的记叙则相当简略，有点语焉不详。三星堆与金沙遗址等考古发现揭示，古蜀时代已形成了灿烂辉煌的青铜文明，由此可知传说中的古蜀王国并非子虚乌有。先秦时期的古蜀地区，虽然有着兴旺的农业畜牧业和繁荣的经济文化，但在秦人的眼中，仍被视为一个偏僻之地，"夫蜀，西僻之国，而戎狄之长也"[1]。秦人同时也注意到了蜀地的富庶，"其国富饶，得其布帛金银，足给军用"[2]，"取其地，足以广国也；得其财，足以富民"[3]。秦惠王谋划攻蜀时，司马错等人的分析就清晰地表达了秦对蜀地实际情况的了解与态度。秦并巴蜀之后，获得了蜀地充裕的人力物力，为后来秦始皇统一全国提供了坚实的基础。此后秦人大量移民至蜀，带来了北方中原地区的农耕与冶铁技术，建造了成都、郫城、临邛等城市，有效地促进了蜀地盐铁业和农业经济的发展，对蜀地的民俗民风也产生了显著的影响。李冰治蜀时，修建了都江堰，使成都平原成了名副其实的天府之国。到了西汉时期，蜀郡太守文翁大力兴办学校，积极倡导教育，促使了成都的文运勃兴。秦汉以来的天府文化，以及成都和蜀地的民俗民风，就是在这样的历史背景下，既继承和沿袭了古蜀文明的积淀，又吸纳与融合了其他区域文明的诸多因素，从而形成了绚丽多彩而又独具一格的特色。

天府文化作为西南地区的地域文化，具有鲜明的人文特色，社会风貌也因此而展现出许多与众不同的特点。传世的文献对此就有较多的记载，出土的图像资料对此也有生动的反映。譬如四川出土的汉代画像，就以大量的画面描绘了秦汉以来成都与蜀地的生产情形与社会生活形态，并对当时的民俗民风做了形象的刻画。通过这些画面，人们可以了解天府之国的经济繁荣、

1　缪文远：《战国策新校注》（修订本），巴蜀书社，1998年，第91页。
2　常璩撰，刘琳校注：《华阳国志校注》，巴蜀书社，1984年，第191页。
3　王守谦等译注：《战国策·秦策一》，贵州人民出版社，1992年，第84页。

农业和手工业的兴旺。市民百姓大都过着安居乐业的日子，市肆繁华，商贸活跃，城市生活欣欣向荣，为天府成都的优雅时尚提供了充裕的保障，充分显示了这座城市的神韵与魅力。

首先是社会经济生产方面。汉朝由于实行了鼓励农耕、减免田租等一系列有力的措施，而使农业生产获得了空前的发展。汉代蜀地的农耕与稻作文化也日益兴旺，开始使用北方传入的铁制农具，如锸、锄、镬、镰、斧、刀之类，铲、镐、耙、铡刀等农具也已普遍使用。四川出土的汉代画像砖对当时常用的铁制农具就有大量真实而生动的描绘。例如四川德阳出土的一件画像砖就描绘了农田中两人播种、四人双手挥动钹镰芟草挖土的情景。四川新都出土的一件画像砖，则描绘了两农夫在水田中持耙薅秧，另两人手执弯镰除草驱赶家畜鸟兽的场面。[1] 四川新都出土的另一件农作画像砖，描绘了一人挥举长柄弯锄在田间翻地松土，二人俯身施播种子的场景。[2] 还有四川大邑县安仁乡出土的一件画像砖，描绘了六个农夫在田中收获，三人持弯镰俯身割取谷穗，两人挥舞钹镰芟除秸秆，一人肩挑禾担手提食具而返。[3] 这些画面，大都具有较强的写实性，从不同角度真实地反映了当时农耕生活的一些细节。在乐山崖墓出土的金属器中，"种类上有铁臿、铁铲、铁锛、铁镰、铁削等工具"；"金属器中值得一提的是农具铁镰，为汉代新出现的一种收割工具，在成都平原东汉晚期画像砖上，可见到农夫用铁镰割稻秆的图像。这种先进的铁农具在乐山崖墓中出土，表明乐山一带在农业生产技术的发展速度上，与成都平原当基本同步"[4]。巴蜀有些丘陵地区，百姓居住分散，每到薅秧时节，鸣击秧鼓可以召集众农一起劳作，有的还要唱薅秧歌。这种习俗

---

1 高文：《四川汉代画像砖》，上海人民美术出版社，1987年，第一编，图一、图二。又见中国画像砖全集编辑委员会：《中国画像砖全集·四川汉画像砖》，四川美术出版社，2006年，第84~86页，图一一二、图一一四。

2 中国画像砖全集编辑委员会：《中国画像砖全集·四川汉画像砖》，第85页，图一一三。又见中国农业博物馆编，夏亨廉、林正同主编：《汉代农业画像砖石》，中国农业出版社，1996年，第32页，图A15。该书说此砖为彭县出土，新都文管所收藏。

3 中国农业博物馆编，夏亨廉、林正同主编：《汉代农业画像砖石》，第41页，图A22。

4 唐长寿：《乐山崖墓和彭山崖墓》，电子科技大学出版社，1993年，第121页。

源远流长，至今尚存，有些地区的薅秧鼓与薅秧歌已成为非物质文化遗产项目。1953年绵阳新皂乡东汉墓出土了一件陶田模型，右边是水田，左边田里站着五个男俑，其中四人短衣赤足，有的手持镰刀，有的提罐负水，另一人则击薅秧鼓，生动而真实地表现了汉代巴蜀地区薅秧农作时的情景。四川新都出土的薅秧画像砖，描绘了两个农夫在稻田里用三齿耙薅秧除草的情景。[1]什邡出土的一件画像砖也刻画了薅秧除草的情景。[2]通过这些画像砖的描绘，人们可以清楚地了解汉代常用农具的形状与功能，以及当时农业耕作中的各种情形。铁制农具的普遍使用，也促使了蜀地冶铁业手工业的兴起，推动了社会经济的发展和繁荣。而蜀地农业的兴盛发展，不仅扩大了耕地面积，提高了农业产量，也促进了人口的增长。

其次是蜀地蚕桑和纺织的发达。植桑养蚕在蜀地起源甚早，秦汉时期已经开始生产精美的蜀锦和刺绣。成都市郊曾家包汉墓出土的画像石上，就刻画有两部织锦机与女工坐在机前织锦的情景。[3]四川彭州市义和乡出土的汉代画像砖刻画有一幅桑园图[4]，园内桑树非常茂盛，一人持竿立于园内，旁边为农舍屋门，这也间接地反映了当时桑蚕业的兴旺。据史料记载，汉代蜀郡的丝绸生产位居全国第二，成都更是因盛产蜀锦而闻名于世，因有"锦官城"之美誉。扬雄《蜀都赋》中描述说："若挥锦布绣，望芒芒兮无幅，尔乃其人，自造奇锦。"[5]常璩《华阳国志·蜀志》对成都盛产蜀锦也有真实的记载："其道西城，故锦官也。锦工织锦濯其（江）中则鲜明，濯他江则不好，故命曰'锦里'也。"[6]《后汉书·公孙述传》有"女工之业，覆衣

---

1. 中国农业博物馆编，夏亨廉、林正同主编：《汉代农业画像砖石》，第5页、第31页图A14。又见四川省博物馆：《四川新都发现的一批画像砖》，《文物》1980年第2期，第56~57页。
2. 中国画像砖全集编辑委员会：《中国画像砖全集·四川汉画像砖》，第88页，图一一七。
3. 高文：《四川汉代画像石》，巴蜀书社，1987年，第94页，图1。
4. 中国画像砖全集编辑委员会：《中国画像砖全集·四川汉画像砖》，第90页，图一二一。
5. 扬雄：《蜀都赋》，严可均校辑：《全上古三代秦汉三国六朝文》（第一册）卷五十一，中华书局，1958年，第402页。
6. 常璩撰，刘琳校注：《华阳国志校注》，第235页。

天下"[1]之说。东汉末，刘备建立蜀汉政权之后，厚赐关羽、张飞、诸葛亮等人的便是丝帛。诸葛亮上书后主说"成都有桑八百株，薄田十五顷，子弟衣食，自有余饶"，也说明了种桑养蚕在蜀地一直是非常重要的副业。蜀汉时期的蚕桑业，不仅是百姓维持生计的手段，也是政府财政收入的重要来源。诸葛亮说，"今民贫国虚，决敌之资，唯仰锦耳"[2]。蜀锦紧密坚韧的质地和绚丽多彩的图案，获得了周边区域热烈的欢迎。蜀人通过频繁的商贸活动，将精美的蜀锦和刺绣源源不断地销往外地。近至长江中游楚国的王公贵族，远至中亚西亚以及希腊的有钱阶层，都竞相购进这种奢侈的消费品，以穿着和使用蜀锦作为华贵的象征。

再者是蜀地的冶铁业与盐业也很发达。秦汉以来蜀地倚靠冶铁与农具的制造，以及井盐的开采与销售，创造了巨大的财富，也实现了社会的兴旺和富裕。冶铁在秦汉时期是一项新兴的朝阳产业，一些精明的商人就是靠冶铁迅速发家致富的。如秦灭巴蜀后由北方与山东迁徙到蜀地临邛的卓王孙与程郑等人，都靠冶铁发了大财，是最具代表性的例子。《汉书·货殖列传》："蜀卓氏之先，赵人也，用铁冶富。秦破赵，迁卓氏之蜀。……卓氏曰……吾闻岷山之下沃野，下有蹲鸱，至死不饥。民工作布，易贾。乃求远迁，致之临邛，大喜。即铁山鼓铸。"[3]蒙文通先生认为，"这说明临邛早已发现铁矿，所以专搞冶铁的卓氏求远迁临邛"[4]。除了冶铁业，蜀地的制盐活动也异常活跃，秦汉时期已有了较大规模的盐业生产。常璩《华阳国志·蜀志》记载，李冰治蜀时曾"穿广都盐井、诸陂池，蜀于是盛有养生之饶焉"。开凿盐井，制盐销售，当时在全国应是首创。《华阳国志·蜀志》又说临邛县有火井，井有盐水，"取井火煮之，一斛水得五斗盐"。汉时临邛有盐铁官，临邛的火井是否秦时所穿，志无明文，但广都的井就是李冰凿的，也可能秦时临邛已有盐井。"（宣帝）时又穿临邛、蒲江盐井二十所，增置盐、铁

---

1 范晔：《后汉书》卷十三《公孙述传》，中华书局，1965年，第535页。参见刘珍等撰，吴树平校注：《东观汉记校注》卷二十一《公孙述载记》，中华书局，2008年，第910页。
2 《诸葛亮集》，中华书局，1975年，第42、62页。
3 班固：《汉书》卷九十一《货殖列传》，中华书局，1962年，第3690页。
4 蒙文通：《巴蜀古史论述》，四川人民出版社，1981年，第72页。

官。"¹冶铁业与盐业在西汉前期的经济上占有很重要的地位,从《汉书·地理志》看,设有盐官的仅二十八郡,蜀郡的临邛、犍为的南安(今乐山、夹江、洪雅、犍为、荣县)都有盐官。设有铁官的是四十郡,但蜀郡的临邛、犍为的南安、武阳二县都有铁官。卓氏、程郑是用冶铁致富,后来"程、卓既衰,至成、哀间,成都罗裒訾至巨万",他"往来巴蜀,数年间致千余万……擅盐井之利",这是以盐井致富的典型例子。²蒙文通先生认为,"从以上可以看出临邛、南安、武阳在长时期经济地位颇高"³。成都地区出土的汉代画像砖中,就有不少反映盐业生产的画面。四川郫县出土的画像砖就刻画了制盐的场面,画面以山林为背景,画面的左下边山峦间有盐井,井上竖立高架,架分两层,每层立有二人。邛崃花牌坊出土的"盐井"画像砖,虽然尺寸略小,但画面也清晰地展现了制盐的全过程。⁴

还有酿酒业、市肆买卖与商贸活动,在天府成都也很兴旺。汉代是喜欢享用美酒的时代,所以酿酒业在两汉时期也是非常昌盛的。四川出土的画像石与画像砖,对此也有较多的刻画。例如成都曾家包汉墓出土画像石上刻画有"酿酒图"⁵。四川出土的画像砖也有很多描绘酿酒的画面,还有酒肆沽酒与售酒的情景。⁶成都市郊出土的一件画像砖,还刻画了一辆载甕大车,该车为有棚的直辕大车,车上乘坐二人,车后载有四个大甕。因为车上负载甚重,所以驾车的骏马奋力前行,马旁一人扶辕而行,车厢两侧还各有一人夹毂而行,画面上还有两棵行道树,大车正从两树之间经过。⁷车上的大甕,应为盛酒之器,描绘的很显然是载酒情形。从画面内容推测,其所展现的应是权贵或富豪人家派人购买佳酿,满载而归,或是专门经营酿酒业者用大车送酒上门的情景。汉代人喜欢宴饮,官府应酬频繁,富有阶层和大户人家经常

1　常璩撰,刘琳校注:《华阳国志校注》,第218页。
2　班固:《汉书》卷九十一《货殖列传》,第3690页。
3　蒙文通:《巴蜀古史论述》,第73页。
4　中国画像砖全集编辑委员会:《中国画像砖全集·四川汉画像砖》,第82~83页,图一一〇、图一一一。
5　中国画像石全集编辑委员会:《中国画像石全集》第七册,山东美术出版社、河南美术出版社,2000年,第38页,图四三。
6　中国画像砖全集编辑委员会:《中国画像砖全集·四川汉画像砖》,第95~96页,图一二六、图一二七、图一二八。
7　高文:《四川汉代画像砖》第一编,图七七、图七八。

宴请宾客，都离不开佳酿美酒，所以汉代的酿酒业是非常兴旺的。不仅官府和地主庄园有自己的酿酒作坊，专门从事酿酒和经营酒肆的商户数量也很可观。汉代画像砖描绘的此类画面很多，真实地反映了当时宴饮频繁和酒业兴旺的状况。

　　天府成都的教育与文化也很发达，形成了浓郁的社会风气。文翁是西汉文景时期的蜀郡守，是一位特别重视文化教育的地方大员，在蜀地曾大力兴办学校，促使了蜀地教育事业的兴盛，同时也开创了全国各郡办学之风，对人才的培养和文学的繁荣产生了巨大的作用。《汉书·循吏传》就记载了文翁在蜀地办学的经过。常璩《华阳国志·蜀志》对此也有一段重要记述："孝文帝末年，以庐江文翁为蜀守，穿湔江口，溉灌繁田千七百顷。是时世平道治，民物阜康，承秦之后，学校陵夷，俗好文刻。翁乃立学，选吏子弟就学，遣隽士张叔等十八人东诣博士受七经，还以教授。学徒鳞萃，蜀学比于齐鲁。巴、汉亦立文学。孝景帝嘉之，令天下郡国皆立文学，因翁倡其教，蜀为之始也。"[1]《汉书·地理志》对此也有记载："文翁为蜀守，教民读书法令，未能笃信道德，反而好文刺讥，贵慕权势。及司马相如游宦京师诸侯，以文辞显于世，乡党慕循其迹。后有王褒、严遵、扬雄之徒，文章冠天下。繇文翁倡其教，相如为之师。"[2]由此可知，文翁、司马相如、扬雄等人，都是对蜀地的教育事业和文化发展具有重要影响的杰出人物。文翁倡导教育的功劳堪比李冰建造都江堰，使天府成都成了文运勃兴之地。司马相如被誉为汉代赋圣，扬雄被称为西道孔子，他们为蜀地的文化灿烂做出了积极的贡献。四川博物院藏的画像砖上有传经讲学的画面，就描绘了西汉成都文翁石室授经讲学的情形。[3]成都市郊曾家包汉墓出土的墓门画像石，刻画有一位年轻男子，头着帻，身穿广袖长服，跪捧书卷，做阅读状，真实地反映了当时的读书之风，在一定程度上也可以说是汉代天府成都教育与文化发达的生动缩影。[4]

1　常璩撰，刘琳校注：《华阳国志校注》，第214页。
2　班固：《汉书》卷二十八下《地理志》，第1645页。
3　高文：《四川汉代画像砖》第一编，图三三。
4　高文：《四川汉代画像石》，第96页，图3。

二、优雅时尚体现了天府成都的神韵气质

秦汉以来,蜀地的经济文化日益发达,蜀人的衣食住行也发生了很大的变化。从城市建筑、车马交通,到民间的庭院居所,都很富有特色。还有歌舞音乐、杂技表演等,各项娱乐活动,也是丰富多彩,充分展现了天府成都与蜀地的社会生活情景,可谓琳琅满目,充满活力,气象万千。四川出土的汉代画像砖对此也有很多生动传神的描绘。

先说天府成都与蜀地的城市建筑。汉代农业兴旺发展的一个重要特点,是地主庄园经济比较发达。在这样的时代背景下,庄园式建筑也就随之出现了。从建筑功能来说,除了满足日常生活所需的居所,还有满足自给自足经济生活要求的生产建筑(如纺织作坊、谷仓、舂米房、养畜养禽圈),以及保障生活安全所需的防御设施(坞堡、望楼、阙观)和专供娱乐的休闲场所(音乐台、厅)等。例如成都市郊出土的一块画像石,刻画了一座双层楼房、一座宏大的仓房、一座吊脚楼房,附近有水田与池塘,描绘了踩碓、捧送粮食、驾船捕鱼等情景[1],生动地反映了当时的经济生活与建筑风貌。成都市郊出土的另一块画像砖上还刻画有庭院式建筑,画面描绘的是一幅形如田字的四合庭院俯视图,四面由围墙与长廊形的五脊平房连接,庭院内以纵横隔墙分为几个小院落。画面左边前院有雄鸡相斗,后院有展翅双鹤,堂上二人相对而坐,旁置酒具,似为主宾饮酒晤谈。画面右边前院为厨房,房侧有井,井上有取水的辘轳;后院有一座多层的高楼,有楼梯上下,可登高远眺,楼侧有一人执帚扫地,旁有犬相随。这幅画像对当时的庭院结构与生活情景做了逼真的描绘,从中可以看出蜀地与南方地区庭院结构的特点,与北方和中原地区的庭院建筑有很多相同的地方,但也有一些明显的差异。比如在建筑形式上,在用材上,在院落功能分布上,都有所不同。秦汉时期有很多从北方移居入蜀的官员或商人,他们带来了很多北方的技艺,譬如筑城,自然也包括房屋的修建。巴蜀和南方地区自上古以来流行干栏式建筑,庭院式建筑应是在吸取了北方的建筑形式后出现并日渐流行的。随着全国的统一和行政管理的加强,汉代各地的文化习俗有了更加明显的趋同性。建筑形式

---

[1] 高文:《四川汉代画像石》,第95页,图2。

也是如此，比如当时汉阙就在南北各地流行，庭院式建筑也不例外，成了各地富豪人家的标志性建筑。当然，由于地理环境与气候条件的不同，也由于建筑材料和生活习惯的差异，不同地区的建筑还是有一些较为明显的差别。如德阳黄许镇出土的甲第画像砖与河南郑州出土的甲第楼阙画像砖就各具特色，前者以门廊园林为主体，后者则以楼阙车骑来渲染富贵气势。德阳黄许镇出土的长屋画像砖，还保留了一些干栏式建筑的特点。[1]四川合江张家沟汉代墓葬出土六号石棺有一幅庭院建筑图，此建筑右底层三柱四室，左侧一柱二室，上面左右都有楼阁，整座建筑为仿木结构与重檐庑殿式顶，底部为砖石台基。[2]这样宏大华丽的建筑，显然是富豪阶层的住宅。

　　成都这座城市里的桥梁也是比较多的，常璩《华阳国志·蜀志》就说"州治太城，郡治少城。西南两江有七桥"[3]。四川新都出土的画像砖上就刻画了车马过桥的情景，画面上描绘的桥梁为有栏杆的券拱木桥，下面有两排桥柱，每排四根柱子，一辆单马驾驶之车正从桥上驰过。另一件画像砖则刻画了一辆由二马驾驶的华丽辂车从一座宽阔的木桥上疾驰而过的情形，桥面由木板横竖交错铺设，桥边有栏杆，下边是整齐排列的桥柱，每排也是四根木柱，其结构简朴巧妙，应是当时蜀地比较流行的一种结实耐用的木桥形式。[4]我们知道，汉代马车的车轮大都比较高大，可以适应各种路况，也便于涉水。车马在汉代不仅是重要的交通工具，更是身份等级的象征，只有级别很高的官员才能乘驷马高车。如司马相如从成都赴长安时就满怀雄心壮志，相传他曾在城北十里的升仙桥送客观题写了"不乘赤车驷马，不过汝下也"[5]

1　中国画像砖全集编辑委员会：《中国画像砖全集·四川汉画像砖》，第110~111页，图一四八、图一四九、图一五〇，中国画像砖全集编辑委员会：《中国画像砖全集·河南画像砖》，四川美术出版社，2006年，第31页，图二九。

2　中国画像石全集编辑委员会：《中国画像石全集》第七册，第147页，图一八二；又见高文：《四川汉代石棺画像集》，人民美术出版社，1998年，第75页，图一四五。

3　常璩撰，刘琳校注：《华阳国志校注》，第227页。

4　高文：《四川汉代画像砖》，第一编，图七九、图八〇。

5　常璩撰，刘琳校注：《华阳国志校注》，第227页。又参见李昉等撰《太平御览》卷七十三记述："升仙桥在成都县北十里，即司马相如题桥柱曰'不乘驷马高车，不过此桥'。"李昉等：《太平御览》第一册，中华书局，1960年，第343页。

的豪言壮语。

四川出土的汉代画像砖中,描绘车骑出行的画面非常多,生动地反映了当时天府成都的车马交通状况,特别是对当时贵族与富豪阶层的生活情形做了真实的描绘。例如成都市郊出土的一件画像砖所描绘的斧车就非常生动,车上乘坐二人,中间竖立一斧,车厢两侧还斜放着两根长矛,一匹健壮的骏马驾车疾驰,车后两位步卒扛着旌旗随车奔跑。另一件画像砖也对斧车做了传神的刻画,车上竖立的大斧,巨大的车轮,从容的驾驭者,以及矫健的骏马,都栩栩如生。[1]《后汉书·舆服志》有"县令以上加导斧车"[2]的规定,千石以上至二千石官吏出行时都使用导斧车,以显示威严,有点类似现代的警车开道。上述两件画像砖描绘的正是这种情景。成都市郊出土的另一件画像砖刻画了一辆骖驾轺车,车前驾三马,车上乘坐二人,有车盖与交络,车厢的木纹与车轮形状都刻画得非常清晰。新都出土的一件画像砖上则刻画了一辆骖驾轩车,车的形状与轺车颇为相似,车上乘坐三人,车前驾三马奔驰。[3]雅安高颐阙上有车骑出行图,画面中有两辆有盖轺车正行驶于道,有驺卒与骑者相随。这件画像砖还刻画了行道树与行人,以及站在路边观看车骑行进的群众,对当时车马交通的情景做了生动传神的描述。[4]

值得注意的是,成都市郊出土的一件画像砖还刻画了一辆辎车,车上乘坐二人,一为驭者,一为持杖女主人,由单马驾车而行,马旁有持矛护送的步卒,车旁有一位持物随行的女仆。[5]《汉书·张敞传》说"君母出门,则乘辎軿"。颜师古注曰"辎軿,衣车也"[6]。可知这是王室与贵族阶层女性乘坐之车,后来民间也开始流行了。《续汉书·舆服志》记载:"公、列侯、中二千石、二千石夫人会朝若蚕,各乘其夫之安车,右騑,加交络帷裳,皆皂。非公会,不得乘朝车,得乘漆布辎軿车。"[7]《盐铁论·散不足篇》也有

---

1 高文:《四川汉代画像砖》,第一编,图七五、图七六。
2 范晔:《后汉书》卷二十九《舆服志上》,第3651页。
3 高文:《四川汉代画像砖》,第一编,图八二、图八一。
4 中国画像石全集编辑委员会:《中国画像石全集》第七册,第66~67页,图八三。
5 高文:《四川汉代画像砖》,第一编,图八五。
6 班固:《汉书》卷七十六《张敞传》,第3220、3221页。
7 范晔:《后汉书》卷二十九《舆服志上》,第3648页。

"今富者连车列骑,骖贰辎軿"¹之说。《三国志·吴书·士燮传》说"燮兄弟并为列郡,雄长一州,偏在万里,威尊无上。出入鸣钟磬,备具威仪,笳箫鼓吹,车骑满道,胡人夹毂焚烧香者常有数十。妻妾乘辎軿,子弟从兵骑,当时贵重,震服百蛮"²。可见辎軿大都为高官夫人或富有阶层女性所乘坐的马车,四川出土画像上描绘的这些车骑,就是这种情形的真实写照。四川合江张家沟出土的石棺上刻画有"出行图",其中五号石棺左侧刻画了一辆由一匹高大骏马驾驭而行的辎车,乘坐于车上的,前为御者,后为梳有双髻的女性主人。马前有二人持棒开道,车后一人手拿便面,一人腰抱着乐器,紧随而行。六号石棺右侧画面也刻画了相似的车马出行图。³辎车也是当时官宦阶层和有钱人家常用的交通工具,这些画面对此也做了比较真实的描述。

两汉时期,天府成都与蜀地的歌舞表演,也非常流行。四川出土的汉代画像对此有丰富多彩的描绘,充分表达了蜀人对舞蹈与音乐的喜欢,同时也反映了汉朝的社会生活风气,歌舞流行是一种很普遍的现象。成都市郊出土的画像砖上,就有较多描绘宴乐歌舞的画面,比如有一件画像砖上描绘了一人长袖起舞,一人击鼓助兴,一人操琴伴奏,男女主人端坐观赏的场景。另一件画像砖上则生动地描绘了观赏舞蹈杂耍的场面。⁴画面上方是坐于席上观赏表演的男女主人,前面有六名表演者,其中有头梳高髻、手持长巾翩翩而舞的女伎,有两名赤膊持剑、抛瓶跳丸的男子,有两名坐地吹排箫伴奏的乐人,还有一名裸露上身、张口执槌做滑稽表演的丑角。这位丑角的形态打扮,与四川出土的说唱陶俑非常相似,应是俳优艺人和歌舞杂技同台表演的写照。郫县出土石棺画像刻画有"宴客乐舞杂技图"与"曼衍角抵水嬉图"⁵,画面也生动地展现了当时欣赏歌舞与杂技表演的情景。从出土此类画

---

1 桓宽著,王利器校注:《盐铁论校注》,天津古籍出版社,1983年,第351页。
2 陈寿:《三国志》卷四十九《吴书·士燮传》,中华书局,1959年,第1192页。
3 中国画像石全集编辑委员会:《中国画像石全集》第七册,第146~149页,图一八一、图一八三。又见高文:《四川汉代石棺画像集》,第72页,图一四〇;第75页,图一四四。
4 高文:《四川汉代画像砖》,第一编,图三九、图四二、图四三。
5 高文:《四川汉代画像石》,第66页,图20;第67页,图21。

像汉墓的数量与规格来看，除了官宦人家与富有阶层，可知普通市民对歌舞与杂技表演也是深为喜欢和欢迎的。

汉代还出现了一些外来的舞蹈。随着丝绸之路的开通，东西方交往日益频繁，来自西域和中亚的胡商与使团不仅给中原和内地带来了大量外来的物产，也带来了许多富有异域特色的歌舞杂技表演。四川新都出土的一件汉代画像砖上描绘了在骆驼上面做建鼓舞表演的情景。图中一匹双峰骆驼，身上配搭有华丽的鞍毡，背上两峰之间竖一建鼓，鼓柱上饰有羽葆。建鼓的两侧各有一人，身着长袖宽服，半蹲于骆驼的背上，做击鼓舞蹈状。这与常见的建鼓舞表演不同，显得颇为新奇。这件画像砖上描绘的可能是一支来自北方或西域的歌舞表演队伍到蜀地演出的情景，画面虽然没有刻画观赏者，但可以推测此类来自异域的表演一定受到了当时社会各阶层的欢迎。彭县、广汉出土的两件画像砖，都描绘了跳丸，在叠案上做倒立表演，德阳出土的一件画像砖也描绘了叠案倒立表演的情景，这些都带有外来艺术表演的特色。[1]《邺中记》有"安息五案"的记述，说明这种表演可能来自安息（今伊朗）等处。《太平御览》卷五百六十九引《梁元帝纂要》也说"又有百戏，起于秦汉，有鱼龙蔓延、高絙凤皇、安息五案、都卢寻橦"[2]等。据《史记·大宛列传》记载，汉武帝遣张骞通西域时，张骞曾派副使到达安息，汉使返还时，安息"发使随汉使来观汉广大，以大鸟卵及黎轩善眩人献于汉"[3]，之后汉朝与安息交往颇多，安息五案节目大概就是这个时期传入的。值得注意的是，根据《魏略·西戎传》等史料记载透露的信息，来自中亚与西亚的杂技艺人和魔术师们，很可能是先由海道至缅甸，然后由西南丝路进入云南和四川，再前往中原的。他们在西南丝路沿途肯定做过多次表演，在繁华的成都可能有过较长时间的停留，所以四川地区出土的一些东汉画像砖上，便留下了他们的精彩表演画面。

四川出土汉代画像砖上的这些画面，反映了天府成都丰富多彩的生活情景。观赏这些画面，不仅可以了解当时的城市建筑和社会各阶层的衣食住

---

1 高文：《四川汉代画像砖》，第一编，图四八、图四一、图四六、图四四。
2 李昉等：《太平御览》第三册，第2572页。
3 司马迁：《史记》卷一百二十三《大宛列传》，中华书局，1959年，第3172~3173页。

行,也展现了当时人们对优雅时尚的追求。优雅时尚不仅是秦汉以来天府民俗中的亮点,也生动而深刻地反映了蜀人的生活品格与精神风貌。在一定意义上也可以说,优雅时尚可称为天府成都最引人瞩目的城市气质。在后来的历史发展进程中,这个特点也得到了很好的延续,为天府成都这座历史文化名城增添了浓郁的魅力。

三、经济文化与精神崇尚的交融

天府成都富裕悠闲的社会生活,以及城市的优雅时尚气质,自秦汉以来就逐渐形成了较为鲜明的特点。这种独特的城市气质,生动地展示了经济文化与精神崇尚的交融,具有丰富的人文内涵,成为蜀人习以为常的生活形态,并对后世产生了深远的影响。

概而言之,大致可以做以下几个方面的归纳。

(一)农业水利的发达和经济的富庶,提供了充裕的物质基础

天府成都,自古蜀以来,就是米粮之仓。史料记载,古蜀国早在杜宇时代,就开始兴修水利了,如常璩《华阳国志·蜀志》就说杜宇"教民务农","会有水灾,其相开明决玉垒山以除水害"。[1]《水经注》卷三十三说"江水又东别为沱,开明之所凿也"[2],也记叙了这件史实。秦并巴蜀之后,对蜀地的水利工程又有新的重要创建。《通典》卷二说:"秦平天下,以李冰为蜀守,冰壅江水作堋,穿二江成都中,双过郡下,以通舟船,因以溉灌诸郡,于是蜀沃野千里,号为陆海。"[3]李冰修筑都江堰,有效地治理了岷江水害,"灌溉三郡,开稻田,于是蜀沃野千里,号为'陆海'。旱则引水浸润,雨则杜塞水门,故记曰:水旱从人,不知饥馑,时无荒年,天下谓之'天府'也"。李冰还疏通了文井江、绵水、洛水等河流,"皆溉灌稻田,膏润稼穑。是以蜀川人称郫、繁曰膏腴,绵洛为浸沃

---

1 常璩撰,刘琳校注:《华阳国志校注》,第182页。
2 郦道元撰,王国维校:《水经注校》卷三十三《江水》,上海人民出版社,1984年,第1038页。
3 杜佑:《通典》卷二《水利田》,中华书局,1988年,第33页。

也"[1]。诚如常璩《华阳国志·蜀志》所说,成都平原从此成了名副其实的天府之国。

水利是农业的命脉,在中国传统农业发展史上,水利一直发挥着至关重要的作用。继李冰修建都江堰之后,西汉文帝末年,"以庐江文翁为蜀守,穿湔江口,溉灌繁田千七百顷"。蜀地的水利建设在当时领先全国,发挥了示范作用,产生了极大的影响。正是由于西汉初期从汉文帝到汉武帝对兴建水利与发展农业的重视,全国各地都大兴水利。据《汉书·沟洫志》记载,汉武帝曰"农,天下之本也,泉流灌浸,所以育五谷也","令吏民勉农,尽地利,平繇行水,勿使失时"。[2]1974年都江堰鱼嘴附近出土有"故蜀郡李府君讳冰"石像,立像者为东汉建宁元年(168)的"都水掾尹龙长陈壹"[3],表明蜀郡在汉代曾设立有专管都江堰水利工程的官吏。到蜀汉时,"诸葛亮北征,以此堰农本,国之所资,以征丁千二百人主护之,有堰官"[4],也延续了汉代对都江堰水利工程的重视与保护管理。值得注意的是,汉代对池塘的使用也非常重视,池塘不仅被用于蓄水,为水田灌溉提供便利,还被用于种藕养鱼。在四川、广东、贵州、陕西汉中和河南等地的东汉墓中,水田池塘模型十分常见。四川出土的汉代画像砖对池塘农作也有不少描绘,如水田插秧以及采莲捕鱼等,反映了当时重视水田灌溉的情形,也说明了当时稻作农业的兴旺。[5]顾炎武《日知录》卷十二《水利》说:"凡一渠之开,一堰之立,无不记之……岂非太平之世,吏治修而民隐达,故常以百里之官而创千年之利。"[6]正是由于千百年来农业水利的发达,四川才创造了经济上的富庶,从而为天府成都的经济文化与精神崇尚提供了充分的物质基础。

---

1 常璩撰,刘琳校注:《华阳国志校注》,第202、210页。
2 班固:《汉书》卷二十九《沟洫志》,第1685页。
3 四川省灌县文教局:《都江堰出土东汉李冰石像》,《文物》1974年第7期。
4 郦道元撰,王国维校:《水经注校》卷三十三《江水》,第1039页。
5 中国画像砖全集编辑委员会:《中国画像砖全集·四川汉画像砖》,第88~89页,图一一七(右格画面)、图一一八、图一一九。
6 顾炎武著,黄汝成集释:《日知录集释》卷十二《水利》,岳麓书社,1994年,第449页。

（二）城市的繁荣，为社会结构提供了新的聚合模式

考古发现揭示，古代蜀人很早就筑城而居了，早在三千多年之前，成都平原就出现了早期城市文明的曙光。秦并巴蜀之后，为了加强对蜀地的控制，秦人采取的一个重大措施是仿照咸阳的模式修筑了成都城、郫城与临邛城。这些城市都夯筑有高大的城墙，上建观楼、射阑，下建粮仓，城内有街道、府舍、市肆与居民住宅区，为秦人提供了驻守和控扼巴蜀地方政权的便利，同时也促进了盐铁业和农业经济的发展。常璩《华阳国志·蜀志》记述："仪与若城成都，周回十二里，高七丈；郫城周回七里，高六丈；临邛城周回六里，高五丈。造作下仓，上皆有屋，而置观楼射阑。成都县本治赤里街，若徙置少城内。营广府舍，置盐、铁、市官并长丞；修整里阓，市张列肆，与咸阳同制。"[1]成都由此成为一座新兴的重要城市，不仅促进了蜀地经济的繁荣，也为当时的社会结构提供了新的聚合模式。城市成为主流社会的聚集地，并带动了乡镇的发展。

城市兴起是社会经济发展的必然结果，而市场的设置又为商业贸易提供了便利。《汉书·食货志》说"富商大贾，积贮倍息，小者坐列贩卖，操其奇赢，日游都市"[2]，由此可见当时都市商业贸易的活跃。城市的繁荣，带来了市肆和集市的兴盛，不仅为广大市民百姓提供了方便，也为汉朝政府增添了财政收入来源。由于集市贸易的发展需要，随着经济的发展和人口的增长，村镇与小型城市在各地涌现和形成。在历史上，经济和贸易始终是促进城镇发展的最主要的动力，而城镇的发展也促进了贸易规模的扩大和经济的繁荣，二者相辅相成。先秦时期已是如此，汉代以来更为突出。市肆不仅出售各种货物，满足了市民百姓的消费要求，还售卖图书，为读书人提供了方便。如《后汉书》曰，王充"家贫无书，常游洛阳市肆，阅所卖书，一见辄能诵忆，遂博通众流百家之言"[3]。据《东观汉记》与《后汉书》等史料记载，蔡伦发明造纸之后，东汉时期纸张已得到

---

[1] 常璩撰，刘琳校注：《华阳国志校注》，第196页。
[2] 班固：《汉书》卷二十四《食货志》，第1132页。
[3] 范晔：《后汉书》卷四十九《王充传》，第1629页；李昉等：《太平御览》第四册，第3685页。

了普遍使用，这对图书的流传显然也起到了很好的推动作用。两汉时期，成都教育发达，成都与蜀地的图书也是很受欢迎的。四川出土的画像砖就有很多描绘市井生活的画面[1]，成都市郊曾家包汉墓出土的汉代画像砖刻画有男子捧书阅读的画面，真实地反映了当时图书的流传普及情形。汉代成都浓郁的读书之风，对后世影响深远，后来主流社会与百姓人家都重视耕读传家，这种世风的形成，真可谓由来已久。而这正是天府成都优雅时尚气质中，最值得称赞的一个重要因素。

需要注意的是，天府成都与蜀地的市肆与北方不同，建筑比较紧凑，街巷较窄，使两边的店铺买卖显得人气很旺，白天生意兴旺，到了夜晚依然繁忙。汉代的文献对此就有记载，如《后汉书》卷三十一就记述："成都民物丰盛，邑宇逼侧，旧制禁民夜作，以防火灾，而更相隐蔽，烧者日属。"当时廉范为蜀郡太守，"范乃毁削先令，但严使储水而已。百姓为便"[2]。《东观汉记》对此也有相同记载，反映了当时成都商贸的活跃与市场买卖的兴旺。[3]天府成都和蜀地市肆的这种特色保持时间非常长久，在从明清时期留存下来的一些古村镇中仍可见其余绪，大都依然遵循着这种传统的建筑模式。这也是天府地域文化中一个源远流长而又比较鲜明的特色。

（三）商贸的流通与文化交流，形成了开放包容的心态

天府成都和蜀地虽然地处内陆，却并不封闭，早在古蜀时代就和荆楚、滇越、秦陇、中原等周边区域有了频繁的经济往来与文化交流。天府文化继承了古蜀文明的绚丽个性与开放活跃的传统，与周边区域一直保持着密切互动。特别是秦汉以来，天府成都与周边区域的商贸流通与文化交流更为广泛和活跃，相互的影响与互动也更为密切和频繁。这种交流与互动，不仅带来了城市的繁华与兴旺，也形成了开放包容的心态，天府成都也因此更加充满了活力。天府成都在南北朝至隋朝时，已是"水陆所凑，货殖所萃，盖一都

---

1 中国画像砖全集编辑委员会：《中国画像砖全集·四川汉画像砖》，第97~99页，图一二九、图一三〇、图一三一、图一三二。
2 范晔：《后汉书》卷三十一《廉范传》，第1103页。
3 刘珍等撰，吴树平校注：《东观汉记校注》卷十四《廉范传》，第590页。

之会也"¹，到唐代则已发展成全国最繁华的商业都会之一。商业的繁荣与文化的活跃，极大地丰富了人们的生活，也深刻地影响了城市的风貌与气质。在一定意义上也可以说，正是这种繁华兴旺与开放包容，决定了天府成都优雅时尚的城市气质，从衣食住行到生活习俗，从传统观念到思想文化领域，都有深刻而精彩的展现，并由此形成了一种城市文化魅力。人们常说，到了成都就不想离开，或者走了之后还想再来，便与这种城市文化魅力密不可分。

（四）移民之城，带来了北方贵族的奢侈之风，对后世产生了重要影响

天府成都既是一座肇始于古蜀时代的历史文化名城，也是一座秦汉以来即开始形成的移民之城。成都时尚优雅的城市气质，成都丰富多彩的神韵魅力，与移民的影响也有相当密切的关系。秦朝统一巴蜀后，便开始从北方移民到蜀地，常璩《华阳国志·蜀志》说秦人认为"戎伯尚强，乃移秦民万家实之"²，就真实地记述了这一状况。按一家三口人计算，迁移入蜀的秦民即有数万人之多。从考古发现看，20世纪中叶以来在四川各地考古发掘的战国秦汉墓中，就有大量的移民墓，也印证了当时秦朝的移民之举。秦灭六国之后，仍继续实行这种移民措施，将六国的富豪大户大量迁往蜀地。这些移民中有善于铸造与经商者，将北方和中原地区的铁器铸造技术与农耕方法带到了蜀地，不仅对蜀地的经济发展起到了积极的作用，同时在客观上也加速了区域文化之间的融合，促进了蜀地工商业和制造业的发展。汉代蜀地生产的铁器大量销售到西南夷和周边区域，这对周边区域的社会生活和农业生产也发生了积极作用。值得注意的是，蜀地由此也涌现了很多富甲一方的土豪大户，如临邛的卓王孙、程郑等人就是移民中发家致富的典型代表。司马迁《史记·货殖列传》说："蜀卓氏之先，赵人也，用铁冶富。秦破赵，迁卓氏……致之临邛，大喜，即铁山鼓铸，运筹策，倾滇蜀之民，富至僮千人。田池射猎之乐，拟于人君。""程郑，山东迁虏也，亦冶铸，贾椎髻

1　魏徵等：《隋书》卷二十九《地理上》，中华书局，1973年，第830页。
2　常璩撰，刘琳校注：《华阳国志校注》，第194页。

之民，富埒卓氏，俱居临邛。"¹常璩《华阳国志·蜀志》也记载，"秦惠文、始皇克定六国，辄徙其豪侠于蜀，资我丰土。家有盐铜之利，户专山川之材，居给人足，以富相尚。故工商致结驷连骑，豪族服王侯美衣，娶嫁设太牢之厨膳，归女有百两之车"，"若卓王孙家僮千数，程郑亦八百人……富侔公室，豪过田文，汉家食货，以为称首。盖亦地沃土丰，奢侈不期而至也"。²这种风气，对后世的民俗民风产生了深远影响。奢侈不宜提倡，但其对人们向往与追求富裕生活的启发之功，也是显而易见的。蜀人崇尚优雅时尚，显然与此也有很大的关系。在后来的历史发展过程中，全国各地又多次向天府成都和蜀地移民，为成都的城市生活增添了新的活力与内涵，使天府文化又有了新的演化与创新，而崇尚优雅时尚依然是成都最为鲜明的城市气质。

（五）文运勃兴，文化创新，是天府成都优雅时尚最重要的组成因素

天府成都与蜀地自古以来的精神崇尚，具有浪漫悠闲的特质，追求富庶休闲的生活方式，重视和谐的人文追求，天人合一，悠然自得，这些都是蜀人与生俱来的东西。秦并巴蜀与秦始皇统一六国之后，蜀地被纳入了全国统一的格局之中，与中原文化的交流和融合有所加强，天府成都呈现出崭新的风貌，蜀人的精神崇尚与城市气质，也由此增添了新的丰富内涵。特别值得重视的是，汉代文翁在成都大力兴办学校，使蜀地的教育走在了全国的前列，对人才的培养和文学的繁荣都产生了巨大的作用。《汉书·地理志》说："文翁为蜀守，教民读书法令……及司马相如游宦京师诸侯，以文辞显于世，乡党慕循其迹。后有王褒、严遵、扬雄之徒，文章冠天下。"³常璩《华阳国志·蜀志》说："故司马相如耀文上京，扬子云齐圣广渊，严君平经德秉哲，王子渊才高名隽……得意之徒恂恂焉。"⁴从汉代开始，一种浓厚的文化风气由此而形成，对后世的传承与影响也是非常深远的，使天府成都成了一个文化勃兴、文运昌盛之地，而这正是天府成都优雅时尚最重要的组

---

1 司马迁：《史记》卷一百二十九《货殖列传》，第3277~3278页。
2 常璩撰，刘琳校注：《华阳国志校注》，第225页。
3 班固：《汉书》卷二十八下《地理志》，第1645页。
4 常璩撰，刘琳校注：《华阳国志校注》，第221页。

成因素。文化既是城市之魂,也是社会繁荣发达的重要动力。正是汉代以来天府成都的文运昌盛与文化创新,造就济济人才,才有了文宗在蜀的佳话。也正是经济文化与精神崇尚的交融,天府成都才如此生气勃勃,展现了无穷的神韵魅力。

以上所述,都是个人浅见,敬请诸位方家和高明者指教。

优雅时尚：诗酒成都

王 炎[1]

摘 要：天府成都酿酒历史源远流长，为诗酒成都的优雅时尚生活奠定了坚实的物质基础。成都先民酿造出甘酒、清醴酒、酴醾酒、临邛酒、郫筒酒、乳酒、烧春酒、锦江春、竹叶青、薛涛酒等众多美酒，开启了丰富多彩的诗酒文化生活。文人赋诗、吟诗，使得诗与酒结下不解之缘，佳话频传。受此风气影响，成都都市文化中出现了文学艺术与游赏习俗密切结合的优雅时尚趋向。

关键词：成都；酒；诗；优雅时尚

一、成都酒史

四川的古代文明，最早诞生在成都平原。据历史记载，蜀族在成都平原建立的国家，经历了蚕丛、柏濩、鱼凫、杜宇、开明几个王朝。《蜀王本纪》载："蜀王之先名蚕丛，后代名曰柏濩，又次者名曰鱼凫，此三代各数

---

[1] 王炎，四川省社会科学院研究员。

百岁。"鱼凫之后，杜宇"自称为蜀王，号曰望帝，治汶山下，邑曰郫"[1]。《华阳国志·蜀志》也说："后有王曰杜宇，教民务农，一号杜主。"[2]杜宇王朝末世，成都平原发生水患，杜宇无力治水，荆人鳖灵治水有功，最终推翻杜宇，建立开明王朝，号曰丛帝。开明王朝凡十二世，于公元前316年为秦所灭。今日郫县的望丛祠，即为纪念古代蜀国望帝与丛帝的遗迹。公元前314年，张仪筑城成都，从此开启了诗酒成都的优雅时尚生活。

综观有关古代蜀国的历史文献，直接涉及酒的文字虽然不多，但却十分重要。《华阳国志·蜀志》载："九世有开明帝，始立宗庙，以酒曰醴，乐曰荆，人尚赤，帝称王。"[3]从这条史料可以看出，到了开明九世时，蜀国在礼乐文化制度上进行了改革，建立起一套巩固奴隶制国家所必需的宗庙祭祀制度。此处专讲"以酒曰醴"，说明酒在蜀国社稷宗庙中的重要性。我国商代就有了名叫"醴"的酒，开明九世"以酒曰醴"，是仿效中原的称呼，把酒统称为"醴"，并不是说这时蜀国才有醴酒。事实上古代蜀国酿酒历史悠久，蜀人早就能够酿酒了。

成都平原曾发掘出土了大量的汉代画像砖，其中的《酿酒图》《酤酒图》《宴饮图》《酒肆图》等，生动地再现了当时成都的酿酒作坊以及酤酒、饮酒等若干蜀酒历史情景。

1975年，考古人员在成都西郊曾家包发现了两座东汉大型砖室墓，墓内共出土13块画像石，质地为细红砂石，其技法采用的是凸面浅浮雕。其中一号墓西后壁有一幅画像特别形象、生动，表现了东汉成都的酿酒场面：一辆牛车满载粮食来到酒坊，妇女在井旁取水，巨大的烧锅前有人忙着烧火，五个大酒坛一字排开，有人正在用瓢舀酒，成群的家禽家畜在四周吃着酒糟。整个酒坊呈现出一派欣欣向荣的气象。

1986年，在成都彭州市升平乡收集到一块"酒肆羊尊画像砖"，图案右侧是一座具有汉代风格的木结构酒肆建筑，内部陈列着各种各样的盛酒器

---

[1] 扬雄：《蜀王本纪》，李昉编纂，孙雍长、熊毓兰校点：《太平御览·妖异部四》，河北教育出版社，1994年，第123页。
[2] 常璩著，刘琳校注：《华阳国志新校注》，四川大学出版社，2015年，第101页。
[3] 常璩著，刘琳校注：《华阳国志新校注》，第103页。

具。肆内一人当垆，盛酒的大坛置于案下，坛口与桌案齐平，以便用勺舀酒。酒肆外面有四人，其中两个宽袖长袍者正排队沽酒；另外两人，一人沽酒已毕，正用成都平原独有的一种独轮车推羊尊而去，另一人挑着两个酒瓮仿佛刚刚赶到。酒肆后侧还有一张高台木案，上置一方形酒器和两个盛酒的羊尊，以作储备。整个画面生动地反映了当时成都酒肆门前熙熙攘攘、应接不暇的繁忙情景。

1954年，四川省彭山县凤鸣乡出土有另一幅"酿酒"画像砖：画面上方显露出一单檐五脊顶粮仓，屋檐下摆放有两个酒瓿，其侧各置两罐。往下则有二人，右边一人头梳椎髻，着长服，两手各握一曲罐的口沿；左边是一个头梳双髻、阔袖长服的女子，袖子挽得高高的，左手扶着酿缸上的大圆锅，右手正在锅里搅动。缸的右边，一名男子在烧火为酿缸加温。酿缸前方是地槽，槽前有一根有三个椭圆小口的管子，管口分别对着三只小酒坛，另一名男子正在观察把控，以便及时启闭开关，将不同质量的酒引入不同的酒坛。由此可见，蜀都的酿酒工艺已经达到了相当高的水平。

成都市新都区文管所收藏新龙乡出土的两方东汉画像砖，较为客观地反映了当时成都酿酒和酤酒的场面。其中酿酒画像砖右部有一屋顶，表示酒肆所在的建筑物。屋前垒土为垆，垆内安置三只酒瓮，瓮上有螺旋圆圈，形似一条管子。有学者据此推测，它可能是曲子发酵，淀粉溶化后输入瓮内的冷管。图左端上方一人推一独轮车，车上有一方形圆口器物，可能是在往外送酒。左端下方一人担一只酒罐，罐口有套绳。其右有灶一座，灶上有釜，上边一人左手靠于釜边，右手在釜内操作，似乎在和曲。其右一人于一旁观看。垆侧一人亦做观者状。图的上端右边屋檐下有两个酒瓿，瓿的两旁有两个圆形盒子。在酤酒画像砖画面中，有一座四阿顶式建筑物，屋内垒土为垆，垆内有两只酒瓮。壁上挂两只酒壶，屋内坐一人，做为门前一人盛酒状，门外一人做接物状。其左一人手推辇，上装一盛酒物，正回头观酤酒人。左上部有椎髻短裤者肩荷酒壶，正前来酤酒。此外，成都羊子山第二号东汉墓出土的一块"庭院画像砖"，其构图也形象地描绘了当时成都热烈的"宴饮"场面。这些汉代画像砖与画像石所反映的大量蜀酒信息，说明早在汉代，蜀酒就已成为人们相延待客之必不可少的助兴之物，成为人们日常生活之常备之物。

成都酒史中最重要的是窖池。窖池在中国传统酿酒工艺中分"石窖"与"泥窖"两种，石窖防水性好，主要分布在中国北方黄河流域等较干旱地区；泥窖透气性好，适合酿酒微生物生长，主要分布在中国南方长江流域等温暖湿润地区。因而，石窖适合酿造小曲酒，泥窖适合酿造大曲酒。当然这种对应关系也并不绝对化，北方也有用石窖酿制大曲酒的，如陕西西凤酒、山西汾酒等，但均属清香型；南方也有用泥窖酿制小曲酒的，如四川崇庆县、邛崃县等地酿制的"土烧酒"，酒质香醇，其品质几可与北方的大曲酒媲美。可见，大曲比小曲优越，泥窖比石窖生香。但浓香型大曲酒则一定是用泥窖发酵酿制的，无一例外！

中国的大曲酒多种多样，讲究用曲、用料、用水、用窖，发酵期达1~3个月，生产周期达3~9个月，由大曲中所含曲霉、根霉、毛霉、红曲霉、酵母菌、醋酸菌、乳酸菌等多菌类混合糖化发酵，因而呈香丰富。目前在酒体方面形成了四大流派，也称四大香型（实际上可以细分更多香型），中国蒸馏酒的精华品种几乎都被包括在里面，其中浓香型酒分布最广，影响最大。除了在原料、制曲、工艺等方面各有变化，浓香型酒最显著的技术特征是它的窖池，俗称"老窖"，即连续不断地使用生香微生物（如乙酸乙脂菌等）接种纯化，使之发酵生香不断优化的泥窖。浓香型的窖池是掘于地下的，开口与地面平齐（一般不高于地面），具有隐蔽特征，装料泥封后，一般外行人是看不出什么名堂的。《抱朴子·酒诫》中说："曩者，既年荒谷贵，人有醉者相杀，牧伯因此辄有酒禁。严令重申，官司搜索，收执榜徇者相辱，制鞭而死者大半。防之弥峻，犯者至多，至乃穴地而酿，油囊怀酒。民之好此，可谓笃矣。"[1]这"穴地而酿"，恐怕就是最早的窖池，是为逃避酒禁大罪而出现的"新生事物"。此后，为避酒禁，又应该有所发展。《抱朴子》的作者葛洪是东晋人，传说他曾云游到四川。他说"酒禁"时不言官府，而称"牧伯"，似有所确指。通常，古代诸侯被称为"牧伯"；再从其所言"官司搜索""穴地而酿"的情形看，基本上可与蜀汉四川对上号。《三国

---

1 葛洪著，杨明照校笺：《抱朴子外篇校笺》上，中华书局，1991年，第584~585页。

志·蜀志·简雍传》记载，先主（刘备）以"天旱禁酒，酿者有刑。吏于人家索得酿具，论者欲令与作酒者同罚"[1]。这是执行得很"左"的高压政策。正是在这种压力之下，才会产生"左道旁门"的应对办法。如果是一般性的"禁酿"、"禁饮"、罚款等，当不至于费尽心机地掘地而酿。一般而言，掘地酿酒的工艺难度较大，粮食浪费也较多，是很不划算的，非万不得已，酒家也不会出此下策。后来，简雍"与先主游观，见一男女行道。谓先主曰：'彼人欲行淫，何以不缚？'先主曰：'卿何以知之？'雍对曰：'彼有其具，与欲酿者同。'先主大笑而原欲酿者"。此后，这一极端做法才有所收敛，但禁酿的高压政策仍然不变。除《尚书·酒诰》所言西周禁酒之外，《三国志·简雍传》记载的蜀汉禁酒是最有名的。况且西周是"禁饮"（其他朝代也大多如此），蜀汉才是真正的"禁酿"，此二项禁令打击的层面与侧重点各不相同，目的也不一样："禁饮"是怕贪杯误事，败坏风气；"禁酿"是要节约粮食，扩军备战。蜀汉的政策才是逼人将酿酒转入地下的动因。

　　古代的窖池，最初一定很小，作为私酿或私售，仅有一两口陶缸，能容数十百斤（数斗或石余）粟料即足矣。要发展到今天这样的窖池规模，动辄下料成千上万斤（数吨）粮，非经过一个大规模酿造的过程不可。这个"过程"，在宋代的四川是出现过的。史载："建炎三年，总领四川财赋赵开遂大变酒法，自成都始。先罢公帑实供给酒，即旧扑买坊场所置隔酿，设官主之。民以米入官自酿，斛输钱三十，头子钱二十二。明年编下其法于四路，岁递至六百九十余万缗。凡官槽四百所，私场点不预焉。"[2]赵开的"隔槽酒法"，实行的是"曲与酿具，官悉就买，听酿户各以米赴官自酿"，"其酿之多寡，唯钱是视，不限数也"。这四百所"官槽"（加上少数官府租赁的"私店"）要满足四川官民的酿饮需要，每一"官槽"的规模应该是较大的。而每一所官槽又要应对许多的"自酿者"，务必实行"隔槽"才分得开，而不致混淆。若用普通的酿器，如缸、盆之类，显然不行，因为不敷其用，且易混杂。只有用特殊的酿具——"槽"（窖池）才是可能的，投粮之

1　陈寿：《三国志》卷三十八，中华书局，1959年，第971页。
2　脱脱等：《宋史》卷一百三十八，中华书局，1977年，第4520页。

后数十天，各归各窖，清清楚楚。这大大小小数十百口"槽"集中排列在一起（正如今天的窖池群），壁与壁之间是隔开的，称之为"隔槽"是十分贴切的。直至今天，四川拥有窖池的酒业作坊，都一律称为"槽房"（有人误记为糟房），应是从宋代因袭下来的称谓。当然，赵开之所以能够实行"隔槽酒法"，说明在宋以前，四川已有相当的"酒槽"（窖池）基础，赵开不过是将其集中并扩大规模而已。这对于明清时期四川酒业发展来说，是一次质的飞跃。

以上论述，并非孤证。宋人彭龟年在《止堂集》中记载："夫酒之伤性败德，固不待言。臣窃读《本草》，酒性大热，是以凝寒则不冰，沃火则益炎，酝酒之地雪霜不积。"[1]这则材料一方面说明宋代已有度数较高的"蒸馏酒"（"沃火则炎"），另一方面也透露、旁证了窖池酿酒的"秘密"（"酝酒之地雪霜不积"）。请看！漫天雪花之中，独有这方圣土"雪霜不积"，何以如此？皆为地下窖池酿酒发热致之。而且这窖池是露天的，不似今天全在房屋中。我们从口碑调查中了解到，民国时期古蔺、茅台地区还存在有露天窖池，这与彭记是可以相互印证的。

有了窖池酿酒，成都美酒的浓度大为提高，为诗酒成都的优雅时尚生活，创造了坚实的物质基础。

二、成都酒名

在历史上，成都曾酿造出甘酒、清醥酒、醝醿酒、临邛酒、郫筒酒、乳酒、烧春酒、锦江春、竹叶青、薛涛酒等众多名酒佳酿。北朝人贾思勰所著的《齐民要术》卷七《笨曲饼酒》还专门记述了"蜀人作酴酒"的方法，足以想见成都酒的重要地位及其影响。

唐宋时期，各地出现了很多的酒名，大都散见于各类历史文献中。至宋代，周密所著《武林旧事》于"诸色名酒"目下收录了蔷薇酒、流香、凤泉、思堂春、雪醅、皇都春、常酒、留都春、和酒、十洲春、海岳春等54种酒的品牌，这时候酒不再单以产地、原料、制法的不同来区分了，人们给酒起了很多优美的品牌名称，如"流香""凤泉""玉练槌""清若空"等。

1　彭龟年：《止堂集》卷二，中华书局，1985年，第19页。

但真正开始检点全国各地的名酒品牌，应始自宋人张能臣的《酒名记》（元陶宗仪《说郛》卷九十四下，宋朱弁《曲洧旧闻》卷七亦有载），其所列举的酒名多达二百多种，除开封一地按制酒各家记录外，余皆以府、州为单位。该书记四川所出名酒者共一府九州，其地之多，居全国之冠，仅成都府一地便有"忠臣堂、玉髓、锦江春、浣花堂"四品，名酒之多更是全国第一。到了元代，在宋伯仁所著的《酒小史》中也罗列了成都的"刺麻酒""剑南烧春"以及其他各地酒名，如"荥阳土窟春""富平石冻春"等106种酒。明代以后，有以原料来命名的"粳米酒""黑米酒"等；有以产地取名的"绍兴酒""太原酒"等；有以酒色命名的"潞州珍珠红""竹叶青酒"等；也有以历史名人来命名的"阮籍步兵厨""孙思邈醾酥"等；还有带文学典故色彩的"刘白堕擒奸""东坡罗浮春"等。总之，酒类名目繁多。

各种名目的成都美酒，开启了丰富多彩的成都诗酒文化生活。

三、成都酒诗

成都是一个酿酒、饮酒的城市，也是一个赋诗、吟诗的城市，自很久以前，诗与酒便结下了不解之缘，文人与酒，佳话频传。

陶渊明是第一个有意识地将诗与酒"攀亲结缘"，并在诗中赋予酒以独特象征意义的诗人，"忘忧物"的指称，便是他的发明。陶渊明的时代，是门阀士族的时代，政治黑暗，官场腐败，且易招惹杀身之祸。他痛感世道险恶，又不愿为五斗米折腰，终于在42岁时弃官归隐，躬耕终生。萧统在《陶渊明集序》中说："有疑陶渊明诗篇篇有酒，吾观其意不在酒，亦寄酒为迹者也。"[1]一语道破了陶渊明诗酒中的深心。所谓"寄酒为迹"，即借诗酒寄意遣怀，抗衡浊世，求得自身人格的清高与自为。他的咏酒诗，首开风气，为后人树立了酒徒、隐士、诗人"三位一体"的风范，对后世文人的饮酒生活和吟酒诗作产生了极为深远的影响。我们可以从后来李白、杜甫、白居易、苏轼、陆游等人的类似诗作中看到这种影响。

---

1 萧统著，俞绍初校注：《昭明太子集校注》，中州古籍出版社，2001年，第200页。

魏晋之后的隋唐，史称盛世，既是中国酒文化的全盛时期，也是中国诗文学的全盛时期。唐代诗人以其开阔的胸襟，宏伟的气魄，借鉴、扬弃了前人的诗酒流韵，转而讴歌"盛唐气象"。既有心神的澄静，复具人性的高扬，活泼欢畅，饱满健举，创造出一种唐人特有的诗酒浪漫情调，使酒文化在这座古代诗歌的巅峰上，流溢出醉人的馨香。著名的饮酒诗人李白与杜甫，是中国诗坛盛极一时的"双子星"，也是成都酒诗文化优雅时尚生活的写照。

李白（701—762），字太白，号青莲居士。一生颠沛流离，希求报国施才而不遇，"青莲居士谪仙人，酒肆藏名三十春"，是他一生遭际的写实。杜甫（712—770），字子美，早年科场不第，一生穷困，然工诗文，他的诗忠实反映了唐王朝安史之乱前后由盛而衰的时代变迁，被后人誉为"诗史"。据统计，李白现存诗文1050首，与酒有关的有170首，占总数16%左右；杜甫现存诗文一千四百多首，与酒有关的约三百首，占21%。让我们来欣赏几首这样的诗作。

山中与幽人对酌

李　白

两人对酌山花开，一杯一杯复一杯。
我醉欲眠卿且去，明朝有意抱琴来。

李白是一位浪漫主义诗人，他一生曾多次隐居学道于野山深林之中，"倾壶事幽酌，顾影还独尽"。他往往乐于独斟自饮，飘然来去，如要寻酒友，凡夫俗子是不得入座的。本诗中的"幽人"，想必是一位与之气味相投、仙风道气的高士。从这种独特的饮酒方式看，李白确实得到了陶渊明"任真"的嫡传。

陪侍郎叔游洞庭醉后(之三)

李 白

划却君山好,平铺江水流。
巴陵无限酒,醉杀洞庭秋。

李白陪自己的族叔游洞庭湖,酒与景似乎是他们之间的中心话题。这首诗开篇就提出要"划却君山",已是不同凡响。接着又说这平铺的湘江水与洞庭湖也幻化成无限的美酒,醉得整个巴陵洞庭沿江沿岸层林尽染,万山红遍。这种比湖为酒、天地同醉的奇思异想更是仙风邈邈,语惊四座,令人不由叹服。

月下独酌(之二)

李 白

天若不爱酒,酒星不在天。
地若不爱酒,地应无酒泉。
天地既爱酒,爱酒不愧天。
已闻清比圣,复道浊如贤。
贤圣既已醉,何必求神仙?
三杯通大道,一斗合自然。
但得酒中趣,勿为醒者传。

这首诗,是李白称颂饮酒的一篇热情奔放的宣言书,是其一生中对酒的最高礼赞。酒为天地而设,酒为圣贤而存,酒是"通大道""合自然"的不二法门。这种李白独悟的"酒中趣",就是他所孜孜追求的率情任真、不累世俗、自由解放的理想境界,就是他借酒而造设的心灵天国。

杜甫是一位现实主义诗人,他在"安史之乱"中颠沛流离,后寓居四川近十年。他的咏酒诗写实的成分居多。

谢严中丞送青城山道士乳酒一瓶

杜 甫

山瓶乳酒下青云，气味浓香幸见分。
鸣鞭走送怜渔父，洗盏开尝对马军。

严武是杜甫的朋友，镇蜀时曾聘杜甫为节度参谋，并荐其为检校工部员外郎，常接济杜甫，这首诗中的赠酒是其一例。蜀中酿酒素有传统，青城山道士秘酿尤为著名，今日还留传其名酿"洞天乳酒"。杜甫受酒后，即与邻翁、渔父等乡老朋友分享，一面下棋消遣，一面品尝美酒，其田园乐趣于此可见。

客 至

杜 甫

舍南舍北皆春水，但见群鸥日日来。
花径不曾缘客扫，蓬门今始为君开。
盘飧市远无兼味，樽酒家贫只旧醅。
肯与邻翁相对饮，隔篱呼取尽余杯。

杜甫贫居成都草堂时，门庭颇为孤凄冷落，偶有倾心相与的朋友来访，其欣喜之状自不待言。这首诗描写的就是这种情景。诗题下原注："喜崔明府相过。"明府，是唐人对县令的一种尊称。这位姓崔的县令来访时，杜甫邀约村邻陪坐共饮。杜甫的北邻是一姓王的县令，南邻是朱山人，他们都好喝酒，却不大讲究菜肴的多少，可是热忱待客的情谊却很纯真。旧醅，是开坛数日而没有过滤的浊酒，其味易酸坏。因而唐人好饮新酿制的酒，所以杜甫以旧醅待客为歉。

杜甫还有一首描写盛唐时代文人浪漫饮酒风习的名作《饮中八仙歌》,在古代饮酒诗中堪称绝唱。

饮中八仙歌

杜 甫

知章骑马似乘船,眼花落井水底眠。
汝阳三斗始朝天,道逢曲车口流涎,恨不移封向酒泉。
左相日兴费万钱,饮如长鲸吸百川,衔杯乐圣称避贤。
宗之潇洒美少年,举觞白眼望青天,皎如玉树临风前。
苏晋长斋绣佛前,醉中往往爱逃禅。
李白一斗诗百篇,长安市上酒家眠,
天子呼来不上船,自称臣是酒中仙。
张旭三杯草圣传,脱帽露顶王公前,挥毫落纸如云烟。
焦遂五斗方卓然,高谈雄辩惊四筵。

这首诗结构十分特别。诗无头无尾,骤起骤落,段与段互不相关,如同一架屏风,分别展示着八幅酒徒画像,每幅都用写意的漫画手法,寥寥数笔就活灵活现地勾画出每个人独具的神态,合而观之,又能共同体现那个时代特定的历史风貌。杜甫歌咏的"饮中八仙",从其各自生平事迹看,多是欲有作为而难有作为,不得已沉湎于醉乡,以排遣忧愁,忘却世态昏浊,现实感极强,令人印象至深。

戏题寄上汉中王三首

杜 甫

西汉亲王子,成都老客星。
百年双白鬓,一别五秋萤。
忍断杯中物,只看座右铭。

不能随皂盖，自醉逐浮萍。

策杖时能出，王门异昔游。
已知嗟不起，未许醉相留。
蜀酒浓无敌，江鱼美可求。
终思一酩酊，净扫雁池头。

群盗无归路，衰颜会远方。
尚怜诗警策，犹记酒颠狂。
鲁卫弥尊重，徐陈略丧亡。
空余枚叟在，应念早升堂。

"蜀酒浓无敌，江鱼美可求。""空余枚叟在，应念早升堂。"杜甫的这首诗，把成都的美酒和酿酒工匠推崇到无以复加的境地。

杜工部蜀中离席

李商隐

人生何处不离群，世路干戈惜暂分。
雪岭未归天外使，松州犹驻殿前军。
座中醉客延醒客，江上晴云杂雨云。
美酒成都堪送老，当垆仍是卓文君。

独　愁

李崇嗣

闻道成都酒，无钱亦可求。
不知将几斗，销得此来愁。

到蜀后记途中经历

雍 陶

剑峰重叠雪云漫,忆昨来时处处难。
大散岭头春足雨,褒斜谷里夏犹寒。
蜀门去国三千里,巴路登山八十盘。
自到成都烧酒熟,不思身更入长安。

"美酒成都堪送老,当垆仍是卓文君。""闻道成都酒,无钱亦可求。""自到成都烧酒熟,不思身更入长安。"李商隐、李崇嗣、雍陶这几位诗人寓居成都时的吟唱,跟杜甫一样,对成都的美酒与优雅时尚生活给予了极高的评价。

宋代诗人中也有类似作品,如陆游的《对酒》。

对 酒

陆 游

闲愁如飞雪,入酒即消融。
好花如故人,一笑杯自空。
流莺有情亦念我,柳边尽日啼春风。
长安不到十四载,酒徒往往成衰翁。
九环宝带光照地,不如留君双颊红。

陆游(1125—1210),号放翁,南宋著名的爱国主义诗人,他的诗酒生活首先是同抗金复国大业联系在一起的,充满了炽烈的情绪。"王师北定中原日,家祭勿忘告乃翁",是他一生奋斗目标的写照。这首诗,同样贯穿了以酒浇愁、忧国忧民的诗酒情结,反映了士大夫阶层报国无门时普遍的心理感受。

在宋代文学家苏东坡的饮酒诗中,除"破愁解闷"之外,还增添了无限野趣与友情。

饮湖上初晴后雨（之一）

苏 轼

朝曦迎客艳重岗，晚雨留人入醉乡。
此意自佳君不会，一杯当属水仙王。

苏轼（1037—1101），字子瞻，号东坡居士，宋代著名文学艺术家，诗、词、文、书法、绘画全能。苏轼并不善饮，但颇好置酒招客，本诗所描写的就是这种情景。他自己曾说，"天下之不能饮，无在予下者"，"天下之好饮，亦无在予上者"。这又为后世文人开启了新一流酒风。苏东坡知酒、酿酒，著有《东坡酒经》，其咏"竹叶酒""洞庭春""真一酒""蜜酒""桂酒""松花酒"等诗作，不少都可以视为酿酒史料，留给我们一份珍贵的酒文化遗产。

总而言之，唐宋文人的社会生活中，诗酒风流是一个重要的组成部分。而酒，往往发挥着独特的作用。

饮酒，在唐宋诗人的情感世界中，成为创作灵感的媒介，想象丰富的奇妙载体。杜甫说"醉里从为客，诗成觉有神"，陆游说"诗情恰在醉魂中"，辛弃疾说"醉时拈笔越精神"，苏东坡更直呼酒为"钓诗钩"。他们都有李白、张旭式的艺术创作感受，说明酒之于诗，功莫大焉！

除此之外，酒对于诗歌创作的情绪引动、环境气氛的熏陶也具有独特作用，酒对于诗歌创作的浪漫主义风格更是有助推之效。可以说，没有酒，就没有李白、苏轼、陆游，中国古代的浪漫主义诗歌将大为逊色。

酒为诗侣，诗见酒魂。诗酒联袂而行的历史演进，在古人心目中积淀为一种逻辑模式：饮酒必须赋诗。不论群饮行令，还是自斟独酌，诗情都应该是酒兴的必然产物。这种诗酒风习，在唐宋以降的元明清社会也得到传扬。而成都，在这种吟唱中，其优雅时尚得以发扬延续。

唐宋以后，成都酒的品种和产量大大增加，城市的游乐性习俗逐渐发展，酒与游赏相随，更与文人墨客结下了不解之缘。应该说，这种文学艺术与游赏习俗相结合的城市文化新趋向是促进成都酿酒业进一步繁荣的重要动因。

我们从有关史料中可以看到成都人饮酒的名目很多：官场交往、上下迎送，要喝"接风酒""送行酒"；会议结束，例需加菜、加酒，又称"圆满酒"；至于一般民众，一年四季，不论春种秋收，建房起屋，婚丧嫁娶，祝寿庆生，均不可无酒。成都酒家星罗棋布，酒香弥漫。张籍在《成都曲》中说："锦江近西烟水绿，新雨山头荔枝熟。万里桥边多酒家，游人爱向谁家宿。"南宋陆游称，"益州官楼酒如海，我来解旗论日买"；"当年走马锦城西，曾为梅花醉似泥。二十里中香不断，青羊宫到浣花溪"。从万里桥到青羊宫再到浣花溪，梅香？酒香？君孰能分清欤？酒肆既多，开业时间还特别长。张咏有《悼蜀诗》："蜀国富且庶，风俗矜浮薄。……酒肆夜不扃。"唐、五代、两宋时期，与中原、江南相比，成都地区较少受到战乱破坏，社会相对安定。加之成都平原拥有得天独厚的优越自然条件，更有造福万代的都江堰水利工程，于是"水旱从人，不知饥馑，时无荒年，天下谓之天府也"[1]，汉代时号为"陆海"，农业生产非常发达。因此，唐宋以来成都社会经济高度发展，物质生产相对充裕，都市日渐繁荣，市民的文化生活不断丰富，城市的游乐性风俗迅速发展起来。蜀人自古以来喜好歌舞娱乐、知足常乐、悠闲自得，也助长了游乐之风的兴起。成都游乐风尚之盛，不仅甲于西蜀，而且还以游娱无时、动至连月，在活动中形成了若干不容更改的"常法"，地方官员竞相带头倡导游乐等特点，在全国名噪一时，颇有影响。

受此风气的刺激，成都都市文化出现了文学艺术与游赏习俗密切结合的新趋向。宋元之际有了记载成都游乐文化内容的专书《岁华纪丽谱》，其书开篇即称："成都游赏之盛，甲于西蜀，盖地大物繁而俗好娱乐。"[2]其他记述内容涉及成都游赏活动的诗词文章更是不胜枚举。表明文化人的眼光已把游乐这类俗务，正式提高到了文化的高尚地位。宋代苏轼赋诗道："蜀人衣食常苦艰，蜀人游乐不知还。千人耕种万人食，一年辛苦一春闲。"田况作

---

1 常璩著，刘琳校注：《华阳国志新校注》，第112页。
2 费著：《岁华纪丽谱》，杨慎编：《全蜀艺文志》卷五十八，线装书局，2003年，第1708页。

有长篇诗名为《成都遨乐诗》:"四方咸传蜀人好游娱无时","遨游空间巷,碣来喧稚耄","顾此欢娱俗,良慰羁远报","登舟恣游娱,戎备渐解驰"。[1]这种游赏习俗的艺术化,是成都都市文化达于极盛的重要标志。

成都唐宋以来的游乐活动,上自太守,下至平民,参加者甚众,举凡元日、上元灯夕、踏青、清明、乾元、端午、乞巧、中秋、重阳、冬至、除夕等日,皆有游乐,以示吉庆。成都的游乐活动在内容、时间和方式上具有浓郁的地方特色,成为独特的地方习俗。如二月二日名为踏青节,活动内容却是游锦江。寒食节在"城内辟园张乐,酒垆、花市、茶房、食肆,过于蚕市"[2],哪有扫墓上坟的祭祀气氛?游乐活动的内容丰富多彩,包括游江、游山、游寺、游园等方式,吸引了众多的市民参加,往往形成"遨游空间巷""车马拥行道"的壮观场面。

四、成都酒事

(一)美酒成都堪送老,当垆仍是卓文君

在中国戏曲史上,有一出非常有名的折子戏——《琴挑》,说的是西汉文豪司马相如与才女卓文君的爱情故事。司马相如发迹前是个穷小子,据《史记·司马相如传》记载:"梁孝王卒,相如归,而家贫无以自业。"于是,穷且无业的游民司马相如只好来投奔他的挚友——临邛县令王吉。司马相如来后,王吉将他安顿在县城里,并装出一副谦恭的姿态,天天前去看望司马相如。司马相如开始每天还见见县令王吉,后来县令来访一律谢绝。司马相如越是谢绝,王吉越是恭敬,照样天天来访。原文是这样说的:"临邛令缪为恭敬,日往朝相如。相如初尚见之,后使从者谢吉。吉愈益谨肃。"[3]

地方官如此谦恭地反复拜会一个穷小子,这么奇怪的事儿引起了当地首富卓王孙的好奇,于是,卓氏决定宴请这位让县令大人都无比崇拜的高人。

家宴当日,司马相如推脱不来,县令大人亲自去请,他方才姗姗来迟。

---

1 冯任修,张世雍等纂,李勇先点校:天启《成都府志》卷三十四,成都时代出版社,2007年,第453页。
2 费著:《岁华纪丽谱》,杨慎编:《全蜀艺文志》卷五十八,第1711页。
3 司马迁:《史记》卷一百一十七,中华书局,1959年,第3000页。

卓王孙寡居在家的宝贝女儿卓文君也慕名来到屏风后面偷看才高八斗的美男子司马相如。席间"千呼万唤始出来"的司马相如被邀请抚琴，他早就看到躲在屏风后面的卓文君，于是就弹了两首古曲，一首《高山流水》，一首《凤求凰》，表达自己的爱慕之情。卓文君听出了司马相如的心意，精通音律的她春心萌动，芳心暗许。两人一见钟情，倾心相恋，是夜即携手私奔而去。话说至此，我们才明白，县令的"缪为恭敬"，"相如为不得已而强往"，原来是朋友二人为了卓王孙的掌上明珠设的"大圈套"。

次日，卓王孙闻听此事大怒。而文君跟随相如回家后发现其一贫如洗，为了生计，便有了文君当垆的典故。《史记》是这样说的："相如与俱之临邛，尽卖其车骑，买一酒舍，酤酒而令文君当垆（酒肆），相如自着犊鼻裈（围裙）与保庸杂作，器于市中。卓文孙闻而耻之，为杜门不出。"[1]一个千金小姐，为了爱情，开始站柜台卖酒。

李商隐和陆游都曾在他们的诗中赞颂此事，李商隐说："美酒成都堪送老，当垆仍是卓文君。"陆游说："此酒定从何处得，判知不是文君垆。"故事的结局非常圆满，尽管卓王孙气得要死，但实在丢不起这人，只得给了女儿"僮百人，钱百万，及其嫁时衣被财物"。于是，夫妻二人双双把家还，买田置地，富甲一方。

临邛（邛崃）有一种美酒，后来就叫"文君酒"。

（二）锦江春酒醉天地，水井烧坊传古今

成都地区有一种美酒，今天叫作"水井坊"。1998年8月，成都全兴酒厂在水井街生产车间改造厂房，在敷设天然气管道时，发现地下埋有古代酿酒遗迹。1999年3—4月，省、市考古单位联合对水井街酒坊遗址进行了考古发掘，挖掘出晾堂、酒窖、炉灶、路基、柱础等，并出土了一批陶瓷酒具遗物，经专家们考证，认定此为明、清两代遗址。

这一重要发现大大鼓舞了全兴酒厂，厂家决定在此修建一座富有"浓香文化"色彩的遗址博物馆，定名为"水井坊博物馆"。成都市对此也十分重视，因其沿江近水，故而将其纳入历史文化名城"府南河风景区"的整体规

---

[1] 司马迁：《史记》卷一百一十七，第3000页。

划之中。

这一重要发现同时也大大鼓舞了成都市的墨客骚人，纷纷为之倾注才思。

2001年5月22日，蓉城酒文化人士雅集大千茶园，畅叙悟与见解。茶间，四川人民出版社《龙门阵》编辑部的崔显昌先生忽发奇想，要为"水井坊"撰一"叫得响，雄得起"的广告语，成都市群众艺术馆的康德勋先生立即响应。二人借杜诗"锦江春色来天地，玉垒浮云变古今"的意境，拟出"锦江春色来天地，全兴佳酿通古今"的句子传阅众人，当即引起四川大学方北辰先生、四川省社科院谭继和先生以及中华酒文化研究所王炎先生等人的浓厚兴趣，大家议来改去，初步拟定为"锦江春酒来天地，水井烧坊醉古今"。

文人们的构思当然是有典故的。"锦江春"是唐宋时期成都出产的美酒，五代词人牛峤的《女冠子》词中就有"锦江烟火，卓女烧春浓美"的描写，宋代张能臣所著《酒名记》中也有"锦江春"的记载。唐人以春名酒，后人也继承了这个传统。在水井街烧坊遗址出土的明代瓷片上就发现有"江锦春"等字样，与之一脉相承。

水井街烧坊在清代乾隆年间换主重构，更名为"福升全"烧坊，大酿"薛涛酒"（美人酒），引得一位叫冯家吉的雅士诗兴大发，在《薛涛酒》一诗中拍案叫绝：

枇杷深处旧藏春，井水留香不染尘。
到底美人颜色好，造成佳酿最熏人。

水井街"福升全"烧坊以井水酿酒为绝技，后来在城内暑袜街建立新号，更名"全兴成"烧坊，同样依托古井酿酒，保持着"水井坊"的技法，一直延续传承至如今的全兴酒厂。"醉（通）古今"的说法，就包含着以上历史演变。

不久，撰句传到四川师范大学教授王文才老先生耳中，这位从青年时代就口啜成都美酒成长起来的学者自然别有一番感悟，也来了雅兴，斟酌推敲

之后,略改二字(实际仅改一字,移动一字)而得:

锦江春酒醉天地,水井烧坊传古今。

这样的改动,一为理顺平仄,二来兼顾语意,三则暗含诗仙酒仙李太白"巴陵无限酒,醉杀洞庭秋"的浪漫之典,化锦江为春酒,醉染天地,扬"水井坊"之名,流传古今,构意更佳。

此佳句又传到另一位名士饮者四川大学教授朱寄尧老先生处,其子朱徽是外文系教授,擅长中外诗互译,立马将其译成英文,意欲推向世界:

The Spring-Spirit of Brocade River intoxicates heaven and earth,
A Well-Workshop for Famous Liquor carries on its ever-lasting heritage.

译文中的"Spring-Spirit"语意双关,既是"春酒",又是"泉魂"(井魂),"Well-Workshop"同样绝妙,既是"水井坊",又是"好作坊"(好酒作坊);"of Brocade River"关联着"锦江春","for Famous Liquor"提示了"烧酒坊",不致使外国人误解。同时,"S"对"W","of"对"for",诗意对仗也十分工整,可以说译得十分漂亮。就我们所知,如此优美的中、英文诗,目前国内酒企尚未之有,"水井坊"是第一家。于是,经过众家推敲,一字改定,更由英译生辉,一段关于"水井坊"的轶事留在了当代成都诗酒史话之上。

卓筒井与北宋人文、科技时尚风气

张学君[1]

【摘　要】北宋仁宗庆历、皇祐年间（1041—1054），西川地区开凿的卓筒井，开人类深井钻探技术的先河，为现代油、气和矿开采技术奠定了基础。卓筒井的开创，植根于北宋时代，特别得益于仁宗朝仁爱宽容、重才求治的时尚氛围。卓筒井凿井工艺诞生时，苏轼、范镇、文同等蜀中名人都从不同角度加以探究，继位的神宗赵顼还召见博物学者沈括，君臣廷对卓筒井与蜀中井盐业的关系，展示出朝廷重视人文、科技的时尚风气。

【关键词】卓筒井；苏轼；人文；科技时尚

宋仁宗赵祯是历代帝王中屈指可数的有道明君，他是北宋第四个皇帝，也是宋朝在位时间最长（42年）的皇帝。他求贤若渴，对人才和教育的重视程度是之前历任皇帝所未有的。大比之年，仁宗朝取士多在七八百人[2]；苏

1　张学君，四川省地方志编纂委员会编审，四川省人民政府文史研究馆馆员。
2　脱脱等：《宋史》卷九至卷十二《仁宗本纪一》，中华书局，1985年，第195～251页。

轼、苏辙还是嘉祐二年（1057）同榜进士。[1]著名学者陈寅恪言"华夏民族之文化，历数千载之演进，造极于赵宋之世"[2]，主要就是指北宋仁宗时代。当时的"北宋五子"——周敦颐、邵雍、张载、程颐、程颢都是理学先驱。中国古文运动中最为杰出的唐宋八大家，仅北宋就占了六家（欧阳修、苏洵、苏轼、苏辙、曾巩、王安石），又都活跃在仁宗时代。中国对人类文明的重要贡献，活字印刷术、火药、指南针和深井钻凿技术，也都出现于仁宗时代。北宋诸帝实施以文治国、重视人才的国策之后，社会出现了仁爱宽容、兼容并包的优雅、时尚环境，为文明滋生提供了肥沃的土壤。

卓筒井工艺创新出现在北宋庆历、皇祐年间（1041—1054），诞生地在盛产井盐的四川盆地中部，当时蜀中名人范镇（1008—1089）、文同（1018—1079）、苏轼（1037—1101）都目睹了卓筒井的兴盛。他们或记述了创新工艺产生的年代、涉及的地区；或描述其机械原理，解析其凿井、采卤流程；或以地方官的身份，向朝廷报告卓筒井的使用在各州县不胫而走，以及蜀中官盐专卖制度形成的竞争优势。神宗赵顼还召见近臣沈括，探寻栈闭卓筒井的利弊。可见，这一"新生事物"的问世，引起了朝野上下的普遍关注。

一、苏轼对蜀中卓筒井工艺的描述

卓筒井在蜀中兴盛时，苏轼尚未出川。他怀着浓厚的兴趣，对家乡创新的井盐生产工艺进行考察，著有《蜀盐说》，对其机械原理做了翔实记述：

> 自庆历、皇祐以来，蜀始创筒井；用圜刃凿山如碗大，深者数十丈；以巨竹去节，入井七八丈，牝牡相衔为井，以隔横入淡水，则咸泉自上；又以竹之差小者，出入井中为桶，无底而窍其上，悬熟牛皮数寸，出入水中，气自呼吸而启闭之，一筒致水数斗。凡筒

---

[1] 脱脱等：《宋史》卷三百三十八《苏轼传》、卷三百三十九《苏辙传》，第10801、10821页。
[2] 邓广铭：《宋史职官考证·序一》，河北教育出版社，2005年。

井皆用机械，利之所在，人无不知。[1]

由此可知，卓筒井是一种井径极小，井深达数十丈的小口盐井。从苏轼的《蜀盐说》可以看出，卓筒井的制作和生产工艺有三个引人注目的特点。

（一）"冲击式·顿锉法"钻井工艺

卓筒井凿井的器具是"圜刃"，这种凿具在北宋以前未见记载，顾名思义，大约是尖端略呈弧形而带锋刃的钻具。圜刃是铸铁打造的长柄圆形凿具，借助凿具重力在下坠时产生的加速度破碎岩层。"用'圜刃'凿山如碗大。"在井径仅如碗大的井腔中，钻凿数十丈深的盐井，如何操作？东坡对此语焉不详。但这从明代的科技文献中可以得到印证，明代宋应星《天工开物》卷五《井盐》说：

> 其器冶铁锥，如碓嘴形，其尖使极刚利，向石山舂凿成孔。其身破竹缠绳，夹悬此锥，每舂深入数尺，则又以竹接其身，使引而长。初入丈许，或以足踏碓梢，如舂米形；太深则用手捧持顿下。

这说明，宋人运用了类似舂米碓架的机械，用脚力作用于碓架，牵引篾索，带动铁制凿具，利用其下坠时产生的冲击力，破碎井下岩石。这在钻井史上是一项伟大发明。但这段史料所谓浅时用碓架，"太深则用手捧持顿下"是不符合事实的。当井深达到数十丈后，四至六人脚踏碓架尚感吃力，人手如何捧得起？生产实践说明：钻凿小井时，在凿几丈深的浅层井穴时一般使用的是挖掘工具，而越到下面更深的井腔，则非使用碓架牵引篾索，带动井下凿具，做冲击式顿挫不可。[2]

---

[1] 苏轼：《苏文忠公全集》卷七十三。另见苏轼门人所辑《东坡志林》卷六，《盐井用水鞲法》。

[2] 曹学佺：《蜀中广记》卷六十六《方物八·井法》，文渊阁《四库全书》本。

（二）深井"扇泥"与采卤工艺

在钻凿这种小井的过程中，井下会不断产生岩石碎屑，取出这些岩屑是成功开凿小井的关键环节。卓筒井在上述凿井机械的协调下，采用活门式竹制扇泥筒，顺利地克服了这一困难。其方法是，每钻凿一段时间，即注水入井或利用地下水将岩屑制为泥浆，然后，"用筒竹一根，约丈余，通节，以绳系其梢，筒末为皮钱掩其底，至泥水所在，匠氏揉绳伸缩，皮歙水入，挹满搅出，泥水渐尽，复下钎凿焉"[1]。筒底皮钱由熟牛皮剪成圆形，悬于筒底内侧，受力开闭。

卓筒井采卤工艺与扇泥工艺原理相同。在挖掘井时期，井上采卤虽使用了滑轮、大车等机械，但设备简陋，功效不高。"凡筒井皆用机械"，小井上出现了井架（天车）、滑轮，井旁设置了"花车"，用篾索作传送带，一头系花车，经定滑轮入井，系竹制汲卤筒。竹制汲卤筒为一小于井径的长竹筒，除去内节，留底不去，凿一小口，用熟牛皮一块作为活门，置于筒底内侧。筒入水时，筒底牛皮受到井下卤水上压力张开，卤水入灌；筒出水时，牛皮受到筒内卤水下压力闭合，卤水不得下渗。"一筒致水数斗"。采卤盐工踩动花车，带动汲卤筒，提取卤水。这种联动机械的创制，使采卤过程简便省力，并缩短了提卤周期。

（三）竹制井腔导管的创制

卓筒井是小口盐井，在井腔通过地表疏松层时，如无有效的固井设施阻遏地下水的渗入和岩层的坍塌，是不可能开凿成功的。卓筒井使用若干巨竹（大楠竹），去其内节，使其中空而呈管状，然后根据井腔需要将巨竹"牝牡相衔"（头尾衔接），"入井七八丈"，形成人造井腔，有效保护盐井运作。这一固井设施的出现，为后来采用木导管、钢导管的深井技术提供了工艺原理。

与古老的"大口浅井"相比，卓筒井的确使井盐生产工艺发生了重要变

---

1 曹学佺：《蜀中广记》卷六十六《方物八·井法》，文渊阁《四库全书》本。

革。这一变革的实质在于：它使过去粗糙、繁重、效率低下的大口浅井挖掘和采卤过程变成精巧、简易、机械化程度高的小口深井生产，大大减少了人力、财力、物力的耗费，提高了劳动生产率（大井每井使用采卤工役数十人，日产盐数十斤到数百斤；卓筒井采卤一至二人，日产盐一般为数十百斤，耗费劳动力少，生产效率高）。正如苏轼所言，"利之所在，人无不知"。卓筒井对提高井盐生产力，成效是显著的。因此，蜀中业盐之家纷纷效法，卓筒井工艺不胫而走。

苏轼出生于仁宗景祐三年十二月（1037年1月），家乡眉山县附近的陵州、井研等县正是卓筒井的发祥地。青少年时代，作为求知欲旺盛的青年才俊，他希望了解卓筒井是怎样的盐井，为何被业盐之家青睐，由此展开实地调查并撰写《蜀盐说》。联系到他在坎坷宦途中精心筹划徐州河防堤坝，在杭州"作六井"，在苏州修长堤，其生命贯穿着求实创新的优雅品格。直到49岁时，他还着意夜游石钟山，探求"石钟"发声的奥秘，写出《石钟山记》，匡正不经妄说，告诫信口开河者："事不目见耳闻，而臆断其有无，可乎？"[1]

苏轼的不少研究者认为，苏轼的重要地位在文论，而他的学生秦观却不这样看。秦观认为："苏氏之道最深于性命自得之际，其次则器足以任重，识足以致远。至于议论文章，乃其与世周旋，至粗者也。"[2]秦观与苏轼交游甚厚，受教亦深，对苏轼的评价，自是知人之论。苏轼对性理之学的贡献应是第一，他是"蜀学"的开创者，也是宋代理学不可轻视的人物；其次是他器识恢宏，对万事万物都有浓厚的探求欲望。至于文学，则是他的天赋，他的悟性极高，诗词文赋信手拈来，毫不费力。文论则是应对之作，"至粗者也"。

---

[1] 苏轼：《石钟山记》，见莫涤泉编著：《中国历代文赋百篇》，广西民族出版社，1996年，第20~30页。

[2] 秦观：《答傅彬老简》，见《淮海集》卷三十，《四部丛刊》影印明嘉靖刊小字本。

二、范镇、文同对卓筒井的考察与关注

（一）范镇笔下的卓筒井

范镇是成都府华阳县人，历任仁宗、神宗、哲宗朝馆阁重臣，直言敢谏，与司马光为挚友，史称二位宿儒"议论如出一口"，二人相约"生则互为传，死则作铭"。[1] 范镇以户部侍郎致仕还乡，累封蜀郡公。晚年居蜀中，"燕坐多暇"，于是追忆平生见闻，撰为《东斋纪事》。其中将自己所见卓筒井做了简要描述：

> 蜀江有咸泉，有能相度泉脉者，卓竹江心，谓之卓筒井。大率近年不啻千百井矣。每筒日产盐数百斤，其少者亦不下百十斤。两蜀盐价不贱，信乎食口之众。[2]

从范镇的记述可知，其所见卓筒井是由"相度泉脉者"，即通晓盐矿地质构造的工匠，在蜀中江河之间寻找咸泉，确定盐井井位。但此说略有不妥，盐卤资源并非独存"江心"。明代射洪人士马骥《盐井图记》可以补正其说：

> 凡匠氏相井地，多于两河夹岸、山形险急、得沙势处，鸠工立石圈。[3]

马骥的记载表明：富有经验的工匠多在"两河夹岸、山形险急"处确定井位，与盐矿地质勘探结论大体一致。范镇所说的"卓竹江心"，是他所见的个案。

"卓"为直立、垂直之意，顾名思义，即将剖空的若干大楠竹筒首尾接

---

1 脱脱等：《宋史》卷三百三十七《范镇传》，第10790页。
2 范镇：《东斋纪事》卷四，清《守山阁丛书》本。
3 顾炎武：《天下郡国利病书·四川》引马骥《盐井图记》，《四部丛刊》影印稿本。

连、植入开凿的井腔,竹筒必须垂直树立,不得偏斜,否则报废。"卓竹"是为隔离浅层淡水和疏松岩屑,确保开凿井下硬岩,直达地下盐卤层位所进行的基础性工作。

范镇记载,卓筒井每井日产盐数量不等,多者数百斤,少者百十斤,与苏轼所言"利之所在,人无不知"相合,技术创新给业盐之家带来了丰厚的利润。当时蜀中卓筒井数量已达到千百口,遍布产盐地区。他认为,在卓筒井生产日益增长之时,东西两川盐价却居高不下的原因,是人口增长太快,这也是确论。从太祖到仁宗,休养生息百年,人口增殖加速,食盐需求也大幅度增加。尽管卓筒井遍及产盐州县,但盐价仍然居高不下,这成为一大社会问题。

(二)陵州知州文同向朝廷奏报卓筒井发展事态

隶属陵州(州治在今仁寿县)的井研县是卓筒井的发祥地,此地的卓筒井对官府经营的大口浅井产生了巨大的冲击。时任陵州知州的文同首先受到了来自卓筒井的考验。文同是著名画家,擅长画竹,"胸有成竹"的成语典故便与他有关。

卓筒井又称"私井",顾名思义,它与秦汉以来官府垄断的大口浅井是不同的,其个体经营方式已明显有别于官井。文同敏锐地觉察到卓筒井的大量开凿及其深远影响,他向朝廷做了详尽报告:卓筒井开凿者多为当地富翁,"豪者一家至有一二十井,其次亦不减七八"。为了尽可能提高生产效率,卓筒井经营者"恣用镌琢",比较注重技术创新和对机械传动原理的应用。由于卓筒井制作工艺和生产过程的要求较高,这些经营者一般都会雇佣有专门技能的劳动者,"每家须役工匠四五十人至三二十人者"[1],不间断地进行凿井、采卤和熬盐工作。

工匠是卓筒井生产中的雇用劳动者,其人数颇多,四川各州均有,"合为几千、万人"。他们大多都是破产的农民和手工业者,"皆是他州别县浮浪无根著之徒,抵罪逋逃,变易名姓,尽来就此佣身赁力"。同官井的井、

---

[1] 文同:《奏为乞差京朝官知井研县事》,《丹渊集》卷三十四,文渊阁《四库全书》本。

灶役夫相比，他们有着来去自由的身份，和主人之间仅有雇佣关系，"平居无事，则俯伏低折与主人营作。一不如意，则递相扇诱，群党哗噪，算索工值，偃蹇求去。聚墟落，入镇市，敛博奸盗，靡所不至"[1]。从文同奏疏可见，这些工匠与主人并没有人身依附关系，是独立自主的雇佣劳动者，来去自由，不受约束。

由于采取了先进的凿井采卤技术和经营方式，卓筒井的盐卤产量和质量都比官井有所提高，盐井发生事故的频率大大降低，所产食盐色白味正，成本则低于官盐，在市场上竞争力较强。官盐多杂沙土，"斤为钱百二十"，而"民间贩小井白盐，价止七八十"。[2]居民都争购"小井白盐"，造成官盐滞销，"邛（州）井盐（官盐）岁入二百五十万（缗），为丹棱（县）卓筒所侵积不售"[3]。

面对卓筒井工艺的快速发展和官井的日益衰落，地方官束手无策，他们不仅不设法改良官井生产中陈旧的经营方式和生产技艺，反而迁怒于卓筒井。他们一方面三令五申封禁卓筒井，另一方面则实行"抑配"制度，强迫居民食用官盐。他们认为，这样一来就可以继续维持官井的垄断地位。与地方官的愿望相反，经过十多年的封禁与反封禁的较量，卓筒井不但没有被扼杀，反而继续急剧发展，以不可阻挡之势在陵、嘉、隆、荣等十七州推广开来，"连溪接谷，灶居鳞次"，掀起一股强有力的井盐工艺革新浪潮，不断超越已失去竞争力的官井。

陵州知州文同叙述了卓筒井工艺在井研县的发展情况，他感叹卓筒井传播之快，"后来其民，尽能此法，为者甚众"。他深切地感受到，卓筒井具有不利于禁榷制度的性质，其钻凿目的，在"易于掩藏"，"少出月课"。文同特别指出，开凿卓筒井的豪民"倚之为奸"，虽然官府多年来实施封禁措施，但并未取得多少成效。这使他"日夜置于心间，不能少忘矣"。他向

---

1 文同：《奏为乞差京朝官知井研县事》，《丹渊集》卷三十四，文渊阁《四库全书》本。
2 脱脱等：《宋史》卷一百八十三《食货志四》，第4474页。
3 脱脱等：《宋史》卷二百六十六《王化基传》，第9188页。

朝廷建议,应当选派"清疆明断,有吏干之才"[1]的官员担任井研知县,以解决这一棘手问题。

三、君臣廷对:确认卓筒井取代官井

卓筒井在陵、嘉、隆、荣等十七州的普遍开凿,使秦汉以来井盐的官垄断体制遭遇无法承受的巨大压力。北宋朝廷内部纷争不已,有不少人坚持维护官井的利益,主张全部封闭已占据井盐生产优势的卓筒井;对于四川的食盐需求,则提出"尽填私井而运解盐以足之"[2]。因此,自嘉祐至熙宁年间(1056—1077),地方官都曾不断下令封禁卓筒井。梓州路转运司视官井为"年计所赖",对封禁持"固执不可"的态度。成都府路卓筒井在封禁中损失最大,"尽行栈闭,煎井之家,由是失业"[3]。但封禁造成的后果却是"成都盐踊贵,斤为钱百二十"[4]。这些迂腐官员不懂经济效益,更不解励精图治,淮盐经长江上运蜀中困难重重,成本昂贵。解盐又远在河东(今山西)解州,更无水运之便,如何千里迢迢运载大量食盐越过秦岭巴山入川?他们不过是坐而论道,徒托空言而已。

熙宁中,北宋朝廷终于改变了对私井的政策,允许通过"扑买"[5],取得卓筒井的经营权。怀抱革新主张的翰林学士沈括,对其技术创新与改善蜀民淡食问题的作用大为赞赏。继任的神宗赵顼面对私井食盐销售问题进退两难,难以决断,于是召见博闻宏识的沈括,君臣廷对卓筒井难题。神宗询问:"卿又闻西蜀禁盐之利乎?"沈括回答:"私井既容其扑买,则不得无私易。"民间私井既然允许"扑买",那么业盐之家贩卖食盐则是顺理成章的事宜,禁止贸易的办法确实行不通。且小井遍布山岭溪谷,难以悉数封

---

1 文同:《奏为乞差京朝官知井研县事》,《丹渊集》卷三十四,文渊阁《四库全书》本。
2 李焘:《续资治通鉴长编》卷二百五十五"熙宁七年八月丙戌"条,文渊阁《四库全书》本。
3 吕陶:《奉使回奏十事状》,见《净德集》卷四,文渊阁《四库全书》本。
4 李焘:《续资治通鉴长编》卷二百五十五"熙宁七年八月丙戌"条,文渊阁《四库全书》本。
5 丘濬《大学衍义补》卷三十三《鬻算之失》云:"所谓扑买者,通计坊务该得税钱总数,俾商先出钱,与官买之,然后听其自行取税,以为偿也。"

禁,"忠、万、戎、泸间夷界小井尤多,止之实难"[1]。如果一意孤行,后果是不堪设想的。沈括的回答,让神宗赵顼心悦诚服,察纳雅言,并由此确认了卓筒井生产和销售的政策。

业盐之家可以通过扑买取得合法经营权,那么难以为继的官井如何处置?倒是眼界非凡的文同,对蜀中官井的妥善处置问题做出了尝试性解答。早在熙宁四年(1071),他任陵州知州时,就注意到陵州监盐产量逐年减少的严重问题,全监年产盐"止能供得成都府一路州、军公使军食等盐外,并无略有所获"。他建议"依卓筒小井课利",召人扑买陵州监。"令本路转运提刑司,一就用出卖酒坊体例,先为相度寨划,诸州、军公使并军食等盐,乞不于本监支给。召人买扑上件,陵井监官中自可端然收纳羡利。"经他仔细核算,陵井监交由民营,官府每年可收巨额盐利,"岁可获一万三千八百余匹绢帛,并见大钱七千二百余贯,及免酬与监中主当公人等一十一处场务及监内诸般销费共一万八百余贯"[2]。

北宋朝廷颁布了开放卓筒井的产销市场,为引领技术创新的卓筒井的井盐生产发展开了绿灯,民间业盐者克服开凿小井的重重困难,凭借他们在井盐生产中积累的丰富经验和优良技能,在富集盐卤矿藏的"地形深险"、地貌奇特的广阔丘陵地带,开凿了更多的卓筒井,解决了蜀中食盐问题。

四、时尚创新与历史局限

有学者认为,卓筒井在技术上,远远超过欧洲16世纪的水平,"它是井盐手工业生产向专业化分工发展的产物,又反转来促进了这种专业化分工的进一步发展"[3]。从卓筒井工艺本身看,它的确是一项创造性科技发明。这一新工艺的出现,对于开创明清深井技术以及催生世界近代钻井技术,都起了不容低估的历史作用。但卓筒井受到物质、技术条件的局限,并未形成足以

---

1 李焘:《续资治通鉴长编》卷二百五十五"熙宁七年八月丙戌条",文渊阁《四库全书》本。
2 文同:《奏为乞免陵州纳柴状》,见《丹渊集》卷三十四,文渊阁《四库全书》本。
3 郭正忠:《宋代四川盐业生产中的资本主义萌芽》,《社会科学研究》1981年第6期。

引起专业化分工的巨大生产力。它只是明清深井工艺的雏形，就像手工磨是水推磨的雏形一样。兹结合现在残存于川北地区的卓筒井对其局限性做一探讨。

（一）井腔构造简单，难以固井

卓筒井的井腔结构，除井下一竹导管外，无其他固井设施，其存续时间有限。凿井工具单一，宋代见于记载的只有"圜刃"，近代川北小井仅有"大冲杠""二冲杠"。由于钻具轻小，钻成的井眼也相应窄小，仅与大楠竹口径等同。陆游就说卓筒井"绝小，仅容一竹筒，真海眼也！"[1]宋应星说，其井"一小盂复之有余"[2]。其井深一般三五十丈，最深不超过百丈。这样的井，开凿速度较快，"经年累月而后成"[3]，但井腔竹导管抗压力、耐腐性差，加之对井下事故亦无有效办法治理，这些因素造成卓筒井易成易毁的痼疾。宋代庆历到绍兴初不过百年，卓筒井达到四千口左右。马端临《文献通考》卷十六统计，南宋绍兴初，四川四路有盐井四千九百余口，其中大井很少，"蜀盐有隆州之仙井，邛州之蒲江，荣州之公井，大宁、富顺之井盐，西和州之盐官，长宁州之淯井，皆大井也；若隆、荣等十七州，则皆卓筒小井而已"。宋仁宗时，卓筒井尚未兴盛，《文献通考》卷十五统计盐井数为604口，《宋史·食货志》统计数为632口，应主要是大井。到绍兴初，大井的数量就达到900口，卓筒井数也达4000之谱。而绍兴三年（1133），因坍塌废弃，一次就"栈闭助筒二千有奇"[4]，可见卓筒井发展之快。但同时，据此也可知，在固井方面，卓筒井的确受到关键技术和材料的制约，有待进一步创新。

（二）凿井、采卤机械未臻完善

由于卓筒井凿井机械简陋，缺乏有效的固井设施，限制了开凿深井的能

1　陆游：《老学庵笔记》卷五，明《津逮秘书》本。
2　宋应星：《天工开物》卷五《井盐》，明崇祯刻本。
3　潘鉴：《奏减盐课疏》，载嘉靖《四川总志》卷十六《盐法》。笔者所见嘉靖二十年《四川总志》抄本，是四川省图书馆1955年转抄明嘉靖二十年刻本，原稿存四川大学图书馆。
4　李心传：《建炎以来朝野杂记》甲集卷十四，中华书局，2000年，第300页。

力，仅能采集浅层淡卤。井上凿井，采卤设施简陋，井架仅为一直立巨竹，高一至二丈，竿顶置一竹圈，作为汲卤筒出井后的依托；花车直径仅约三至六尺，车体长三至五尺。汲卤筒短小，内径一寸多，长一丈左右，仅能取得浓度为4%～10%的淡薄卤水。而井径又过小，限制了每次的采卤量。这些弱点决定了它生产价值的微薄。这种井"产卤无多，卤质尤淡。……且需多井所汲之卤，始供一灶之煎"[1]。"广水井"汲卤两筒，不过一担；"歇水井"数井之水，才足一担，俗称"跑跑水"。[2]这与苏轼所说"一筒致水数斗"（每斗合五斤）的采卤量有一定差异。四川盆地属于内海沉积，侏罗系黄卤距地表大约六百米，三叠系黑卤距地表大约一千米。由于地质构造运动的影响，盆地内储盐层位也有一定的变化，随着开采的进程，盐卤浓度会逐渐变淡，也会逐步枯竭。

（三）小作坊生产，难以实现规模经济

这样的盐井，除了凿井需专门工匠，生产时，即使是"广水井"，每井采卤、运卤、制盐由一至二人也可承担；"歇水井"数井生产亦由一至二人包干，俗称"一脚代"。每井每日产量，"多者不过三担，少者半筒或一筒而已"[3]。若以每担合百斤计，每井每日产卤多者300斤，少者25斤，按7%浓度计，每井每日产盐多者25斤，少者1.75斤。这样的产量，按劳动力平摊超过一般大井[4]，但与清代富荣盐场的深井相比，就太微薄了。清代富荣盐场深井一般可达二百余丈，每井日产卤100至200担到千余担，浓度达18%，每担以300斤计，折合食盐为五千至五六万斤。[5]

与这样的生产力水平相适应的经济结构只能是家庭经营的小作坊生产，

---

1 吴炜：《四川盐政史》卷二第二篇第四章第一节，民国四川盐务管理局编印。
2 "广水井"卤源丰富，可作连续采汲。"歇水井"卤源有限，采卤一次后，须间隔一段时间，才能进行第二次采汲。
3 吴炜：《四川盐政史》卷二第二篇第四章第一节，民国四川盐务管理局编印。
4 大井采卤数十人，日产盐数十斤到数百斤；卓筒井采卤一至二人，日产盐一般为一二十斤，其劳动效率的提高是明显的。
5 参见李榕：《自流井记》，《十三峰书屋文稿》卷一，清光绪十六至十八年，龙安书院刻本。

而不是欧洲16世纪那样的工场手工业生产。尽管如此，在陈旧的官专卖制度下，卓筒井的创新和家庭式经营，确实是对古老井盐业的巨大冲击。卓筒井在巴蜀地区的快速推广，有力促进了宋代四川盐业生产的发展。《宋史·食货志》统计，北宋仁宗时，四川之西川、峡西两路共有盐井728口，年产食盐7654485斤，尚不能满足全川人民的需要，必须从甘肃、陕西等省运池盐和岩盐入川贸易，以解决食盐不足的困难。但是，仅仅经过百年左右，到南宋绍兴二年（1132），四川成都府、梓州、夔州、利州四路盐井增加了近7倍，达到四千九百余口，年产食盐一千余万斤，以至于南宋朝廷不得不禁止川盐出川峡贩卖。

元明之际，卓筒井工艺以突飞猛进之势在四川井盐生产中取得了统治地位，而古老陈旧的大口浅井"官井"则湮没殆尽，完全失去了它的生命力。从更广阔的角度看，卓筒井为人类向地球深处寻求能源和矿物资源带来了重要启示，它的确为明清深井，近代石油、天然气开采技术提供了工艺雏形和创造性思路。北宋仁宗朝出现的包括卓筒井工艺在内的人文、科技的创新气象，都是在仁爱宽容、存真求实的优雅、时尚气氛中实现的。

传统川菜
"成都肉"（回锅肉）的历史源流考辨

蓝 勇[1]

摘 要：传统川菜回锅肉起源于清代末年，因起源于成都一带或因为成都厨师做得最好而在近代也有"成都肉"之名。在历史上，回锅肉还有"黄焖肉""灯盏窝""家庭爆肉""熬锅肉""酱爆肉""过门香"之称，早在20世纪二三十年代就已经成为巴蜀地区重要的家常菜品，甚至在巴蜀以外也有较大的影响。但见于菜谱记载，却是始于20世纪40年代，最兴盛的时期是在20世纪六七十年代。在一百多年的发展演变中，回锅肉的烹饪方式、主料、调料、俏料上都发生了一定变化，体现了时代的变化特征。回锅肉将川菜"麻辣鲜香、复合重油"八字特征体现得最全面，也将巴蜀地区传统文化中的世俗化、平民化的文化特征演绎得十分到位。

关键词：回锅肉；成都肉；历史源流

应该说川菜中最有影响力的一道菜是回锅肉，历史上有"川菜之王"之

---

1 蓝勇，西南大学历史地理研究所教授。

名。传统认为回锅肉起源于民间祭祀祭肉回锅食用而得名，成都以前每月十六日为牙祭日而食肉，故有"打牙祭"之称。这种理解可能是从历史人类学角度来分析这一菜品的一种结论，现在看来还缺乏历史学直接文献记载的支撑。

我们目前发现最早的回锅肉记载见于光绪、宣统年间傅崇矩的《成都通览》。宣统元年（1909）成都通俗报社馆排印的《成都通览》记作"会锅肉"，巴蜀书社以此本为蓝本进行点校的整理本则改为"回锅肉"。[1]可以说，我们直到现在也并没有发现清末以前文献中有回锅肉的任何记载。我们知道，如果要从历史人类学认知角度研究回锅肉，将其起源与传统祭祀肉联系在一起，可能其应该最先演变成白煮肉，然后才可能有在传统白煮肉吃剩后重新回锅加工的做法。所以，祭肉的最先的成品菜应该是白煮肉，而不是回锅肉。因为小时候我们家中也是这样处理上顿饭剩下的白肉的。我们发现道光咸丰年间的《旧帐》可能是现今能见到的最早的川菜食谱，其中并没有回锅肉的记载，但记载有一道"折会鸡"。现在无人能考证出这个鸡的烹饪方法，如果仅从字面上来分析，"折""会"都有重新烹饪之意，那么这会不会是对历史上的白切鸡进行重新加工的菜品呢？如果是如此，"折会鸡"会不会是后来回锅肉的回锅烹饪方式的来源呢？从可能性来看，道光、咸丰年间，正是郫县豆瓣开始流行的时期，也为回锅肉的出现提供了条件。当然，"折会鸡"究竟是何种菜品，还待进一步研究。

不过，我们能够在明代的文献中发现类似回锅肉、盐煎肉之类的烹饪菜品。如宋诩《宋氏养生部·盐煎猪》："用肉方披膔，入锅炒色改。少加以水烹熟，汁多则杓起，渐沃之。（后凡有不宜汁宽者，多仿此。）同花椒、葱、盐调和。和物，俟熟。宜芋魁（劗去皮，先芼熟）、白莱菔（击碎，芼熟，去水）、茄（芼熟去水，干再芼柔）、山药（刮去皮，先芼熟）、荞头、丝瓜（稺者，劗去皮、芼）、瓠（劗去犀、芼）、胡萝卜、甘露子、粳糯米粉（熟范为茧）。"[2]我们注意到，这里谈到的是先将肉煮熟再煎，加少许水逐渐熬

1　傅崇矩：《成都通览》，《蜀藏·巴蜀珍稀旅游文献汇刊》第6册，成都时代出版社，2016年，第343页。傅崇矩：《成都通览》，巴蜀书社，1987年，第279页。

2　宋诩：《宋氏养生部》，中国商业出版社，1989年，第95页。

干的细节，从方法上看已经有一点回锅肉的烹饪影子。此书中还记载了酱煎猪、盐煎兔、油爆鹅、油爆鸡等，都有用煮熟的肉再加工的程序，也有一点回锅的特点。宋诩为明代江南人，其记载的烹饪方式多为江南特色，可见煮后再加工的烹饪方法可能较早出现在江南。当然，如果从味型上看，只有到郫县豆瓣出现后，真正的回锅肉的特殊酱香才得以实现。所以，实际上回锅肉的出现应该是先有回锅的烹饪方式，后出现回锅肉的酱香味型。

我们发现道光、咸丰年间的《旧帐》川菜食谱中没有回锅肉的影子，而且在清后期咸丰、同治年的《筵款丰馐依样调鼎新录》《四季菜谱摘录》中也没有回锅肉的记载。所以，现在我们还是认为回锅肉最早见于记载是在光绪末年宣统元年的《成都通览》中。可见，回锅肉见于记载至少已经有一百多年的历史了，其出现可能也是清中后期的事情。

到了20世纪30年代，回锅肉已经成为四川菜中较有影响的菜品。如川菜名厨黄敬临在30年代谈道："一盘回锅肉，若求其佳味，则一二百斤之肥猪，不过猪膀上一二斤肉可用，即此可见治味之一斑矣。"[1] 可见在三十年代，回锅肉已经成为成都大餐馆姑姑筵的重要菜品，黄氏才有可能谈到此菜的精妙之处。再如30年代的文献记载"譬如回锅肉是四川的普遍菜，但不能填写在北方某机关的报销上"[2]。二三十年代，回锅肉与炒鸡蛋、青椒肉丝、冬瓜烧肉一样在北京大学已经成为学生外出进餐的重要荤菜菜品。[3] 30年代中叶，回锅肉与辣子鸡成为北京、上海等地最有影响的川菜。[4] 说明回锅肉不仅在川内成为家常菜，而且已经传播到本土以外的许多城市。

据1938年的《南京晚报》（渝版）记载：

> 黄焖肉是一道著名家庭菜，其制法系用半肥瘦猪肉，先入水煮熟，然后切成薄片，用干锅雄火爆之，至油汁半出，肉片成"灯盏窝"状，始下甜酱、白糖、豆瓣、酱油等香料及鲜菜片烹之，吃起来真别有风味，所以又称酱爆肉，亦称回锅肉。本地工厂店铺，每

1　老饕：《四川名菜姑姑筵史略》，《天文台》1937年第44期。
2　《申报》1935年3月24日。
3　陈明远：《文化人的经济生活》，文汇出版社，2005年，第129页。
4　《申报》1938年11月10日、1939年11月10日。

逢朔望牙祭吃肉日期，大都用这一菜肴，所以知道的人很多，而且远近驰名，如上海、南京、汉口等地方的川菜馆子，都有卖的。不过真正考究起滋味来，却离题远矣，因为这道菜是家庭风味，根本不是一般馆子弄得好的，虽然一般馆子也称"家庭爆肉"，但是名不符实啊。[1]

显然民国时期这个菜在重庆又称"黄焖肉""家庭爆肉"，而且影响已经很大了。不过，黄焖肉本是江南的菜品名称，早在乾隆年间的《调鼎集》就有所记载，其烹饪方法是"切小方块，入酱油、酒、甜酱、蒜头焖"[2]。这道黄焖肉在民国时期也较流行，但其烹饪方法与回锅肉完全不同。可能是当时江南人用江南话语命名了川菜中的回锅肉这道菜。同时，当时这道菜因为最早产生在成都，且成都的厨师做得最到位，故也称"成都肉"。[3]有记载说，当时"本地菜馆中，每以之供客，其制法先将肉煮熟，再切成薄片入油锅煎炒，妙在肥而不腻，油而能爽"[4]。在历史上，回锅肉在许多地方又称"灯盏窝""熬锅肉""酱爆肉"。历史上回锅肉又有"过门香"之称，以其烹饪时香气四溢、透出门外而得名。有记载称，当时四川人普遍将煮回锅肉的汤又用来煮榨菜吃，[5]至今我们日常家庭生活中仍习惯用煮回锅肉的肉汤来煮各种小菜汤食用。

虽然回锅肉早在民国时期就已经成为四川民间家常[6]，从大量老人的口述中也可以看出，民国时期回锅肉已经成为当时四川民间重要的家常菜，1938年，杜若之《旅渝向导》中介绍了两种四川菜代表，其中第一种就是回锅肉[7]，在40年代《成都晚报》列出的当时成都家常饮食菜品目录中也已经列有回锅肉了[8]，不过，到了五六十年代，回锅肉才逐渐出现在四川菜谱中。我们

1　《黄焖肉——重庆食品介绍之二》，《南京晚报》（渝版）1938年8月27日。
2　童岳荐：《调鼎集》，中州古籍出版社，1988年，第84页。
3　吴济生：《新都闻见录》，光明书局，1940年，第177页。
4　吴济生：《新都闻见录》，第177页。
5　重庆通信：《四川榨菜》，《物调旬刊》，1948年第43期。
6　陈明元：《文化人的经济生活》，上海文汇出版社，2005年，第129页。
7　杜若之：《旅渝向导》，巴渝出版社，1938年，第38页。
8　君：《饭菜问题》，《成都晚报》1944年1月14日。

发现民国时期出版的全国性菜谱虽然较多，如李公耳《家庭食谱》《食谱大全》，时希圣《家庭新食谱》一、二、三、四编，李克明《美味烹调食谱秘典》，韵芳《秘传食谱》，程冰心《家常菜肴烹调法》，许啸、高剑《食谱大全》等[1]，但其中并没有记载回锅肉。由于民国时期所编的地方性菜谱只有粤菜和北京菜食谱，并没有专门的川菜食谱，所以我们对民国早期回锅肉的具体烹饪方法并不是很清楚。

民国后期俞士兰《俞氏空中烹饪·中菜组》第二期中记载有回锅肉的烹饪方法，用坐臀式排骨烹饪，加豆瓣酱、甜酱、蒜苗、大蒜等料。[2]很有意思的是，我们在一本20世纪40年代编的外文中国食谱中也发现了回锅肉的记载，并有详细的烹制方法。这本书是由杨步伟（Buwei Yang Chao）编纂的 How to Cook and Eat in Chinese（《中国食谱》），于1945年在美国纽约出版，书中记载了回锅肉的烹制方法，将回锅肉译成"Twice-Cooked Meat"，意为两次烹制的肉。[3]

20世纪50年代以后，在地域性的菜谱中出现了专门的川菜菜谱，回锅肉开始不断见于菜谱记载之中，逐渐成为川菜中的代表菜品。但是在20世纪五六十年代，回锅肉至少在川菜食谱中的地位并不是很突出。如1961年由成都饮食业公司编写油印的《四川菜谱》1~5辑，共收录川菜253道，回锅肉被排在第1辑的第18位。[4]1960年出版的《中国名菜谱》第7辑川菜卷介绍了117种名菜，仅将回锅肉列在第66位。[5]在60年代编写的一些川菜谱中，回锅肉的地位也不是十分突出，如1969年成都工学院编的《成都烹饪技术资料》居然没有介绍回锅肉烹饪方法，只是在后面"另加菜单"中罗列了几种回锅

1　李公耳：《家庭食谱》，中华书局，1917年；《食谱大全》，世界书局，1924年。时希圣：《家庭新食谱》一、二、三、四编，自民国十年以来由中华书局、中央书店多次出版。韵芳：《秘传食谱》，马启新书局，1936年。李克明：《美味烹调食谱秘典》，大方书局，1946年。程冰心：《家常菜肴烹调法》，中国文化服务社，1945年。许啸、高剑：《食谱大全》，国光书局，1947年。

2　俞士兰：《俞氏空中烹饪·中菜组》第二期，永安印务局，第24~25页。

3　Buwei Yang Chao, How to Cook and Eat in Chinese, The John Day Company, New York, 1945, p.73.

4　成都饮食业公司：《四川菜谱》第1辑，1960年，内部印刷。

5　第二商业部饮食业管理局编：《中国名菜谱》第7辑，轻工业出版社，1960年，第89页。

肉的菜名。[1]在1968年重庆市饮食服务公司编的《重庆烹饪技术资料》中，回锅肉仅被列在很不起眼的靠后的位置。[2]1960年重庆市饮食服务公司编的《重庆名菜谱》，仅在"实验餐厅"中列有回锅肉一菜。[3]

但到了70年代，在四川本土编写的四川菜菜谱中，往往将回锅肉放在热菜或猪肉菜或整个川菜的第一或第二的位置来介绍。如1972年成都市饮食公司革命委员会编的《四川菜谱》，将回锅肉列在肉食类的第一位。[4]1973年《四川广元地方菜谱》将回锅肉列为第一位。[5]1977年《四川菜谱》将回锅肉列为猪肉菜的第一位。[6]1974年北京市第一服务公司编的《四川菜谱》将回锅肉列为热菜中猪肉菜的第二位。[7]1980年四川饮食服务技工学校编的《教学菜》也将回锅肉列为热菜的第一位。[8]

在90年代编的四川菜谱中，对于回锅肉的定位则较为混乱。如1990年劳动部培训司组织编写的《四川菜系实习菜谱》将回锅肉列为肉菜类的第一位。[9]1993年李刚编的《中国烹饪教学菜式指导》之二《四川菜》将回锅肉列为第一位。[10]王圣莹著《四川菜》则将回锅肉放在第九位。[11]但也有许多菜谱不记载回锅肉或将其放在次要位置。其总体规律是，本土的带有教学性质的菜谱往往重视这道菜，而外地编印的商业性菜谱却往往并不重视回锅肉在川菜中的地位。

从回锅肉的烹制方法来看，其做法基本没有太大的变化。民国时期杨步伟（Buwei Yang Chao）在20世纪40年代中期编纂的 How to Cook and Eat

---

1　成都工学院编：《成都烹饪技术资料》，1969年，内部印刷。
2　重庆市饮食服务公司编：《重庆烹饪技术资料》，1968年内部印刷，第43页。
3　重庆市饮食服务公司编：《重庆名菜谱》，重庆人民出版社，1960年，第66页。
4　成都市饮食公司革命委员会编：《四川菜谱》，1972年，内部印刷，第1页。
5　广元县饮食服务公司：《四川广元地方菜谱》，1973年，内部印刷，第7页。
6　《四川菜谱》编写组：《四川菜谱》，1977年，内部印刷，第1页。
7　北京市第一服务公司编：《四川菜谱》，1974年，内部印刷，第86页。
8　四川饮食服务技工学校编：《教学菜》，1980年，内部印刷，第75页。
9　劳动部培训司编：《四川菜系实习菜谱》，中国劳动出版社，1990年，第5页。
10　李刚：《中国烹饪教学菜式指导》之二《四川菜》，农业出版社，1993年，第1页。
11　王圣莹：《四川菜》，浙江科学技术出版社，1998年，第23页。

in Chinese（《中国食谱》）中记载"回锅肉虽然是川菜，但风靡整个中国"[1]，似可见40年代中期抗日战争结束后川菜在全国的影响越来越大，同时我们也看到其烹饪方法可能与后来的方法略有差异。如：第一，主料是用带肉排骨，而不是二刀肉，更不是五花肉（三线肉）。第二，肉在水中煮一小时，而不是现代的微煮、不能太软。第三，煮后才将肉去骨烹制，汤汁保留以煮其他食物。第四，用料是大豆酱，或酱油加盐，或用红油辣椒酱，并没有直接用豆瓣酱。第五，俏调料中除加大蒜、生姜外，往往要加葱段。这种差异之所以存在，有两种可能，一是最初的回锅肉就是这种做法，后来才完善成今天的回锅肉烹饪方法；二是可能由于当时外地对四川回锅肉不甚了解而出现了记载上的误差。以前有人认为川西北地区流行的"熬锅肉"与回锅肉不一样[2]，实际历史上各地流行的回锅肉的烹饪方法本身就有较大的差异，如果我们从煮后回锅加豆瓣酱熬制这个意义上讲，熬锅肉实际上也是回锅肉的一种流派或他名。

20世纪六七十年代，回锅肉的烹制方法也有一定的变化。在1961年由成都饮食业公司编写油印的《四川菜谱》1～5辑中，回锅肉被收录在第1辑的第18位，其烹制是用二刀肉为主料，加蒜苗为主要俏料，但要将豆豉、豆瓣剁成细茸，并称之"为四川所创传统名菜"[3]。后来的有关记载表明，回锅肉做法中，有的烹制加豆豉，有的不加，也有的不将豆瓣剁细。70年代北京市第一服务局编《四川菜谱》记载，当时已经开始用蒜薹、青椒、黄豆芽代替蒜苗来做俏料，而且称四川本地不用加糖，用的是甜红酱油和甜酱；其中也谈到四川民间往往将煮肉的汤加上萝卜、白菜、青笋做成汤。[4]我小时候见家人这样做，我现在也这样做，只是一般直接用不带骨的肉为之，印证了杨步伟《中国食谱》中煮排骨后，汤汁可以作其他用途的记载。[5]近几十年来，回锅肉发生了较大的变化：一是俏料多元化，出现了用莲白、豆干、青红椒、

---

1 Buwei Yang Chao, *How to Cook and Eat in Chinese*, The John Day Company, New York. 1945, p. 73.
2 林洪开：《话说川西北地区的熬锅肉》，《四川烹饪》1997年第11期。
3 成都饮食公司：《四川菜谱》第1辑，1960年，内部刻印，第15页。
4 北京市第一服务公司编：《四川菜谱》，1974年，内部印刷，第86页。
5 Buwei Yang Chao, *How to Cook and Eat in Chinese*, The John Day Company, New York. 1945, p.73.

莴苣、洋葱、苕粉、蒜薹、萝卜干等为俏料的做法；二是烹制方法逐渐简化粗化，往往用五花肉（三线肉）代替二刀肉，减少熬炸的过程，且往往不放甜酱一类的调料；三是出现了许多回锅肉的新创品种，如旱蒸回锅肉、广汉连山大刀回锅肉等，更出现将回锅烹饪方法嫁接到其他菜品之中的趋势，出现了如回锅鱼、回锅烧白、回锅腊肉、回锅香肠等品种。这种变化体现了近几十年的时代特征，如将油脂较高的二刀肉改为油脂相对较低的三线肉（五花肉），主要是受近代健康生活低油食品的影响；减少熬炸过程、俏料广谱、烹饪方式嫁接创新则是受现代商业竞争、烹饪速度加快和多元招客诉求的影响。当然，这种变化可能对回锅肉的品质味型有一定的负面影响。

应该看到，传统川菜的定型一般认为是在清代末年到民国时期，个别菜品在1949年以后才得以完善，在烹饪方法上主要表现为以小煎、小炒、火爆、干烧、干煸为主，可称急火短炒，一锅成菜，味型上以麻辣鲜香、复合重油为基本特征，如我们所称的回锅肉、水煮牛肉、鱼香肉丝、麻婆豆腐、川式烧白、粉蒸肉、豆瓣鲫鱼、大蒜鲢鱼、盐煎肉、宫保鸡丁、家常豆腐、夹沙肉、火爆肚条、蒜泥白肉、合川肉片、江津肉片、干煸鳝鱼、陈皮兔丁、樟茶鸭子等。其中回锅肉、麻婆豆腐、火爆肚条是最早见于文献记载，且在巴蜀流行最为广泛的煎炒烩爆类菜品。特别是回锅肉，可称得上川菜中最具代表性的菜品，将川菜"麻辣鲜香、复合重油"八字特征体现得最淋漓尽致。可以说，我们吃一份地道的回锅肉，就可以真正感受到川菜的菜品总体特征。故而，回锅肉可以作为传统川菜的代言之作。

我们知道，川菜是中国四大菜系中一个内陆平民性菜系，这种内陆性表现在食料上，以猪肉为主的农耕家畜为其主要食料，食料获取容易且相对廉价，烹饪方式的多元和味型的多样使川菜的适应性强而平民性特征明显。不过，川菜也可以做出川式满汉全席，也可以登堂入席、精致高雅。一份地地道道的回锅肉可谓雅俗共"尝"，既可登上高雅宴席，也可进入百姓之家。可以说，一道回锅肉，将巴蜀地区传统文化中的世俗化、平民化的文化特征展现得十分得体而到位。

论近现代巴蜀服饰的时尚化

——以竹枝词中的天府成都为考察中心

且志宇[1]

摘　要：近现代以来，成都居民的服饰受时尚影响甚巨。本文以近现代作为研究时段，以成都居民服饰的时尚化为研究对象，重点阐述成都居民在帽式、发型、衣装、靴鞋等方面的时尚化改变，并从成都服饰时尚的来源、影响的横向考察，以及成都自古以来的经济、文化、民俗等地域因素的纵向考察，揭示成都作为时尚之都的深层社会根源，表明追求时尚是成都文化传统的本质属性。

关键词：服饰；时尚；成都；近现代；竹枝词

近代以来，面对"三千年未有之大变局"，中国在政治、经济、文化、民俗等方面均发生了翻天覆地的变化，国人的服饰也因时而变。东西洋服饰作为流行时尚因素，也随着上海、广州等通商口岸的开放以及留洋学生的回国而传播至国内，并从根本上改变了国人传统的着装观念和风格。成都虽深

---

[1] 且志宇（1983—），男，四川成都人，博士，六盘水师范学院讲师，成都市作家协会全委会委员。

居西南内陆，地理位置相对偏远，但从未停止过对时尚的追求。顺应这股服饰的时尚潮流，成都积极主动地接受并改变着。正如《成都通览》所载"成都之帽式则年年变更"[1]，"衣服妆束，随时改变，一年一变"[2]。在这一时期，成都的服饰"花样日翻新"，"新样翻来嫌旧样"，"衣帽都随岁序新"[3]。"人人都在闹时装"[4]成了成都时尚界的一种常态。

对于时尚服饰的追求，让时髦、时样等词汇成为这一时期成都人着装的关键词。这在表现成都民俗的竹枝词中体现得尤其明显："男着西装女剪头，妆成时髦逞风流"，这是对时尚发型的追求；"旗袍夹夹趁新裁，时髦衣裳莫乱猜"，这是对时尚衣服的追求；"长裙卸却浑无用，时髦而今裤要高"，这是对时尚女裤的追求；"高跟鞋子说时髦，娱乐场中日几遭"[5]，这是对时尚鞋子的追求……具有新颖趋时之义的"时髦"一词，其英文为"modern"，音译为"摩登"，"30—40年代，受外来文化的影响，川人爱用'摩登'形容打扮时髦"[6]。正如蜀人谢耆庆的竹枝词所言："繁华今日异平常，多少摩登巧样妆。"[7]1931年，成都《时事周报》还曾以《摩登在成都》为题，描述成都市区的种种摩登现象。[8]

除了"时髦""摩登"等词，成都人表达时尚之义的词还有"时样""时新样""时新花样""新样"。下表对林孔翼辑录的《成都竹枝词》中此类词进行了简单的统计：

1　傅崇矩：《成都通览》（下），巴蜀书社，1987年，第66页。
2　傅崇矩：《成都通览》（上），巴蜀书社，1987年，第112页。
3　林孔翼辑：《成都竹枝词》，四川人民出版社，1982年，第98、68、74页。
4　林孔翼辑：《成都竹枝词》，第195页。
5　林孔翼辑：《成都竹枝词》第185、100、180、107页。
6　四川省地方志编纂委员会编纂：《四川省志·民俗志》，四川人民出版社，2000年，第190页。
7　林孔翼辑：《成都竹枝词》，第202页。
8　阿拉：《摩登在成都》，《时事周报》1931年第1卷第7期。

类型	相关诗句	出处
总	时样梳妆淡不华，鹎桥西畔惯停车	佚名《游花市竹枝词》
	时样新妆不用奢，玉钗犹觉少容华	王蜀瑜《锦江花朝竹枝词》
	鬓梳新样巧趋时，淡点朱唇淡扫眉	吴好山《成都竹枝词》
	楼头初试雨前茶，时样妆成斗丽华	佚名《花市竹枝词》
发型帽式	鞋尖足小美娇娃，时样还梳双髻丫	邢锦生《锦城竹枝词钞》
	绣余摇扇共招凉，斜挽云鬟时样妆	
	花簪买得时新样，举向云鬟较短长	庆余《成都月市竹枝词》
	小鬟不解趋时样，偏向阿娘索凤头	王蜀瑜《锦江花朝竹枝词》
衣装	女伴双双斗楚腰，轻衣时样着鲛绡	万禾子《成都少城公园竹枝词》
	绚璨宫罗晓色开，时新花样费心裁	佚名《商业场竹枝词》
	新样入时浅淡妆，纤腰窄袖短衣裳	谢家驹《花会场竹枝词》
鞋类	皇后鞋夸式样新，腰围紧俏出精神	刘竟成《青羊宫花会竹枝词》
布料	衣料尽挑新样制，梅兰竹菊兼冰纹	筱廷《成都年景竹枝词》

人类学家认为服饰一直以来便不仅仅是取暖遮羞的工具，它作为一种符号，不但是体现文明程度的重要标志（衣冠文物是也），也是社会理想的重要构成（如《老子》称"美其服"）。同时服饰在很多层面上还是一种美的表达与追求。"为美，服装到底是肉体的副品，暴露肉体上之美而掩其丑"[1]。而服饰的时髦、摩登、时样化，则是时尚美学的根本追求。

一、近现代成都服饰的时尚化进程及其表现

古代成都地区的服饰情况，除了抽象地保存在较少的文字记载中，也部分地保留于出土的陶俑及画像石、画像砖中。如汉代成都人的服饰便形象地呈现于成都羊子山汉墓出土的《车马出行宴乐图》、成都曾家包汉墓出土的《酿酒、马厩、兰锜图》等画像石、画像砖上。其呈现的是宽袍大袖的汉服，这是一般士大夫的着装。而在今彭州出土的汉墓画像砖《酒肆》上则可看出另一种服饰，衣袖齐肘，裤腿齐膝，这是底层劳苦民众的着装，即《史

---

1 徐讦：《谈服装》，《人间世》1934年第11期。

记》记载的司马相如所穿的犊鼻裈（如图1）。[1]

图1 四川彭州出土的汉墓画像砖《酒肆》，可见汉代蜀人所穿的衣袖齐肘、裤腿齐膝的犊鼻裈

相对于成都古代，历史文献对于成都近现代服饰的记载甚多。对于这一时期成都居民的服饰，成都作家李劼人先生在《漫谈中国人之衣食住行》一书中有详细论述。但该书除《饮食篇》部分文字外，全部书稿至今未见，1986年出版的《李劼人选集》和2011年出版的《李劼人全集》也付之阙如。

近代以来，成都服饰因季节寒暑、天气冷暖的不同，而有凉帽、毡帽、背心、棉袄之分；因着装者社会阶层、家庭经济的不同，而有白布头巾、顶戴花翎，草鞋、靴子之别；因性别年龄的不同，而有长衫、旗袍，虎头帽、瓜皮帽的不同。此外，服饰还与具体的生活内容有关，婚冠丧祭，礼节不同，服装也异。本文为避免服饰的特殊性，故将论述对象限定为普通成都成年市民的日常服饰。

（一）近现代成都帽式发型的时尚化进程

民国时期周芷颖出版的《新成都》一书提到："成都市内，大街小巷，

---

[1] 赵联赏：《司马相如与酒及犊鼻裈》，《文史杂志》1997年第5期。

往往见有男女老幼各色人等，头缠白布彳亍而行。"[1]这种头缠白布的头饰叫"白缠头"，是成都地区以及四川其他大部分区域曾普遍存在的头饰。蜀地民众不分男女，长年以长七八尺、宽一两尺的白、蓝等色布条缠于头上，即使盛夏也不去掉。因布条多以白色为主，因此叫"白缠头"。川籍画家罗中立的油画《父亲》里，老者头上缠的正是"白缠头"。黄炎培1936年入蜀作诗称"川西男女白缠头，此俗相传念武侯"[2]。关于白布缠头的来源，据说是为了纪念诸葛武侯。1935年国民党中央军入川，曾在成都市区禁止缠头，缠头之风此时才稍减。[3]

白缠头是近现代成都一般劳动民众的头饰，一般在农闲时缠头，到农忙时节，则多戴草帽遮阳。至于家庭稍富裕或有一定社会地位的男性，则冬天戴毡帽，平时多戴瓜皮帽。瓜皮帽也称小帽、六合帽。即便是在瓜皮帽这样常见的帽式上，也能体现成都人的时尚追求："小帽近来行出一种不雅之式样，如瓜皮用光边者，则同小旦之勒条。如边上又嵌至四五道边者，与重戴数顶小帽同。在上年，有一种名耍绥帽者，今则除藏番定制外，省内无人用也。……今年又出一种尖软小帽，其形与半节屎菌子相同，甚不雅观。"[4]他们在瓜皮帽上做一定的装饰，以显示时尚美感。但因这些装饰后的小帽与传统帽式不同，而被保守者视为"不雅之式样"。

剪发是晚清以来才有的行为。古代将剪发作为对犯人的惩罚，称之为"髡"；或视之为南方少数民族的习俗，称之为"断发"。尽管唐宋以来已经有了剃发行业，但其职能主要是修面。真正意义上的剪发出现在晚清。剪发行为的产生，一方面是民族仇恨的积累，认为长辫是清廷奴役汉人的标志；另一方面是由于外国人的嘲笑，如日本人把清人发辫戏称为"豚尾"（猪尾巴）。在清末兴起的剪发运动中，成都男性多剪平头短发，戴从西方传入的呢帽。呢帽因帽顶较高又称高帽，《蓉城新竹枝词》称"卫生轿子遍街抬，高帽洋装亦壮哉"[5]，即指此款帽子。

---

1 周芷颖编：《新成都》，复兴书局，1943年，第46页。
2 黄炎培：《蜀游百绝句》，黄炎培：《蜀道》附录，开明书店，1936年。
3 周芷颖编：《新成都》，第46页。
4 傅崇矩：《成都通览》（下），第66页。
5 林孔翼辑：《成都竹枝词》，第223页。

比之男性，成都女性开始剪发要晚十余年，多剪齐耳或齐肩短发。据当时的《成都常识周刊》称，除了卫生、节省洗头梳头的时间，剪发还能增加美感："以剪了的发和未剪的发比较，其美观处自然流露了。"[1]

剪发之后，女性原有的簪、钗、步摇等首饰难以佩戴，而适合短发佩戴的头饰有限，故取而代之的是对发型的越发重视。成都《通俗画报》在1912年第2号上载有《上海派之美人头髻》，并明确指出，"成都已经在仿效了"[2]。这表明上海女性的时尚发型已经传到了成都，并得到了充分的学习模仿。此外，该报在当年的第36号上又刊登了十种发型，编者将其命名为"器皿派（又名地瓜派）""钞（抄）手派""小旦包头派""折卷派""留（刘）海派""闺女派""莓（霉）豆腐派""切面派""坟包派""盐菜派"。[3]这十种发型或许另有各自时髦的名字，只是作者因出于否定的态度，才以成都日常事物另为其命名而已。这些发型正好与当时成都竹枝词的描述相对应。刘师亮《成都竹枝

图2　成都《通俗画报》1912年第2号登载的《上海派之美人头髻》，表明上海女性的时尚发型已传至成都

1　林佩琼：《妇女剪发是社会的进步》，《成都常识周刊》1929年第2卷第10期。
2　佚名：《上海派之美人头髻》，《通俗画报》1912年第2号。
3　佚名：《发妖又出十派》，《通俗画报》1912年第36号。

词》提到的"趋时头式散而松,烫发争夸技术工。恰合《千家诗》一句,'一团茅草乱蓬蓬'"[1],这正是所谓的"霉豆腐派"发型。另有一首竹枝词提到的"铜盆帽子说中堂,样式而今入女妆。马桶随时头上戴,尿来不必唤梅香"[2],则指的是所谓的"器皿派"发型。

因发型甚短的缘故,成都女性也开始戴帽,多效仿上海月份牌仕女像,戴上线绒帽。

(二)近现代成都服装的时尚化进程

李劼人先生《死水微澜》中邓幺姑的着装颇能代表这一时期成都农家女性着装:"她的衣裳,也有风致,藕褐色的大脚裤子,滚了一道青洋缎宽边,又镶了道淡青博古辫子。夹袄是甚么料子,甚么颜色,不知道,因为上面罩了件干净的葱白洋布衫,袖口驼肩都是青色宽边,又系了一条宝蓝布围裙。里外衣裳的领口上,都时兴的有道浅领,露出长长的一段项脖,虽然不很白,看起来却是很柔滑的。"[3]尽管农家女性的服装有着"时兴"的元素,但与城市女性的服装相比,却是不可相提并论的。

民国时期一本介绍成都概况的书指出:"近年省外人士来蓉日众,西服旗袍,时时翻新,成都人性喜模仿,昔日着蓝布之风变为奢华。在男子方面,尚能保持原有作风,女子方面,则今非昔比。加以年来受电影影响,争奇斗艳,极尽西装之能事,荆钗布裙,转为丝葛绫罗,将来章身演变不知伊于胡底矣。"[4]在当时人看来,男性的正装虽然从清代的长衫马褂变成了中式的中山装或西式的西装,但相对于女性的服装而言,男装的变化仍略显简单,并不繁复。

因为时尚潮流的影响,这一时期的时尚女装走两个极端,要么极长,要么极短。正如一首成都竹枝词所言,"服长偏又着旗袍,服短何曾盖裤腰。长则极长短极短,不长不短不时髦";"服短居然不掩裆,服长偏又着旗

---

1 林孔翼辑:《成都竹枝词》,四川人民出版社,1982年,第100页。
2 林孔翼辑:《成都竹枝词》,第104页。
3 李劼人:《死水微澜》,中华书局,1936年,第13~14页。
4 周芷颖:《新成都》,第144页。

装。而今女界真开脱，不管旁人说短长"。[1]

"长"主要是指这一时期流行的旗袍。旗袍的特点是衣窄、袖短、开衩。成都竹枝词中有描写旗袍窄身的语句称"新样入时浅淡妆，纤腰窄袖短衣裳"[2]；有描述旗袍短袖的称"袖短居然齐手弯，翩翩举动步姗姗"，"手长袖短量身材，独具鏖寒亦壮哉"，"长袍短袖量身裁，笼手狐皮不扯开"[3]；又有描写旗袍开衩的称"罗衫窄窄称身裁，扫地端宜短衩开"[4]。至于"这宗装束有明堂"，"如斯穿戴甚明堂"[5]，自然是因为窄身可以凸显女性的婀娜曲线，短袖便于露出纤纤玉臂，与修长的身段和裸露的小腿遥相呼应，更具性感魅力。因此，此时的成都"金闺都喜衣旗袍"[6]。

除了齐小腿的长旗袍，还有一款裙摆齐膝甚至更短的短旗袍。但此款旗袍非寻常女子所能驾驭。徐晴莺《成都竹枝词》称"蓬松云鬓美丰姿，短短旗袍更入时。浓抹胭脂香四射，惹他蜂蝶喜追随"，余怜菊《青羊宫花市竹枝词》也称"挽就巫山一段云，旗袍短短更香薰。行来步步娇痴惯，减却桃花色几分"。[7]穿这样服饰的女子多是蜂随蝶戏、倚门卖笑的女子。

旗袍多是短袖，穿旗袍时不宜多穿里衣，否则身体会显得臃肿，展现不出旗袍塑身的效果。所以从客观上说，旗袍不耐寒。时尚女性为了御寒，往往在旗袍之外添上一件短短的敞口皮衣或披肩。披肩的材质多种多样，主要有狗皮、狐皮或貂皮等。正如锦庵《成都竹枝词》所言，"因嫌发剪无须领，故把兽皮翻转穿"，"鼠脊羊裘内外披，堆花缎面斗新奇。还嫌不足称时髦，粉项围张毛狗皮"。[8]

这时期的成都女性除旗袍之外，还十分喜爱一款及地长裙。"南都石黛发双蛾，贴地长裙曳皂罗"，"一搦腰肢体态柔，轻棉短袄里红绸。罗襦低

---

[1] 林孔翼辑：《成都竹枝词》，第96、100页。
[2] 林孔翼辑：《成都竹枝词》，第142页。
[3] 林孔翼辑：《成都竹枝词》，第214、107、98页。
[4] 林孔翼辑：《成都竹枝词》，第196页。
[5] 林孔翼辑：《成都竹枝词》，第91、173页。
[6] 林孔翼辑：《成都竹枝词》，第165页。
[7] 林孔翼辑：《成都竹枝词》，第193、187页。
[8] 林孔翼辑：《成都竹枝词》，第196、197页。

曳笼莲瓣，鹅蛋双双缀后头"，说的正是这种长裙。[1]

"短"主要是指流行于一般女学生群体的装扮——衬衣配短裙或套裤。成都竹枝词中也有对这种短衫的描述，如"衣衫窄窄步轻轻，故逐人丛取次行"，"短裙短袖短衣裳，三短偏偏脚杆长"，"衫短身长也不苟，青裙偏上水红腰"，"短衣窄袖入时装，携手翩翩比雁行"。[2]而大多在校的文艺青年，又往往喜欢在脖子上围一条浅色的纯色围巾。

（三）近现代成都靴鞋的时尚化进程

正如徐晴莺《成都竹枝词》所言："惯驱洋马逛街前，革履西装趁体穿。"[3]所谓革履西装，与西装相配套的就是革履。革履即皮鞋。在皮鞋盛行之前，成都的男鞋主要有两类：一是靴子，穿着者主要是有一定社会地位和经济地位的人；二是草鞋，穿着者主要是底层劳苦民众。当然，更有部分贫穷者，甚至无鞋可穿，长年打赤脚。皮鞋盛行后，穿靴者渐少，而草鞋却一直受到底层民众的青睐。

相较于男士皮鞋的相对单一，女鞋的变化甚大，也最具时尚性。这一时期女鞋的变化更多地受到了一个特定的社会因素的影响，那就是"天足运动"。"天足运动"抵制明清以来妇女缠足的习俗，认为缠足是极不人道、极不利于生理卫生和健康的一种行为，对这种变态审美予以坚决抵制，强调足部的健康和自然之美。因此这一时期的女鞋随"天足运动"的开展而变化。之前女足因层层布帛的包裹缠绕而变得纤小屈突，足尖成新月形，女鞋为适应这种畸形之足而被做成弓形或菱形，这便是弓鞋，也称三寸金莲。

在"天足运动"中成长起来的新一代女性，其足是天然之足，自然不能再穿弓鞋。她们这一时期穿的是源自秦朝的凤头履，即凤头鞋。而随着西方时尚的来袭，成都又流行起高跟鞋。高跟鞋也叫高蹬鞋，鞋跟在成都市民口中称为"蹬蹬""橐橐"。有竹枝词称"谁家妇女学西装，高蹬皮鞋短短裳"，"款款西装蹬蹬鞋，昂头独步走花街"，"路上若逢新姊妹，声传橐

1　林孔翼辑：《成都竹枝词》，第162、164页。
2　林孔翼辑：《成都竹枝词》，第225、91、92、230页。
3　林孔翼辑：《成都竹枝词》，第193页。

橐问谁高"。[1]高跟鞋的特点是头尖、跟高、紧小，"尖头高跟鞋的形状，是非常紧小的，穿了起来能使天然的足，改变一种不正规的形式……走起路来，也非常的迟钝"[2]。因此这种鞋在保守人士看来，是缠脚的另一变相。但是在时尚者看来，高跟鞋因鞋体紧小、跟高不稳，不如平底凤头鞋那样稳实。但穿上高跟鞋走路，却有着缠足女性那般袅袅婷婷、摇曳生姿的步态和贵妃醉酒、弱柳扶风的神态，因而得到广大女性的喜爱。刚取代弓鞋不久的凤头鞋，又被高跟鞋取代了："红罗绣出凤头妍，何事蓉城半不然。买得街前高木底，装成三寸小金莲。"[3]

图3　绵竹年画博物馆藏民国年画《插花女子》，从中可见当时成都地区时尚女性的短发、帽子、披肩和高跟鞋等服饰时尚元素

天足运动使女足从弓鞋、裹足中得以解放。弓鞋被搁置一边，穿大码鞋成了时尚。"年来天足遍城区，不重双弯二寸余"，"天足新传莫漫羞，香闺多少换莲钩"，"儿家雅不喜金莲，三寸弓鞋置一边。玉烂肤圆天足好，

1　林孔翼辑：《成都竹枝词》，第37、214、107页。
2　佩琼：《穿最新流行之尖头高跟女鞋：是缠脚的变相》，《成都常识周刊》1929年第2卷第22期。
3　林孔翼辑：《成都竹枝词》，第67页。

姗姗鸾步影翩跹"。[1]但是缠过足的妇女,其足并不能因放足而恢复自然,她们为追求时尚,只得"脚小偏偏着大鞋"[2]。为穿天足大鞋,她们在鞋里塞上棉花填充空隙:"假足装成只自夸,皮鞋内面塞棉花。嚷去嚷来行几步,旁人看见脟都麻。"[3]毕竟小脚穿大鞋实难行走,三寸金莲始终难以撇下,于是成都女性又在三寸金莲上起主意,"安排缄绘绣弓鞋,花样翻新配色佳","时髦莫言都撤旧,弓鞋尚有着须须","剧怜三寸弓鞋上,遍绣鸳鸯并蒂花"[4],在弓鞋上做适当的时尚装饰。

图4 刘文彩三姨太凌君如的装束,代表民国初期成都女性的流行时尚

此外成都竹枝词中还有对墨镜、手表等时尚饰品及花露水、雪花膏等时尚化妆品的记载,如"最有一般真怪象,墨精镜压嘴皮红","翡翠手珠兼手表,带来原为意中人","'双妹'老牌花露好,担心蜂蝶要分香","化妆物品日加优,扑粉雪花茉莉油",等等[5],此处就不再一一详述了。

近代以前,成都乡村居民的服装多是自织自染、自裁自缝的,而城市居

---

1 林孔翼辑:《成都竹枝词》,第103、171、165页。
2 林孔翼、沙铭璞辑:《四川竹枝词》,四川人民出版社,1989年,第37页。
3 林孔翼辑:《成都竹枝词》,第89页。
4 林孔翼辑:《成都竹枝词》,第65、103、225页。
5 林孔翼辑:《成都竹枝词》,第99、221、165页。

民也大多购来布匹亲手剪裁缝纫衣衫。随着时代的推进，商品经济的发展，近代以来，成都市区出现了服装店铺，"不用红罗绣凤头，铺中女鸟列优优"[1]，居民的一般服饰基本都能在店铺中购买到。据文献记载，晚清时期成都的绸缎铺多集中在总府街、东大街，衣铺多集中在鼓楼南街，帽铺多集中在福兴街，靴鞋铺多集中在王道正直街。[2]民国时期，成都售卖服饰的街巷相比之前稍有变化：制服店主要集中于西御街至祠堂街一带，西装店主要集中于春熙西路及暑袜街一带，鞋铺主要集中于纯阳观街及提督东街一带。其中，女式皮鞋店主要集中于文庙前街及半边桥街，男士皮鞋则主要集中于皮房街、顺城街及走马街一带。[3]同时也出现了如华兴街的"巨川"，春熙西路的"新亚""方顺昌"等剪裁手工一流的店铺。有竹枝词称："'亚东美'号帽鞋庄，制造精良很大方。要买下江新样式，问君何必到苏杭。"[4]在这些店铺中，可以买到各种时尚款式的服饰。衣、帽、鞋、袜等专卖店铺的出现以及专卖街区的形成，是成都商业发达、分工细化的重要标志，也是成都市民服饰时尚化、流行化的重要表征。

成都市民对时尚服饰的追求不仅限于青年男女。对成都市民来说，年龄并非阻止其追求时尚的障碍，中老年人群一样可以在服装方面追求时尚。这在成都竹枝词中也多有体现。"阿婆老去也维新，若不维新俗了人。白发苍然都在剪，拼同少女共争春"，"而今世道重时髦，已老秋娘性更骚。最有一般当不起，芳龄五十打披毛"[5]，这是中老年女性为追求时尚而剪发的写照。"徐娘老去尚浓妆，粉落随风不断香。惹得旁人偷眼笑，还夸打扮学西洋"，"繁华今日异平常，多少摩登巧样妆。酷爱胭脂原少妇，最怜傅粉老徐娘"[6]，这是中老年女性学西洋打扮的缩影。

成都市民对服饰的时尚追求也不限于城市居民，乡村居民同样也追求时尚："乡村少妇学时髦，高髻簪花意态豪。身着旗袍穿革履，面涂脂粉也风

1　林孔翼辑：《成都竹枝词》，第81页。
2　周询：《芙蓉话旧录》，四川人民出版社，1987年，第8页。
3　莫钟骏：《成都市指南》，西南印务局，1943年，第139～140页。
4　林孔翼辑：《成都竹枝词》，第90页。
5　林孔翼辑：《成都竹枝词》，第102、96页。
6　林孔翼辑：《成都竹枝词》，第188、202页。

骚","谁将箭挡假村姑,一点红心脸上涂。几度低声向嫂道,多么热闹此成都。"[1]虽然或因经济的原因,乡村居民追求时尚的程度无法与城市居民比肩,他们的装扮如此不自然、不协调,但仍然可以见到其对美的追求和对时尚的追求。

二、成都作为时尚中心的来源及其影响

时尚的界定,与政治、经济文化因素密不可分。作为政治或经济文化中心的地区,往往会对其他地区形成一种向心力,而当地居民也会比其他地区的居民对时尚更具有话语权力。成都人追求时尚潮流的历史,从政治、经济文化等因素来看同样也是有迹可循的。在接纳了上海、广州以及西洋的时尚要素后,成都也自觉内化出独具自身特色的时尚要素,从而成为西南地区的时尚中心,进而呈辐射状影响四川其他地区。

(一)近现代成都追求时尚的渠道

明清以来,北京是全国的政治中心,江浙是全国的经济文化中心,京师、苏杭自然成了时尚的前沿地。于是,成都"大帽多照京都新式,小帽多照苏杭新式"。[2]京派服饰在成都甚为流行,有竹枝词为证:"京靴薄底尚时新,镶滚衣裳稳称身","玩来官派兼京款,厚底方靴矮帽檐"。[3]苏杭的服饰器具成了时尚新潮的代名词,这在成都方言中有充分体现,如称事物精致,则叫"苏器""杭式"。苏器,即"谓色色精致,器如苏省制也";杭式,即"谓如杭州式样也"。[4]"苏器"也作"苏气","从前外来服饰之物,苏州为美,故土语通称人物文雅脱俗曰'苏气',曰'苏派',且直曰'姑苏'"[5]苏州气派、杭州样式成了时尚的代名词,闺阁打扮也多效仿苏杭:"吊梳纂纂学苏州,浪说披毛近下流","不乘小轿爱街行,苏样梳装

---

1 林孔翼辑:《成都竹枝词》,第186、190页。
2 傅崇矩:《成都通览》(下),第66页。
3 林孔翼辑:《成都竹枝词》,第221、74页。
4 李凌霄等修,钟朝煦纂:民国《南溪县志》,巴蜀书社,1992年,第628页。
5 柳琅声等修,韦麟书等纂:民国《重修南川县志》,巴蜀书社,1992年,第433页。

花翠明","中有良家最上流,苏州脚与扬州头","苏州低髻蜀中翘,窄窄春衫楚楚腰","相邀看会早安排,物色杭州锦缎鞋"。¹不但成都服饰追求苏杭款式,四川其他地区也是如此。重庆竹枝词称"鬓影衣香影画图,闺妆花样觊'杭苏'",荣县竹枝词也称"湖绉汗衫花裤带,者般玩友太姑苏"²,表明了其追求苏杭时尚的态度。

清代中后期以来,广州、上海等地因作为通商口岸对欧美资本主义国家开放,而成为囤积销售西方舶来品的最前站,也成为中国的经济中心和时尚中心,苏杭货最终被洋广货取代。史料记载"自清中叶,西南洋货物来华,自广东人,故通称外来货物精巧者曰'广',与土相对"³,广货便意味着是洋货。而上海的服饰式样也盛行一时:"自同光以迄宣统,妇女服饰,以上海为最入时,流风所被,几及全国。"⁴作为西南的一大都市,成都在效仿广州、上海的同时,也被川蜀其他中小城市效仿着。成都市民认识到海派、广派时尚多源自西欧,故不再说学广学沪,而直称向西欧学习。民国时期有首成都竹枝词,正好说明了这一转变过程:"吊梳纂纂说扬州,剪发而今学美欧。"⁵西欧着装式样成了成都市民的时尚追求,对此成都竹枝词记载道,"近日欧风新学得,罗衣襟上尽簪花","连肩也学欧西样,故惹人看假带羞","新裁履式仿西欧,微步凌波得自由"。⁶

与当代人一样,晚清民国时期国人的时尚观唯电影明星马首是瞻。创刊于1928年6月的《成都常识周刊》每期固定刊登一张电影女朋星照片,这些女明星包括胡蝶、陈玉梅、蒋耐芳、徐素娥、黄月如、黎明晖、梁赛珍等上海当红影星。从她们的照片中,成都市民可把握服饰时尚的风向。此外成都市民还可从影院放映的电影,街头张贴的电影海报、化妆品广告和上海月份牌,以及书摊出售的《良友》画报等杂志,感受最新的服饰时尚。时尚不仅体现在服装店衣裙鞋帽款式的变化上,其氛围还弥漫于成都的大街小巷。尽

---

1 林孔翼辑:《成都竹枝词》,第99、57、136、234、95页。
2 林孔翼、沙铭璞辑:《四川竹枝词》,第7、27页。
3 柳琅声等修,韦麟书等纂:民国《重修南川县志》,第433页。
4 徐珂:《清稗类钞》,中华书局,1984年,第1644页。
5 林孔翼、沙铭璞辑:《四川竹枝词》,第14页。
6 林孔翼辑:《成都竹枝词》,第233、185、233页。

管各种时尚宣传的方式不同,但结果是一致的,那就是最终又把市民拉回时尚服装店中。

(二)成都时尚中心的影响和辐射面

上海等地是成都时尚潮流的主要来源地,而对于四川其他地区甚至西南地区而言,成都又是引领时尚潮流的中心。以成都为中心,服饰的时尚之潮向四川各地市州县呈辐射状漫延开去。

如与成都市区紧邻的温江县城,因"地接'芙蓉'风气开"[1]的缘故,当地仕女们纷纷效仿成都的时尚装扮。这一情形从当地人的竹枝词中便可看出。琴鹤逸人《温江县竹枝词》记载:"漂亮还推女学生,满头都抹雪花精。"邱民宣《观望丛祠劝业会竹枝词》也记载:"谁家妇女学西装,高蹬皮鞋短短裳。"[2]雪花膏、高跟鞋等正是时尚女性的必备之物。而一首写于1919年的竹枝词,则记载了成都近郊资阳的仕女效仿成都时尚着衣打扮的情形:"东西两岸势纷争,姊妹阿姨结伴行。着得香罗衫子薄,斗新时样学都城。"[3]对资阳而言,"都城"便是成都。此外,距离成都相对较远的广安,也将成都作为时尚潮流的引领地,这在1911年出版的《广安州新志》中有记载:"光绪初,袖宽八寸或尺,脚裤大一尺,缘以蓝青杂锦,其里用红绿色布,曰'洋式',曰'成都样'。"[4]

《死水微澜》中,家住天回镇的邓幺姑,仅离成都市区二十来里,对成都充满热切的向往与想象,想象成都的样子,向往成都妇女的生活。[5]这一行为归根结底便是对时尚成都、成都时尚的迫切追求。邓幺姑的形象具有一定的典型意义,代表了一大部分成都之外的人群对时尚成都的态度。

三、追求时尚是成都文化传统的本质属性

作为时尚之都的成都,自古以来便具有时尚的特征。以服装为例,俗则

---

1 林孔翼、沙铭璞辑:《四川竹枝词》第30页。
2 林孔翼、沙铭璞辑:《四川竹枝词》,第33、37页。
3 林孔翼、沙铭璞辑:《四川竹枝词》,第94页。
4 周克堃等纂:宣统《广安新志》,巴蜀书社,1992年,第813页。
5 李劼人:《死水微澜》,中华书局,1936年,第27~28页。

有汉代司马相如的犊鼻裈,雅则有宋代苏轼的东坡巾,皆在士人之中风行一时。就化妆而言,汉代临邛卓文君的远山眉,唐代成都闺阁的十眉图样[1],均堪称全国闺中少妇当眉写翠、对镜敷红的蓝本。考察成都自古以来的经济、文化、民俗等因素,均可见成都天然具有追求时尚的多方面客观条件。

(一)衣食之足为成都追求时尚化提供物质条件

成都位于土壤肥沃的成都平原中心地带,自李冰修筑都江堰水利工程,引岷江水灌溉稻田,膏润稼穑,成都千里沃野得到灌溉,"水旱从人,不知饥馑,时无荒年,天下谓之'天府'也"[2]。成都平原成了沃野的代名词:"膏腴之地"最早便是指成都平原,据晋代常璩记载,"蜀人称郫、繁曰膏腴"[3];"鱼米之乡"最早也是指成都平原,据明代杨慎考证,"唐田澄《蜀城诗》'地富鱼为米,山芳桂是樵',俗名沃土为鱼米之地,本此"[4]。天府成都凭借着得天独厚的优势,有了敢于高喊"大荒不饥,蜀有蹲鸱;大旱不乱,蜀有广汉"[5]的底气。

肥沃的土地解决了成都人吃的问题,发达的纺织业又解决了成都人穿的问题。成都又名蜀,便得名于成都平原发达的养蚕业。从考古出土的甲骨文字中也可看到,蜀字作蚕吐丝之形,故《说文解字》称:"蜀,葵中蚕也。从虫,上目象蜀头形,中象其身蜎蜎。"[6]据清代学者段玉裁考证,"葵中蚕",实为"桑中蚕"之误。[7]川大史学家任乃强先生据《淮南子》"蚕与蜀似"的记载,认为:"其所云'蜀',即原蚕,今云野蚕者是也。"[8]因蚕桑业的发达,蜀部落的首领也被冠以"蚕丛"的称号:"胡为称曰蚕丛?……

---

1 张泌:《妆楼记》,中华书局,1985年,第2页。
2 常璩著,任乃强注:《华阳国志校补图注》,上海古籍出版社,2009年,第133页。
3 常璩著,任乃强注:《华阳国志校补图注》,第133页。
4 杨慎:《升庵全集》,商务印书馆,1937年,第700页。
5 蒲殿钦等修,崔映棠等纂:民国《绵阳县志》,巴蜀书社,1992年,第71页。
6 许慎著,段玉裁注:《说文解字注》,成都古籍书店,1981年,第704页。
7 许慎著,段玉裁注:《说文解字注》,第704页。
8 任乃强:《川大史学·任乃强卷》,四川大学出版社,2006年,第162页。

或由其饲养原蚕成功，创缫丝法，为民族兴利，故号'蚕丛'也。"[1]成都地区的纺织业正是在此基础上发展起来的。任乃强先生、徐中舒先生均认为中原地区的纺织技术源自蜀地。任先生甚至认为传说中的嫘祖养蚕缫丝，是得自蜀山氏养蚕缫丝之法。[2]

纺织业随蚕桑业的发达而兴盛，西汉时"蜀汉之布"与衣被天下的"齐阿之缣"并举[3]，并远销国外。张骞出使西域，曾在大夏国见到蜀布。驰名中外的蜀锦也是成都本土纺织技术发展的结果。徐中舒先生称："蜀锦就应当是古代四川的特产，而不是受中原的技术影响才发展起来的。"[4]这一观点在其另一篇文章《蜀锦：缎为蜀中原产六朝时由蜀输入江南》中还有详细说明。[5]成都又名锦官城。关于锦官的设置，缪钺先生认为设置于东汉末或蜀汉之时。[6]而历史学家蒙文通先生却将设置锦官的年代推至西汉时期："《汉志》广汉、雒县有工官，成都有工官，广汉工官作银铁器。……广汉工官作铁器。成都的工官可能主要是锦官了。"[7]蜀锦成为成都经济的重要支柱，在蜀汉政权时"决敌之资，唯仰锦耳"[8]，在隋代"绫锦雕镂之妙，殆侔于上国"[9]。成都纺织技术在汉代已十分发达，西汉扬雄《蜀都赋》自豪地写道："尔乃其人，自造奇锦，紌缛（缍）（綗），縿缘卢中，发文扬采，转代无穷。其布则细都弱折，绵茧成衽，阿丽纤靡，避晏与阴。蜘蛛作丝，不可见风，筒中黄润，一端数金。"[10]

成都自古以来农桑发达，人们衣食丰裕，温饱无忧。正所谓"仓廪实而知礼节，衣食足而知荣辱"，这与美国心理学家马斯洛的需求层次理论异曲

1　常璩著，任乃强注：《华阳国志校补图注》，第220页。
2　常璩著，任乃强注：《华阳国志校补图注》，第220页。
3　桓宽：《盐铁论》，上海人民出版社，1974年，第4页。
4　徐中舒：《巴蜀文化初论》，《四川大学学报》1959年第2期。
5　徐中舒：《蜀锦：缎为蜀中原产六朝时由蜀输入江南》，《说文月刊》1942年第3卷第7期。
6　缪钺：《〈巴蜀文化初论〉商榷》，《四川大学学报》1959年第4期。
7　蒙文通：《巴蜀史的问题》，《四川大学学报》1959年第5期。
8　诸葛亮著，段熙仲、闻旭初编校：《诸葛亮集》，中华书局，1960年，第33页。
9　魏徵等：《隋书》，中华书局，1973年，第830页。
10　扬雄撰，张震泽校注：《扬雄集校注》，上海古籍出版社，1993年，第28页。

同工，言明当衣食等生理需要得到满足后，人们便会进一步去满足更高层次的需要。在马斯洛看来，审美需要介于尊敬需要与自我实现需要之间，是需求层次的较高级层次。马斯洛认为："从最严格的生物学意义上说，人需要美正如人的饮食需要钙一样，美有助于人变得更健康。"而对美的需要则与人对自我形象的完善有关。[1]追求服饰的时尚化，正是着眼于自我的形象。而追求时尚的目的是多样的，一方面是对审美需要的自我满足，从更深层次来说，则是对自我实现需要的实现。

（二）追求时尚与成都尚时尚变的学术特征吻合

正如一首成都竹枝词所言："吊梳纂纂学苏州，浪说披毛近下流。花样随常都在变，而今又尚倒揪揪。"[2]对于时尚潮流的追求，远远赶不上时尚潮流自身的变化。苏州时尚的"吊梳纂纂"发型刚传至成都，时尚前沿就已经发生改变并开始追求"倒揪揪"发型了。又有一首竹枝词也记录了成都女性发型的多变性："宝髻由来羡蜀都，牡丹刘海赛姑苏。而今又变新花样，髽髻多梳太极图。"作者原注："上年成都盛行牡丹刘海头式，今则重太极图头式矣。"[3]"巧梳云鬓近如何？花样年来变得多"[4]，时尚的本质之一是尚新、尚变，这与建立在易学基础上的巴蜀学术思想有很大程度的契合。

宋代以来便有"易学在蜀"[5]的提法，这既是对宋代及以前巴蜀易学的客观总结和肯定，也奠定了后世巴蜀学人的研究重心。宋代以来，蜀人对易学的研究兴趣一直持续不衰，直到清末尚有"蜀士好谈《易》，动辄著书"[6]之评价。故民国时期的刘咸炘、谢无量等学者有"《易》学在蜀，如诗之有唐"[7]，"周易自汉盛至今，唯蜀人能传之"[8]的论断。

---

1 （美）马斯洛著，成明编译：《马斯洛人本哲学》，九州出版社，2003年，第64～65页。
2 林孔翼辑：《成都竹枝词》，第99页。
3 林孔翼辑：《成都竹枝词》，第89页。
4 林孔翼辑：《成都竹枝词》，第93页。
5 脱脱等：《宋史》，中华书局，1977年，第13461页。
6 张之洞著，王树枏编：《张文襄公（之洞）全集》，文海出版社，1987年，第14662页。
7 刘咸炘：《推十书》，成都古籍书店，1996年，第2101页。
8 谢无量：《蜀学原始论》，《四川国学杂志》，1913年第6期。

易学思想中，有两点与成都人追求时尚的观念有关：一是变化问题，二是时间问题。而这两点也正是易学的思想内核所在。

唐人孔颖达《周易正义》解释"易"有三层含义：易简，变易，不易。[1]其中变易之理是被言说得最多的，故《史记》称"《易》著天地阴阳四时五行，故长于变"[2]，《宋史》称"《易》尽天下之变"[3]，今人郭沫若也指出"易就是变化"[4]。

应对变化，需要把握时机。所以在《周易》中，"变"往往与"时"相联系，诸如《易传》中的"变通莫大乎四时"，"变通者，趣时者也"，等等。新儒家代表方东美先生一语道破"变"与"时"的关系："时间之本质乃是变化。"[5]促使事物变化的根本因素是时间，故《周易》经传对"时"极为重视。有学者统计，"时"字在《易传》中共出现57处之多。[6]《周易》"时"的思想，对于人事的指导意义，便是《易传》多次强调的"奉天时""与时偕行""与四时合其序"等方法概念，具体到实际生活中，便是强调对时代精神的把握。把握住时代精神，才能适时应变。

从某种意义上来说，时尚服饰是时代精神在物质方面的物化形式之一，因此具有时代性，同时具有多变性。"譬如摩登女郎今天以最短的旗袍为时髦，明天以最长的旗袍为时髦，今天以不穿裤子为时髦，明天以穿长裤子为时髦。"[7]常人往往对如此多变的时尚之风应接不暇，从而处于被时尚绑架奴役的地位。但成都人的思想观念天生具有易学尚变、尚时的底色，对于时尚是应付自如的。毕竟从根源上说，追求时尚也是尚时尚变的蜀地文化精神在日常生活中的体现形式之一。

---

1 王弼注，孔颖达等正义：《周易正义》，中华书局，2009年，第1页。
2 司马迁：《史记》，中华书局，1959年，第3297页。
3 脱脱等：《宋史》，第3063页。
4 郭沫若：《郭沫若全集·历史编》第1卷，人民出版社，1982年，第373页。
5 方东美：《中国哲学之精神及其发展》，中州古籍出版社，2009年，第79页。
6 黄黎星：《与时偕行　趣时变通——〈周易〉"时"之观念析》，《周易研究》2004年第4期。
7 荒草：《四川军人的时髦史》，《一八社刊》1932年第2期。

（三）成都人的性格与时尚精神契合无间

丰足的物质条件为成都提供了休闲的生活情调。宋人任正一称："成都之俗，以游乐相尚。"[1]元人费著也称："成都游赏之盛，甲于西蜀。盖地大物繁而俗好娱乐。"[2]从而定义了成都人尚游的性格特征。据宋代赵抃《成都古今记》记载，至少从宋代开始，成都每月皆有月市："正月灯市，二月花市，三月蚕市，四月锦市，五月扇市，六月香市，七月七宝市，八月桂市，九月药市，十月酒市，十一月梅市，十二月桃符市。"[3]这种传统一直延续到民国，署名为庆余的作者，尚有《成都月市竹枝词》记载每月的月市，此外民国时期成都各县所修县志中，民俗部分也记录了这些月市的情况。

成都人好游的性格，形成了成都街上各种集会。这些集会既是经济活动也娱乐休闲活动，同时也是尚游文化为时尚之风提供的展示平台。成都市民借出游之时展示其时尚服饰之美，同时时尚服饰又因有充分的展示平台而让着装者更加重视服饰的时尚性。

《宋史·地理志》载，蜀人具有"尚奢靡，性轻扬，喜虚称"[4]的性格，这一性格的外化表现之一便是成都人喜"弸漂亮"。"弸"是一个成都方言词汇，"炫曰弸"[5]。"弸漂亮"即炫美，最直接的体现便是成都人爱在各种月市或集会上争艳斗美。民国成都竹枝词对此多有体现，如"多少闲行妩媚娘，陌头相遇斗新妆"，"衣香人影斗时妆，裙屐当时热闹场"，"钻石花簪两鬓欹，绮罗丛里斗新奇"，"此地繁华胜昔年，奇装异服各争妍"，"娇娃二八斗时装，满傅胭脂赴会场"，"如云游女斗时妆，惹得蜂狂蝶亦狂"，"绮陌新晴拾翠天，美人三五斗婵娟"，"装点豪华色色全，经营惨澹斗鲜妍"，等等[6]，均提到了成都花会上仕女们竞相展示、比较时尚服装的情形。而部分时尚女性在游逛花会的同时，也学到了时尚着装的技巧和风

1　杨慎编，刘琳、王晓波点校：《全蜀艺文志》，线装书局，2003年，第1230页。
2　费著：《岁华纪丽谱》，中华书局，1991年，第3页。
3　杨慎：《升庵全集》，第912页。
4　脱脱等：《宋史》，第2230页。
5　蒲殿钦等修，崔映棠等纂：民国《绵阳县志》，第72页。
6　林孔翼辑：《成都竹枝词》，第169、220、235、193、188、204、234、196页。

格,故余怜菊《青羊宫花市竹枝词》又有"游春学得新兴髻,明日梳头更入时"[1]的说法。

小 结

作为古代的"锦官城"和近代以来的时尚之都,成都一直扮演着时尚弄潮儿的角色。近现代的时尚服饰千变万化、多种多样,以上仅仅对晚清民国时期成都竹枝词中描写的时尚服饰加以简单概括,从中亦足以看出时尚成都在服饰方面的现代化发展轨迹。这一时期后,即使是成都乡间也很难再看到"土俗长袍笼短褂,缠头赤足草凉鞋"[2]的着装情形。

近代以来成都服饰的时尚化,具有深刻的社会历史根源。它不仅是西风东渐、社会发展、女权自由等社会现实共同合力的结果,也是成都地区经济基础、文化传统以及地域性格等地域因素共同作用的结果。

---

1 林孔翼辑:《成都竹枝词》,第187页。
2 黄炎培:《蜀游百绝句》,黄炎培:《蜀道》附录,开明书店,1936年。

"优雅时尚"的思想结晶

▼

传承巴蜀文明 发展天府文化

THE RESEARCH
OF TIANFU CULTURE

▲

  "优雅时尚"的文化特质构建了天府成都精神世界的丰富与繁荣。思想创新上,西汉时扬雄提出"道德仁义礼"五德学说,将道家的"道德"与儒家的"仁义礼"相结合,虚实相生,体用皆赅。在城市格局上,成都最初的建造者根据自然条件进行了独特的城市规划,傍水而居、水网纵横的"龟城",选择"逐日"的"斜向"布局,优越丰富的自然资源所培育的闲适从容,共同成就了专属天府成都的城市品格。在历史文化上,三国文化在成都备受推崇,成都是全国三国文化传承与推广的中心,武侯祠等历史文化遗存的保护与开发在新发展理念指导下日新月异。在诗歌文学上,成都不乏流光溢彩的文学鸿篇,古今名家歌咏成都的诗词层出不穷,映射着天府的山水人文。宋代成都富丽雍雅的花文化,成为陆游、范成大笔下散发着幽香的诗篇。天府文化中优雅时尚的历史基因,是天府成都"乐容天下"精神气质的来源,对促进全球化浪潮中的城市建设,提高城市生活幸福指数,有着积极的参考意义。

话说优雅时尚的成都精神

邓经武[1]

摘　要：任何城市的产生，都受其所在自然环境的制约。"龟城"是傍水而居的成都先民在水网纵横环境下被动适应的结果，"斜向"城市格局是上古时期蜀先民"逐日"的选择，成都的"优雅时尚"城市精神，亦是由成都平原优裕的"天府"自然资源所支撑，并由成都市民代代相沿袭而凝聚的。它对全球化浪潮中的人类社会运行态势、对全球性城市化大潮中的人生幸福指数的提升，有着积极的参考意义。

关键词：成都；优雅时尚；城市精神；龟城；斜向格局；迁址与更名

一、"龟城"由来

城市精神是一个城市独具特质的精神品格，是一个城市的精、气、神，它制约着一个城市的外貌风格，如城市格局、街道分布和走向、建筑物的型制乃至于建筑材料的选择，以及集市呈现特征、节庆群体娱乐种类和方式等。还有，这个城市的居民生活方式、语言语音、价值理念等，无一不是其

---

[1] 邓经武，成都大学文学与新闻传播学院教授，成都市文史馆馆员。

所在城市精神的体现。可以说，城市精神，是一个城市自形成以来，城市居民在漫长的历史长河中，一代代沿承下来的生活方式和价值理念凝聚而成，其最重要的还是受到所在自然环境尤其是气候物产的影响制约。因为一个城市的产生和发展壮大，有着一个漫长的历史进程，在这个历史进程中，其所在自然环境的制约以及气候物产的影响，养育着这个城市居民的人生状态和精神活动。

这里举一个例子：四川盆地的低洼处是成都平原，成都市作为一个城市的城址选择及其不断发展壮大，有着种类繁多的优裕自然条件支撑。这就是先秦典籍《山海经·海内经》所描述的："西南黑水之间，有都广之野，后稷葬焉。爰有膏菽、膏稻、膏黍、膏稷，百谷自生，冬夏播琴。鸾鸟自歌，凤鸟自儛，灵寿实华，草木所聚。爰有百兽，相群爰处。此草也，冬夏不死。"[1]到20世纪中叶，少年流沙河所看到的这块土地仍然是"但见村村禾稼，院院竹林。秧栽浅泥，水映千丛碧影；麦熟大坝，风翻万顷黄云。又见筒车转轮，咿呀近听，渔艇收网，乃遥闻，鸥飞鹭涉，鹅警鸭惊。顽童裸泳，羞女绕行。石磨低吟，水碾高哼。翁钓鱼鳖，妇浣衣裙。荒野还见乞儿逮蛇，猎户架鹰。喜聆嘉鹊叫客，怕听狂犬吠人……"[2]。

同时也要看到，人类进入文明时代的一个最大特点，就是主动地、尽可能地改造自然，让自然环境更符合自己的生存需要。古蜀开明氏决玉垒山，凿金堂峡，疏浚成都平原的洼地积水，即郦道元的《水经注》所载"江水又东别为沱，开明之所凿也"[3]，使这块土地变得更加"宜居"。《史记·河渠书》载，秦王朝时期，"蜀守冰凿离碓，辟沫水之害，穿二江成都之中。此渠皆可行舟，有余则用溉浸，百姓享其利"[4]。《华阳国志·蜀志》也记载"李冰造七桥，上应七星"。据《华阳国志》记载，直至魏晋时期的成都，城西的柳池，西北的天井池，城北的龙堤池、万岁池和城东的千岁池，池沼

---

[1] 《山海经》卷十八《海内经》，上海古籍出版社，2015年，第390页。
[2] 流沙河：《东都东郊沙河赋》，周啸天编著：《四川读本》，四川文艺出版社，2009年，第62页。
[3] 郦道元：《水经注》卷三十三《江水》，浙江古籍出版社，2013年，第437页。
[4] 司马迁：《史记》卷二十九，中华书局，1959年，第1407页

之间"津流径通,有水流相通,冬夏不竭"[1]。此时左思引发"洛阳纸贵"的《蜀都赋》,亦有"龙池瀑濆其隈,漏江伏流溃其阿。汩若汤谷之扬涛,沛若蒙汜之涌波","冰泮北徂,云飞水宿,唪唴清渠"等成都水流状态的描写。[2]还有,留存至今的白家塘、王家塘、洗马池、洗墨池、方池等街道地名,亦是成都城市曾经有过的水网记录。成都历史上出现的笮桥、青石桥、麻石桥、桂王桥、郭家桥、磨子桥、送仙桥、十二桥、通顺桥、玉带桥、西北桥、九里堤桥、太平桥、古卧龙桥等街道地名,以及水碾河、沙河、摸底河等曾在城中流淌的痕迹,都述说着成都曾经有过的水系历史。据清代学者傅崇矩的《成都通览》载:直至清末,成都有名可考和有址可寻的平桥、拱桥、石桥、铁桥、木桥、竹桥等各种大大小小的桥,总共有192座。[3]川剧《黎明十二桥》唱词中就有"数桥"的唱段:一心桥,二仙桥,三洞桥,驷马桥,五桂桥,九眼桥,十二桥,万福桥,青石桥,送仙桥……历代文人歌咏成都,都往往涉及桥,如宋代陆游《夜闻浣花江声甚壮》诗中有"浣江之东当笮桥,奔流啮桥桥为摇"之句。来自吴越文化圈水乡泽国的陆游,对笮桥(夷里桥)这样悬空的竹索桥倍感新奇,故有"晓出笮桥门"等多次描写。

　　水网纵横,水洼密布,傍水而居的成都先民受此制约,逐渐形成"龟城"的城市街道格局。这说明一个基本事实:纵横的水网,决定了成都居民的居住格局,形成了城市街道分布格局特征。如羊子山祭祀台,就临近沙河(古称升仙水),摸底河连接着金沙遗址、青羊宫、送仙桥等。开明王朝治水获得好成绩,为迁徙和扩建成都城奠定了较好的前提条件,故有"开明王自梦廓移,乃徙治成都"[4]。选择成都作为首都,必然是因为当时的成都市已经具备相当的条件。确实,北边羊子山祭祀台恢宏的气势,西面金沙遗址的辉煌文明,十二桥遗址发掘的商代大型宫殿式木结构建筑和小型干栏式木结

1　常璩著,刘琳校注:《华阳国志新校注》卷三,四川大学出版社,2015年,第125、108~109页。
2　左思:《蜀都赋》,杨慎编:《全蜀艺文志》卷一,线装书局,2003年,第8、9页。
3　傅崇矩:《成都通览》,成都时代出版社,2006年,第6~7页。
4　常璩著,刘琳校注:《华阳国志新校注》卷三,第103页。

构建筑群等,都昭示着成都作为古蜀人类聚居密集的城市特征。公元前316年,秦国张仪和司马错率军灭蜀国,占据成都城,进行了城市大改造的"筑成都城"活动。

先秦典籍《管子·乘马》提出的古代城市规划原则是"因天材,就地利,故城郭不必中规矩,道路不必中准绳"[1]。宋代主政蜀中的"铁面御史"赵抃在《成都古今集记》说"初仪筑城,虽因神龟,然亦顺江山之形"[2],虽然并未指证"神龟"之谬,却也强调了"顺江山之形"。这里要强调的是,凡是有着相当历史的城市,都必然是依凭具有充足水源的河流而产生,很多人写文章说,成都是一个"因水而生的城市",其实"因水而生"是古代城市的共同特点,全世界皆然,并非仅有成都!

二、城市的斜向格局

在中国历史文化名城中,成都"斜向28.5度"的城市格局,是一个特例。城市的东南西北四门以及出城四条主干道的朝向,都整齐地"斜向28.5度",这对建筑在平原上的城市来说,似乎有些不可思议。

一个城市的出现和壮大,首先有着其相对优裕的客观物质前提,这是最早一批居民选择并留居的先决条件。换句话说,一个宜于人居的自然环境尤其是有着种类繁多的丰裕自然资源的地方,是一个城市得以建立的前提条件。在人类文明曙光初现之际,由于特有的山川地形和气候、水源等,以及与之相应的植被和物产优势,诱引人们开始向着某一具有供养人类群居的物产优势区域聚合。如果这个区域的各种自然条件确实优越,这种聚合产生的吸引力越来越大,诱使人们不断前往,城市就开始形成。反之,在逐渐恶劣的自然环境或者已经难以承受愈益壮大的城市人口压力影响下,人们也会考虑另寻他处以获取更好的生存条件。新疆"楼兰古城"的消失,即是一个典型的例子。又如《尚书》所记录的中国上古时期著名的"盘庚迁都",以及《诗经·公刘》记录的公刘率领周族人由邰(今陕西武功县境)迁往豳(今

---

[1] 《管子》卷一《乘马》,上海古籍出版社,2015年,第22页。
[2] 谢元鲁等:《成都通史:两晋南北朝隋唐时期》,四川人民出版社,2011年,第136页。

陕西旬邑和彬县一带）开疆创业等事例。中国著名神话故事"沧海桑田"，投射出上古先民随着自然环境的变异，不断调整自己的生产方式和生活形态的"史影"。德国的F. 拉采尔在《人类地理学》（1891）中指出：城市是社会发展到一定阶段的产物，是人类集聚的一个社会经济实体。它的产生和发展决定社会经济的发展程度和社会的实际需要，因此它具有一定的空间范围。但是它又是一个地域的实体，立足于一定的地域内，为地域的一个点或中心，所以地域的自然条件对城市的形成与发展有着巨大的影响。他不仅提出了"人类地理学"一词，还肯定某一个文化地理区是一个独特集团的、各种文化特征的复合体。人类作为环境的产物，其活动、发展和分布受到环境的严格限制。他的学生E. 亨廷顿等更加强调地理环境对人类文明的决定性作用。其实，中国上古典籍《礼记·王制》篇中，早有"广谷大川异制，民生其间者异俗"的地理环境决定论观点。按照唯物论的观点，人是环境的产物，但人类进入文明理性时期后，又是按照自己的主观意愿改造自己的生存环境。这种被改造后的环境，又成为一种客观存在，成为后来者面对的"第二自然"（人化自然）。

极为优越的自然条件，为成都的城市形成奠定了坚实的基础，而成都的城市分布格局，也必然是要受特定自然环境制约的，其中最主要的是受河流走向以及水网分布条件的限制。这是先秦时期的管子早就说过的"凡立国都，非于大山之下，必于广川之上。高毋近旱，而水足用；下毋近水，而沟防省"[1]。数量巨大的城市人口的生活饮用水、排污、泄洪、运输等，都需要借助河道水流而实现。在科学尚不发达的上古时期，古人筑城就只能因地制宜。身处四川盆地低洼处的成都，空气静稳，难得遇到阳光普照大地，所以有"蜀犬吠日"的传说。房屋建造时尽可能准确地面对太阳，让太阳更多时间、更大面积地照射自己的居所，大约就是成都最早的居民所努力追求的。这种被自然条件所决定的"第二自然"，又成为后来的一代代成都居民"集体无意识"的行为。蜀地多雾，为了获得更多的日照，人们在建筑房屋时给东南和西南都开了窗户，人人依此，街道的斜向格局也就因此形成。据考证，从日照的需要看，成都地区与中国北方地区有明显的气候差异，垂直偏

---

[1] 《管子》卷一《乘马》，第22页。

东轴线布置建筑,对取得冬季日照更为有利。冬至时,太阳直射南回归线,在成都地区观察,太阳正好从东南方升起,角度为28.5度。成都多雾而缺乏阳光以及人们对太阳的渴求,可证之于"金沙遗址"出土的"太阳神鸟"。在技术条件极为不发达的当时,提取并冶炼出黄金,再加工成金箔,制作成"太阳神鸟",这要花费多少财力和人力?

可以说,成都自建城初始,就因为居民建造自己居所时的"逐日"意愿,形成了28.5度斜向的街道格局。即成都的街道走向格局呈北偏东28.5度、东偏南28.5度的交角倾斜,而不是中国平原古城应有的正东、正西、正南、正北的走向。北大街、南大街、东大街、西大街、浆洗街等众多老街道都大致呈北偏东的走向。前些年翻修成都市体育中心时,挖掘出了北宋时期的城市主干道遗址,也是北偏东走向。最近有人发现,这种东偏南倾斜角度的城市街道格局,在世界上古城市中,成都并非孤证。意大利的诺尔巴古城、庞贝古城,奥地利的维也纳,伊拉克的纳西里耶,埃及的卢克索古城遗址,被称为"罗马之外的罗马"和"东方的庞贝"的约旦杰拉什等,皆是。但在中国,在平原上建设这种斜向格局的城市似乎很少见。

古蜀开明王朝将首都迁徙到已经具有相当规模的成都古城,即《华阳国志·蜀志》明确记载的"成都县本治赤里街"。即使后来有"秦惠王遣张仪、司马错定蜀,因筑成都而县之。成都在赤里街,张若徙至少城内,始造府县寺舍,令与咸阳同制"[1]。这就是许多人惯用的"张仪筑城说"以及自此"成都有2300年的城市历史"等说法的出处,但这次对成都城的改造并未从根本上改变成都古城已有的东偏南28.5度的街道分布走向格局。这就像《汉书·食货志》所说的,"禹平洪水,定九州,制土田,各因所生"[2]。"各因所生"所强调的,正是地域的各种因素所形成的先决条件,以及由于地形地貌乃至整个自然地理环境的差异而造成不同地区人群的体貌、性情乃至趣味习尚的不同,这表明,中国古人对此早有深刻认识。《礼记·王制》说得很清楚:"凡居民材,必因天地寒暖燥湿。广谷大川异制,民生其间者异俗,刚柔轻重迟速异齐,五味异和,器械异制,衣服异宜。修其教,不易其俗;

---

[1] 常璩著,刘琳校注:《华阳国志新校注》卷三,第108页。
[2] 班固:《汉书》卷二十四《食货志》,中华书局,1962年,第943页。

齐其政，不易其宜。"班固的《汉书·地理志》说："凡民函五常之性，而其刚柔缓急，音声不同，系水土之风气，故谓之风；好恶取舍，动静亡常，随君上之情欲，故谓之俗。"[1]主政者修教齐政，但却"不易其俗""不易其宜"，非不为也，不能也。这就是我们对"张仪筑城"的辨析。

一个城市的产生和发展，首先是因为特定的自然条件，如气候、水资源、山川地形等，可以凭借优越的物产承担巨大数量人口的生存需要。而这个城市一旦形成，已经被第一自然所决定和所限制的居民生活方式，就代代相沿袭，成为"传统习俗"，影响和制约着这个城市居民的生存方式，即人类文化学所说的"第二自然"。在第一自然和第二自然的循环往复中，这个城市的居民不仅在生产方式、生活方式、价值理念上形成自己的特色，并且不断地融合外来移民所带来的新因素，同时也让外来者"入乡随俗"，接受这个城市已有的文化精神。城市的兴起，标志着人类开始进入文明时代。人类的社会化，是从群体聚合开始的，人类居住的房屋、街道、房屋间空地和广场，水域、气候、物产以及与居住地有关事物的选择等，决定着一个城市的形成和发展。一个早期城市在达到一定的规模后，则逐渐演变成具有行政意义的事物，在一个中心城市的基础上，就形成了国家的雏形（方国、城邦）。作为人类生活的集聚地，它体现着一个时代的政治、经济、科技、文化、宗教、生活状貌。

可以说，这就是人类生命史在一个具体阶段，在一个特定空间的聚焦点。英国考古学家柴尔德（V. G. Childe）把人类从史前进入文明的巨大社会变革，称之为"城市革命"，就是强调其划时代的意义，城市化的水平也成为衡量一个国家综合国力的因素之一。

三、优雅与时尚精神

成都自古就是休闲之都，也是时尚之都。成都对中国物质文明的贡献就在于时尚。三星堆的纵目人像、金沙的太阳神鸟等，都是中国历史发展重要阶段的节点标志。自有史以来，成都地区人民的人生形态，就一直是寻求并努力实现人生的完美。物质形态的金沙遗址出土的文物，包括数千具金

---

[1] 班固：《汉书》卷二十八《地理志》，第1640页。

器、玉器、铜器、石器、象牙器和数量众多的象牙、陶器等。玉器上的刻纹细致，几何图形规整；象牙器刻纹工艺绝妙；金面具、金带、圆形金饰、蛙形金饰、喇叭形金饰等精美非常。尤其是太阳神鸟金饰，图案采用镂空方式表现，内层分布有十二条旋转的齿状光芒，外层图案由四只飞鸟首足前后相接，四只神鸟围绕着旋转的太阳飞翔，中心的太阳向四周喷射出十二道光芒，体现了远古人类对太阳及鸟的强烈崇拜，向世人展示了古蜀祭祀礼器的时尚奢华程度。

成都人惯常用"悠哉游哉"来形容自己的闲适生活，一句"安逸"亦道尽人生优雅之态。回眸《庄子·至乐》，其曰："所苦者，身不得安逸，口不得厚味，形不得美服，目不得好色，耳不得音声。"[1] 2008年，我曾经在《西华大学学报》刊发《关于建立"成都学"的思考》一文，对成都的历史文化做过一些思考[2]；2014年11月20日接受《三联生活周刊》副主编李伟专访时，对"成都的市井气息与高雅的文艺作品是否相矛盾"这一问题，我的回答是："大俗大雅并无绝对的差别，美的极致并不一定是表象的美，成都市民对闲适生活的追求也可以实现美。"《人民日报》海外版（2017年1月5日）《一个美食家的成都情缘》转述过我对20世纪40年代中国文化人有关成都书写的看法——"突出在成都的'闲适'"，即"外来书写者搜寻成都的城市气质，能够让'只缘身在此山中'的成都人，重新审视自己似曾相识的身边现象"，"天时、地利、人和，为古成都的文化繁荣提供了物质基础"等观点。大雅化为大俗的例子，诸如形容一派静默的场面为"清风雅静"，上古时期形容迷离恍惚精神状态的"恍兮惚兮"，成为今天成都人口头常说的俗语。成都月月有市，在游乐之中实现商品交换，如正月灯市、二月花市、三月蚕市、四月锦市、五月扇市、六月香市、七月七宝市、八月桂市、九月药市、十月酒市、十一月梅市、十二月桃符市等。这些集市不仅是商品交易的场所，也是普通市民游乐和社交空间。"蓉城"之名的形成，就是巴蜀人用地域文化美学改造自然的结果。例如惝恍于成都街头的杜甫，满眼皆

---

1 《庄子》外篇《至乐》，上海古籍出版社，2009年，第171页。
2 邓经武：《关于建立"成都学"的思考》，《西华大学学报》（哲学社会科学版）2008年第1期。

是"香雾云鬟湿,清辉玉臂寒","晓看红湿处,花重锦官城"等优美意象。

　　成都的时尚,早已经呈现于先秦"丹青"——李斯《上书秦始皇》所透露的蜀中贡品"西蜀丹青"以及漆器,还有秦汉以来一直名满天下的蜀布、蜀绣、蜀锦之中。汉代成都人扬雄以及魏晋时期左思的《蜀都赋》,对此亦言说甚明。成都平原出土的汉代画像砖"说唱俑",唐代盛传的"戏剧在蜀",还有令宋代皇帝惊奇的"蜀中文人何其多"等,都是成都引领美好人生的时尚体现。"初唐四杰"卢照邻的《十五夜观灯》,描绘了成都市民在元宵节狂欢的画面:"锦里开芳宴,兰红艳早年。褥彩遥分地,繁光远接天。接汉疑星落,依楼似月悬。别有千金笑,来映九枝前。"外来入蜀者,对成都的自然与人文环境皆"宜居"有着深刻的感受。陆游的《广都江上作》有曰:"微波不摇江,纤云不行天。我来倚杖立,天水相澄鲜。平远望不尽,日落自生烟。梅花耿独立,雪树明前川。好风吹我衣,春色已粲然。东村闻酒美,买醉上渔船。"陆游认为成都是最适宜人们居住的城市,他当然更看重的是这个优雅城市的文化氛围。他的儿子陆子虡在《剑南诗稿·跋》中回忆,父亲晚年曾教导家人说:"蜀风俗厚,古今类多名人,苟居之,后世子孙宜有兴者。"宋代蜀守京镗,描绘成都人过七夕的优雅风貌,即《满江红·壬子年成都七夕》云:"雨洗新秋,遣凉意、驱除残暑。还又是、天孙河鼓,一番相遇。银汉桥成乌鹊喜,金夋丝巧蜘蛛吐。见几多、结彩拜楼前,穿针女。　　舟楫具,将归去。尊俎胜,休匆遽。被西川七夕,四回留住。此地关心能几辈,他年会面知何处。更倚阑、豪饮莫辞频,歌金缕。"唐末陆龟蒙的《纪锦裙》详尽描述了所看到的一幅蜀锦裙。裙幅长3尺,下宽上窄,下宽6寸,上减3.5寸。锦裙上,左边织20只鹤,每只弯曲着一条腿,口含着花枝,正要展翅飞翔;右边织有20只鹦鹉,耸着双肩,展开尾巴。这两种鸟大小不一,交错配置,中间隔着花草、界道。"其中微云锁结,牙以相带,有若驳霞残红,流烟堕雾,春草夹径,远山截空,坏墙古苔,石泓秋水,印丹浸漏,粉蝶涂染,云隐崖岸,浓淡霏拂,霭抑冥密。始如不可辨别,及谛视之,条段斩绝分画,一一有去处,非绣非绘,缜致柔美。"[1]

前些年，成都市有关方面曾经组织发起关于"成都城市精神"的讨论，出版了一批书籍，撰写了一系列文章，提出了一些富有创见的观点。例如《成都城市精神研究》所概括的成都"和谐包容、智慧诚信、务实创新"的城市精神特点等。[2]在成都的报纸和电视台等媒体上，有关话题也很多。经由漫长的历史文化沁润和积淀，每个城市都会形成属于自己的特色，如纽约的"梦想和创造"，伦敦的"不屈不挠"，东京的"干练、优雅、合作"，上海的"海纳百川、追求卓越、开明睿智、大气谦和"。2011年11月2日，北京市公布了"北京精神"——"爱国、创新、包容、厚德"；武汉也有"勇立潮头、敢为人先、崇尚文明、兼收并蓄"的城市精神概括；天津主张的是"爱国诚信、务实创新、开放包容"；重庆标榜"登高涉远、负重自强"；苏州的口号是"崇文、融和、创新、致远"；南京宣扬的是"开明开放、诚朴诚信、博爱博雅、创业创新"；长沙则是"心忧天下、敢为人先"；大连是"创造、创业、创世"；等等。

人类在建造自己的居住地时，按照自己的需要、价值理念和美学标准以及能力，来对自然环境和自然资源所提供的可能性加以利用。人类开始自觉创造自我美好人生之后，都是遵循自己特有的审美理念来进行生产劳作和生活的。一个城市的精魂和个性呈现，就在于其对自己传统文化的传承与弘扬。例如，一个城市的文化精神的外化，最显著地呈现于建筑之中。城市建筑的任何一种具体物质形制，都应该让人感受到一种独特的文化韵味。北京的四合院与上海的里弄，就是不同文化风格的民居；同样是皇宫，北京的紫禁城与巴黎的凡尔赛宫，却具有东西方的不同历史文化内涵；伊斯兰文化圈的穹隆建筑以及尖拱窗形式，与西方哥特式高耸的尖塔形成鲜明对比；即使是现代化建筑，纽约的摩天大楼与上海的摩天大楼，都有各自不同的民族文化韵味。城市的建筑不仅是凝固的音乐、立体的绘画、实用的雕塑，还是技术与艺术的完美结合，实用性与观赏性的统一，而其最根本的是，还必须具有鲜明的、民族的、地域的、时代的独特文化内涵。历史文化名城不仅沉积

1　陆龟蒙：《纪锦裙》，杨慎编：《全蜀艺文志》卷五十六，第1683页。
2　刘从政、王苹主编：《成都城市精神研究》，四川人民出版社，2006年。

着丰富的地方历史文化内涵，同时又充盈着现代城市文化的内容，这也就是所谓城市文化的双重性。

进入成都平原的巴蜀先民，历经于郫邑（今郫都区）、广都（今双流）等地方的聚合，最后"迁都赤里"，这个过程，肯定要经由一段漫长而痛苦的抉择期，对此，我们可以参考那个时代北方的"盘庚之迁"和《尚书·汤誓》中的文字进行联想。在成都平原人类发展的历史长河中，临邛、广汉等大城市的规模逐渐缩减，而成都的城市规模日益扩大，直至成为巴蜀大盆地的政治、经济、文化中心并且持续千年之久，这其中应该充满了各个学科都感兴趣的话题：城市的形成史和发展史、城市的运作机制、城市在国民经济和社会发展中的地位及作用、城市规划的原则与理论及方法等问题，当然还应该包括对水源、气候、地形、土壤等自然资源因素的研究。具有几千年历史的成都，见证着中华民族的发展历程，积淀着丰富的文化内涵。成都的城市型制和街道偏向格局，是被特定的自然环境所制约的；"天府"优裕的气候物产条件，养成了成都人的优雅时尚生活态度。在精神文化领域，"蜀之位坤也，焕为英采必烂"，以司马相如、严君平、扬雄等为代表的成都文化人"文章冠天下"，在中国文化史上刻有深深印痕；汇聚于成都的川菜、川酒、川茶等，成为中国人的时尚标志。概而言之，时尚和优雅，已经成为凝聚于成都市民内心深处的"集体无意识"，并外化于他们的日常生活中，呈现为他们的创造客体。这在"提升人的生活幸福指数"的世界性话题日益受到关注的当下，研究并提升成都"时尚优雅"的城市精神，对全球化浪潮中的人类社会运行态势，对全球性城市化大潮中的人生幸福指数的提升，有着重要的参考意义。

扬雄"道德仁义礼"五德观中的天府文化特点

舒大刚[1]

摘 要： 自孔子、子思，经孟子、荀子，至董仲舒，儒家正式形成了"仁义礼智信"五常观念。五常是儒家思想的核心价值，影响中国社会达两千余年。与此同时，西汉哲学家扬雄又提出"道德仁义礼"相须而行的五德学说，在中原"五常"之外别开一枝，独具特色。这一观念将道家之"道德"，与儒家之"仁义礼"结合起来，具有虚实结合、体用皆该等特点。若溯其渊源，盖远源于老子、孔子，中继于天府学人王褒、严遵等人，甚至还有巴蜀文献《山海经》的影响。扬雄之学，不仅是儒道合流的产物，也是对天府文化的合理继承和发展。

关键词： 扬雄；核心价值；蜀学；道德仁义礼；《山海经》

桓谭在介绍上古和西汉几部哲学著作时说："扬雄作《玄》书，以为玄

---

[1] 舒大刚，四川大学古籍整理研究所所长，四川大学国际儒学研究院院长，《儒藏》主编、《巴蜀全书》总编纂，研究员，博士生导师。

者，天也，道也；言圣贤制法作事，皆引天道以为本统，而因附续万类、王政、人事、法度。故宓羲氏谓之'易'，老子谓之'道'，孔子谓之'元'，而扬子谓之'玄'。"说明中华学人的哲学有一个最为根本的元点或极点：伏羲氏的"易"代表了阴阳变化的原理，老子的"道"代表了事物根本的哲学，孔子的"元"代表了正始重本的政见，扬雄的"玄"代表了天地人三才一统的玄思。在哲学上，他们都有一个独特的哲学概念或终极目标。哲学如此，思想内涵（特别是核心价值）也不例外，如孔子奉"仁智勇"为三达德，孟子奉"仁义礼智"为四端，子思奉"仁义礼智圣"为五行，董仲舒奉"仁义礼智信"为五常。扬雄也有自己的核心价值结构，即"道德仁义礼"的五德之教。这一结构明显具有儒道合流、虚实结合等特点，同时也是对天府学术、巴蜀文化合理继承的结果。孔、思、孟、董之间，明显有一种继承和发展的关系。那么扬雄呢？他是否也有自己学术的师授和渊源呢？回答是肯定的。下面将试探其学术渊源，以就正于大方之家。

一、"道德仁义礼"：独特的核心价值观念

扬雄针对当时"先生相与言，则以仁与义；市井相与言，则以财与利"（《法言·学行》）只重形下和功利的时尚，提出了更加独特的核心观念，即"道德仁义礼"五德，这在《法言》《太玄》以及《剧秦美新》等文献中都有所涉及。

如《法言·问道篇》说：

> 道、德、仁、义、礼，譬诸身乎？夫道以导之，德以得之，仁以人之，义以宜之，礼以体之，天也。合则浑，离则散。一人而兼统四体者，其身全乎。[1]

这里用身体来比喻"道德仁义礼"的重要性，认为他们是一个整体，缺

---

[1] 扬雄撰，李轨、柳宗元、宋咸、吴祕、司马光注：《纂图分门类题五臣注扬子法言》（下引此本，但称《法言》）卷三《问道》，宋刘通判宅仰高堂刻本。

一不可。李轨注"譬诸身乎"说:"不可无之于一。"吴祕注:"合譬一身。"二人所解都合乎扬雄本义,将"道德仁义礼"五德视为修养德行所必须。李轨又注"天也"曰"[道德仁义礼]五者,人之天性",将道德仁义礼视为天然所具有的人性品德。吴祕又曰"五者之备,天命全也",司马光曰"天性自然,不可增损",都将五德视为天命人性的充分而又必要的条件,不可增减一分。"道"是人的行动指南,"德"是人行而得所的保证,"仁"是善待他人,"义"是行得其宜,"礼"是行为规范。就像一个人必须兼具"五官""四体"才是健全的人一样,"道德仁义礼"之于君子的修养,也是缺一不可、少一则残的。李轨注"兼统四体"说:"四体合,则浑成人;五美备,则混为圣。一人兼统者,德备如身全。"吴祕也说:"道统仁义礼德,故谓之'道';人统四体,故谓之'人'。可合而不离,其身乃全也。韩吏部曰:'老子之所谓道德云者,去仁与义言之也,一人之私言也。'其不全哉!"司马光曰:"阙一则不成人。"几家之说都甚合扬雄本意。

吴氏所引韩愈之言,见于韩愈《原道》篇:"博爱之谓仁,行而宜之之谓义,由是而之焉之谓道,足乎己无待于外之谓德。仁与义为定名,道与德为虚位。""凡吾所谓道德云者,合仁与义言之也,天下之公言也。老子之所谓道德云者,去仁与义言之也,一人之私言也。"[1]斯言与扬雄之说相近,但犹有差别。扬雄是将道德与仁义礼并列,认为缺一不可,不相取代。韩愈则以仁义为定名,以道德为虚位,又以道德包含仁义,其结果,或者是只提道德,以为提道德即兼有仁义;或者提仁义不提道德,以为道德乃虚位为无用。故皆有偏颇,不合扬雄本意。

扬雄又在同书《问神篇》中说:

> 神心惚恍,经纬万方,事系诸道、德、仁、义、礼,撰《问神》。[2]

---

1 韩愈著,马其昶校注,马茂元整理:《韩昌黎文集校注》卷一《原道》,上海古籍出版社,2014年,第15页。
2 扬雄:《法言》卷四《问神》,宋刘通判宅仰高堂刻本。

认为"心"和"神"具有惚恍空灵的性质，可以应对统摄万事万物。但其着眼点，则是"道德仁义礼"五者。吴祕注："神也，心也，惚恍乎无端，以经纬于万方，而并有归趣；事系乎圣人之道，圣人之道兼德、仁、义、礼而言之也。"司马光也说："君子之心，主此五者。"犹之乎孔子说："君子道者三……仁者不忧，知者不惑，勇者不惧。"（《论语》）又说："好学近乎知，力行近乎仁，知耻近乎勇。知斯三者，则知所以修身；知所以修身，则知所以治人；知所以治人，则知所以治天下国家矣。"（《中庸》）"仁智勇"就是孔子所提倡的"君子之道"（德）所必备，也是治世君子修身、治人和治国的三大法宝，缺一不可。扬雄所说的"圣人"，也应当兼具"道德仁义礼"五种德行。他在《君子》篇中说："夫进也者，进于道，慕于德，殷之以仁、义，进而进，退而退，日孳孳而不自知倦者也。"[1]道德仁义，是仁人君子进退自勉的规矩准绳！

另外，他又在哲学著作《太玄经·玄摘》中说：

> 虚形万物所道之谓道也，因循无革、天下之理得之谓德也，理生昆群、兼爱之谓仁也，列敌度宜之谓义也，秉道、德、仁、义而施之之谓业也。[2]

这里又提出"道德仁义业"的结构，并对"道德仁义"四者进行了哲学化解释，然后指出，能够秉持此四德而行事的就是真正的"事业"了。这与《礼记·曲礼上》"道德仁义，非礼不成"强调礼的重要性，在句法上是一样的，故此业字亦可与礼等量同观。无名氏在《扬子云集序》中述《太玄》内容说：

> 揲之以三策，关之以休咎，绊之以象类，播之以人事，文之以五行，拟之以道德仁义礼知。无主无名，要合五经。苟非其事，文不虚生。[3]

---

[1] 扬雄：《法言》卷九《君子》，宋刘通判宅仰高堂刻本。
[2] 扬雄著，郑万耕校释：《太玄校释》，中华书局，2014年，第256页。
[3] 班固：《汉书》卷八十七下《扬雄传》，中华书局，1964年，第3575页。

又提出"道德仁义礼智"六事,与前文自己的表述稍有不合,前者重在说明《太玄》的实质是将"道德仁义"化为事业,实有其用;此处则重在说明《太玄》是融合了道家(道德)、儒家(仁义礼智)的思想,内容庞大。在此点上倒与《剧秦美新》是一致的。扬雄《剧秦美新》:

> 神明所祚,兆民所托,罔不云道、德、仁、义、礼、智。[1]

这里显然是在孟子"四端"之先直接冠以"道德"而成的"六德"搭配。这是因为该书是写给王莽看的,必然要与王莽熟知的孟子"四端"结合起来,才能获得某种合理性,同时又给仁义礼智找到道德源泉,增加其新奇感受和终极关怀。要究其本旨,必然以他在《法言》中两度所言之"道德仁义礼"为其正式的、完整的组合。

二、"志道据德":"五德"的历史渊源

事不孤起,必有其邻。扬雄对"道德仁义礼"的论证和组合,既有自己的发明创造,但也是基于对前贤(如老子、孔子),特别是天府学人(如其本师严遵、文学前辈王褒)思想的继承和弘扬。

首先是老子。《老子》论道:

> 故失道而后德,失德而后仁,失仁而后义,失义而后礼。夫礼者,忠信之薄而乱之首!

根据现有文献考知,是老子最先完整地提出了"道德仁义礼"五个概念和五德组合,只不过老子在这里是"五德背反",五德之间是递减或持衰的关系,不是并列的,也不是必须的。河上公注解"失道"句曰:"言道衰而德化生也。"又解"失德"句曰:"言德衰而仁爱见也。"解"失仁"句曰:"言仁衰而分义明也。"解"失义"曰:"言义衰则施礼聘、行玉

---

[1] 扬雄著,张震泽校注:《扬雄集校注·剧秦美新》,上海古籍出版社,1993年,第211页。

帛。"解"夫礼"句曰："言礼废本治末，忠信日以衰薄。礼者，贱质而贵文，故正直日以少，邪乱日以生。"老子这样说的前提是出于对"上德无德"的思考："上德不德，是以有德；下德不失德，是以无德。上德无为，而无以为；下德为之，而有以为。上仁为之，而无以为；上义为之，而有以为；上礼为之，而莫之应，则攘臂而仍之。"在他看来，德仁义礼，如果过分追求，过分强调，恰恰会走向反面，适得其反。的确，任何事物如果过分强调都会走向其反面，老子的五德递减说也是如此。他强调了礼乃忠信之薄而乱之所由生的残酷现实的一面，但又落入非毁仁义、抛弃忠信的极端，所以韩愈才批评他去仁义而言道德是一人之言，并非天下之公言。相比于扬雄"道德仁义礼譬诸身乎""合则浑，离则散"的说法，老子的这组概念是完全不同的，老子、扬雄完全是两种取向。不过老子此说，正是扬雄等人借鉴和批评的对象，也是他们要重点改造的对象。所以他明确地说："《老子》之言道德，吾有取焉耳；及捶提仁义，绝灭礼学，吾无取焉耳。"（《法言》卷三《问道》）

其次便是孔子了。《论语》记载孔子曰："志于道，据于德，依于仁，游于艺。"（《述而》）孔子提出了"道、德、仁、艺"结构。何晏集解："志，慕也，道不可体，故志之而已。据，杖也，德有成形，故可据。依，倚也，仁者功施于人，故可倚。艺，六艺也，不足据依，故曰游。"但是，什么是道、德、仁的含义？由于"子罕言利与命与仁"（《子罕》何晏集解："罕者，希也；利者，义之和也；命者，天之命也；仁者，行之盛也。寡能及之，故希言也。"），子贡也说："夫子之言性与天道，不可得而闻也。"（《公冶长》何晏集解："性者，人之所受以生也；天道者，元亨日新之道，深微，故不可得而闻也。"）或许是由于孔子汲汲于救世，"六合之外存而不论"（《庄子》）的原因，或许是由于弟子理解不一，失于记载的缘故，至今未见孔子对"道、德、仁"这些观念做出确切解释，更未对这组概念的组合原理进行说明。至于"艺"，虽然何晏解为"六艺"，但是此处的"六艺"是指"大六艺"（《诗》《书》《礼》《乐》《易》《春秋》六经），还是指"小六艺"（礼、乐、射、御、书、数六技），皆未可知。"艺"在《论语》中也是多指，"求也艺"何晏引孔安国注："艺，谓多才艺。"(《雍也》)何晏注"吾执御矣"引郑玄说:"闻人美之,承之以谦,'吾执御',欲名六艺之卑也。"是则此"艺"为礼、乐、射、御、书、数"小六艺"。又孔子曰:"吾不试故艺。"何氏注引郑玄:"试,用也。言孔子自云,我不见用,故多伎艺。"前文郑解"夫子多能"的"能"曰:"孔子多能于小艺。"(《子罕》)又《宪问》篇载"冉求之艺",都是讲技艺,亦即《周礼》之六艺(礼、乐、射、御、书、数),都属于形下之器,不能与伦理修养层面的"道德仁"构成一组核心价值观。可见,孔子的核心价值仍然是"仁智勇",他并未打算构建以"道德仁"为结构的价值体系。因而扬雄在《太玄·玄摛》中述"玄"之德说:"见而知之者,智也;视而爱之者,仁也;断而决之者,勇也。"正是对孔子"仁、智、勇"三达德的完整表述。

当然,他对董仲舒所建立的"仁义礼智信"五常之道,也不非毁,甚至还为之解释和论证。当有人问"仁、义、礼、智、信之用",扬雄解释说:"仁,宅也;义,路也;礼,服也;智,烛也;信,符也。处宅,由路,正服,明烛,执符,君子不动,动斯得矣。"[1]但他并不因此满足而裹足不前!

接下来是孟子的"仁义礼智"四端和子思的"仁义礼智圣"五行,其中"圣"即知道者,可以称为"仁义礼智道",但把道置于仁义礼智之后,有些本末倒置的感觉。所以荀子予以猛烈批评,以为"以仁义礼"行事即是道。思孟既将道后置于仁义礼智,又将道与仁义礼智等量齐观,完全是"略法先王而不知统"的做法。

与扬雄"道德仁义礼"结构最近似的是《礼记·曲礼上》:"道、德、仁、义,非礼不成。"这里,似乎"道、德、仁、义、礼"五德是一个整体,连排列顺序也是一致的。其实不然,这只是本章的第一句,接下来还有:

教训正俗,非礼不备;分争辩讼,非礼不决;君臣上下、父子兄弟,非礼不定;宦学事师,非礼不亲;班朝治军、莅官行法,非

---

[1] 扬雄:《法言》卷二《修身》,宋刘通判宅仰高堂刻本。

礼威严不行；祷祠祭祀，供给鬼神，非礼不诚不庄。是以君子恭敬、撙（趋）节、退让，以明礼。

整篇七个排比句，都是讲"礼"的重要性，没有"礼"不仅无法贯彻"道德仁义"诸德行，而且无法有效执行君臣上下、父子兄弟，宦学事师，朝廷、军旅、百官、执法，礼祭鬼神等活动。一句话，没有礼什么都办不好！接下来又举例说："鹦鹉能言，不离飞鸟；猩猩能言，不离禽兽。今人而无礼，虽能言，不亦禽兽之心乎？夫唯禽兽无礼，故父子聚麀（共妻），是故圣人作为礼以教人，使人以有礼，知自别于禽兽。"强调如果没有礼，连人都做不好，"礼"是区分"人禽""人兽"之别的分水岭。

因此，孔颖达《礼记正义》对本章宗旨总结说："此一节，明礼为诸事之本。言人能有礼，然后可异于禽兽也。'道德仁义，非礼不成'者，道者，通物之名；德者，得理之称；仁是施恩及物，义是裁断合宜。言人欲行四事，不用礼无由得成。故云'非礼不成'也。道、德为万事之本，仁、义为群行之大，故举此四者为用礼之主，则余行须礼可知也。道是通物，德是理物，理物由于开通，是德从道生，故道在德上。"说明本章是对"礼"的强调，不是讲礼与道德仁义的结合问题；同时孔疏指明"道德仁义"具有统帅性，举其首则其余可知矣。

但是他又指出："此经'道'，谓才艺；'德'，谓善行。故郑注《周礼》云'道多才艺，德能躬行'，非是老子之'道德'也。熊氏云：'此是《老子》"失道而后德，失德而后仁，失仁而后义"。'今谓道德，大而言之则包罗万事，小而言之则人之才艺、善行，无问大小，皆须礼以行之。是礼为道德之具，故云'非礼不成'。然人之才艺善行，得为道德者，以身有才艺，事得开通；身有美善，于理为得，故称道德也。"又将"道、德"定义为才艺、善行，与老子本体论的"道德"是不一样的，也与扬雄"道以导之，德以得之"的解读不一样。可见，《礼记》的"道德仁义非礼不成"只徒具其形，并无内核，不能成为扬雄观念的直接继承和祖述源头。

历史进入战国时期，诸侯力政，诸子蜂起，背信弃义，纵横公行，于是忠信问题被提上日程。《荀子·王霸篇》在继续强调"仁义"的同时，更加着力提升"忠信"的地位，主张"致忠信，著仁义，足以竭人矣"[1]！至西汉董仲舒便形成了"仁义礼智信"的固定搭配。董仲舒也重视"信"，其《春秋繁露·楚庄王》曰"《春秋》尊礼而重信"，《汉书·董仲舒传》曰"《春秋》之义，贵信而贱诈"，等等，是为其证。于是形成"仁义礼智信"的价值观，称其为"仁、义、礼、智、信五常之道"。[2]董仲舒进而将"五常"与阴阳五行哲学联系起来，在他看来，人类有五常之行，天地有五行之理，二者互相照应，互相影响。于是他将五常与五行相配，《春秋繁露·五行相生》："东方者木，农之本，司农尚仁，进经术之士，道之以帝王之路，将顺其美，匡救其恶。……南方者火也，本朝司马尚智，进贤圣之士，上知天文，其形兆未见，其萌芽未生，昭然独见存亡之机，得失之要，治乱之源。……中央者土，君官也，司营尚信，卑身贱体，夙兴夜寐，称述往古，以厉主意。……西方者金，大理，司徒也，司徒尚义，臣死君，而众人死父，亲有尊卑，位有上下，各死其事。……北方者水，执法，司寇也，司寇尚礼，君臣有位，长幼有序。"董仲舒以"五行"释"五常"，以"天道"释"人道"，不仅将社会道德规范神秘化，更赋予其绝对权威性，从而完成了思孟学派没有完成的道德哲学化、伦理终极化的过程。

思孟学派和董仲舒对于核心价值观的构建，虽然不是扬雄"道德仁义礼"的直接继承对象，但重视核心价值的构建无疑对扬雄为代表的蜀学人物具有重要影响。

三、"冠道德，履仁义"："五德"与天府学人

在诸子百家纷纷构建核心价值体系的同时，蜀中学人也有自己的核心价值思考，那就是儒道合一的治学风格和"道德仁义礼"的价值结构。据现存文献记载，在扬雄之前最先提出这一结构的是王褒，而对其进行系统解读的则是严遵。

汉宣帝时的辞赋大家王褒在其《四子讲德论》中说："圣主冠道德，履

---

1 王先谦撰，沈啸寰、王星贤点校：《荀子集解》，中华书局，1988年，第215页。
2 陈仁子编：《文选补遗》卷十九《武帝问贤良策》，文渊阁《四库全书》本。

纯仁,被六艺,佩礼文,屡下明诏,举贤良,求术士,招异伦,拔骏茂。"[1]呈现出"道德""纯仁""六艺""礼文"的排列,"道、德、仁、艺、礼"的结构呼之欲出。但是限于文体,王褒没有对这一结构进行具体阐释,不过他在当年孔子"道德仁艺"基础上又有所增加(礼文),则是十分明显的。

接着严遵在《道德指归论·上德不德篇》系统地说:

> 天地所由,物类所以,道为之元,德为之始,神明为宗,太和为祖。道有深微,德有厚薄,神有清浊,和有高下。清者为天,浊者为地;阳者为男,阴者为女。人物禀假,受有多少,性有精粗,命有长短,情有美恶,意有大小。或为小人,或为君子,变化分离,剖判为数等。故有道人,有德人,有仁人,有义人,有礼人。敢问彼人何行,而名号殊谬以至于斯?庄子曰:虚无无为,开导万物,谓之道人。清静因应,无所不为,谓之德人。兼爱万物,博施无穷,谓之仁人。理名正实,处事之义,谓之义人。谦退辞让,敬以守和,谓之礼人。凡此五人,皆乐长生。[2]

这里首先提出了"道为之元,德为之始,神明为宗,太和为祖"的宇宙哲学概念,以为万事万物都是以道为元首,以德为发始的;要发挥好道德生物的作用,必须要有神明玄妙(亦即阴阳大化)作用于内,才能达到"保合太和"的和谐境界。又由于道的禀受各有深浅,德的赋予自有厚薄,神明变化互有清浊,和谐程度各有高下,故又分出君子小人、男人女人,甚至寿夭长短、性情美恶来。又因为"变化分离""剖判为数等","故有道人,有德人,有仁人,有义人,有礼人"。道德仁义礼,不过是由于人们从天道之处分禀所得的多少、厚薄、精粗、良窳不一,才化分出来的。从天道的角度讲,具有必然性;从人道的角度讲,具有合理性。这

---

[1] 王褒:《四子讲德论》,《全蜀艺文志》卷四十八,线装书局,2003年,第1471页。

[2] 严遵:《道德指归论》卷一《上德不德》,明《津逮秘书》本。

就对老子的五德递减或持衰说进行了修正，使五种德行或人格，都具有合理内涵和存在价值。

不特如此，严遵还对"道德仁义礼"五德进行了分别的说明和论证。如前所引："虚无无为，开导万物，谓之道人；清静因应，无所不为，谓之德人；兼爱万物，博施无穷，谓之仁人；理名正实，处事之义，谓之义人；谦退辞让，敬以守和，谓之礼人。凡此五人，皆乐长生。""道人"的特征是"虚无无为"但又为万物之引导；"德人"是"清静"顺应天道，而又"无所不为"；"仁人"是"兼爱""博施"；"义人"是循名责实，按道义办事；"礼人"是谦让、礼敬，处世中和。可见这是对《老子》"失道而后德，失德而后仁，失仁而后义，失义而后礼"等五德对立学说的根本性修正，也是对战国以来儒道相反状态的矫正。关键是最后一句"凡此五人，皆乐长生"，五种人格都具有合理性，也都具有追求长生、享受幸福的权利，这更是对老子五德排斥说的扭转。

严氏之说，不仅构建了兼容易、儒、道的"道、德、仁、义、礼"一体的核心价值观念，还对被孟子斥为"禽兽"的杨朱（为我）、墨翟（兼爱）学派的存在价值予以了公开肯定。这一体系的构建，是由天地、阴阳、男女、厚薄、性命、情意、神明、太和等发展衍化而来，也与蜀中"天皇、地皇、人皇"之"三才"构建是一脉相承的。

这种兼儒墨、融道法的思维方式，成为后世蜀学的重要特色。如唐人赵蕤又从人行动的角度，完整地阐释了"道德仁义礼"的重要性及其相互关系。他在《长短经·量才》中也说："故道、德、仁、义定而天下正。"[1]又于《定名》曰："故称之曰道、德、仁、义、礼、智、信。夫道者人之所蹈也，居知所为，行知所之，事知所乘，动知所止，谓之道；德者人之所得也，使人各得其所欲谓之德；仁者爱也，致利除害，兼爱无私谓之仁；义者宜也，明是非，立可否，谓之义；礼者履也，进退有度，尊卑有分，谓之礼；智者人之所知也，以定乎得失是非之情，谓之智；信者人之所承也，发号施令，以一人心，谓之信。"[2]宋人张商英继承了赵蕤的基本理路，在其所

---

[1] 赵蕤：《长短经》卷一《量才》，文渊阁《四库全书》本。
[2] 赵蕤：《长短经》卷八《定名》，文渊阁《四库全书》本。

传《黄石公素书》卷一《原始章》中说："夫道、德、仁、义、礼五者，一体也。道者，人之所蹈，使万物不知其所由；德者，人之所得，使万物各得其所欲；仁者人之所亲，有慈慧恻隐之心，以遂其生成；义者人之所宜，赏善罚恶，以立功立事；礼者人之所履，夙兴夜寐，以成人伦之序。"[1]可见，张商英对赵氏学说有所继承，但在对五德的具体表述和解说上，却又有所推进和提升。明代杨慎《瓛语》保存了道家的思想，"仁义起而道德迁，礼法兴而淳朴散"[2]。来知德却承袭了蜀学自严遵以来融合儒道，会通道德仁义礼的传统，"冠道德，履仁义，衣百家，佩六艺"[3]。

在巴蜀文献之外，其他文献也列举有"道德仁义礼"的现象。但这些文献的时间或在严遵、扬雄之后，或将道德仁义礼与其他诸事并列，不是过晚，就是太过泛化，缺乏核心观念的原创性。《鬼谷子·内揵》曰"故圣人立事，以此先知而揵万物，由夫道、德、仁、义、礼、乐、计、谋，先取《诗》《书》，混说《损》《益》，议论去就，欲合者用内，欲去者用外。外内者，必明道数"[4]，将道家（道德）、儒家（仁义礼乐）、纵横家（计谋）等观念并列。不过苏秦、张仪虽然曾学于楚人鬼谷子，但是《鬼谷子》一书却不起于先秦。此书不见于《汉志》著录，《说苑》引有"鬼谷子"的话又不见于今本，故《四库全书总目》提要采明儒胡应麟《笔丛》之说，以为"《隋志》有《苏秦》三十一篇，《张仪》十篇，必东汉人本二书之言，荟萃为此，而托于鬼谷，若子虚、亡是之属。"馆臣又据《隋志》著录有《鬼谷子》皇甫谧注，认为"则为魏晋以来书，固无疑耳"[5]。无论是东汉所荟萃，还是魏晋所流传，都在严遵《道德指归论》之后矣。

唐玄宗时曾经主纂《三教珠英》的张说融合了儒道核心观念。《大唐封禅坛颂》"封禅之义有三，帝王之略有七。七者何？传不云：道、德、仁、义、礼、智、信乎，顺之称圣哲，逆之号狂悖"云云。[6]明明是转引他人，他

1　旧题黄石公撰，张商英注：《素书》不分卷，明《汉魏丛书》本。
2　杨慎：《升庵集》卷六十五，文渊阁《四库全书》本。
3　来知德：《来瞿唐先生日录·客问》，清道光十一年刻本。
4　许富宏：《鬼谷子集校集注》，中华书局，2010年，第53～56页。
5　永瑢等：《四库全书总目》卷一百一十七《鬼谷子》提要，中华书局，1965年，第1008页。
6　张说：《张燕公集》卷十二，《四部丛刊》景明嘉靖本。

却称说"传云",也许正是受《道德指归论》《太玄》《法言》以及《鬼谷子》等文献的影响。

张君房《云笈七签》卷五十六《元气论》:"是知道、德、仁、义、礼此五者,不可斯须暂离,可离者非道德仁义礼也。道则信也,故尊于中宫,曰黄帝之道;德则智也,故尊于北方,曰黑帝之德;仁则人也,故尊于东方,曰青帝之仁;义则时也,故尊于西方,曰白帝之义;礼则法也,故尊于南方,曰赤帝之礼;然三皇称曰大道,五帝称曰常道,此两者同出异名。"[1]《华阳国志·蜀志》称开明王朝"未有谥列,但以五色为主,故其庙称青、赤、黑、黄、白帝也"[2]。可见,"青帝、赤帝、黑帝、黄帝、白帝"等"五帝"系统是蜀人的历史传统。道教创立于巴蜀,教义中吸收了许多天府文化观念,如吸收蜀人"天皇、地皇、人皇"的三皇观念,创立道教的前三皇、中三皇、后三皇的鬼神和信仰体系。总的来说,《云笈七签》借鉴了巴蜀文化中"五帝""五行"等思想内容而融会贯通。

四、凤兮凤兮:"五德"与天府文化

以扬雄为代表的蜀中学人所构建的"道德仁义礼"核心价值观念,具有明显的虚实结合、体用合一、诸学并重的特征。一则实现了道家与儒家的和谐统一。老子言道德而贬仁义,孔子讲仁义而重礼乐,不免各有侧重,也各有偏颇。蜀学将二者结合起来,是巴蜀地区多教并存、诸学互补文化氛围的集中反映。二则实现了形上与形下的统一。《易》曰:"形而上者谓之道,形而下者谓之器。"道主于无形,德生于有形,仁义礼乐更是身体力行的日用常行。自然无形是道家追求的终极目标,老子主张:"人法地,地法天,天法道,道法自然。"孔子则罕言命与天道,墨家更是反对天命而倡言鬼神。蜀学将形上之道德,与形下之仁义礼乐结合起来,纠正上述各家的偏执,更利于在现实中贯彻和推广。三则实现了理论与实践结合、务虚与务实结合。道德偏于理论,仁义礼偏重实践。道德如

---

[1] 张君房:《云笈七签》卷五十六《元气论》,中华书局,2003年,第1217~1218页。
[2] 常璩著,刘琳校注:《华阳国志新校注》,四川大学出版社,2015年,第103页。

果缺乏仁义礼乐，则道德必为虚位。仁义礼乐如果缺乏道德，则仁义礼乐沦于庸俗。蜀学将二者结合，使仁义礼乐具有道德的哲学基础，也使道德学说更具有切实可行的价值。这些特征和意义的实现，又端在于蜀学儒道兼治、集杂为纯的风格。

从渊源来看，扬雄以前，虽然在巴蜀文献之外也有学人连言"道德仁义礼"，但皆未有系统解说，也不是核心价值的有意构建。从文献上看，天府学人王褒、严遵等首先将"道德仁义礼"五词连言，并且严遵还对此五个概念进行了全面系统的诠释，从而构建成一个价值体系，成为扬雄以下蜀人信守的价值观念。从王褒、严遵、扬雄以下，至赵蕤、张商英等人，在使用和解释这些概念时，是互相连贯，互相继承，层层推进的，具体来讲是前有所承，后出转精。蜀学核心价值观的一贯性和发展性，由此可见一斑。蜀学之所以产生"道德仁义礼"的组合，与天府学人身兼儒学、道学两种身份有关。严遵专精《大易》、耽于《老》《庄》，扬雄出入儒道、撰著《太玄》《法言》，赵蕤纵横百家，张商英涵融三教，都凸显了蜀学博杂、贯通百氏等特点。

扬雄学术，甚至还与蜀地独特的天府文化具有某种联系。《山海经·南山经》"丹穴之山"载：

> 有鸟焉，其状如鸡，五采而文，名曰凤皇。首文曰德，翼文曰义，背文曰礼，膺文曰仁，腹文曰信。是鸟也，饮食自然，自歌自舞，见则天下安宁。[1]

丹穴之山，大致在今天重庆东部地区，其山有凤凰，其羽自然成文，头上文字是"德"，肢膀文字是"义"，背上文字是"礼"，胸脯文字是"仁"，腹部文字是"信"。一鸟而兼具"德、义、礼、仁、信"五德。

又《海内经》"苗民"载：

---

[1] 袁珂校注：《山海经校注》卷一《南山经》，上海古籍出版社，1980年，第16页。

有鸾鸟自歌，凤鸟自舞，凤鸟首文曰德，翼文曰顺，膺文曰仁，背文曰义。见则天下和。[1]

苗民自然是南方民族，其鸟身上文字，与前则稍有区别："德、顺（孝悌）、仁、义"四德。我们这才恍然大悟，王褒、来知德之所以称"冠道德，履仁义（或履纯仁），佩礼文"云云，原来是对一只凤鸟身上文字的客观描述呵！

同时也不禁想起《论语》所载楚人接舆狂歌过孔子，曰："凤兮凤兮，何德之衰！往者不可谏，来者犹可追。已而已而，今之从政者殆而。"楚人以凤比仲尼，是因为凤鸟兼备"德义礼仁信"（或"德顺仁义"）、"见则天下和"（或"见则天下安宁"）的缘故；而楚狂之所以要讥讽他"德衰"，是因为孔子晚年追求"仁智勇"救世，已经违背了其早期"志道、据德、依仁、游艺"的远大志向，弃形上"道德"不顾，而追求形下之"仁义"的原因也！

由此看来，"道德仁义礼"（或"顺""信"），自是南方文化（特别是天府文化）的特征和产物。扬雄核心价值观的构建，无疑更应该接受的是天府学人（如王褒、严遵）和天府文化（如《山海经》）等传统的影响。

---

[1] 袁珂校注：《山海经校注》卷十三《海内经》，第457页。

论天府文化的三国因素

——兼谈三国时期正统观念问题

刘咏涛[1]

摘 要：本文由三国历史文化的特殊价值及其受喜爱的原因说起，从三国历史文化在四川历史及天府文化中的特殊地位，三国时期的"正统"问题和蜀汉正统的逐渐认同，传统文艺作品对蜀汉"正统"的强化，现代文艺作品对三国文化和蜀汉"正统"的继承与背离，三国文物古迹对天府文化的价值意义，网游手游中的三国文化、天府文化元素，国外三国文化的传播影响等方面论述了天府文化中的三国因素问题，得出三国历史文化在天府文化中有特殊地位和作用价值，值得重视和大力弘扬的结论。

关键词：三国文化；天府文化；价值地位；正统

绪 论

"三顾频烦天下计，两朝开济老臣心。出师未捷身先死，长使英雄泪满

---

[1] 刘咏涛，成都大学文新学院副教授。

襟。"这是到达成都不久的杜甫在唐肃宗上元元年（760），草堂还未筑就时，来到南郊武侯祠拜谒诸葛亮后写下的千古名句。诗歌对诸葛亮大加颂扬，无限崇敬，对其事业未竟深表惋惜，抒发了千古志士的共同心声，感人肺腑。历代文人对成都的三国文化都很喜爱，到了成都总会有所题咏。这些创作和原有的三国文化又形成了更为丰富厚重的三国文化和天府文化。

"三国文化"是中华文明在世界上宣传最持久，影响最深远，普及最广泛，最能为各国人民接受和喜爱的文化之一。三国文化的中心在四川，在成都。天府文化中，三国文化有着重要的地位。中共四川省委常委、成都市委书记范锐平在中共成都市第十三次代表大会上提出"大力弘扬古蜀文化、三国文化、大熊猫文化等特有文化"。本文拟对天府文化中多种三国文化因素进行论述。

一、三国历史文化的特殊价值及其受喜爱的原因

三国历史并不长，自建安二十五年（220）曹丕代汉自立起，到泰始元年（265）西晋建立，前后46年；或到晋太康元年（280）吴主孙皓投降，历时60年。无论46年还是60年，三国和中国历史上的较有影响的朝代相比，都为时甚短。比如：汉代（427年）、唐代（290年）、宋代（320年）、明代（277年）、清代（268年），这些中国历史上的重要朝代，基本上是二百多年，最长的四百多年。三国历史实在太短，甚至比晋代（155年）、元代（98年，或62年）都短，只比秦代（15年）、隋代（38年）长些。即使按照汉灵帝中平六年（189）董卓独揽朝政，东汉王朝名存实亡算起，三国时期也只有90年。

然而在中国数千年历史上，三国文化却产生了独特的价值和影响力，占有极其重要的地位。人们似乎对她喜爱有加。吕思勉就说过："我在学校中教授历史多年……有些成绩低劣的，真'不知汉祖唐宗，是哪一朝皇帝'。然而问及三国史事，却很少荒谬绝伦的。"[1] 黎东方《细说三国》（上海人民出版社，2000年）讲述的题目有38个，其中属于曹魏方的有6个，吴方的有4个，属于蜀汉的有13个。

---

1 吕思勉：《吕思勉说三国》，江苏人民出版社，2014年，第2页。

论天府文化的三国因素

为什么三国历史文化历来受到各界的关注喜爱呢？主要是三国时期人才辈出、群星灿烂，充满了智慧和勇力，显示出独特魅力。鲁迅说："盖当时多英雄，武勇智术，瑰玮动人。"[1]赵翼说："人才莫盛于三国，亦为三国之主各能用人，故得众力相扶，以成鼎足之势。"[2]一提到曹操、吕布、刘备、周瑜、鲁肃、诸葛亮、张飞、赵云，中国人几乎没有不知道、不喜欢的。这个现象在中国历史上其他时期并不多见。

三国历史文化受到喜爱，还在于三国时期群雄逐鹿，战争形式丰富多样，外交手段纷繁复杂，使得《孙子兵法》的军事外交理论得到了具体而广泛的运用，人们可以从中得到教益。

受到喜爱的原因还在于三国鼎立是中国历史上一个特殊的历史发展阶段。在中国悠久历史长河中，王朝兴衰，群雄割据，南北对峙都多次出现，而三国鼎立的格局，却是唯一的历史存在。三方角逐于一个共有的历史悠久的大国版图之上，最终都是为了统一这个国家，这样的故事自然有趣好看。所谓鹬蚌相争，渔翁得利（共三方，见于《战国策·燕策》），中国人很早就懂得这个道理。

三国历史从时间上看，大约是两代人的时间，不长也不短，比较适中。从政治格局上看，是三方角逐形成鼎足之势，互相争斗牵制，互相帮助利用，本身就富有戏剧性、观赏性。从人物人才上看，这个时期可谓人才辈出、群星灿烂，三方的君主曹操、刘备、孙权，可称明主，主要辅佐者诸葛亮、司马懿、周瑜、吕布、关羽、马超、赵云、张辽等文臣武将，可谓人杰。三方或争斗，或联合，或利用，不一而足，故事自然精彩纷呈。从政治宣传或事功看，三方都是打着正统或维护正统的旗号，谋求削弱消灭别人，最终实现由自己主导的统一。一幕幕惊心动魄的故事就在上述背景下发生了，自然会引起历代民众的关注和喜爱。

与三国时期相比，其他历史时期的战乱，如春秋战国的纷争，秦末楚汉相争，隋末唐初的战乱，安史之乱，唐末战乱，元末明初战乱，明末清初战

---

[1] 鲁迅：《中国小说史略·汉文学史纲要》，二十一世纪出版社，2010年，第118页。
[2] 转引自章义和：《趣说三国人物·序》，上海人民出版社，2008年，第1页。

乱，等等，它们都是战乱，都有争斗，也都涌现了一些英雄豪杰，都表现出智慧勇力，但是，它们没有呈现出三国时期的上述几个看点。它们或只有两方，如楚汉相争、安史之乱；或者头绪过于纷乱复杂，使人难以弄清，如春秋战国；或者双方力量强弱不成匹配，胜负只是时间问题没有什么悬念，如宋元之战；或者正义、非正义两方界限清晰无须争执，如安史之乱、唐末唐军和黄巢军之战（据封建文人对农民起义的看法）。这一点，鲁迅先生看得非常清楚，他在《中国小说史略》里说道："说《三国志》者，在宋已甚盛……而事状无楚汉之简，又无春秋列国之繁，故尤宜于讲说。"[1]

所以，历代文人和群众多喜爱三国历史和三国故事。裴松之给《三国志》作注可以视为最早对三国史感兴趣的事例。《世说新语》中的三国故事就有二十多则。隋代文艺表演有曹操、刘备的故事。唐代李商隐《娇儿》诗说到小孩子都熟悉"张飞、邓艾"。宋代的"说话"艺术中，已经出现专门"说三分"的艺人霍四究。苏轼《东坡志林》记载，小孩子十分喜爱听"说三分"的故事。元代出现了三国题材讲史话本《三国志平话》和《三分事略》。金元时期，大量三国故事被搬上戏曲舞台，金院本、宋元戏文都有。现在所知的元代和元明之际的三国题材杂剧就有60种，后来的《三国演义》里的主要情节，几乎都已具备。元末明初的罗贯中就是在上述材料的基础上，结合自身感受和美学观念创作出了《三国志通俗演义》。

到明代，传奇有三国戏。清代有杂剧三国戏4种，传奇13种。地方戏也多有三国戏。京剧中从清末流传至今的三国戏就有一百五十多种。[2]川剧中的三国戏在各个历史时期戏目里是最多的，有所谓"唐三千，宋八百，演不完的三列国"之说。清代、民国几乎所有地方戏都有三国戏。

三国说唱文学作品普遍见于全国各地主要曲种，广东木鱼书、弹词，扬州评话都有作品。

三国题材文艺作品的代表作无疑是小说《三国演义》。一般兵书写抽象的战争经验，见计不见事，见智不见人，《三国演义》则将计谋的实施与具

---

[1] 鲁迅：《中国小说史略·汉文学史纲要》，二十一世纪出版社，2010年，第118页。
[2] 齐裕焜：《中国古代小说演变史》，人民文学出版社，2015年，第198页。

体战例结合，将将帅谋臣的性格、气质、风度相结合，将战例智谋写得出神入化，给读者一种经验性的示范效应，在历代读者中有其特殊的魅力。《演义》对政治经验、人生经验、人才战略的总结对读者也有教益和启迪。比如周瑜的器量狭小，关羽的高傲自负，杨修的恃才傲物都招致其失败，对后人不无教训。[1]《三国演义》对智慧勇力的赞颂，对仁义道德的推崇，也是它令人喜爱备受推崇的原因。"舌战群儒"及孔明西城焚香弹琴、草船借箭的智慧，"三英战吕布""温酒斩华雄""张飞夜战马超"的勇武，"许攸问粮""梦中杀人"的诡诈，"白帝托孤""单骑救主"的忠心，"挂印封金"的义气，"携民渡江"的仁义……无不令人津津乐道。

现代有不少三国题材文艺作品。如京剧名剧《定军山》，就被拍摄成了电影。《三国演义》有多种连环画问世，尤其是六十余册一套的上美版，精美雅致，为多个绘画文本精心改编制作而成，流传之广、影响之大可谓无出其右者。20世纪80年代以后，再次出现三国热。直到今天，三国题材影视作品，以三国历史事件为背景、为载体的玄幻小说、网页游戏、手机游戏等炙手可热，成了中国和韩国、日本时尚流行的文化娱乐元素。

三国历史、三国文化受到大众的普遍喜爱，且长盛不衰。历代文人创作、改编、演绎的三国作品反过来又再次强化和渲染了人们对三国文化的喜爱，丰富发展了三国文化，形成一个良性循环。

三国历史故事，许多都发生于四川和成都，许多三国人物形象也都生活于四川和成都。三国历史文化对四川历史与天府文化进行了丰富和形塑，奠定了其厚重坚实的文化基础，对天府文化的光辉灿烂实在功不可没，三国文化是天府文化的重要组成部分。

二、三国历史文化在四川历史和天府文化中的特殊地位

三国时期的四川成都，不仅在当时（包括蜀汉、曹魏、东吴人），而且在后世，尤其宋代以后，都被很多人看作天下的政治中心，至少是心理文化中心。三国在四川和成都历史上极其重要，是具有特殊价值和意义的一个时

---

[1] 陈洪、刘跃进：《中国古代文学史》（下册），高等教育出版社，2013年，第274页。

期。简单追溯天府成都历史，就不难理解。

秦末汉初，以成都为中心的四川取代关中而称"天府""天府之国"。

章武元年（221），刘备在成都称帝，国号"汉"，史称蜀汉或蜀。历二帝，共43年，鼎盛时期占据荆州、益州，国力强盛。然后又有"成家""成汉"等地方割据政权定都成都。

唐至德二年（757），为避安史之乱，唐玄宗幸蜀驻跸，在成都停留了一年零三个月。880年冬，黄巢军直逼长安。唐僖宗李儇逃离京城，到达成都，在成都坐镇指挥全国事务。885年初，僖宗离开了生活了四年之久的成都，回到长安。

"前蜀""后蜀"时期，蜀中相对安定，成都为割据政权国都。宋代，蜀中经济文化进一步发展，成都作为全国大都市，商业发达，出现了"交子"。明洪武四年（1371），设四川承宣布政司，以成都为首府。

1914年，北洋政府在成都设置西川道，后废道复省，以成都为四川省会。

1952年9月，成立四川省人民政府，以成都为省会。1994年，成都成为全国15个副省级市之一。2016年4月，成都提出要以建设国家中心城市为目标。2016年10月，成都跻身"中国十大古都"之列。

可见，在历史上，只有三国蜀汉政权时期，从某种角度看，成都算得上是全国政治中心，或心理文化中心。其他时代，成都或是地方政权，或为割据政权之国都，无论这些政权的君主如何称帝称王，都不被主流社会、主流文化认可。

唐玄宗只在成都待了一年多，为时过短，关键是，当时其子李亨已即位，是为肃宗。逃到成都的玄宗，已经成了太上皇，没有实际权力了。唐僖宗倒是在成都待了四年多，不可谓不长，而此时的成都，在他的坐镇指挥下，俨然成了全国临时的政治中心。但是，成都在这四年中，一直没有什么特殊的名号。肃宗至德二年（757），还曾以"南京"名之（至上元元年即760年撤销京号，为时四年。这是成都历史上唯一由朝廷以"京"命名的时期），僖宗时却没有。而且四年时间，就中国历史而言，无论如何也不能算久，连蜀汉维系时间的十分之一也不到。所以此时的成都，就算是陪都或临时指挥中心，但似乎在中国历史上也没有产生多大的影响。因而四川人、成都人对此并没有多少关注，甚至根本就不知道有这回事，遑论外地人。

三国历史文化在成都历史和天府文化中具有特殊的价值意义。沈伯俊指出：（1）成都是原生三国文化的核心地区；（2）成都是三国文化的传承中心；（3）成都是三国文化的研究中心。[1]成都就是三国文化的中心。考察成都历史，没有哪一个历史时期的文化对民众的影响能超过三国时期文化。讲四川和成都的历史，讲天府文化，必须对"三国文化"加以特别重视。

实际上，四川人尤其成都人对三国历史文化是情有独钟的。如《千年回首话四川》（巴蜀书社，2000年）一书的第一章"千年前的巴蜀文明"。第二节"千年前的四川地区历史概貌"在讲到"秦汉时期（含三国）的四川"的时候用了11页篇幅，其中仅叙述蜀汉就用了4页半！伍松乔《天下古成都》（四川人民出版社，2014年）叙述远古到清代光绪年间的成都历史文化。全书共六章，"蜀汉风云"即占一章（第三章）！三国中，成都人更偏爱蜀汉一方。方北辰《一个成都学者的精彩三国》（成都时代出版社，2015年）全书分四部分，将"蜀汉篇"列为第一部分，共163页；曹魏篇为第二部分，144页；孙吴篇列第三部分，才85页。

不仅专家学者，一般四川人、成都人一说起三国人物、事件、文物、古籍，很多都能做到如数家珍。

中国人、四川人对三国和三国文化的喜爱，尤其对蜀汉的认同和偏爱，除了上述原因，还与中国社会历史悠久的"正统观念"有关。

三、三国时期的"正统"问题和蜀汉正统的逐渐认同

正统观念是贯穿于中国古代社会的一种鲜明的文化心态，可分为正统的政治观念和史学的正统观念。正统的政治观念是指当世的统治者为了论证自己的唯一合法性，而对所谓正统标准的认同、利用、树立和占有。史学的正统观念是指后世史家在评论、记载历史时，以谁为正统、谁为僭伪的标尺，并以此作为评说历史的依据的一种是非界定。[2]正统观念和正统之争肇始于春

1　沈伯俊：《"三国文化"与成都》，《中华文化论坛》2016年第5期。
2　秦永洲：《三国时期正统观念简论》，《山东师范大学学报》1999年第6期。

秋战国。周天子的正统身份是各诸侯在观念上的束缚力量，这使得那些蠢蠢欲动的"霸主"不敢放开手脚乱来，而这又造成"统一"的愿望和要求迟迟不能在各国产生。三国时期则相反，"争正统"意识的产生激励和强化了国家统一意识，曹操、袁绍、孙策及孙权、刘备纷纷为此做出了极大努力。

曹操"挟天子以令诸侯"实为其掌控正统的政治观念的开始，他问贾诩"吾欲伐不从命以一天下"（《三国志·贾诩传》），可谓其态度的宣示。诸葛亮的"汉贼不两立，王业不偏安"（诸葛亮《后出师表》），鲁肃希望孙权"威德加乎四海，总括九州，克成帝业"（《三国志·鲁肃传》），也都是这种观念的表达。

笔者在此主要从"史学的正统观念"和民间认可的"正统"的角度，对三国时期的"正统"问题做一番梳理。

三国时期的"正统"之争，主要表现在曹魏和刘蜀之间。孙吴集团无论从哪个角度而言，都不如曹魏和刘蜀争正统来得有底气。曹刘正统之争主要表现为所谓"帝蜀寇魏"（"拥刘反曹"）或"帝魏寇蜀"之争。这两种观念的形成，有比较复杂的历史和思想背景。作为西晋人，陈寿所写《三国志》尊曹魏为正统，全书65卷，魏、蜀、吴分别为30卷、15卷、20卷。魏有"武帝纪""文帝纪"，而蜀、吴叫"先主传""后主传""孙破虏讨逆传"。东晋人习凿齿《汉晋春秋》以蜀汉为正统，主张晋承汉统；又认为刘备是"汉高之正胄"。该书叙事以汉献帝"建安"年号后接刘备"章武"年号，接刘禅"建兴"等年号，再接晋武帝"泰始"年号。为后来三国文艺作品"拥刘反曹"的思想打下了基础。《资治通鉴》以曹魏为正统。赵匡胤是乱中取天下，做皇帝并非正大光明，来路也不正统。曹魏与赵宋有相似之处，司马光尊曹魏，主要是出于政治需要。但也有人认为不宜把《资治通鉴》视为"帝魏寇蜀"。[1]

赵宋南渡，只有"残山剩水"。朱熹《通鉴纲目》就是根据这一形势，以与南宋有相似之处的蜀汉为正统，斥责曹魏篡逆炎汉，窃据神器。以"建安"后紧接"章武"年号。朱熹认为汉有三：西汉、东汉、蜀汉。

作为正史，《三国志》《资治通鉴》在史学上的地位要更高些，但就宋

---

[1] 沈伯俊、谭良啸：《三国演义大辞典》，中华书局，2007年，第2页。

以后的影响而言，由于朱熹的地位及影响，以及东晋尤其南宋以后，中华文化重心逐渐向南方倾斜，再加上宋以后的民族因素，这种尊蜀或"帝蜀寇魏"观念的影响逐渐超过《三国志》《资治通鉴》等史书。典型事例就是宋以后三国题材文艺作品里的"拥刘反曹"压倒性地超过了曹魏正统的思想倾向。

相对于"信史"对待"帝蜀"或"帝魏"的不同态度，民间社会对蜀汉的拥护崇拜却是执着一贯的。西南地区留存有大量先祖庙、武侯祠、张飞庙、关羽庙，可见民间对蜀汉的偏爱。遍布南北的诸多武侯祠、关帝庙（当然，关帝庙的遍布全国还另有原因），也可从侧面证明。从民间看，"帝蜀寇魏"或"拥刘反曹"与其说是一种历史尺度，不如说是一种道德尺度；与其说是一种正统思想，不如说是一种民本思想。[1]老百姓之所以拥刘反曹，不是因为刘备是"汉室宗亲"，而是刘备仁政爱民，"弘毅宽厚，知人待士"。下面就对曹刘集团代表人物刘备、诸葛亮和曹操一一做评述。

沈伯俊说："作为'明君'，刘备一生作为，基本符合古人对'明君'的最重要的两点期待：一是仁德爱民，有济世情怀；二是尊贤礼士，有知人之明。史书对这两方面都记载颇多。就'仁德爱民'而言……他深知'得人心者得天下'的道理，重视以宽仁厚德待人，与那些残民以逞、暴虐嗜杀的军阀判然有别，因此争取到了人心。……就'尊贤礼士'而言，刘备的表现尤为突出。……尊贤礼士的另一面，便是知人之明。用人之长，如重用诸葛亮、庞统、法正，当然是最好的'知人之明'，对此不必多论；而知人之短，也是了不起的'知人之明'。……作为'枭雄'，史书记载也不少。"[2]对于诸葛亮，《三国志·诸葛亮传》评价："可谓识治之良才，管、萧之亚匹矣。""在他的诸多优秀品格中，最突出的有两点：一是智慧，集中体现于《隆中对》；二是忠贞，集中体现于《出师表》。总之，他确实不愧为一代贤相，名垂千古。"[3]

再说曹操。曹操是杰出的军事家、政治家、文学家。年轻时就被许劭品

---

[1] 竺洪波等：《纵横三国》，上海辞书出版社，2009年，第24页。
[2] 沈伯俊：《枭雄与明君——论刘备形象》，《中华文化论坛》2006年第1期。
[3] 沈伯俊：《忠贞智慧，万古流芳——论诸葛亮形象》，沈伯俊：《〈三国演义〉新探》，四川人民出版社，2002年，第172页。

评为"治世之能臣,乱世之奸雄",在镇压黄巾军,消灭吕布、袁术、袁绍的战争中,充分显示了自己的军事才能。他统一北方,搞军屯,有利于恢复经济和发展生产。他还是个成就很高的诗人。但是,曹操又是一个极端自私、残忍狡诈、反复无常的人。这些在《三国志》(包括裴注)、《后汉书》等史书里都有大量记载。[1]曹操爱才,能做到唯才是举,但他也是一个嫉贤妒能、残害人才的恶人:杀荀彧,杀崔琰,杀杨修,杀孔融,杀华佗。他嗜杀成性、滥杀无辜,讨陶谦,连屠彭城等五城,官渡之战活埋降卒八万。[2]

和官修史书考虑的因素不同,百姓和民间文艺作品辨别判断"正统"与否,主要考虑的是该集团的代表人物的品德为人和对待人民的态度。这样,对刘备蜀汉一方正统的认同、固守,无疑巩固强化了蜀汉、四川、成都在三国历史文化及其传承上的有力而坚实的地位,对巴蜀文化、天府文化都带来了正能量和积极有利的影响。同时,正统观念的出现和对天下正统的争抢和维护,也有利于国家统一和民族团结。

四、《三国演义》等传统文艺作品对蜀汉"正统"的强化

元末明初,罗贯中写出了《三国志通俗演义》(简称《三国演义》),其创作素材主要来源有三:正史、野史和民间故事、戏曲。《三国志》为它提供了基本的历史框架和人物原型。裴注更提供了丰富的素材。《资治通鉴》集前代史料大成,将三国历史熔铸成完整宏大的画卷。《通鉴纲目》以刘备一方为正统,这对其基本思想倾向和叙事角度有决定性影响。三国题材的野史、民间故事和戏曲等内容和基本思想倾向的问题,已见上文。

《三国演义》的主线是魏蜀吴三国的兴衰。三方中,以魏蜀两方矛盾为主干。魏蜀两方中,又以蜀汉为重点。小说将刘备一方始终放在主要的位置进行描写叙事。对刘蜀重要人物都给予正面充分的展示,特别是对"仁君贤相"的代表人物刘备、诸葛亮,忠义化身关羽,骁勇善战、忠心为主的张飞、赵云等,都不吝笔墨,尤其将诸葛亮作为中心人物予以细致的刻画描写。相对而言,魏、吴两方的不少人物,却因为没有太多机会表现,其形象

---

1 沈伯俊:《重提旧案论曹操》,《明清小说研究》2010年第4期。
2 李世宇:《也论曹操》,《贵州社会科学》1992年第5期。

和事迹不是那么突出。[1]这并非罗贯中生而"拥刘反曹"。罗贯中从前代史书,如《通鉴纲目》中学习"校正"了自己的思想倾向,从民间文艺中汲取大量养料,再加上其具体所处时代等因素,才逐渐"培养"出了"拥刘反曹"。

罗贯中有他自己的判断和标准。用政治的天平来衡量时,他肯定魏蜀吴三方在争取人心、重用人才、重视谋略上,各有其正确的战略策略,因而作品对三方均有肯定歌颂;但用道德标准来衡量时,天平就明显地倾向于刘备一方。小说反复强调:"天下者,非一人之天下,乃天下人之天下,唯有德者居之。"这是罗贯中政治伦理思想的核心,而刘备就是"德"的代表。从历史记载和民间传说看,刘备与曹操虽说都是军阀,但刘备较为仁厚,曹操较为奸诈。刘备留下的劣迹不多,而且流传了许多佳话,曹操却留下许多恶名。可见,《演义》"拥刘反曹"主要体现的是作者"善善恶恶"的伦理道德观念,带有明显的民间色彩,也体现了儒家明君仁政的社会理想。

清代毛纶、毛宗岗父子对《三国志通俗演义》进行了润色修改。他们有一篇《读三国志法》,开篇就写道:"读《三国志》者,当知有正统、闰运、僭国之别。正统者何?蜀汉是也。僭国者何?吴、魏是也。闰运者何?晋是也。魏之不得为正统者,何也?论地则以中原为主,论理则以刘氏为主,论地不若论理。故以正统予魏者,司马光《通鉴》之误也。以正统予蜀者,紫阳《纲目》之所以为正也。《纲目》于献帝建安之末,大书后汉昭烈皇帝章武元年,而以吴、魏分注其下,盖以蜀为帝室之胄,在所当予;魏为篡国之贼,在所当夺。"[2]在这样的思想指导下,毛评本"拥刘反曹"的正统思想更加浓厚。此后,毛本成为最流行的版本,影响也更大,蜀汉"正统"的思想更加深入人心。

《演义》的出现,既是对传统社会"拥刘反曹"思想的继承发扬和集大成,又反过来强化了社会的这种思想,并继续影响广大读者和群众。不仅如此,《演义》还通过精湛的艺术手段,描写了百年历史,塑造了数百个形

---

1 陈洪、刘跃进:《中国古代文学史》(下册),高等教育出版社,2013年,第267页。
2 朱一玄、刘毓忱:《三国演义资料汇编》,百花文艺出版社,1983年,第293页。

象,艺术感染力极强,大大影响和左右了当世和后代的读者和文艺作品。

清代,京剧里的曹操基本属于"反面形象"。笔者根据中国戏剧出版社1987年出版的《川剧词典》统计:川剧"三国戏"共计80个,其中与曹操有关的有26部,大约4部戏中的曹操为正面形象,其余均为负面形象。2010年,云南省澄江县的传统戏曲"关索戏",入选第三批国家级非遗名录,该剧种专演三国故事,歌颂蜀汉人物。可以说,全国各地的传统地方戏,几乎都拥刘反曹。

从一定的角度理解,维护刘备集团有利于四川文化,强化蜀汉正统也有利于论证天府文化的主流和正义性。以《三国演义》为代表的传统文艺作品对三国文化的宣传,对蜀汉"正统"的认同,对蜀汉人物的歌颂,都增强了天府文化的正义性和软实力。

五、现当代文艺作品对三国文化和蜀汉"正统"的继承与背离

现代的三国题材文艺作品仍然多奉蜀汉为"正统",较多演绎刘蜀人物的故事并予以歌颂。

民国时期,京剧《定军山》被搬上了银幕。20世纪50年代,香港拍摄了电影《孔明三气周瑜》。这些作品都拥刘反曹。

20世纪50年代,有人提出要"替曹操翻案",其实这是有意无意地混淆了历史上和文学上的曹操。以后,曹操的正面形象开始在一些作品中出现,如郭沫若的《蔡文姬》等。不过,影响并不深远。

进入20世纪80年代后,出现了很多三国影视作品,关于"正统"问题的认识有了变化。1983年的《华佗与曹操》写曹操奸诈自私,借故害死一代名医华佗。1985年的《诸葛亮》,从三顾茅庐写到六出祁山,保持"尊刘贬曹"的思想倾向。

54集的《三国英雄传之关公》,由台湾"华视"拍摄于1996年,主要介绍了关羽的传奇一生。该剧较为注重儿女情长,已经偏离原著不少,但尊刘抑曹的思想还是差不多。

2002年的32集电视剧《曹操与蔡文姬》,讲述了曹操对蔡文姬的苦恋、苦寻。在该剧中,曹操是儿女情长、有情有义的正面形象。

2000年的电视剧《曹操》（34集）充分展现了曹操在治国用人、发展生产诸方面的卓越成就，突出表现曹操在军事谋略和家庭婚姻等方面的喜怒哀乐、悲欢离合，为曹操大唱赞歌。

2009年大型电影故事片《赤壁》，对历史和传统三国题材作品的忠诚度都较低，较多虚构，儿女戏既多又重，但该片上映后产生的影响巨大。2012年电视剧《关公》主要讲述了关公由贫贱青年成长为万人景仰的武圣的故事。

影响最大的还是下面两部。1994版《三国演义》电视剧，该剧与罗贯中《三国演义》基本一致，仍然以诸葛亮、曹操为中心人物，但"拥刘反曹"倾向有所减弱，曹操形象有所"拔高"，部分去负面化。

在2010年版《三国》中，曹操成了唯一中心人物。全剧94集，曹操"在剧"73集，而诸葛亮"在剧"仅61集！曹操形象由此变得高大了，突出了，更正面，甚至有些"时尚"，已经完全打破了"尊刘贬曹"的一贯倾向。

综上可见，进入20世纪90年代后，三国题材文艺作品的思想倾向发生了较大变化，有了突破甚至反转，不再持"拥刘反曹"的正统观念，反映了进入新的时期，受到外来新兴的文化思想观念影响，人们思考和分析问题的角度和立场都发生了不同程度的变革。

不变的是人们对三国文化的爱好兴趣。人们关注三国，喜爱三国文化，自然就会关注三国历史故事发生的地方和三国人物生活的地方，这对宣传四川、弘扬天府文化大有裨益。

六、三国文物古迹对天府文化和成都的价值意义

今天，成都遗存有众多的三国胜迹，包括刘备、诸葛亮的君臣合庙、"三国圣地"武侯祠，刘备称帝即位的武担山，纪念刘关张的三义庙，诸葛亮送费祎出使东吴的万里桥，诸葛亮治水所筑的九里堤，弥牟镇的八阵图遗址，大邑县的赵云庙墓，龙泉石经寺内的子龙家庙，新都的马超墓，蒲江石象湖的严颜殿，等等。特别是武侯祠，是成都最负盛名的文化古迹，成为到成都来的游人的必游之处。现在的都江堰也在某种程度上算得上三国遗迹。

成都还有桓侯巷、衣冠庙、洗面桥等源自三国文化的地名，甚至还以"武侯"命名了一个区，即武侯区。成都的一些街道广场、雕塑和绘画都体

现了有三国人物、三国故事。近年，成都又复建"锦里"古街，以三国文化为内涵，举行武侯大庙会，尽显优雅古韵。

四川其他地方的三国文化遗存也很多。根据四川省旅游局的资料，分别有广汉雒县遗址，绵竹诸葛双忠祠，罗江庞统墓，绵阳市西山景点和富乐山，梓潼七曲山大庙，巴中南江诸葛寨，广元剑阁剑门关、翠云廊、昭化古驿道、石洞沟古驿道、邓艾父子墓、明月峡古栈道、昭化古城葭萌关、牛头山，阆中古城，南充市西山景区、开汉楼，汶川姜维城点将台，等等，数量众多，类型多样，等级相对较高。此外，三国文化遗存在宜宾、凉山等地分布也较多。

今天，成都人喜爱的川剧、评书、清音、竹琴、金钱板等非遗曲艺中，三国题材故事仍是大宗的题材。

三国文化里，诸葛亮无疑是最具代表性的。他26岁时即作了著名的《隆中对》，后又促成孙刘联合，于赤壁大败曹操。其功业主要是在蜀汉完成的，其出山后至214年到成都共7年，此后又为蜀汉"鞠躬尽瘁"贡献了20年。诸葛亮恢复吴蜀联盟，制定《蜀科》并严格执法；任人唯贤，赏罚分明；注意使用本土人才；发展经济，注意水利，保护疏浚都江堰；发展手工业，注重兵器、农具制造，发明"连弩"和木牛流马，加强了战力；重视蜀锦生产，使其成为国家收入主要来源；维护民族友好，发展稳定边疆地区。他为官廉洁，身无长物；留下良好的家风家训——《诫子书》；其前后《出师表》更是光照宇宙……诸葛亮的事迹、为人和文章是天府文化的精华。

此外，无论刘备、关羽、张飞、赵云、马超、黄忠、费祎、蒋琬、廖化、向宠、邓芝、姜维等外地人士，还是秦宓、杨洪、王平、马忠、张嶷等本土人士，都以不同的才干作为和贡献功绩，屹立于三国文化之林。

有人总结："三国文化是一个不断发展、不断丰富的大文化，包括政治学、经济学、外交学、军事学、历史学、经营学、人才学、管理学等。"[1]四川成都的三国文化遗迹，自古以来就受到本地人和外地游客的欢迎，人们来到成都，武侯祠昭烈庙几乎是必到之处！到了四川其他地方，三国遗址也往往是游客首选游览的重点。成都作为中国国内重要旅游目的地，三国文化的

---

[1] 谢辉等：《武侯祠》，四川人民出版社，2007年，第3页。

吸引力功不可没。外国游客,尤其是韩国、日本及欧美的游客,对三国文化也是充满兴趣。

七、时尚的网游和手游中的三国文化、天府文化元素

近年电脑游戏和手机游戏大行于世、颇为时尚,其中三国题材相当火爆。在"百度"网输入"三国题材游戏"主题词,搜索结果会显示海量信息。其中有一个"三国游戏网",内容琳琅满目,数不胜数。

《三国杀》是一款三国题材游戏,它将三国历史与桌面游戏结合在一起,以独有的方式向玩家展示了一个个鲜活的三国人物,一段段精彩的三国故事。在《QQ三国》中,有一款热门任务活动"定军山剿匪",根据三国故事设计了寻找书丞——"魏国:洛阳青龙区·洛阳铁令营书丞,蜀国:成都罗城·成都诰令司书丞,吴国:建业皇城·建业军令部书丞"的游戏任务。

在著名的游戏《王者荣耀》里,三国元素在游戏所涉的中国各个历史时期中名列第一。游戏里有张飞、赵云、黄忠、诸葛亮、刘备、刘禅、姜维及曹操、周瑜等三国人物,且以蜀汉人物为多。

以《三国演义》为代表的"三国文化"已经成为发展迅速的当代网络文化的一部分,在有些方面甚至掀起了热潮。这种文化热潮主要表现在:一是以"三国"为域名及内容的网站大量出现,三国文化已融入网络文化,并成为重要内容。二是以三国故事、三国人物为题材的电脑游戏及软件大量出现,以三国故事为题材的网络小说也大量出现。据不完全统计,这类小说到2009年为止就有四百余部[1],其中的四川和天府文化元素比比皆是、随处可见。可以说,天府文化的"优雅时尚"与网游、手游和玄幻小说等,结合得天衣无缝,表现得充分完美。

八、国外三国文化传播影响简说

《三国演义》在明代就传至朝鲜,目前朝鲜、日本、印度尼西亚、越南、泰国、英国、法国、俄罗斯等许多国家都有本国文字译本,当地人们对

---

1 段春旭:《天马行空——玄幻小说中的三国题材作品——兼论〈三国演义〉的续书》,《长春理工大学学报》(社会科学版)2009年第6期。

三国题材文艺作品也十分喜爱。20世纪90年代，东南亚国家纷纷购买电视剧《三国演义》的播出权；日本拍摄的电视片《三国遗迹》与横山光辉拍摄的动画片《三国志》，皆很受欢迎。[1] 三国题材的文化产品在韩国文化产业链中占比甚高，包括电影、游戏、动漫、广告、出版、创意设计等。[2] 世界通过三国文化认识了四川，知道了成都，从而对天府文化产生了好感。许多旅游者到四川，其主要目的就是寻访三国文化，体验和感受曾经发生于这片土地上的三国历史、三国故事和生长活动在这里的三国人物。

结 论

三国历史充满魅力，三国文化源远流长，她浸润着天府文化的方方面面，是天府文化的重要组成部分和精华所在。四川和成都在三国文化中占有特殊地位：四川是《三国志》作者陈寿的故乡，成都是陈寿主要的生活学习地，《三国志》是三国历史的第一载体，是三国文艺作品代表《三国演义》的主要源头；蜀汉政权及四川成都是三国和三国文化的"正统"所在，蜀汉英雄人物是历代最被肯定和讴歌的对象；成都是原生三国文化的核心地区，是三国文化的传承中心。四川成都三国故事集中，三国遗存保存较好；四川成都是三国文化传承的中心，还是三国文化的研究中心。三国文化的中心在四川，在成都。在四川成都，新兴的三国文化元素推陈出新，三国文化产业不断涌现。

千年三国文化积淀传承，已成为天府文化的重要部分，已成为川人的集体文化记忆，滋养着四川大地和天府儿女，又传播到省外、国外，达到了不错的宣传效果，形成了良好的正面影响。

我们要珍惜、重视天府文化中的三国因素，积极利用这一得天独厚的文化遗产，将其不断发扬光大，让她发挥出独特的价值，以传承巴蜀文明，发展天府文化，使天府文化不断焕发出优雅时尚的光芒。这对成都建设符合新的发展理念的国家中心城市、西部文创中心和世界文化名城都有积极的作用。

---

1 米文佐：《三国题材影视改编的文化魅力——从电影〈赤壁〉说起》，《电影文学》2009年第11期。
2 朴宗勋：《韩国文化产业中的"三国"题材——〈三国演义〉在韩国的现状研究》，北京师范大学博士学位论文，2012年。

天府之国　优雅之都

——古今诗词中的成都形象

汪洪亮　龙　刚[1]

摘　要：成都自古就有"天府之国"之称，古往今来，无数歌咏成都的诗词被反复吟唱，已成为天府文化中的耀眼明珠，映射着天府成都的山水人文。赏析这些诗歌，我们可以从中体验天府文化中优雅时尚的历史基因，感受到天府成都的"乐容天下"的精神气质。

关键词：天府；成都；文化；诗词；优雅

中国古代曾有关中平原、四川盆地、华北北部、江南、闽中、汾河盆地及沈阳等地被称为"天府"，除关中平原和成都平原被世人称誉较多外，其他"天府"之名大多昙花一现，今人多不知其详。即使是最早享有"天府之国"美誉的陕西关中也早在唐代以后就生态恶化，经济凋敝，唯有后来居上的成都如同"老天府"中的"常青树"，名副其实，流传至今。[2]唐代李白就

---

[1] 汪洪亮，四川师范大学历史文化学院教授；龙刚，成都市双林小学课程管理中心副主任，中学高级教师。
[2] 王双怀：《中国历史上的"天府"》，见氏著：《史林漫笔》，三秦出版社，2014年，第254~256页。

对二者做过对比:"九天开出一成都,万户千门入画图。草树云山如锦绣,秦川得及此间无。"在三国时期,诸葛亮在《隆中对》中将成都定性为"天府之土",赞叹此地"沃野千里"。[1]晋代史学家常璩在《华阳国志》中也记载"地称天府,原曰华阳","蜀沃野千里,号称'陆海',旱则引水浸润,雨则杜塞水门,故记曰:水旱从人,不知饥馑,时无荒年,天下谓之天府也。"[2]此后,"天府之国"几乎就是四川盆地、成都平原的代称。

由于天府成都自然条件优越,经济繁荣富庶,逐步培育了乐观包容的地方文化,仁人志士、高人雅士纷至沓来。历史上曾经入蜀的人,既有落魄逃难的皇帝,或雄心勃勃或时运不济的政治家,也有或穷困潦倒或意气风发的文人侠客。人马众多,络绎不绝,穿行在蜀道上。对这些"外来户",成都人大开城门,来者不拒。如先祖"逃罪入蜀"的扬雄,避"安史之乱"入蜀的杜甫,祖上"遭贬入蜀"的三苏等。卓文君冲破封建礼教,大胆地与司马相如私奔,追求幸福的爱情,成都人将其千古传唱。诸葛亮"鞠躬尽瘁,死而后已",虽遗憾地以失败告终,但同样受到成都人的爱戴。大街小巷的茶馆里,三教九流,无问东西南北,不管高低贵贱,都可论时事,谈风月。有"蜀戏冠天下"之誉的川剧吸纳了昆曲、高腔、胡琴、弹戏、灯调等众多艺术形式,博采众长而成。要说天府文化具有优雅时尚和乐观包容的特征,我们只要征之以历代诗词,就会发现此说确为的论。

宋代陆游说"万里西游为觅诗"。清代李调元发现:"自古诗人例到蜀,好将新句贮行囊。"古往今来,各个时期的诗人都留下了无数歌咏成都的传世佳作。据统计,李白的巴蜀题材诗有52首;杜甫的巴蜀题材诗达906首,其中成都诗255首;苏轼的巴蜀题材诗亦有217首。成都的每个角落都有诗韵流淌,可谓城中有诗,诗中有城。从诗文的角度去看成都,我们会发现无论走到哪里,都能和古人灵犀相通。从这些诗文中,我们能看到成都优雅的气质和时尚的品位。水养众生,山容万物。天府成都"群山环抱于外,溪流交织于内,无北国大野之劲风酣畅,少南国晴空之丽日鲜朗"的地域特

---

[1] 陈寿:《三国志》卷三十五《诸葛亮传》,上海古籍出版社2002年,第842页。

[2] 常璩:《华阳国志》卷三《蜀志》,中华书局,1985年,第27页。

性，尽显温和滋润。[1]这种地域特点造就了成都人先天乐观包容的文化基因，也成就了成都这座千年古都的优雅闲适。

一、锦官城外山似画

蜀中山多，各有千秋。历代诗人喜登蜀中名山，留下了与蜀山相映生辉的灿烂诗篇。众多蜀山之中最有影响者是成都之南的峨眉山及成都之西的青城山。

峨眉山之名，始见于北魏时郦道元《水经注》："去成都千里，然秋日清澄，望见两山，相峙如峨眉焉。"[2]峨眉山素有"峨眉天下秀"之称，历来为人们所向往。唐代诗人李白曾言："蜀国多仙山，峨眉邈难匹。"宋代诗人范成大写道："大峨两山相对开，小峨迤逦中峨来。三峨之秀甲天下，何须涉海寻蓬莱。"明代学者方孝孺也感叹："西蜀云山处处奇，最奇人说在峨眉。"

在中国四大佛教名山之中，峨眉山最为高大险峻，历来为诗人所称道。宋代冯时行描写其山奇："万山皆拱揖，蹲踞若臣邻。翠削山山玉，光摇树树琼。"明代方孝孺描写其山高："峨眉山高气磅礴，万朵莲开青插天。"清代李调元描写其山险："但见云堆平地上，始知身在半空中。"宋代范成大描写其路险："众峰攒壁立，中有路一线。攀援白云梯，食顷已天半。"其"佛光"也令人神往心驰。宋代范成大赞道："圆景明晖倚云立，皉如七宝庄严成。一光未定一光发，中有墨像随心生。"清代谭钟岳盛赞曰："非云非雾起层空，异彩奇辉迥不同。试向石台高处望，人人都在佛光中。"

峨眉山月尤为诗人喜爱。唐代骆宾王写道："峨眉山上月如眉，濯锦江中霞似锦。"宋代苏轼比较蜀中两座名山之特点提出："蔼蔼青城云，娟娟峨眉月。"李白写峨眉山月，除了人们熟知的"峨眉山月半轮秋，影入平羌江水流"，还有一首"我在巴东三峡时，西看明月忆峨眉。月出峨眉照沧海，与人万里长相随。黄鹤楼前月华白，此中忽见峨眉客。峨眉山月还送

---

1 林文询：《成都人》，四川文艺出版社，2001年，第1页。
2 郦道元原注，陈桥驿注释：《水经注》，浙江古籍出版社，2001年，第548页。

君,风吹西到长安陌。长安大道横九天,峨眉山月照秦川"。李白出川眷恋的是峨眉山月,返乡时仍对峨眉山月充满深情,人在旅途,山月伴行。

青城山背靠千里岷江,俯瞰成都平原。"青城天下幽","幽"是其为世人所公认之特征。道教创始人"天师"张道陵来到此地,结茅传道,青城山遂成为道教的发源地之一。"拜水都江堰,问道青城山",已成今日成都旅游的文化名片之一。青城之美,足够倾城。杜甫把青城山当作知心好友,他在《丈人山》写道:"自为青城客,不唾青城池。为爱丈人山,丹梯近幽意。"唐代诗人钱起赞叹道:"青城欹岑倚空碧,远压岷峨吞剑壁。"唐代诗人贾岛钟情于"五月半间看瀑布,青城山里白云中"。范成大难忘"西蜀青山青似眉,连云芳树杜鹃飞"和"吾乡青城千万里,山可樵而水可渔"。

日出、神灯和云海是青城山的三大自然奇观。清代诗人黄云鹤赞曰:"绝顶仰看红日近,平畴极望白云封。"圣灯(所谓的"磷火")尤为奇特。范成大赞叹道:"大面峰头六月寒,神灯收罢晓云班。浮空忽涌三银阙,云是西天雪岭山。"陆游尤赞青城山昼夜两重天,"永夜寥寥憩上清,下听万壑度松声。星辰顿觉去人近,风雨何曾败月明",白天"云作玉峰时特起,山如翠浪尽东倾"。

赞美蜀中名山的诗句还有很多。大邑县境内的西岭雪山因唐代杜甫的赞美而得名:"窗含西岭千秋雪,门泊东吴万里船。"宋代文同赞美同属大邑县的鹤鸣山曰:"清流抱山合,乔树夹云寒。"

天府名山,本有幽雅、秀丽之特质,又有历代文人墨客来此留下名句,流传千古,天府名山的天然形胜与人文灵秀的相得益彰。

二、远水长流洁复清

成都城内外河渠纵横,绿水长流,正如五代花蕊夫人诗中所道:"长似江南好春景,画船来往碧波中。"成都是一座与水关系密切的城市,其被称"天府",都江堰之建设功不可没。

都江堰位于成都西部的岷江上,据称始建于秦昭王末年(约前256—前251),是蜀郡太守李冰父子组织修建的大型水利工程,由分水鱼嘴、飞沙堰、宝瓶口等部分组成,两千多年来一直发挥着防洪灌溉的作用,是全世界迄今为止年代最久、唯一留存且仍在使用，以无坝引水为特征的宏大水利工程。《蜀水考》说："府河，一名成都江，有二源，即郫江、流江也。"流江是检江的另一种称呼，成都平原上的府河即郫江，南河即检江，它们的上游，就是都江堰内江分流的柏条河和走马河。[1]《括地志》说："郫江即成都江。"[2]府河、南河合流后河段称府南河，又称锦江。

锦江之水自岷山而来，水质优良，风景如画。唐代李白赞曰："濯锦清江万里流，云帆龙舸下扬州。……锦江东流绕锦城，星桥北挂象天星。"元稹离开成都回京城时，写下《寄赠薛涛》云："锦江滑腻峨眉秀，幻出文君与薛涛"。宋代苏辙赞曰："鸟渡夕阳中，鱼游白石上。"同时代的范成大赞曰："绿野平林，烟水青色，极似江南。"黄庭坚也赞誉："西瞻岷山兮东望峨眉，锦江清且涟漪。"明代孙贲赞曰："濯锦江边杨柳条，浣纱女儿诧裙腰。"同时代的杨慎赞曰："垂杨垂柳管万年，飞絮飞花媚远天。"

浣花溪因杜甫而闻名天下，在杜甫笔下，有着"两个黄鹂鸣翠柳，一行白鹭上青天"的灵动，也有"窗含西岭千秋雪，门泊东吴万里船"的悠远。唐代女诗人薛涛也曾居于浣花溪。唐代王建描写了其生活情景："万里桥边女校书，琵琶花里闭门居。扫眉才子知多少，管领春风总不如。"（《寄蜀中薛涛校书》）此诗盛赞薛涛集才华与美貌于一身。薛涛在此造的"薛涛笺"或"浣花笺"也有诗赞美："浣花溪上如花客，绿暗红藏人不识。留得溪头瑟瑟波，泼成纸上猩猩色。"（唐代韦庄《乞彩笺歌》）"浣花溪纸桃花色，好好题诗挂玉钩。"（唐代李商隐《送崔珏往西川》）明代钟惺著有散文《浣花溪记》，用一连串比喻描写浣花溪的水流："西折纤秀长曲，所见如连环，如玦，如带，如规，如钩；色如鉴，如琅玕，如绿沈瓜。窈然深碧、潆回城下者，皆浣花溪委也。"浣花溪水诗性十足，姿态万千，变化多端。

---

1 陈登龙：《蜀水考》卷一，巴蜀书社，1985年，第33页。
2 李泰等著，贺次君辑校：《括地志辑校》卷四，中华书局，1980年，第203页。

三、蜀锦花开绿草田

"晓看红湿处,花重锦官城。"成都被称为"锦官城",简称"锦城",与蜀锦分不开。蜀锦具有浓郁的四川地方特色、厚重的历史文化底蕴,自诞生起就成了达官贵人趋之若鹜的珍品。"凡锦样必有寓意",代表着蜀人对美好生活的愿景。唐代诗人温庭筠在《织锦词》中写道:"簇簇金梭万缕红,鸳鸯艳锦初成匹。锦中百结皆同心,蕊乱云盘相间深。"

织锦女工把锦织出来后,还要拿到江中濯洗。锦江边上濯锦女工与晾晒的蜀锦构成了锦江边一道亮丽的风景线。唐代诗人刘禹锡《浪淘沙》就描述了这一胜景:"濯锦江边两岸花,春风吹浪正淘沙。女郎剪下鸳鸯锦,将向中流匹晚霞。"

蜀锦盛行于唐宋,在唐时蜀锦被定为皇家贡品。唐诗中有不少咏蜀锦的佳作,如窦巩的"东风雨洗顺阳川,蜀锦花开绿草田",杜甫的"缧丝须长不须白,赵罗蜀锦金粟尺",郑谷的"文君手里曙霞生,美号仍闻借蜀城"。蜀锦早已成为成都重要的文化标志。

四、草树云山如锦绣

"晓看红湿处,花重锦官城",乃杜甫的名句。天府成都气候宜人,繁花似锦,为有名的"花城",尤以芙蓉花最为繁盛,故又称"蓉城"。清人杨燮作诗道:"四十里城花作郭,芙蓉围绕几千株。"汉代扬雄谓成都"百花投春,隆隐芬芳"。李白说"草树云山如锦绣"。宋代陆游赞"蜀地名花擅古今,一枝气可压千林"。他对成都的海棠花最为赞赏:"成都海棠十万株,繁华盛丽天下无。"他将海棠誉为美女:"晓镜为谁妆未办,沁痕犹有泪胭脂。"苏轼也赞海棠的朦胧美:"东风袅袅泛崇光,香雾空蒙月转廊。"陆游对梅花也充满怜爱:"可怜庭中梅,开尽无人知。寂寞终自香,孤贞见幽姿。雪点满绿苔,零落尚尔奇。"

成都人爱花、种花,四季花香不断,终年繁花似锦,至迟在唐代就产生了花会、花市。唐代肖遘写的《成都》诗中就有"月晓已开花市合,江平偏见竹簰多"的描写。历史虽已久远,但我们从诗人的描述中还可觅得当时的盛况:"二十里路香不断,青羊宫到浣花溪。"(宋代陆游《梅花绝句》)花会已成为成都人文化生活中的一大盛事。"怪道沿街声不断,买花人唤卖花人。"(《锦城花会灯竹枝词》)还有人在荡秋千:"秋千戏罢桃花下,红雨缤纷润一肩。"(《锦城竹枝词》)除了青羊宫浣花溪一带的花市,南郊也有花市。宋代陆游在《海棠》中这样写道:"尚想锦官城,花时乐事稠。金鞭过南市,红烛宴西楼。千林夸盛丽,一枝赏纤柔。"

古代成都受文人欢迎的赏花地很多,摩诃池是其中之一。摩诃池是始建于隋朝的一个人工湖,唐代武元衡赞道:"摩诃池上春光早,爱水看花日日来。"春天的摩诃池,花之多、之美,令人心醉。花蕊夫人对此毫不吝啬笔墨:"青锦地衣红绣毯,尽铺龙脑郁金香。""绕岸结成红锦帐,暖枝低拂花楼船。""小雨菲菲湿绿苔,石栏红杏傍池开。"

五、万古只应留旧宅

成都建城历史悠久,城址未变,城名未改,名胜古迹众多,人文底蕴丰厚。文翁兴学对天府成都文教贡献最大。文翁为汉景帝时蜀郡太守。经其倡导,蜀地学风大兴,使蜀学与齐鲁比肩。"文翁石室"以学风浓厚闻名,在其影响下,巴蜀涌现出无数英才,如汉赋四大家中的王褒、扬雄等,享誉全国。后人有许多诗文赞咏文翁兴学化蜀的伟绩。唐代卢照邻诗云:"良哉二千石,江汉表遗灵。"诗中"二千石"即代指文翁。汉代班固《汉书》将文翁讲堂比作蜀中文脉:"至今巴蜀好文雅,文翁之化也。"宋代的宋京、李石、苏轼都曾赞颂文翁。宋京:"君不见西汉文翁为蜀守,蜀学不居齐鲁后。"李石:"蜀侯作泮锦江湄,先圣先师同此室。"苏轼:"苍苔高朕室,古柏文翁庭。"唐末裴铏《题文翁石室》"文翁石室有仪形,庠序千秋播德馨","古柏尚留今日翠,高岷犹蔼旧时青。人心未肯抛膻蚁,弟子依前学聚萤。更羡沱江无限水,争流只愿到沧溟",颂扬了文翁兴学故事,激励后人苦读修身。

成都武侯祠享有"三国圣地"的美誉。早在唐朝,许多文人借武侯祠感时伤世。杜甫赞诸葛亮丰功伟绩:"诸葛大名垂宇宙,宗臣遗像肃清高。三分割据纡筹策,万古云霄一羽毛。"借诸葛亮表自己壮志未酬的遗憾:"出

师未捷身先死,长使英雄泪满襟。"既有对诸葛亮鞠躬尽瘁的敬仰,又有对其未能遂平生志的叹惋,这是众多诗歌中普遍的情感。唐代李商隐《筹笔驿》开篇盛赞诸葛亮治军有方,接下来写道:"徒令上将挥神笔,终见降王走传车。管乐有才原不忝,关张无命欲何如?"最后深表遗憾:"他年锦里经祠庙,梁父吟成恨有余。"宋代王十朋《题诸葛武侯祠》由极赞到极悲:"我来再拜瞻遗像,泪满襟如老杜诗。"清代李调元、刘沅、杨云锦等,均有类似感慨。李调元:"名士风流去不回,凋零羽扇使人哀。"刘沅:"怆然一洒千秋泪,锦官城外寻祠堂。"杨云锦更是扼腕叹息:"遗恨肤功劳九仞,千秋用汲一潸然。"近代如尹昌衡写道:"归来羽扇吟梁父,一曲清风江水流。"

杜甫草堂是成都的优雅名片。公元759年冬天,杜甫为避"安史之乱",辗转来到成都,在浣花溪畔结庐而居。当年茅屋落成,杜甫写道:"万里桥西一草堂,百花潭水即沧浪。"终于结束乱离之苦,兴奋之情溢于言表。杜甫先后在此居住近四年,创作了描写成都的诗歌二百四十余首,如《春夜喜雨》《蜀相》等名篇。其中《茅屋为秋风所破歌》更是千古绝唱:"安得广厦千万间,大庇天下寒士俱欢颜。何时眼前突兀见此屋,吾庐独破受冻死亦足。"只要老百姓安居乐业,自己受冻死也无所谓了。这就是诗人忧国忧民的人文情怀。

成都人"人日游草堂"的文化习俗源于唐代高适和杜甫二人的友谊及其诗歌唱和的故事。明代薛瑄《游草堂记》云:"每岁时,良辰胜日,蜀之衣冠士庶,与夫戴白之叟,垂髫之童,皆知草堂之名,而出游其地,人物车马杂沓,道路至填溢,草堂不能容。"清代"人日游草堂"风俗之盛,从诗词碑刻中可窥其一斑。如何绍基"锦水春风公占却,草堂人日我归来",张之洞"人日残梅作雪飘,出城携酒碧溪遥",何维棣"平生忧乐志,携酒拜公祠",李翔云"我来人日草堂开,野梅万树纷如玉"。

唐代以后诗人多对杜甫诗歌予以高度评价,甚至普遍带有一种草堂情结。如唐代雍陶"万古只应留旧宅,千金无复换新诗",清代李调元"诗至三百后,正声沦宪章。……至今草堂寺,名与江水长"。有人对其漂泊潦倒的境遇扼腕叹息,如清代倪坤"此老千秋遗恨在,夕阳芳树草萋萋",清代吴缠"世乱家何在，乾坤一寓公"。也有时人对其忧国忧民的情操极表仰慕，如清代顾煲世"敢道题诗寄草堂，偶来瞻拜只心香"，清代吴省钦"浣花溪纵好，我爱浣花翁"。此处所谓浣花翁，即是杜甫。

大慈寺被誉为"震旦第一丛林"。从唐代僖宗起，各个时期，到蜀地的皇室成员、文人、官员，都慕名到过大慈寺。如唐代著名画僧贯休讲经于大慈寺，前蜀皇帝王建亲临听讲，"百千民拥听经座，始见重天社稷才"（贯休《蜀王入大慈寺听讲》）。大慈寺既是佛教圣地，也是艺术宝库。大慈寺最有特色和影响的文物是名画和铜佛，尤以壁画著称。宋人赞颂者多，如苏轼"此地壁画精妙盖世"！李之纯"举天下之言唐画者，莫如成都之多，就成都较之，莫如大圣慈寺之盛"（《大圣慈寺画记》）。范成大"成都画多名笔，散在诸寺观，而见于大圣慈寺者为多，今犹具在"（《成都古寺名笔记》）。

宋时多位文人都到过大慈寺，并与之结缘。当年苏轼题写了大慈寺的大雄宝殿匾额，还撰写了该寺的《胜相院经藏记》碑刻。陆游游览后赞曰："万瓦如鳞百尺梯，遥看突兀与云齐。"明代王胤登大慈宝阁，震撼之余写下《登大慈宝阁》数首赞美大慈寺的宏大壮丽："宝阁巍巍祀大雄，乘春登览绀烟中。经翻贝叶龙光紫，香散昙花法雨红。璀璨飞甍低慧日，参差雕牖度天风。只疑身在须弥上，踏破尘凡即太空。"大慈寺历经战火，曾经的九十八院只剩下三院，已不复昔日辉煌景象，但我们从陆游和王胤诗中可见当年大慈寺是何等巍峨壮观。

唐宋时期的大慈寺已经不只是僧侣信徒独享的佛教圣地，也是成都人休闲交往的场所，更是成都人共同拥有的游乐胜地。根据《岁华纪丽谱》记载，唐、宋以来官府多次在大慈寺举行大型宴请活动，搞游园庙会。宋代陆游描绘了大慈寺宋皇帝生日燃灯会的盛况："万瓦如鳞百尺梯，遥看突兀与云齐。宝帘风定灯相射，绮陌尘香马不嘶。"在那时，大慈寺附近已是商业繁华之地，形成了很多季节性市场，如灯市、花市、蚕市等，解玉溪两岸还形成了夜市。至今，大慈寺周边尚存磨坊街、油篓街、糠市街、纱帽街、棉花街等大街小巷。宋代田况《大慈寺前蚕市》写道："高阁长廊门四开，新晴市井绝纤埃。老农肯信忧民意，又见笙歌入寺来。"田况又有《登大慈寺

阁观夜市》"万里银横贯紫虚",可以看出当时夜市的盛况。大慈寺露天茶馆从20世纪80年代开张以来,已成为"最具成都特色的老茶馆"。在这里,你会看到善男信女们的虔诚,还有茶客们的悠闲自得。

大慈寺一直以来都体现了宗教文化和市井文化的融合,而今天的大慈寺又被注入时尚元素。以前的集市已成为历史,取而代之的是时尚新潮的商业区——成都远洋太古里。大慈寺与太古里,一个是优雅的千年古刹,一个是时尚新贵,二者比邻而居,浑然一体。

六、形胜古今称乐国

史料记载,四川是中国茶馆的发源地。从西晋张载诗句"芳茶冠六清,溢味播九区"(《登成都白菟楼》)中可见饮茶之风在西晋时已在成都盛行。对于成都茶馆之多,有谚语形容说"头上青天少,眼前茶馆多";还有的说"四川茶馆甲天下,成都茶馆甲四川"。成都的茶馆"有座,有茶,有趣"。茶具颇有意味:茶盖谓天,茶船谓地,茶杯喻人;茶水冲上,盖子一盖,意思就是天地人和。正所谓"杯里乾坤大,茶中日月长"。

赞成都茶的诗词很多。诗词中的茶名有瑟瑟尘、雾中茶、青城茶、沙坪茶、鹤鸣山茶等。晚唐崔道融赞瑟瑟尘曰:"瑟瑟香尘瑟瑟泉,惊风骤雨起炉烟。一瓯解却山中醉,便觉身轻欲上天。"宋代陆游爱喝茶,写诗赞曰:"雪液清甘涨井泉,自携茶灶就烹煎。一毫无复关心事,不枉人间住百年。"其赞雾中茶曰:"今日蜀州生白发,瓦炉独试雾中茶。"(《九日试雾中僧所赠茶》)明代杨慎盛赞沙坪茶:"云叶嫩,乳花新,冰瓯雪瓷却杯巡。清风两腋诗千首,舌有悬河笔有神。"(《鹧鸪天·以茉莉沙坪茶遗少岷》)

川剧(川戏)在清代已盛行于四川城乡。清代温庄亭描述农村流行川剧:"路过通背岭,人半住林间,耕放时无事,高腔唱往返。"《成都竹枝词》也记道:"弋阳腔调杂钲鼓,及至灯明已散场。"成都人喜欢在茶馆里一边喝茶一边看戏(川戏)。悦来茶馆就是个戏窝子,清代杨燮写道:"川人终是爱高腔,几部丝弦住老郎。"(《锦城竹枝词》)诗中的"老郎"即"老郎庙",就是"悦来茶馆"的前身。还有一位不知名的清代诗人曾这样描绘:"唱灯随处是歌楼,曲子无腔易转喉。传说宫班明日拢,开场先看小包头。"变脸之于川剧,有如喷火之于秦腔,皆属招牌路数、看家绝技!在许多人心目中,变脸已成了四川文化的标志之一。川剧变脸已被列为世界非物质文化遗产。

"锦里多佳人,当垆自沽酒。"文君当垆是才子佳人的故事。故事的主人公之一是司马相如,汉赋四大家之一。另一个主人公是卓文君,汉代的才女,通晓琴棋书画。这对才子佳人在临邛开了一个小酒店。自此,成都、文人、成都酒与"文君当垆"被联系在了一起。"万里桥边多酒家,游人爱向谁家宿。"(唐代张籍《成都曲》)"美酒成都堪送老,当垆仍是卓文君。"(唐代李商隐《杜工部蜀中离席》)"自到成都烧酒熟,不思身更入长安。"(晚唐雍陶《到蜀后记途中经历》)

诗句中常见成都酒,如邛酒、乳酒、蜜酒、酴醾等,而临邛酒因文君当垆的故事,咏赞诗词很多。如唐代韦庄:"翠娥争劝临邛酒,纤纤手,拂面垂丝柳。"(《河传·春晚》)最爱临邛酒的,当推陆游。他在临邛喝临邛酒,赞曰:"落魄西州泥酒杯,酒酣几度上琴台。"(《文君井》)他离开蜀地后仍对临邛酒朝思暮想:"万里萧条酒一杯,梦魂犹自度邛崃。"(《食野菜》)后来,他重回蜀地,终于得偿所愿:"一尊尚有临邛酒,却为无忧得细倾。"(《遣兴》)唐代杜甫赞青城山道家特酿的乳酒:"山瓶乳酒下青云,气味浓香幸见分。"(《谢严中丞送青城山道士乳酒一瓶》)北宋苏轼自酿东坡蜜酒,写《蜜酒歌》赞曰:"三日开瓮香满城,快泻银瓶不须拨。百钱一斗浓无声,甘露微浊醍醐清。"南宋杨万里赞酴醾花熏香或浸渍而成的酴醾酒:"月中露下摘酴醾,泻酒银瓶花倒垂。"(《尝酴醾》)

各个时期的文人因酒和成都结下了不解之缘,或借酒消愁,或借酒抒情。唐代李崇嗣借成都美酒表郁闷和忧愁:"闻道成都酒,无钱亦可求。不知将几斗,销得此来愁。"(《独愁》)宋代陆游曾借酒抒发英雄失意的忧愤之情:"醉著面颜惊少壮,浇余胸次失峥嵘。"(《独饮醉卧比觉已夜半矣戏作此诗》)又表达惆怅之情:"堪笑书生消几许,有钱十万醉经年。"(《对酒戏咏》)陆游之借酒消愁,实乃"位卑未敢忘忧国"。清代文坛巨

子金圣叹从成都返家后,病中念着成都酒:"卜肆垂帘新雨霁,酒垆眠客乱飞花。"(《病中无端极思成都忆得旧作录出自吟》)

历览前贤诗文,纵看成都风雅。天府成都的优雅渗透到了它的城市肌理之中,也浸润到其城市文化和民众生活方式之中。优雅闲适的文化特质和精神风骨,使其有足够的亲和力和包容性,从而使远者来,近者亲,来者悦,与这个城市相濡以沫。天府文化也因这个城市的乐观包容和优雅时尚而在中国城市文化中独树一帜,在新时代必将焕发勃勃生机。

"蜀地名花擅古今，一枝气可压千林"

——宋代士大夫笔下的成都花卉

粟品孝[1]

摘　要：宋代成都地区养花、赏花、咏花现象普遍，是天府文化优雅时尚的重要体现。其中海棠、牡丹和梅花，是当时成都地区最有影响力的三大花卉，引发了士大夫们的广泛关注和反复咏唱，尤以入蜀的陆游和范成大最为突出。

关键词：成都；海棠；牡丹；梅花；优雅

在天府文化发展史上，花卉充当了相当重要的角色。成都虽无"花城""花都"美名，但气候温和，雨量充沛，名花异卉，不绝于时，故与花的缘分非常密切。"蓉城"的雅称就来自五代后蜀时期成都遍种芙蓉花，形成"四十里城花发时，锦囊高下照坤维"的壮美画图。至于"晓看红湿处，花重锦官城"，"九天开出一成都，万户千门入画图"，"二十里中香不断，青羊宫到浣花溪"这些优美诗句，更是大家耳熟能详的。北宋名臣赵抃

---

[1] 粟品孝，四川大学历史文化学院教授、博士生导师，主要从事中国古代史教学和宋史、巴蜀历史文化研究。

曾主持编纂《成都古今集记》，记载了"成都十二月市"："正月灯市，二月花市，三月蚕市，四月锦市，五月扇市，六月香市，七月七宝市，八月桂市，九月药市，十月酒市，十一月梅市，十二月桃符市。"[1]这十二个专业市场，居然有三个是以花卉命名的，足见花卉在成都人心中的分量！考虑到宋代是成都经济文化快速发展的黄金时期，其时养花、赏花、咏花现象非常普遍，已经成为当时天府文化的一大时尚，因此我们就把眼光集中在宋代，特别关注海棠、牡丹和梅花这三大最有影响力的花卉，以此观察当时士大夫生活雅趣之一斑。

一、"只为海棠，也合来西蜀"

成都本地的花卉中，海棠是最出名的。南宋人罗大经说："洛阳人谓牡丹为花，成都人谓海棠为花。"[2]言下之意，当时成都人说去看花，就是指去看海棠。

宋代成都海棠的种植十分繁盛，是闻名全国的特色地方花卉。时人陈思说："蜀花称美者，有海棠焉。……海棠足与牡丹抗衡，而可独步于西州矣。"[3]居蜀多年的陆游《成都行》云："成都海棠十万株，繁华盛丽天下无。"[4]《海棠》云："蜀地名花擅古今，一枝气可压千林。"[5]

当时的海棠名种有紫绵海棠、垂丝海棠等。紫绵海棠又名重叶海棠，属西府海棠类。西府海棠顾名思义跟西川的天府之国有关。紫绵海棠的特点，据来知成都府的宋祁记载：

> 海棠大抵数种，种皆小异。唯其盛者，则重葩叠萼可喜，非有定种也。花开烂若锦障。北方所植者，枝强花瘠，殊不可玩。故蜀

---

1 杨慎：《升庵集》卷七十引，影印文渊阁《四库全书》本。
2 罗大经撰，王瑞来点校：《鹤林玉露》丙编卷一《花》，中华书局，1983年，第245页。
3 陈思：《海棠谱》卷上，影印文渊阁《四库全书》本。
4 陆游：《陆游集·剑南诗稿》卷四《成都行》，中华书局，1976年，第108页。
5 陆游：《陆游集·剑南诗稿》卷八《海棠》之二，第217页。

之海棠，诚为天下奇艳云。[1]

可见其主要特点是花色艳，花瓣多，姿态美。正因为它"重葩叠萼"，故又名重叶海棠。这是四川地区的特产，正如时人范成大所说："凡海棠，虽艳丽，然皆单叶。独蜀都所产，重叶丰腴如小莲花。"[2]

垂丝海棠似乎更为娇艳，北宋名臣梅尧臣曾作诗云：

> 要识吴同蜀，须看线海棠。
> 燕脂色欲滴，紫蜡蒂何长。
> 夜雨偏宜著，春风一任狂。
> 当时杜子美，吟编独相忘。[3]

此处的"线海棠"即为垂丝海棠，因其形似丝线而得名。其色彩很多，有"燕脂色"，有"紫蜡"色，非常靓丽。南宋入蜀为官的范成大曾把垂丝海棠比喻成一个梳妆的少女，既娇艳多彩，又婀娜多姿：

> 春工叶叶与丝丝，怕日嫌风不自持。
> 晓镜为谁妆未办，沁痕犹自宿燕脂。[4]

时人葛长庚亦有词吟咏道：

> 一夜清寒，千红晓粲，春不曾知。细看如何，醉时西子，睡底杨妃。　　尽皆蜀种垂丝，晴日暖，熏成锦围。说与东风，也须爱

1　宋祁：《益部方物略记·重叶海棠赞》，影印文渊阁《四库全书》本。
2　范成大撰，陆振岳点校：《吴郡志》卷三十《土物下》，江苏古籍出版社，1999年，第444页。
3　梅尧臣：《宛陵集》卷四十三《海棠》，影印文渊阁《四库全书》本。
4　范成大：《垂丝海棠》，刘琳、王晓波点校：《全蜀艺文志》卷十九，线装书局，2003年，第485页。

惜，且莫吹飞。[1]

这里，词人也把垂丝海棠比喻成美女，说她像"醉时西子，睡底杨妃"。足见成都垂丝海棠形态之优美，宛若天仙。

当时观赏海棠的地方，成都城中的碧鸡坊和燕王宫最为著名。《清波别志》上说："然海棠富艳，江浙则无之。成都燕王宫、碧鸡坊尤名奇特。客云：'碧鸡王氏亭馆先中植一株，继益于四隅，岁久繁盛，衮延至三两间屋，下瞰覆冒锦绣，为一城春游之冠。'"[2] 范成大专门描写碧鸡坊和燕王宫海棠的繁茂，其词云：

> 马蹄尘扑，春风得意笙歌逐，款门不问谁家竹。只拣红妆，高处烧银烛。　　碧鸡坊里花如屋，燕王宫下花成谷。不须悔唱关山曲，只为海棠，也合来西蜀。[3]

所谓"只为海棠，也合来西蜀"，是说为了欣赏海棠花，也可专门来到蜀地。如果联系到范成大是东吴之人，吴蜀相距万里，那他这句话的分量就更重了。足见成都海棠花在士大夫心中的崇高地位。

与范成大同时的陆游在蜀多年，也很喜爱海棠。他有几十首吟颂海棠的诗篇，其中对碧鸡坊的海棠尤为称道：

> 十里迢迢望碧鸡，一城晴雨不曾齐。
> 今朝未得平安报，便恐飞红已作泥。[4]

他离开四川后还对碧鸡坊的海棠魂牵梦萦，忍不住大声歌唱：

1　葛长庚：《柳梢青·海棠》，唐圭璋编：《全宋词》，中州古籍出版社，1996年，第3296页。
2　周煇：《清波别志》卷一，影印文渊阁《四库全书》本。
3　范成大：《醉落魄》，《全宋词》，第2100页。
4　陆游：《陆游集·剑南诗稿》卷八《海棠》之一，第217页。

> 碧鸡海棠天下绝，枝枝似染猩猩血。
> 蜀姬艳妆肯让人，花前顿觉无颜色。
> 扁舟东下八十里，桃李真成仆奴尔。
> 若使海棠根可移，扬州芍药应羞死。
> 风雨春残杜鹃哭，夜夜寒衾梦还蜀。
> 何从乞得不死方，更看千年未为足！[1]

当然，陆游也经常到燕王宫看海棠，对其同样称扬不已：

> 洛阳春信久不通，姚魏开落战尘中。
> 扬州千叶昔曾见，已叹造化无余功。
> 西来始见海棠盛，成都第一推燕宫。
> 池台扫除凡木尽，天地眩转花光红。
> 庆云堕空不飞去，时有绛雪萦微风。
> 蜂蝶成团出无路，我亦狂走迷西东。[2]

作者通过对比的手法，认为蜀地的海棠堪与洛阳和扬州的名花牡丹媲美，其中燕王宫的海棠是"成都第一"，让作者如痴如狂！正由于此，作者被人叫作"海棠颠"："走马碧鸡坊里去，市人唤作海棠颠。"[3]

除了碧鸡坊和燕王宫外，东城的范希元园也是欣赏海棠的重要地方，"谁道名花独故宫（自注：谓故蜀燕王宫），东城盛丽足争雄"[4]。当时还有赵园、施园也都是以海棠种植而闻名的私家园林。

另外还有一些官府园林也是欣赏海棠之所，最著名的有西园。西园又称转运司园，本是前后蜀时期"权臣故宅"，宋代成都府路转运司加以营建，成为当时规模最大、名气最著的官府园林。在时人看来，转运司园"清旷幽静，随处皆有可乐者"，其中的西楼"为成都台榭之冠"。北宋时，"每春

1　陆游：《陆游集·剑南诗稿》卷七十五《海棠歌》，第1771页。
2　陆游：《陆游集·剑南诗稿》卷八《张园海棠》，第217页。
3　陆游：《陆游集·剑南诗稿》卷六《花时遍游诸家园》之一，第178页。
4　陆游：《陆游集·剑南诗稿》卷三《海棠（范希元园）》，第92页。

月花时，大帅置酒高会于其下，五日纵民游观，宴嬉西园，以为岁事"[1]，成为成都官民聚会游乐的胜地。南宋时盛况仍不减，《岁华纪丽谱》说，寒食节时，官府"辟园张乐，酒垆、花市、茶房、食肆，过于蚕市。士女纵观，太守会宾僚凡浃旬，此最府廷游宴之盛。近岁自二月即开园，逾月而后罢"[2]。对于西园开园时游人如织的盛况，北宋中期来知成都府的田况曾有生动描述：

> 春风寒食节，夜雨昼晴天。
> 日气熏花色，韶光遍锦川。
> 临流飞凿落，倚榭立秋千。
> 槛外游人满，林间饮帐鲜。
> 众音方杂沓，余景更留连。
> 座客无辞醉，芳菲又一年。[3]

西园中有一处专门欣赏海棠花的景点，名叫"海棠轩"。当时成都府路转运使章楶曾作《运司园亭诗》组诗，其中有《海棠轩》一首：

> 珍葩寄幽岛，正对孤轩植。
> 优柔自俯仰，红绿若组织。
> 春酣晴日曛，坐久浓香逼。
> 池面净可监，朝霞罩澄碧。[4]

章楶的组诗引来友人许将、丰稷、孙甫、吴师孟、杨怡、杜敏求"咸和之"[5]，下面我们不避其烦，把他们咏《海棠轩》的诗依次著录于下，以见一

1　吴师孟：《重修西楼记》，《成都文类》卷二十六，第300页。
2　旧题费著：《岁华纪丽谱》，《全蜀艺文志》卷五十八，第1711页。
3　田况：《成都遨乐诗·开西园》，《全蜀艺文志》卷十七，第432~433页。
4　章楶诗以及下面诸人和诗，见刘琳校点《成都文类》卷七，《成都旧志》第3册，成都时代出版社，2007年，第131~142页。
5　曹学佺：《蜀中广记》卷四，影印文渊阁四库全书本。

时唱和的盛况和诗人的优雅情怀:

海棠冠蜀花,此轩花尤冠。
红云簇蕊细,绿水照叶嫩。
倚妆宫粉聚,迭绮霞光散。
雨泪点春风,应怀上林怨。
（许将诗）

文锦初动机,晨霞欲敷照。
香传雪楼浓,影落玉溪倒。
子美不能赋,春工一何妙?
维有赏心人,相逢只寒笑。
（丰稷诗）

高轩瞰方池,澄波隔锁窗。
中岛植奇花,紫鳞跃锦江。
水府集群仙,红云幂翠幢。
画图入禁庭,荣耀知无双。
（孙甫诗）

花淑对高轩,如用丹青影。
锦水一奁红,玉台千面笑。
松篁两翠幄,常护东西照。
子细看韶妍,方知化工妙。
（吴师孟诗）

花如窈窕人,宛在水中沚。
当轩有余妍,终日玩芳花。
池清藻压枝,波动鱼争蕊。

锦帐想含春，归心浩然起。

（杨怡诗）

东风开百花，独有海棠胜。
猩血染珠玑，点缀枝条剩。
日暖锦段新，雨余燕脂凝。
何待东阁梅，方能动诗兴？

（杜敏求诗）

二、"常记彭州送牡丹，祥云径尺照金盘"

牡丹也是成都士大夫和广大民众喜爱的花卉。与海棠出自本地不同，牡丹主要源于外地，且以成都北部的彭州所产最为出名，号称"天彭牡丹"。

"天彭"是唐宋时彭州的美称。"天彭牡丹"是一个统称的概念，指产于彭州的名种牡丹，并不是单指某一个品种。天彭种植牡丹在唐代已经肇始，而且小有声势。但是唐以后，天彭牡丹的种植一度衰落，据宋初《茅亭客话》记载："西蜀自李唐之后，未有此花（指牡丹）……至伪蜀王氏，自京、洛及梁、洋间移植，广开池沼，创立台榭，奇异花木，怪石修竹，无所不有，署其苑曰宣华。其公相勋臣，竞起第宅，穷极奢丽。时元舅徐延琼，新创一宅，雕峻奢壮，花木毕有，唯无牡丹。"这位皇亲国戚听说秦州董城村僧院有一株红牡丹，不惜重金从三千里外买来。在后蜀孟氏政权时，又移植于宣华苑，此苑后改名为牡丹苑。[1]《蜀中广记》上说："孟氏以牡丹名苑。于时，彭门为辅郡，典州者多其戚里，得之上苑，此彭门花之始也。"[2] 可知天彭牡丹源于前蜀时徐延琼从秦州买来的一株牡丹，此牡丹后蜀时被移植到皇家牡丹苑，后来又从牡丹苑流出到彭州。

天彭牡丹有的又来自牡丹种植最盛的洛阳。南宋陆游考察后就说："崇

---

1 黄休复：《茅亭客话》卷八《瑞牡丹》，影印文渊阁《四库全书》本。
2 曹学佺：《蜀中广记》卷五《名胜记·彭县》，影印文渊阁《四库全书》本。

宁（1102—1106）中，州民宋氏、张氏、蔡氏，宣和（1119—1125）中，石子滩杨氏，皆尝买洛中新花以归，自是洛花散于人间，花户始盛，皆以接花为业。大家好事者皆竭其力以养花，而天彭之花遂冠两川。"[1]宋人所著地理总志《方舆胜览》中彭州的土产条目下仅列出"牡丹"一条[2]，足见牡丹已是宋代彭州最著名的土特产了。

天彭牡丹在彭州实现了专门化种植。彭州下辖的三个县（九陇、崇宁、濛阳）都种植有牡丹，而牛心山下的种植基地最为出名，"天彭亦谓之花州，而牛心山下谓之花村云"[3]，形成了专门种植牡丹的"花户"，"连畛相望"。比较出名的花户有三井李氏、刘村毋氏、城中苏氏、城西李氏。[4]专门的种植基地加上专业花户，为培育出优良的天彭牡丹品种创造了重要的条件。

"天彭牡丹"之盛，既源于地域之灵气，又得益于培植技术的纯熟。南宋来成都为官的胡元质说："牡丹之性，不利燥湿。彭州丘壤既得燥湿之中，又土人种莳偏得法，花开有至七百叶，面可径尺以上。"[5]宋人已知道牡丹在清明寒食时是最盛的，在此前开花则花开较久，谓之"火前花"，在清明后开花则易凋谢，故很注意把握住生长周期。牡丹的栽培嫁接也各有一套技巧，谓之"弄花"。"弄花"包括"栽、接、剔、治"，"栽"即选育与栽培，"接"即嫁接，"剔"即修剪成型，"治"即精心呵护。"其俗有'弄花一年，看花十日'之语"。花不可轻易剪裁，否则次年绝少开花。[6]宋人在摸透了牡丹的一系列生长规律后，发挥创造性，通过选种、嫁接等人工变异繁殖手段，培育了很多名种，使得"天彭牡丹"不仅"遂冠两川"，而且闻名全国。宋代"天彭牡丹"已经形成了与洛阳牡丹并驾齐驱之势，彭州

1　陆游：《天彭牡丹谱》，《全蜀艺文志》卷五十六，第1684页。
2　祝穆撰，施和金点校：《方舆胜览》卷五十四《彭州》，中华书局，2003年，第963页。
3　曹学佺：《蜀中广记》卷五《名胜记·彭县》，影印文渊阁《四库全书》本。
4　陆游：《天彭牡丹谱》，《全蜀艺文志》卷五十六，第1684页。
5　胡元质：《牡丹谱》，《全蜀艺文志》卷五十六，第1691页。
6　陆游：《天彭牡丹谱》，《全蜀艺文志》卷五十六，第1689页。

号称"小西京","彭州又曰牡丹乡,花月人称小洛阳"[1]。

天彭牡丹受到人们的广泛喜爱,尤其深得官僚、士大夫的追捧。史载:"花时,自太守而下,往往即花盛处张饮,帟幕车马,歌吹相属,最盛于清明、寒食时。"它还是当时官场的馈赠佳品,南宋陆游在叙述当地风俗时就说:"州家岁常以花饷诸台及旁郡,蜡带筠蓝,旁午于道。"[2]而且至少从北宋中期宋祁知成都府时,就形成了彭州献花给成都府廷的惯例。史载:

> 宋景文公祁帅蜀,彭州守朱君绰始取杨氏园花凡十品以献。公在蜀四年,每花时,按其名往取,彭州送花遂成故事。公于十种花,尤爱重锦被堆,尝为之赋,盖他园所无也。

这里说彭州太守朱绰献花一事,宋祁曾有专门的答谢诗章:

> 珍花分清赏,飞邮附翠笼。
> 蹄金点鬓密,璋玉镂趺红。
> 香惜持来远,春应摘后空。
> 玩诗仍把酒,恨不与君同![3]

至于宋祁尤其爱重的"锦被堆",又名"倒仙牡丹",宋氏确曾专门为之写有赞歌:

> 花跗芬侈,丛刺于梗。不可把玩,艳以妍整。(自注:花出彭州,其枝一似蔷薇,有刺,不可玩,故以别他牡丹云。)[4]

可见出自彭州的锦被堆是当时非常特别的牡丹品种。

---

1 汪元量:《水云集》卷一《彭州歌》,影印文渊阁《四库全书》本。
2 陆游:《天彭牡丹谱》,《全蜀艺文志》卷五十六,第1689页。
3 宋祁:《答朱公绰牡丹诗》,《全蜀艺文志》卷十九,第481页。
4 宋祁:《景文集》卷四十七《倒仙牡丹赞》,影印文渊阁《四库全书》本。《益部方物略记》上篇名作《锦被堆》。

到南宋时，人们对天彭牡丹的喜爱进一步发展，一些官僚士大夫已不满足于"彭州送花"的官方行为，私自从花户手中购买，以求得更加满意的花品。如陆游就记有一事：

> 淳熙丁酉岁，成都帅以善价私售于花户，得数百苞，驰骑取之，至成都，露犹未晞，其大径尺。夜宴西楼下，烛焰与花相映，影摇酒中，繁丽动人。[1]

这里的"成都帅"是指淳熙四年（丁酉岁，1177）来成都任四川制置使兼知成都府的胡元质。从这段叙述看，胡氏特别注重牡丹的新鲜和阔大，而且当晚就专门设办宴会，极尽其乐，尤见士大夫雅趣之一斑！

胡元质不但重视欣赏天彭牡丹，还专门写有《牡丹谱》，叙述天彭牡丹的源流和有关故事，上面所述宋祁与天彭牡丹之事，以及彭州盛产牡丹的原因，主要就来源于此谱。

比胡元质稍后来到成都的陆游，对天彭牡丹也喜爱有加。他也专门为之作谱，直接名之为《天彭牡丹谱》，对天彭牡丹的来源、主要品种和风俗习惯都有记载，较胡元质《牡丹谱》更为详细。作者指出：大抵天彭牡丹花品近百种，其中34种最著。红花最多，有21种，包括状元红、祥云、绍兴春、燕脂楼、金腰楼、玉腰楼、双头红、富贵红、一尺红、鹿胎红、文公红、政和春、醉西施、迎日红、彩霞、叠罗、胜叠罗、瑞露蝉、乾花、大千叶、小千叶等；紫花有5种：紫绣球、乾道紫、泼墨紫、葛巾紫、福严紫；黄花有4种：禁苑黄、庆云黄、青心黄、黄气球；白花3种：玉楼子、刘师哥、玉覆盆；碧花只有1种：欧碧。这些品种中，"红花以状元红为第一，紫花以紫绣球为第一，黄花以禁苑黄为第一，白花以玉楼子为第一"。

这些品种的名称各异，究竟从何而来呢？陆游在《释名》中则有具体说明，如"状元红"条下释名道：

> 状元红者，重叶深红花。其色与鞓红、潜绯相类，而天姿富

---

[1] 陆游：《天彭牡丹谱》，《全蜀艺文志》卷五十六，第1686页。

贵，彭人以冠花品。多叶者谓之第一架，叶少而色稍浅者谓之第二架。以其高出众花之上，故名"状元红"。或曰：旧制进士第一人即赐茜袍，此花如其色，故以名之。

"紫绣球"条下释名道：

紫绣球，一名新紫花，盖魏花之别品也。其花圆正如绣球状，亦有起楼者为天彭紫花之冠。

陆游的这些列举和释名非常重要，为后人留下了极其宝贵的花卉资料，值得我们永远珍视！

有意思的是，与陆游离开成都后仍然怀念成都的海棠一样，他也常常梦见天彭牡丹之美。有诗为证："常记彭州送牡丹，祥云径尺照金盘。岂知身老农桑野，一朵妖红梦里看。"[1]

三、"当年走马锦城西，曾为梅花醉如泥"

与海棠、牡丹盛开于春天（尤其是二月）不同，成都的梅花主要开放于冬天，一般十一月已开，此月甚至有专门的"梅市"，十二月也就是腊月仍然很盛。

宋代成都赏梅的地方主要集中在一些园林，尤其是前后蜀皇室和王公贵族遗留下来的园林。

城东的合江园是很著名的。园在成都府治东门外二江合流处，唐韦皋镇蜀时所建。园中有合江亭、芳华楼诸胜。前后蜀时，为皇家别苑，入宋后渐废，至北宋中期吕大防制置成都，始命修葺，作为船官治事之所，"参植美竹异卉，荟翳参差，而春芳夏阴，波光月晖，以时献状，无不可爱，故为成都园亭胜践之最。嘉时暇日，方伯刺史与其宾僚登临燕衎，传觞授简，以极其欢，几与东平之溪堂、山阴之兰亭争长也"[2]。合江亭上有芳华楼，"楼前

---

1 陆游：《陆游集·剑南诗稿》卷三十四《忆天彭牡丹之盛有感》，第895页。
2 蔡迨：《合江园记》，《成都文类》卷四十三，第469页。

梅甚多，蜀人入吴者皆自此登舟"[1]，故成为人们"宴饯之地"，普通百姓、达官贵人多在此聚会。

由于合江园"梅花最盛"，至少在北宋中后期已形成一个惯例："自初开，监官日报府。报至开五分，则府主来宴，游人亦竞集。"[2]这一情况在北宋哲宗绍圣元年（1094）知成都府王觌的一首诗中有所体现。其诗题："望日，与诸公会于大慈，闻海云山茶、合江梅花开，遂相邀同赏。"这里的"闻"，不是普通的听说，而是来自专门的监官所"报"：

> 野寺山茶昨夜开，江亭初报一枝梅。
> 旋邀座上逍遥客，同醉花前潋滟杯。
> 秀色霜浓方润泽，暗香风静更徘徊。
> 仙姿莫遣常情妒，不带东山伎女来。[3]

最后一句尤为传神，作者用拟人的手法，以梅花嫉妒妖娆的"东山伎女"来反衬其芳香怡人。

城西的浣花溪至青羊宫一带，园林更多，梅花更盛，也是成都市民的游乐胜地。陆游曾有名诗说："当年走马锦城西，曾为梅花醉如泥。二十里中香不断，青羊宫到浣花溪。"[4]

约在浣花溪外稍远的西郊地区，还有一前蜀时王建所筑的梅苑，至南宋时虽然已过去一两百年，宫阙已颓，但仍是"梅至多"。有的老梅，树荫可覆盖一亩多地面，树干因风而开裂，仆倒在地上，曲折盘旋如龙。[5]其中"有两大树，夭矫若龙，相传谓之'梅龙'"。这里也是文人雅士经常玩赏之地。如爱花的陆游就"岁常访之"[6]，先后写有多首诗，现存至少有两篇。

---

1 范成大著，孔凡礼点校：《吴船录》卷上，《范成大笔记六种》，中华书局，2002年，第187页。
2 陆游：《陆游集·剑南诗稿》卷十一《梅花绝句》诗注，第293~294页。
3 王觌：《望日与诸公会于大慈……》，《全蜀艺文志》卷十九，第483页。
4 陆游：《陆游集·剑南诗稿》卷五十《梅花绝句》之二，第1230页。
5 冯时行：《梅林分韵诗序》，《全蜀艺文志》卷十九，第497页。
6 陆游：《陆游集·剑南诗稿》卷九《故蜀别苑……丁酉十一月也》，第249页。

一是《蜀苑赏梅》[1]：

十里温香扑马来，江头还见去年梅。
喜开剩欲邀明月，愁落先教扫绿苔。
跌宕放翁新醉墨，凄凉废苑旧歌台。
盛衰自古无穷事，莫向昆明叹劫灰。

二是《故蜀别苑……丁酉十一月也》[2]：

昔年曾赋西郊梅，茫茫去日如飞埃。
即今衰病百事懒，陈迹未忘犹一来。
蜀王故苑犁已遍，散落尚有千雪堆。
珠楼玉殿一梦破，烟芜牧笛遗民哀。
两龙卧稳不飞去，鳞甲脱落生莓苔。
精神最遇雪月见，气力苦战冰霜开。
羁臣放士耿独立，淑姬静女知谁媒。
摧伤虽多意愈厉，直与天地争春回。
苍然老气压桃杏，笑我白发心尚孩。
微风故为作妩媚，一片吹入黄金罍。

　　第一首大约是陆游初次游梅苑时所作，呈现的主要是怀古伤今的悲凉之气。第二首则是陆游在蜀多年之后的力作，注意把自己年老渐衰和老梅的饱经风霜融为一体，把梅花的"苦战冰霜"与自己的耿直"独立"相对而言，借老梅"摧伤虽多意愈厉，直与天地争春回"的豪放气势，诉说自己年老体衰依然热爱生活的青春情怀，诉说自己面对抗金的艰难时局依然充满必胜信念的爱国豪情！梅花的坚强和高洁在这里已经转化为陆游强大的精神力量。

1　陆游：《陆游集·剑南诗稿》卷九，第255页。
2　陆游：《陆游集·剑南诗稿》卷九，第249页。

特别有趣的是，梅苑在南宋时期曾有一次规模较大的雅集咏诗活动，在绍兴三十年（1160）十二月十五日这一天。时值农闲，"江流如碧玉，平野秀润，竹坞桑畴，连延弥望。民家十十五五，篱落鸡犬，比闾相亲，不愁不嗟"。梅苑周围如此平静祥和，令紧张忙碌（即将奔赴朝廷任职）的冯时行顿时"闲暇清旷"、神清气爽。于是他约集一批志同道合的朋友，一共十五人，携酒来到梅苑："酒行，以'旧时爱酒陶彭泽，今作梅花树下僧'为韵，分题赋诗。"[1]大家得韵（另有一人以"诗"字为韵）后，"立者倚树，行者环绕，仰者承蕊，俯者拾英，吟态不一"，简直就是一幅优雅生动的十五君子咏梅图！这很容易让我们联想到数百年前书法名家王羲之召集的兰亭集会。事实上，当时得"今"字韵的杨凯在诗中也确把这次雅集与兰亭集会相提并论：

兰亭久陈迹，修竹空自阴。龙山亦凄凉，鲜花谁与簪？
英游旷千载，盛事新梅林。……

作者认为兰亭集会早已是过眼云烟，这次的梅苑雅集才是鲜活崭新的。自豪之情溢于言表！

这次雅集之后，冯时行也像当年的王羲之一样，把大家的诗篇汇集起来，"以所得韵之后先，联成轴"，形成了诗集[2]，并写有小序。虽然冯时行的名望不如王羲之，序文的书法真迹没有流传后世，这次雅集也没有名著士林，但序文和十五首诗篇还是幸运地保存了下来，从中我们可以感受到：

一是经过两百多年风雨沧桑的老梅那种顽强坚韧、矫若飞龙的英姿：

---

[1] 本段引文及以下关于这次雅集的叙述所引，均见冯时行等：《梅林分韵诗》，《全蜀艺文志》卷十九，第496~507页。
[2] 有意思的是，当时得"树"字韵的一人没有咏出，冯时行后来找人补上；还有一得"僧"字韵者，冯时行大约认为其诗作不佳，亦另外找人替代了。

庭柯卧苍虬，阅世如聃、彭。
老树更崛奇，娇娇蛟龙姿。

实际上没有参与这次雅集的张积则依靠超人的想象力，把老梅的夭矫龙姿刻画得更为生动传神：

魁然老株忽骇目，雪鳞矫矫双龙腾。
天公一叱困仆地，掀鬐弄爪高曲肱。
长林望断千百株，奋首直欲青云凌。

得"梅"字韵的冯时行甚至把自己和老梅融为一体，连用三个"龙"字来铺陈其景：

走寻屋角如龙梅，梅龙虽多此其魁。
睡龙屈盘肘承胲，风欺雪虐封苍苔。

二是梅花在冰天雪地中傲然绽放的高洁品格：

玉雪为骨冰为魂，气象不与凡卉对。
寒梅如高人，冰雪凛风期。
霜威凌万木，孤芳缀疏枝。

三是寒冬蜡梅的开放预示着春天的新希望：

春回九地阳潜升，南枝破腊如酥凝。
摧折霜余初不惧，笑看春光等闲度。

由于这次雅集是冯时行召集的，又兼有为其送行的特点，所以这些诗篇几乎都要借梅花来祝福或者赞扬冯氏：

> 再烦起穷边,国柄行当操。
> 得备和羹用,宁不出伊、皋?

甚至直接把冯氏比作老梅:

> 西郊访老龙,奇怪尤可钦。
> 宛然如先生,高卧岁月侵。

得"爱"字韵的成都人吕及之还特别写道:"瑰章妙语今得公,国色天香真有待。"此诗重点虽然在称颂冯氏,但其中的"国色天香"用得非常精妙,至今成都郊县温江区的一处著名赏花景点还叫"国色天香",不知与此是否有关联?

"庭荒六老树,气象自俨雅!"八百多年后的今天我们重新品读这次雅集的吟梅诗篇,依然能够从中感受到这些老梅散发的浓郁芳香,和它们迎着冰雪怒放的傲然英姿,也依然能够感受到这群"西州名俊"饮酒赋诗、其乐融融的优雅风姿。

四、"晓看红湿处,花重锦官城"

除了以上三大名花外,宋代成都地区还有一些花卉也引起了文人雅士们的关注。早在五代后蜀时期即爆得大名的芙蓉花,此时仍受欢迎,如范成大就有《二色芙蓉》诗:

> 蜀国芙蓉名二色,重阳前后始盈枝。
> 画调粉笔分妆处,绣引红针间刺时。
> 落晚自怜窥露沼,忍寒谁念倚霜篱?
> 主人日有西园客,得尔方于劝酒宜。[1]

芙蓉成为西园主人与客同乐的重要助兴剂!西园还有兰花,在辨兰亭,

---

[1] 范成大:《二色芙蓉》,《全蜀艺文志》卷十九,第487页。

成都知府吕大防曾亲自栽种,并作有一诗,其中写道:

> 手种丛兰对小亭,辛勤为访正嘉名。
> 终身服佩骚人宅,举国传香稻子城。[1]

新繁县东湖(今属新都区)的莲花也很有名,时人王益作有诗歌,本县人梅挚和之。二人的诗都很长,极尽铺陈之能事。这里分别摘录两句,以见其概:

> 火云烁尽大幕醒,水光弄碧凉无声。
> 荷花千柄拂烟际,杰然秀干骈天英。
> 　　　　　　　　　　(王益诗)

> 东湖七月湖水平,鳞波暗织箫籁声。
> 中有植莲一万本,红漪相照摛繁英。
> 　　　　　　　　　　(梅挚和诗)[2]

可见东湖的莲花种植面积很大,非常壮美!当时邛州青霞嶂的桃花规模同样很大,北宋著名隐逸诗人张愈有诗道:

> 雾山环合自云川,户有清溪种玉田。
> 万本桃花不知处,几人曾得问秦年?[3]

---

[1] 吕大防:《西园辨兰亭》,《全蜀艺文志》卷十二,第291页。
[2] 王益:《新繁县东湖瑞莲歌》,梅挚:《和》,均见《全蜀艺文志》卷十九,第481~482页。
[3] 张愈:《邛州青霞嶂》,《全蜀艺文志》卷十九,第510页。

总之，成都地区土肥地沃，气候适中，人民勤劳[1]，在历史上曾经出现了大量的名花异卉，在士大夫的生花妙笔下形成了优雅时尚的丰富内涵，这在本文所述的宋代已得到很好体现。今天我们大力进行新时代的文化建设，自然要着力于创新创造，但也要注意挖掘和汲取传统资源，自觉地进行历史文化的传承和涵育，把优雅时尚的天府文化推向新的高度。希望本文之作能略尽绵薄之力！

---

1 北宋来知成都府的田况《八日大慈寺前蚕市》诗云："蜀虽云乐土，民勤过四方。"见《全蜀艺文志》卷十七，第432页。

成都：杜甫笔下的"喧然名都会"

潘殊闲

摘　要：杜甫刚到成都时曾写下《成都府》一诗，客观真实地记录了他对成都的第一印象及最初的心路历程。这当中最值得玩味的是"喧然名都会"一句。在杜甫眼里，成都究竟是一座什么样的"名都会"？本文以杜甫诗歌为依据，以相关历史事实为背景，通过系统梳理，试图还原杜甫心目中完整的成都名都会印记——生态名都、历史名都、艺术名都、工商名都和休闲名都。

关键词：杜甫；成都诗歌；成都；名都会

唐肃宗乾元二年（759）冬，杜甫带着一家老小从陇南来到成都。此前，成都对杜甫来说只有来源于文献上的认知，并没有亲身体会。对于长期在中原和北方生活的杜甫来说，地处西南的成都显然是陌生的，对此，他在到成都的开篇诗《成都府》中这样描写：

> 翳翳桑榆日，照我征衣裳。
> 我行山川异，忽在天一方。
> 但逢新人民，未卜见故乡。

> 大江东流去，游子去日长。
> 曾城填华屋，季冬树木苍。
> 喧然名都会，吹箫间笙簧。
> 信美无与适，侧身望川梁。
> 鸟雀夜各归，中原杳茫茫。
> 初月出不高，众星尚争光。
> 自古有羁旅，我何苦哀伤。[1]

这首诗虽然还带有浓浓的羁旅漂泊的苦涩滋味，但因为是第一次与成都零距离接触后所写，诗人于诗中所表达的对成都的第一印象还是真实客观的，如果要用关键词来概括，则可以表述为奇异、美丽、繁盛。而这当中对成都最为精当的概括莫过于"喧然名都会"五个字。"喧然"，声音嘈杂，车水马龙，这是大都市的"标配"。"名都会"三字，意味深长。刚来成都，就直呼其为"名都会"，说明杜甫来成都之前，对成都的历史文化与城市发展是有了解的，而且，现实与其于过往文献中的认知是高度吻合的。言外之意即，成都确乎就是大名鼎鼎的繁盛都会。

历来论者谈到杜甫与成都的关系时，大都会举出这首《成都府》，但在杜甫的眼里，特别是在成都居住了三年零九个月的杜甫眼里，其所感叹的"喧然名都会"究竟是怎样的"名都会"，惜乎论者往往匆匆带过，未能深究细析。对此，本文希望通过杜甫自己的观察与描述，还原其眼中的"喧然名都会"的多姿多彩。[2]

一、生态名都

因为杜甫是隆冬时节来到成都，给他视觉上最大冲击的，就是这里的"季冬树木苍"（《成都府》）。满眼的苍翠，彻底刷新了杜甫已经习惯的北方冬天荒寒枯黄的印象。随着他在成都生活的时间加长，这种视觉上的冲

---

[1] 本文所引杜诗，如未特别注明，均据萧涤非主编《杜甫全集校注》，人民文学出版社，2014年。
[2] 本文所言成都，以杜甫时代的成都概念为主，为适应今人习惯，所论范围扩展至今天成都及其下辖行政区划。

击带给他的感触却愈发强烈,用文字予以表达的欲望也随之增强。翻检杜甫在成都写下的诗篇,这种咏赞成都生态美的诗句俯拾皆是,不妨列举几首,让我们有更直观的感受:

> 万里桥西一草堂,百花潭水即沧浪。
> 风含翠筱娟娟静,雨裛红蕖冉冉香。
> 　　　　　　　　　　（《狂夫》）

> 清江一曲抱村流,长夏江村事事幽。
> 自去自来堂上燕,相亲相近水中鸥。
> 　　　　　　　　　　（《江村》）

> 市桥官柳细,江路野梅香。
> 　　　　　　　　　（《西郊》）

> 晓看红湿处,花重锦官城。
> 　　　　　　　　　（《春夜喜雨》）

在杜甫眼里,成都水美,花草树木美,繁华的都会并不只有喧嚣,还有生态的本底。如果要说成都与当时其他名都会相比有什么不同,恐怕生态优美就是十分关键的一点了。对杜甫而言,春天的成都,雪山之风可以直接吹拂到他的面庞——"到面雪山风"(《春日江村五首》之三),甚至坐在茅屋草堂内就能望见西山的积雪——"窗含西岭千秋雪"(《绝句四首》之三),这在其他所谓的大都会是很少见到的。成都离终年积雪的西山之岭直线距离不超过一百公里,所以,才引起了杜甫的惊叹。不仅杜甫惊叹,就连本为蜀人的李白也毫不吝啬自己对成都的赞美:"九天开出一成都,万户千门入画图。草树云山如锦绣,秦川得及此间无。"(《上皇西巡南京十首》之二)李杜二人对成都的描画竟如此惊人地相似,唐代元稹的"十里花溪锦城丽"[1]也与之完全吻合。

但是，成都的生态美并不是从天而降的，一开始，成都并不是一块优美宜居之地：西北方的岷江河谷垂直落差达两三千米，每到雨季，成都就可能变成一片汪洋。出生于岷江河谷地带的华夏人文始祖大禹，即以治水赢取天下。其治水，首先从家门口开始，《尚书·禹贡》的表述为"岷山导江，东别为沱"[2]，此"江"即指岷江，在相当长的时期内岷江曾被古人视为长江的正源，这就是所谓的人文地理。此后，关于古蜀二帝杜宇、开明，都有治水的记载。《蜀王本纪》有云："时玉山出水，若尧之洪水，望帝不能治，使鳖灵决玉山，民得陆处。"[3]望帝即杜宇，鳖灵即开明。二位先帝接续治水，使成都平原水患得到初步治理，百姓始得以"陆处"。

秦灭蜀国四十年后，即公元前277年，李冰作为第三任蜀郡郡守，开始了他治蜀与兴蜀的历程。李冰治蜀事迹众多，但最有名的无疑是修建都江堰、疏通成都"郫、检二江"等重大水利工程，彻底改善了成都的生态环境，奠定了成都作为巴蜀地区政治、经济、文化中心的重要地位。《史记·河渠书》载："蜀守冰凿离碓，辟沫水之害，穿二江成都之中。此渠皆可行舟，有余则用溉浸，百姓飨其利。至于所过，往往引其水益用溉田畴之渠，以万亿计，然莫足数也。"[4]《汉书·沟洫志》沿用此说。后来的《华阳国志》则这样表述："冰乃壅江作堋。穿郫江、检江，别支流，双过郡下，以行舟船。岷山多梓、柏、大竹，颓随水流，坐致材木，功省用饶。又溉灌三郡，开稻田。于是蜀沃野千里，号为陆海。旱则引水浸润，雨则杜塞水门，故《记》曰：水旱从人，不知饥馑。时无荒年，天下谓之天府也。"[5]一百多年之后的西汉景帝时期，即公元前156年，文翁担任蜀郡守，进一步改变了蜀地的自然与文化生态。文翁踵继李冰足迹，"穿湔江口，溉灌繁田

---

1 元稹撰，周相录校注：《元稹集校注》卷十九《李中丞表臣》，上海古籍出版社，2011年，第588页。
2 李民、王健撰：《尚书译注》，上海古籍出版社，2000年，第78页。
3 扬雄著，张震泽校注：《扬雄集校注》，上海古籍出版社，1993年，第246页。
4 司马迁撰：《史记》卷二十九，中华书局，1999年，第1196页。
5 常璩著，任乃强校注：《华阳国志校补图注》卷三，上海古籍出版社，1987年，第133页。

千七百顷"[1]。此后的蜀中治理者，都非常重视成都平原的水环境和水生态的保护、治理与利用。

可见，"天府之国"并非生而有之，而是历代生活在这片土地上的人共同建设而来。"天府之国"也非浪得虚名，杜甫从北方来到天府之国成都，被这里良好的生态与优美的环境所吸引和感染，也兴致颇高地在其营建的草堂周围植树造林。他向朋友们寻觅树种，编织他在南方之都成都的生态梦：

  桃树——"奉乞桃栽一百根"。（《萧八明府实处觅桃栽》）

  绵竹——"华轩蔼蔼他年到，绵竹亭亭出县高。"（《从韦二明府续处觅绵竹》）

  桤木——"饱闻桤木三年大，与致溪边十亩阴。"（《凭何十一少府邕觅桤木栽》）

  松树——"欲存老盖千年意，为觅霜根数寸栽。"（《凭韦少府班觅松树子栽》）

  果树——"草堂少花今欲栽，不问绿李与黄梅。"（《诣徐卿觅果栽》）

草堂初步建成后，杜甫兴致高涨，写下了这首将新居，也将自己的心情扫描定格的诗篇：

  背郭堂成荫白茅，缘江路熟俯青郊。
  桤林碍日吟风叶，笼竹和烟滴露梢。
  暂止飞乌将数子，频来语燕定新巢。
  旁人错比扬雄宅，懒惰无心作解嘲。
          （《堂成》）

这个生态民居，颇让杜甫牵挂萦怀，也让杜甫在成都有了柔软的心态，以至诗风为之改变。

---

[1] 常璩著，任乃强校注：《华阳国志校补图注》卷三，第141页。

人们知巴山多夜雨,殊不知蜀地也多夜雨:

> 蜀天常夜雨,江槛已朝晴。
> 叶润林塘密,衣干枕席清。
> （《水槛遣兴二首》之二）

> 蜀星阴见少,江雨夜闻多。
> （《散愁二首》之一）

> 随风潜入夜,润物细无声。
> （《春夜喜雨》）

这种夜雨昼晴的区域生态,非常适宜植物的生长,也让城市清新爽丽。所以,水润天府,天佑成都,并非成都人自作多情,而是自有其根柢——杜诗可以为证。

二、历史名都

历史名都不是吹嘘出来的,而是必须有众多的历史遗迹遗址、名人名胜以及丰富的历史文献与传说作为基础。成都在这方面给杜甫留下了深刻的印象,在其诗中有集中体现。

（一）古蜀文化

杜宇是古蜀三王二帝之一,《华阳国志》这样记载:"后有王曰杜宇,教民务农,一号杜主……巴国称王,杜宇称帝,号曰望帝……（后）禅位于开明。帝升西山隐焉。时适二月,子鹃鸟鸣。故蜀人悲子鹃鸟鸣也。巴亦化其教而力农务。迄今巴蜀民农,时先祀杜主君。"[1]对这段古蜀历史传说,杜甫是知晓的,所以,他在到成都后不久即写下《杜鹃行》:

---

[1] 常璩著,任乃强校注:《华阳国志校补图注》,第118页。

> 古时杜宇称望帝，魂作杜鹃何微细。
> ……………
> 声音咽咽如有谓，号啼略与婴儿同。
> 口干垂血转迫促，似欲上诉于苍穹。
> 蜀人闻之皆起立，至今敎学传遗风。

此外，古蜀人有还大石崇拜的习俗，《华阳国志》载：

> 周失纲纪，蜀先称王。有蜀侯蚕丛，其目纵，始称王。死，作石棺、石椁。国人从之。故俗以石棺椁为纵目人冢也……时蜀有五丁力士，能移山，举万钧。每王薨，辄立大石，长三丈，重千钧，为墓志。今石笋是也。[1]

这些石制遗存在成都及其周边还有不少，杜甫成都诗中也有多处提到，如《石笋行》：

> 君不见益州城西门，陌上石笋双高蹲。
> 古来相传是海眼，苔藓食尽波涛痕。
> 雨多往往得瑟瑟，此事恍惚难明论。
> 恐是昔时卿相墓，立石为表今仍存。

《华阳国志》又载：

> 武都有一丈夫，化为女子，美而艳，盖山精也。蜀王纳为妃。不习水土，欲去。王必留之，乃为《东平》之歌以乐之。无几，物故。蜀王哀之。乃遣五丁之武都担土，为妃作冢，盖地数亩，高七丈。上有石镜。今成都北角武担是也。[2]

---

1 常璩著，任乃强校注：《华阳国志校补图注》，第118、122页。
2 常璩著，任乃强校注：《华阳国志校补图注》，第123页。

对此，杜甫在《石镜》诗中咏叹道：

> 蜀王将此镜，送死置空山。
> 冥寞怜香骨，提携近玉颜。
> 众妃无复叹，千骑亦虚还。
> 独有伤心石，埋轮月宇间。

后李冰做蜀守，也尊崇古蜀人习俗，"外作石犀五头，以厌水精……作三石人，立三水中"[1]。杜甫《石犀行》反映了蜀人的这段历史：

> 君不见秦时蜀太守，刻石立作三犀牛。
> 自古虽有厌胜法，天生江水向东流。
> 蜀人矜夸一千载，泛滥不近张仪楼。

（二）秦汉三国文化

如果说在杜甫时代所提到的古蜀文化更多地还停留在传说阶段，那么，秦汉三国及其以后的成都，则是名人荟萃。《华阳国志》称益州"土地沃美，人士俊乂，一州称望"[2]，杜甫自己也说"全蜀多名士"（《行次盐亭县聊题四韵奉简严遂州蓬州两使君咨议诸昆季》）。

杜甫到成都后的第一个春天，就迫不及待地去寻访他心目中的圣地——诸葛丞相祠堂：

> 丞相祠堂何处寻，锦官城外柏森森。
> 映阶碧草自春色，隔叶黄鹂空好音。

1　常璩著，任乃强校注：《华阳国志校补图注》，第133页。
2　常璩著，任乃强校注：《华阳国志校补图注》，第163页。

三顾频繁天下计，两朝开济老臣心。
出师未捷身先死，长使英雄泪满襟。

（《蜀相》）

这首诗短短五十六字，一半描写祠堂景色，一半概述诸葛功勋，尤其是尾联，堪称千古绝唱。

（三）宗教文化

蜀人自古即有仙化思维，古蜀先帝如鱼凫、杜宇、开明王都有仙化故事传世，据传说他们皆羽化而成仙。道教产生于西蜀，与这种仙化思维有很大的关系，故"成都乃神仙所聚之处"[1]，为道教圣地。

佛学虽是外来之学，但巴蜀地处佛教南北传播的陆路枢纽，是佛教传入最早的地区之一。尤其是蜀地中心城市成都，至唐代，更是东亚佛学中心之一。据《续高僧传》和《宋高僧传》记载，隋唐时期仅益州的高僧就有二十八人，仅次于长安、洛阳。具体到杜甫，其笔下所记录的当时成都的宗教文化也是相当丰富的。

在成都，杜甫已经开始逐渐释然于曾经孜孜以求的政治与人生梦想，逐渐适应成都闲适安逸的生活，对佛教有了新的认识，对其表现出一种特别的亲近与向往：

我住锦官城，兄居祇树园。
地近慰旅愁，往来当邱樊。
天涯歇滞雨，粳稻卧不翻。
漂然薄游倦，始与道侣敦。
景晏步修廊，而无车马喧。
夜阑接软语，落月如金盆。
漠漠世界黑，驱驱争夺繁。

1　李昉等撰：《太平广记》卷八十五《击竹子》，中华书局，1961年，第550页。

唯有摩尼珠，可照浊水源。

(《赠蜀僧闾邱师兄》)

"唯有摩尼珠，可照浊水源"，这样礼赞佛教，在此前杜甫诗歌中是较少看到的。成都对杜甫的改变，就此宗教一端，即可以发现。

事实上，杜甫来到成都，最先接纳他的即是位于西郊的草堂寺。杜甫在这里一直住到自己的草堂落成。杜甫与佛教、佛法、僧侣的感情，有一个不断加深的过程。他在刚到成都不久写给高适的诗中还以"古寺僧牢落，空房客寓居"(《酬高使君相赠》)表述自己淡淡的落寞与伤感。上元元年(760)和二年，杜甫两度到新津游玩，与裴迪等游览了新津修觉山上的修觉寺和四安寺等寺庙，写了多首诗歌。据《蜀中广记》载，"(新津县)南一里，修觉山，神秀禅师结庐于此。唐明皇驻跸，为题'修觉山'三字。寺有左右二井，春夏汲东，秋冬汲西，水则甘洌，反之则否，名曰林泉，殆灵泉……南二里四安寺，亦神秀创"[1]。这里景色秀美，禅意深邃，令杜甫叹为观止，"蝉声集古寺，鸟影度寒塘。……老夫贪佛日，随意宿僧房"(《和裴迪登新津寺寄王侍郎》)，心情相当放松怡然。再度游览，杜甫表现出一种分外的亲切：

寺忆新游处，桥怜再渡时。
江山如有待，花柳更无私。
野阔烟光薄，沙暄日色迟。
客愁全为减，舍此复何之。

(《后游》)

"客愁全为减"，可见佛教具有何等的魅力。

上元二年(761)秋，杜甫曾至青城山。青城山又名赤城、天国山。相传黄帝时宁封子修行于此，被黄帝封为统领五岳的"五岳丈人"，故青城山又称"丈人山"。东汉时张陵来此修行，创设道教。因此，青城山被誉为道

---

[1] 曹学佺撰：《蜀中广记》卷七，文渊阁《四库全书》本。

教名山，系道教第五洞天。杜甫诗中留下了青城山的幽静秀美：

> 自为青城客，不唾青城地。
> 为爱丈人山，丹梯近幽意。
> 丈人祠西佳气浓，缘云拟住最高峰。
> 扫除白发黄精在，君看他时冰雪容。
>
> （《丈人山》）

（四）名胜古迹

成都市内还有一些名胜古迹在杜甫笔下也得到了呈现，如琴台。杜甫刚到成都，思乡与忧国时常萦绕心中，故以"野老"自况，并在《野老》中感喟道："长路关心悲剑阁，片云何意傍琴台。"后来，杜甫又以"琴台"为题赋诗一首：

> 茂陵多病后，尚爱卓文君。
> 酒肆人间世，琴台日暮云。
> 野花留宝靥，蔓草见罗裙。
> 归凤求凰意，寥寥不复闻。

《方舆胜览》云琴台"即司马相如宅。《寰宇记》：'在华阳县市桥西。'《成都志》云：'在浣花溪之海安寺南。'今为金花寺，城内非其旧"[1]。

再如碧鸡坊。杜甫《西郊》诗云"时出碧鸡坊，西郊向草堂"。据《汉书·郊祀志》："或言益州有金马碧鸡之神，可醮祭而致，于是遣谏大夫王褒使持节而求之。"[2]《蜀中广记》载：

---

[1] 祝穆撰：《方舆胜览》卷五十一，中华书局，2003年，第910页。
[2] 班固撰：《汉书》卷二十五下，中华书局，1999年，第1035页。

《舆地纪胜》云:"金马碧鸡祠在金马坊,前汉宣帝闻益州有金马碧鸡之神,遣谏议大夫王褒持节醮祭而致之。宋朝赐为昭应庙,封其神为灵光侯。"汉《祭金马碧鸡文》曰:"持节使者王褒,敬移南崖,金精神马,缥缥碧鸡,处南之荒。深溪回谷,非土之乡。归来归来,汉德无疆。广于唐虞,泽配三皇。黄龙见兮白虎仁,归来归来可以为伦。归兮翔兮,何事南荒也。"按,今北门内石马巷,有石马足陷入地。金马祠在巷内,碧鸡坊则在城之西南。杜甫诗云时出碧鸡坊,西郊向草堂是矣。"[1]

旧时碧鸡坊是成都的一大名胜。据《梁益记》载:"成都之坊百有二十,第四曰碧鸡坊。"[2]由此可见一斑。

还有诸如万里桥、少城、百花楼、摩诃池、市桥、文翁、刘后主等,都曾在杜甫笔下出现,甚至反复出现。特别是万里桥,杜甫喜欢将其与成都西面的雪山对举,其主要原因是站在浣花溪边的草堂,眺望西北方向的雪山和浣花溪奔流而向的万里桥,有一种高与远的苍茫乃至沧桑之感。如"西山白雪三城戍,南浦清江万里桥"(《野望》),"窗含西岭千秋雪,门泊东吴万里船"(《绝句四首》之三),等等。

在杜甫的眼里,成都的历史文化源远流长,这种流变,可以用他《登楼》诗中的两句诗来概括:"锦江春色来天地,玉垒浮云变古今。"古今之变,烛照出成都历史的久远与荣光。

三、艺术名都

天府之国成都因为有自然生态的优势,有历史文化的底蕴,向来崇雅尚雅。这种雅的表现之一,就是整个城市氤氲着浓郁的艺术气质。这种艺术气质集中表现在音乐、歌舞、绘画、诗歌等方面。

---

1 曹学佺撰:《蜀中广记》卷三,文渊阁《四库全书》本。
2 杨伦笺注:《杜诗镜铨》,上海古籍出版社,1981年,第341页。

（一）音乐

杜甫刚到成都，就被成都的音乐气质所吸引，在《成都府》中，紧随"喧然名都会"之后的，即是这句"吹箫间笙簧"。箫、笙、簧，均是竹制乐器，这与成都大量产竹是有关系的。这些乐器所吹奏的旋律，飘荡在城市的上空，给杜甫以听觉上的震撼。此时的杜甫，纯然是一名游子，刚刚踏上成都的土地，既感新鲜，更感陌生。因为这里不是他的家乡，不是他向往的政治中心，尽管新奇新鲜，但漂泊无依之感大大冲淡了这种感官上的愉悦：

> 信美无与适，侧身望川梁。
> 鸟雀夜各归，中原杳茫茫。
>
> （《成都府》）

然而，时光最容易抚平心中的伤痕，当杜甫身心融入成都之后，对成都的音乐咏赞，又有了不一样的表述：

> 锦城丝管日纷纷，半入江风半入云。
> 此曲只应天上有，人间能得几回闻。
>
> （《赠花卿》）

后世论者对此诗的本事与用意多有争论，我们抛开这些争论不言，单从文字表述来理解，已足以与杜甫刚到成都时的第一印象相印证。"丝管"，泛指乐器。"日纷纷"，即城市每天都飘荡着丝管之声。一个怎样的城市才会有这样的音乐氛围？至少有如下信息是可以确定的：第一，成都的音乐有广泛的群众基础。因为没有广泛的群众基础，就不可能整天到处都能听到丝管之声；第二，成都的音乐水平高。"此曲只应天上有，人间能得几回闻"，不管有无"僭用天子礼乐"之嫌[1]，都说明杜甫在成都听到的音乐，是相当美妙的。有意思的是，在杜甫当年居住的成都草堂旧址，2011年11月，

1　杨慎撰：《丹铅摘录》卷十，文渊阁《四库全书》本。

因施工铺设地下管网而发掘出唐宋时期民居遗址1050平方米,出土器物上千件,其中有一件造型精美的唐宋青釉瓷拍鼓,又称腰鼓、胡鼓[1],与之前成都王建墓中出土的石刻二十四乐伎中的鼓类相同,这从一个侧面印证了唐宋时期成都的音乐之盛。

事实上,唐代两位皇帝(玄宗和僖宗)均曾避难成都。玄宗避难成都一年多,一度改成都为南京;僖宗避难成都四年。两位皇帝都将京城音乐(乐、舞、器、人)带入成都,极大地提升了成都的音乐地位与影响。成都本土的道教洞经音乐与从京城南传来的燕乐和从南诏北传而来的南诏乐在这里交汇融通,形成了颇具成都特色的音乐元素、音乐风格与音乐声望。[2]

(二)绘画

除音乐外,成都的绘画艺术也是相当有地位与影响的。李畋在《益州名画录·序》中说:"盖益都多名画,富视他郡,谓唐二帝播越及诸侯作镇之秋,是时画艺之杰者,游从而来,故其标格楷模,无处不有。"[3]这里所谓的"唐二帝",即前文所提到的唐玄宗与唐僖宗。随二帝南下的名画家确实不少。僖宗在杜甫之后,姑且不论。仅玄宗时期随从南来成都的画家,在杜甫笔下就多有体现。

在杜甫笔下,成都的绘画艺术也相当有品位,有影响。杜甫在成都写下的题画诗就有好多首,如《题壁画马歌》《戏题画山水图歌》《韦讽录事宅观曹将军霸画马图》《丹青引》《奉观严郑公厅事岷山沱江画图十韵》《观李固请司马弟山水图三首》等。当时,有好些知名画家或寓居成都,或游历成都,杜甫与他们都有各种各样的交集。如京兆人韦偃,"寓居于蜀,以善画山水、竹树、人物等,思高格逸。居闲尝以越笔点簇鞍马人物、山水云烟,千变万态,或腾或倚,或龁或饮,或惊或止,或走或起,或翘或跂,其小者或头一点,或尾一抹;山以墨斡,水以手擦,曲尽其妙,宛然如真。亦

---

1 杨渝泉:《喧然名都会 草堂鼓声传——述杜甫草堂遗址出土唐鼓》,《杜甫研究学刊》2006年第3期。
2 包德述:《唐五代时期南北丝绸之路多元音乐文化在成都的传播与交融》,《音乐探索》2009年第4期。
3 黄休复撰:《益州名画录》,文渊阁《四库全书》本。

有图骐骥之良，画衔勒之饰，巧妙精奇，韩幹之匹也"[1]。韦偃过去就与杜甫相识，当他准备离开成都时，曾来草堂与杜甫话别。杜甫喜欢韦偃画的马，请他在自己草堂的东壁上画了两匹马，并题诗为记：

> 韦侯别我有所适，知我怜君画无敌。
> 戏拈秃笔扫骅骝，欻见骐骥出东壁。
> 一匹龁草一匹嘶，坐看千里当霜蹄。
> 时危安得真致此，与人同生亦同死。
>
> （《题壁上韦偃画马歌》）

草堂东壁韦偃的画虽早已灰飞烟灭，但其名却因为杜甫的诗而永留人间。韦偃除了善画马外，其他诸如老松等也相当擅长，《历代名画记》叙韦偃"工山水、高僧、奇士、老松、异石，笔力劲健，风格高举。……人空知偃善马，不知松石更佳也。咫尺千寻，骈柯攒影，烟霞翳薄，风雨飕飗，轮囷尽偃。盖之形宛转，极盘龙之状"[2]。杜甫就曾为韦偃的双松图题诗，赞美道：

> 绝笔长风起纤末，满堂动色嗟神妙。
>
> （《戏韦偃为双松图歌》）

王宰，蜀中人，"多画蜀山，玲珑窳空，巉嵯巧峭"[3]。杜甫为其所画山水题诗，盛赞他"十日画一水，五日画一石。能事不受相促迫，王宰始肯留真迹"（《戏题画山水图歌》）。"能事不受相促迫"一句，对后世画史影响甚大，对此，宋人《宣和画谱》总结道："古之画工率非俗士，其模写物象，多与文人才士思致相合，以其冥搜相类耳。"[4]

曹霸，系魏曹髦之后，"髦画称于后代。霸在开元中已得名，天宝末，

1　朱景玄撰：《唐朝名画录》，四川美术出版社，1985年，第16页。
2　张彦远撰：《历代名画记》卷十，文渊阁《四库全书》本。
3　张彦远撰：《历代名画记》卷十，文渊阁《四库全书》本。
4　不著撰人：《宣和画谱》卷三，文渊阁《四库全书》本。

每诏写御马及功臣,官至左武卫将军"[1],后因罪削籍为庶人,安史乱后流落蜀中。据《宣和画谱》所载,当时御府所藏其画有十四幅,如《玉花骢》《逸骥》《老骥》《牧马》《九马》等。杜甫有感于曹霸的艺术成就,专门为其创作了一篇非常有名的《丹青引》,诗中的名句如"丹青不知老将至,富贵于我如浮云"已成为千古绝唱。宋徽宗御府内所藏的曹霸的一些画就原创于成都,如《九马》,杜甫曾在韦讽家观看过这幅画,称赞道:

可怜九马争神骏,顾视清高气深稳。

(《韦讽录事宅观曹将军霸画马图》)

事实上,成都本身就有深厚的艺术土壤,加之安史之乱,北方,特别是京城长安动荡不安,诸如曹霸等一批艺术家纷纷南迁成都,成都已成为全国名副其实的艺术中心。

(三)诗歌

不仅音乐、绘画,在诗歌方面,成都也是大家云集,氛围浓郁。西蜀成都乃天府之国,人杰地灵,诗歌文化源远流长。历史上,"自古文宗出西蜀"与"自古诗人例到蜀"构成了两道相互交叉的文化风景,而交叉的圆心无疑就在蜀之都会成都。换言之,这些无论出自西蜀的文人还是来到西蜀的文人,基本上都与成都有着这样或那样的交集。被称为唐诗高峰的双子星李白与杜甫,就演绎了这样的传奇。李白出生在蜀地江油,二十一岁时到成都游历,拜见益州长史苏颋等人,写下了《上皇西巡南京歌十首》《登锦城散花楼》等作品。杜甫中年之后来到成都,在成都生活了三年零九个月,写下了二百六十余首诗歌。

在成都,杜甫与时任彭州刺史、蜀州刺史的高适的酬唱,成就了一段成都,也是中国诗坛的佳话。上元元年(760),杜甫到成都不久,就收到彭州刺史高适寄来的《赠杜二拾遗》:

---

1 张彦远撰:《历代名画记》卷九,文渊阁《四库全书》本。

> 传道招提客,诗书自讨论。
> 佛香时入院,僧饭屡过门。
> 听法还应难,寻经剩欲翻。
> 草《玄》今已毕,此后复何言。[1]

杜甫随即回之以《酬高使君相赠》:

> 古寺僧牢落,空房客寓居。
> 故人供禄米,邻舍与园蔬。
> 双树容听法,三车肯载书。
> 草《玄》吾岂敢,赋或似相如。

据梁简文帝《草堂传》所载,成都草堂寺自梁时即有。[2]司马相如与扬雄均是汉代成都的名人。扬雄曾草《太玄》,以为"经莫大于《易》,故作《太玄》"[3]。杜甫诗的尾联"草《玄》吾岂敢,赋或似相如"是对高适诗尾联"草《玄》今已毕,此后复何言"的回应。杜甫以诗歌擅长,面对蜀中先贤,也是华夏俊彦的司马相如与扬雄,他用"岂敢"与"或似"绾结,既是谦虚之词,也是对蜀中前贤的由衷敬重。在杜甫心里,对扬雄草《玄》那样的思辨玄论,他是自愧弗如的;至于自己被称为"赋圣",与开大赋先河的司马相如,或许还有几分相似。后来杜甫又作《因崔五侍御寄高彭州》《奉简高三十五使君》等诗,请求高适予以资助,并表达由衷谢意。上元二年(761)正月初七人日,高适又作《人日寄杜二拾遗》:

> 人日题诗寄草堂,遥怜故人思故乡。

---

1 高适著,孙钦善校注:《高适集校注》,上海古籍出版社,2014年,第281页。
2 萧统编,李善注:《文选》卷四十三《北山移文》注,上海古籍出版社,1986年,第1957页。
3 班固撰:《汉书》卷八十七下《扬雄传下》,中华书局,1999年,第2659页。

> 柳条弄色不忍见，梅花满枝空断肠。
> 身在南蕃无所预，心怀百忧复千虑。
> 今年人日空相忆，明年此日知何处。
> 一卧东山三十春，岂知书剑老风尘。
> 龙钟还忝二千石，愧尔东西南北人。[1]

该诗"今年人日空相忆，明年此日知何处"不幸成为"诗谶"。当时杜甫忙于营建草堂，为生计奔波，高适的这首诗被夹在书帙中，等到大历五年（770）正月，杜甫已经离开巴蜀，流寓潭州，翻检旧书札，才再次看到高适的这首人日寄诗。此时高适已经作古，杜甫回想这十年来所经历的人事沧桑，不禁老泪纵横，提笔写下《追酬故高蜀州人日见寄》。其序文云：

> 开文书帙中，检所遗忘，因得故高常侍适往居在成都时，高任蜀州刺史，人日相忆见寄诗。泪洒行间，读终篇末。自枉诗已十余年，莫记存没，又六七年矣。老病怀旧，生意可知。今海内忘形故人，独汉中王瑀与昭州敬使君超先在。爱而不见，情见乎辞，大历五年正月二十一日，却追酬高公此作，因寄王及敬弟。

高、杜二人持续十年的人日酬唱，成为唐诗佳话。自宋代开始，每年人日，文人墨客即来到成都杜甫草堂，祭拜诗圣杜甫，此俗一直延续至今。杜甫在成都与高适的酬唱，大大丰富了成都这座历史名城的诗性文化，至今因当年高、杜酬唱而演绎出来的草堂人日祭拜，已成为省级非物质文化遗产。

四、工商名都

杜甫笔下的成都，不仅仅具有丰富的人文历史底蕴，更具有工商大都会的气派与魅力。杜甫刚到成都，看到的是"曾城填华屋"（《成都府》）。曾，同"层"。成都在秦国张仪、张若时就已奠定了少城、太城的格局，所

---

[1] 高适著，孙钦善校注：《高适集校注》，第282页。

以，城中有城，城外也有城。杜甫眼中看到的是成都城市的大格局，高堂华屋填塞城市，一派华贵的景致。这些满城的高堂华屋，可谓古代城市经济高度发达的象征。

除了高堂华屋，成都的繁盛还有人口的优势。不妨看看杜甫笔下的勾勒：

城中十万户，此地两三家。

（《水槛遣心二首》之一）

城中十万户，以平均每户常住人口四人计算，也已是四十万人的居住规模。据《新唐书》所载，成都府有"户十六万九百五十，口九十二万八千一百九十九"[1]。当时成都府辖十县，全府十六万多户，九十二万多人口，可见，杜甫笔下"城中十万户"之说，并非夸张，是可信的。而据《元和郡县图志》所载，唐开元年间，全国共有府州二百一十九，其中有六个府州人口在十万户以上，成都仅次于京兆府，"有户十三万七千四十六"[2]，杜甫"城中十万户"之说是有其根据的。

（一）烧瓷业

大邑唐时为临邛属县，其瓷器属于邛窑系列。邛窑始于东晋时期，盛于唐，衰于南宋，断烧于元代，是我国著名的民间瓷窑之一，也是我国古代青瓷的重要产地，与邢窑、定窑、越窑、景南窑、潮州窑并称唐代六大名窑。杜甫曾这样描写大邑烧瓷：

大邑烧瓷轻且坚，扣如哀玉锦城传。

（《又于韦处乞大邑瓷碗》）

"轻且坚"，说明瓷片很薄，但质地坚硬，不仅如此，轻叩其身，声如

---

1 欧阳修、宋祁撰：《新唐书》卷四十二，中华书局，1999年，第709页。
2 李吉甫撰：《元和郡县志》卷三十二，中华书局，1983年，第765页。

"哀玉",这更进一步证实了邛窑青瓷的代表性地位。

(二)酿酒业

成都郫筒镇产郫筒酒,颇负盛名。《益部谈资》载:

> 郫筒酒,乃郫人刳大竹为筒,贮春酿于中。相传山涛治郫,用筠管酿荼蘪作酒,经旬方开,香闻百步。[1]

广德二年(764),杜甫从阆中返回成都,途中给严武写了五首诗,第一首即怀想严武曾经光顾草堂,杜甫设家宴款待的往事,中云:

> 鱼知丙穴由来美,酒忆郫筒不用酤。
> (《将赴成都草堂途中有作先寄严郑公五首》之一)

回到草堂后,杜甫则兴奋地说:

> 洗杓开新酝,低头拭小盘。
> 凭谁给曲糵,细酌老江干。
> (《归来》)

看来杜甫还要自己酿酒。事实上,早在上元元年秋天杜甫在描述泛舟浣花溪的《泛溪》诗中就曾自谓"浊醪自初熟",说明杜甫早已会酿酒。

李肇在《唐国史补》中记载了当时闻名全国的十几种美酒:"酒则有郢州之富水……剑南之烧春。"[2]剑南之烧春,即指唐代剑南道首府成都出产的剑南春酒,为宫廷贡酒,有生春与烧春之别[3],有时也简称蜀酒。在杜甫眼里,"蜀酒浓无敌"(《戏题寄上汉中王三首》之二),"蜀酒禁愁得"(《草堂即事》),又"岂无成都酒,忧国只细倾"(《赠左仆射郑国公严

---

[1] 何宇度撰:《益部谈资》卷中,文渊阁《四库全书》本。
[2] 李肇撰:《唐国史补》卷下《唐五代笔记小说大观》,上海古籍出版社,2000年,第197页。
[3] 王赛时撰:《唐代饮食》,齐鲁书社,2003年,第168页。

公武》)。

蜀州青城山乳酒是道家酿制的一种养生酒,杜甫在《谢严中丞送青城山道士乳酒一瓶》中云:"山瓶乳酒下青云,气味浓香幸见分。"这种乳酒与青城丈人的太乙真君酒应属同类:

> 峨眉仙府静沉沉,玉液金华莫厌斟。
> 凡客欲知真一洞,剑门西北五云深。[1]

酿酒作坊多,酒肆自然也不会少。《岁华纪丽谱》曾载:

> 上元节放灯,旧记称,唐明皇上元京师放灯,灯甚盛。叶法善奏曰:"成都灯亦盛。"遂引帝至成都,市酒于富春坊。[2]

杜甫对成都的酒楼文化也有描述:

> 东望少城花满烟,百花高楼更可怜。
> 谁能载酒开金盏,唤取佳人舞绣筵。
> （《江畔独步寻花七绝句》之四）

这种繁盛,也可在张籍诗歌"万里桥边多酒家,游人爱向谁家宿"(《成都曲》)中找到踪迹。

(三) 盐业

成都平原和四川盆地,旧时盐井较多,这与四川盆地数百万年前为沧海有很大的关系。《华阳国志》载李冰"识齐水脉,穿广都盐井,诸陂池。蜀于是盛有养生之饶焉"[3]。任乃强先生对此解释道:"四川盆地,数百万年前

---

1 青城丈人:《送太乙真君酒》,《全唐诗》卷八百六十二,中华书局,1999年,第9811页。
2 陶宗仪撰:《说郛》卷六十九上,文渊阁《四库全书》本。
3 常璩著,任乃强校注:《华阳国志校补图注》,第143页。

为大海,地下蕴有盐岩,地表中亦多有含氯化钠……至于透过深层岩盐后涌出之水泉,则为盐泉,大都涌现于巴国地区……巴国援之为利而致强大。蜀国地区无此盐泉。李冰前,蜀人食盐仰给于巴。秦灭巴时,巴东盐泉为楚所据,张若等争之,久乃克有。当尚未得巴东盐泉时,李冰创为盐井之法,图盐自给。其最先开创之盐井在广都,故曰:'穿广都盐井。'"[1]秦时广都县境,包括今双流与仁寿大部分地区。杜甫来到成都南郊,为我们留下了一幅产、城一体与山、城一脉的壮观风景:

远烟盐井上,斜景雪峰西。

(《出郭》)

(四)织锦业

以成都为中心的古蜀国是世界丝绸的发源地之一,也是织锦的重镇。《华阳国志》载:"司马错、中尉田真黄曰:'得其布、帛、金、银,足给军用。'"[2]又载:"其道西城,故锦官也。锦江织锦濯其中则鲜明,濯他江则不好,故命曰锦里也。"[3]据《蜀中广记》所载,此"锦官"在夷里桥南。[4]这说明,在战国后期,秦并巴蜀后,就已经在成都设立专门管理织锦业的官署——"锦官"。故,成都很早就以"锦里""锦官城"赢得声誉。对此,《蜀锦谱》这样概述:"蜀以锦擅名天下,故城名以锦官,江名以濯锦。"[5]据学者研究,唐代成都是我国最享盛名的丝绸及其制品生产基地,有唐一代,皇室每朝都向成都索取绫罗锦等高级丝织物及其成品。在唐代,成都推出的丝织品花色品种新颖繁多,计有瑞锦、新样锦、蜀罗、单丝罗、蜀缬等。[6]"锦官(城)""锦里""濯锦江"等是杜甫常常书写的城

---

1 常璩著,任乃强校注:《华阳国志校补图注》,第141页。
2 常璩著,任乃强校注:《华阳国志校补图注》,第126页。
3 常璩著,任乃强校注:《华阳国志校补图注》,第153页。
4 曹学佺撰:《蜀中广记》卷一,文渊阁《四库全书》本。
5 费著撰:《蜀锦谱》,文渊阁《四库全书》本。
6 卢华语:《唐代成都丝织业管窥》,《中国社会经济史研究》2009年第4期。

市意象，如："我住锦官城，兄居祇树园"（《赠蜀僧闾邱师兄》）；"丞相祠堂何处寻，锦官城外柏森森"（《蜀相》）；"幸君因估客，时寄锦官城"（《送段功曹归廉州》）；"晓看红湿处，花重锦官城"（《春夜喜雨》）；"读书云阁观，问绢锦官城"（《送九归成都》）；"锦官城西生事微，乌皮几在还思归"（《将赴成都草堂途中有作先寄严郑公五首》之五）；"锦里春光空烂漫，瑶墀侍臣已冥寞"（《追酬故高蜀州人日见寄并序》）；"锦里烟尘外，江村八九家"（《为农》）；"锦里先生乌角巾，园收芋粟不全贫"（《南邻》）；"雪山斥候无兵马，锦里逢迎有主人"（《将赴成都草堂途中有作先寄严郑公五首》之二）；"锦里残丹灶，花溪得钓纶"（《赠王二十四侍御契四十韵》）；"河阳县里虽无数，濯锦江边未满园"（《萧八明府实处觅桃栽》）……这些都是杜甫对所寓居的成都的描述与礼赞。

（五）商贸业

成都自古物华天宝，加之偏于西南一隅，远离政治中心，较少战争纷扰，被杜甫形容为"宇宙蜀城偏"（《得广州张判官叔卿书使还以诗代意》）。安史之乱时，成都成为唐朝行都，四川成为中原人士避乱之所，极大地刺激了成都乃至整个四川的经济。当时成都被称为"南京"，颇有帝都气势，"时人称扬一益二"[1]。不过，在唐求的眼里，"大凡今之推名镇为天下第一者，曰扬、益，以扬为首，盖声势也。人物繁盛，悉皆土著，江山之秀，罗锦之丽，管弦歌舞之多，伎巧百工之富，其人勇且让，其地腴以善，熟较其要妙，扬不足以俟其半"[2]。事实上，从唐迄宋，成都经济持续发展，城市未遭受大的战乱与破坏，这种富庶甚至可以从后唐破蜀的宫廷收缴清单中窥见一斑："得……粮二百五十三万石，钱一百九十二万缗，金银二十二万两，珠玉犀象二万，文锦绫罗五十万匹。"[3]而杜甫自己曾直言，自安史之乱后，"唯独剑南，自用兵以来，税敛则殷，部领不绝，琼林诸库，

---

1 司马光撰：《资治通鉴》卷二百五十九，中华书局，2012年，第8551页。
2 袁说友等编：《成都文类》卷二十三，中华书局，2011年，第475~476页。
3 欧阳修撰：《新五代史》卷二十四《郭崇韬传》，中华书局，1999年，第164~165页。

仰给最多"[1]。这种繁盛,也可以在杜甫诗歌"门泊东吴万里船"(《绝句四首》之三)中看到缩影。

商贸的繁荣还表现为市场的兴盛。杜甫《春水生二绝》之二云:

> 一夜水高二尺强,数日不可更禁当。
> 南市津头有船卖,无钱即买系篱傍。

这里的南市系成都的常规市场之一,在南郊万里桥内侧,唐德宗时,节度使韦皋又在万里桥外侧(南)创设新南市,"发掘坟墓,开拓通衢,水之南岸人逾万户,廛闬楼阁,连属宏丽,为一时之盛"[2]。除常规的东市、南市、西市、北市以及后来拓展的新南市、新北市外,唐宋时成都每月还有特色集市,据赵抃《成都古今记》载:"正月灯市,二月花市,三月蚕市,四月锦市,五月扇市,六月香市,七月七宝市,八月桂市,九月药市,十月酒市,十一月梅市,十二月桃符市。"[3]

五、休闲名都

(一)慢生活与慢生活

因为自然条件的优渥与人文底蕴的深厚,成都整座城市散发出悠雅、闲雅与淡雅的风致与氛围。杜甫漂泊至蜀,因为有严武等朋友的关照与接济,虽然谈不上"锦衣玉食",但和之前相比,生活相对安稳,最关键的是以成都为中心的蜀地"慢生活"改变了杜甫的性格与审美。诚如仇兆鳌所言:"盖多年匍匐,至此始得少休也。"[4]而这首《江村》也确实能烛照成都时期的杜甫悠雅、闲雅与淡雅的心境:

---

1 仇兆鳌撰:《杜诗详注》卷二十五《为阆州王使君进论巴蜀安危表》,中华书局,1979年,第2193页。
2 张君房撰:《云笈七签》卷一百二十一《南康王韦皋修黄箓道场验》,中华书局,2003年,第2670页。
3 陶宗仪撰:《说郛》卷六十二下,文渊阁《四库全书》本。
4 仇兆鳌撰:《杜诗详注》卷九《江村》诗注,第746页。

清江一曲抱村流，长夏江村事事幽。
自去自来梁上燕，相亲相近水中鸥。
老妻画纸为棋局，稚子敲针作钓钩。
但有故人供禄米，微躯此外更何求？

从村中景描写到家中景，一派幽静、冲和、淡雅的意境，仿佛时空在这一刻凝固。一个客居成都的清贫诗人之家尚且能如此，成都其他人居的风貌可以想见。

这种"慢生活"，其实也是一种"漫生活"，即浪漫的生活。杜甫在草堂写了《绝句漫兴九首》，就是这种"慢"与"漫"的交融：

懒慢无堪不出村，呼儿日在掩柴门。
苍苔浊酒林中静，碧水春风野外昏。

（《绝句漫兴九首》之六）

足不出户，静享园林中的诗酒人生。这种自适的心境，让杜甫觉得"眼边无俗物，多病也身轻"（《漫成二首》之一）；杜甫自述"仰面贪看鸟，回头错应人。读书难字过，对酒满壶频"（《漫成二首》之二）；告诫自己"莫思身外无穷事，且尽生前有限杯"（《绝句漫兴九首》之四）。

（二）宴饮之乐

蜀地优良的稻作物与优质的水资源，化育了蜀地酒香的醇美。蜀酒在历史上声名远播，而成都的酒文化更是助推了城市的休闲氛围的形成。汉代卓文君当垆卖酒，司马相如店内涤器的浪漫故事，已经让成都浪漫无比。诚如孙光宪所言："蜀之士子，莫不酤酒，慕相如涤器之风也。"[1]杜甫本来比较拘谨，对酒并非特别钟情，但到成都后，受这里的酒文化的熏陶，也开始钟情于酒。他在寄严武的诗中说：

---

1 孙光宪撰：《北梦琐言》卷三，《唐五代笔记小说大观》（下），上海古籍出版社，2000年，第1824页。

> 把酒宜深酌，题诗好细论。
>
> （《敝庐遣兴奉寄严公》）

他避乱来到梓州，"断酒不饮"，他在给汉中王王瑀的诗中自嘲道：

> 蜀酒浓无敌，江鱼美可求。
> 终思一酩酊，净扫雁池头。
>
> （《戏题寄上汉中王三首》之二）

他怀念成都的草堂，说自己"嗜酒爱风竹，卜居必林泉"（《寄题江外草堂》）。在梓州，因严武应诏赴朝，杜甫失去了倚靠，因此打算沿嘉陵江东下出川，远走吴楚，谁知旋即得到严武重新镇蜀的消息，后来又返回成都。在《将适吴楚留别章使君留后兼幕府诸公得柳字》这首诗中，杜甫反思自己："常恐性坦率，失身为杯酒。"他似乎对自己在蜀地的生活有一种检讨。酒这种东西，容易让人癫狂，他曾自言"犹记酒颠狂"（《戏题寄上汉中王三首》之一）。然而，这时的杜甫，对诗酒人生已有了颖悟：

> 宽心应是酒，遣兴莫过诗。
> 此意陶潜解，吾生后汝期。
>
> （《可惜》）

> 诗酒尚堪驱使在，未须料理白头人。
>
> （《江畔独步寻花七绝句》之二）

> 报答春光知有处，应须美酒送生涯。
>
> （《江畔独步寻花七绝句》之三）

> 谁能载酒开金盏，唤取佳人舞绣筵。
>
> （《江畔独步寻花七绝句》之四）

> 莫思身外无穷事，且尽生前有限杯。
>
> （《绝句漫兴九首》之四）

> 草堂樽酒在，幸得过清朝。
>
> （《朝雨》）

严武再镇蜀时，曾在成都北池旁边的华馆宴请杜甫。"北池云水阔，华馆辟秋风"（《陪郑公秋晚北池临眺》），可以想见华馆所在位置风景的优美。严武还赠送青城山道士乳酒给杜甫，杜甫有《谢严中丞送青城山道士乳酒一瓶》纪之。

成都因为是西南重镇，到蜀地履职的官员大都皆是文化人，加之南迁文人不断增多，游历成都的文人也不在少数，所以，诗酒唱和成为文人生活雅兴之一，这在唐宋时期的成都尤为明显。杜甫与高适、王抡、裴迪、何邕、严武等人都有唱和酬赠。

（三）游赏之乐

《岁华纪丽谱》曾这样描述成都：

> 成都游赏之盛，甲于西蜀，盖地大物繁，而俗好娱乐。凡太守岁时宴集，骑从杂沓，车服鲜华，倡优鼓吹，出入拥导。四方奇技，幻怪百变，序进于前，以从民乐。岁率有期，谓之故事。及期，则士女栉比，轻裘祛服，扶老携幼，阗道嬉游。或以坐具列于广庭以待观者，谓之遨床。而谓太守为遨头。[1]

而四库馆臣则这样评价：

> 成都自唐代号为繁庶，甲于西南。其时为之帅者，大抵以宰臣出镇，富贵优闲。岁时燕集，浸相沿习。故张周封作《华阳风

---

[1] 费著撰：《岁华纪丽谱》，文渊阁《四库全书》本。

俗录》，卢求作《成都记》，以夸述其胜。遨头行乐之说，今尚录之。迨及宋初，其风未息，前后太守，如张咏之刚方，赵抃之清介，亦皆因其土俗，不废娱游。其侈丽繁华，虽不可训，而民物殷阜，歌咏风流，亦往往传为佳话，为世所艳称。[1]

《太平广记》"崔圆"条则有这样一段记述节度使崔圆在成都游赏的盛况逸事：

> 天宝末，崔圆在益州。暮春上巳，与宾客将校数十百人，具舟楫游于江。都人纵观如堵。是日，风色恬和，波流静谧。初宴作乐，宾从肃如。忽闻下流十数里，丝竹竞奏，笑语喧然，风水薄送如咫尺。须臾渐近，楼船百艘，塞江而至，皆以锦绣为帆，金玉饰舟，旄纛盖伞，旌旗戈戟，缤纷照耀。中有朱紫十数人，绮罗妓女凡百许，饮酒奏乐方酣。他舟则列从官武士五六千人，持兵戒严，溯沿中流，良久而过。圆即令访问，随行数里。近舟，舟中方言曰：天子将幸巴剑，蜀中诸望神祇，迁移避驾，幸无深怪。圆骇愕，因罢会。[2]

崔圆就是被《岁华纪丽谱》称为带头公共娱乐的"遨头"。

成都城内及四方，都有池泽湖泊，向为游乐玩赏之地。《华阳国志》载：

> （张若）其筑城取土，去城十里，因以养鱼，今万岁池是也。……城北又有龙坝池，城东有千秋池，城西有柳池，西北有天井池，津流径通，冬夏不竭。其园囿因之。平阳山亦有池泽，蜀王渔畋之地也。[3]

---

1 永瑢等撰：《四库全书总目》卷七十，中华书局，1965年，第626页。
2 李昉等编：《太平广记》卷三百三，中华书局，1961年，第2400页。
3 常璩著，任乃强校注：《华阳国志校补图注》，第128~129页。

据任乃强先生考证，万岁池即今城北昭觉寺北的北莲池；龙坝池即今九里堤；千秋池乃东门外沙河铺大观堰；柳池在城西罗家碾、道士堰；平阳山又名阳平山，在城北将军碑与天回镇间之大黄土冈陵，上有金鱼池、鸭子池及小池泽颇多。[1]这是晋之前的成都，"蜀王渔畋之地"道出了蜀地的游赏之风由来已久。

晋以后，成都城内还有摩诃池，一个风景旖旎的地方，也是唐代成都城内最大的人工湖。雍正《四川通志》载：

> 摩诃池，萧摩诃所置，在锦城西。《方舆胜览》：隋蜀王秀筑广子城取土于此，因为池。有僧见之曰：摩诃宫毗罗。盖梵语谓摩诃为大宫，毗罗为龙。谓此池广大有龙耳。陆游《渭南集》：摩诃池入蜀王宫中，泛舟入池，曲折十余里。至宋世，蜀宫后门已为平陆，然犹呼为水门也。明初其地填为蜀藩正殿，西南尚有一曲，水光涟漪云。

陆游《摩诃池》云：

> 摩诃古池苑，一过一消魂。
> 春水生新涨，烟芜没旧痕。
> 年光走车毂，人事转萍根。
> 犹有宫梁燕，衔泥入水门。[2]

严武任西川节度使时，"拥旄西蜀，累于饮筵，对客骋其笔札"[3]。杜甫从梓阆回到成都后，严武就曾邀约杜甫泛舟摩诃池：

---

1 常璩著，任乃强校注：《华阳国志校补图注》，第131~132页。
2 陆游撰，钱仲联校注：《剑南诗稿校注》卷三，上海古籍出版社，2005年，第299页。
3 范摅撰：《云溪友议》卷上《严黄门》，《唐五代笔记小说大观》（下），第1270页。

湍驶风醒酒，船回雾起堤。
高城秋自落，杂树晚相迷。
坐触鸳鸯起，巢倾翡翠低。
莫须惊白鹭，为伴宿清溪。

(《晚秋陪严郑公摩诃池泛舟》)

看来杜甫与严武是宴饮之后乘船游览摩诃池。因为船开得快，加之已是晚秋，所以，凉风吹醒了酒意。杂树、鸳鸯、翡翠、白鹭，构成了一幅清美的图画。

"优雅时尚"的艺术魅力

▼

传承巴蜀文明 发展天府文化
THE RESEARCH
OF TIANFU CULTURE

▲

  "优雅时尚"是精致的价值取向渗透于天府成都精神文明建设的表现。"优雅时尚"成就了成都悠久绵长的书法艺术,自古以来这座城市所涌现的众多文人书法家,各地所镌刻保存的大量名家书法作品,都展现了成都在书法艺术史上的卓越成就和不凡影响。雅俗共赏的川剧是中国戏曲中一种多声腔融合的地方剧种,唱腔创作之优,文化精髓之雅,让古今中外爱好者深深陶醉其中。究其根源,寻其流迹,从川剧的前世今生、剧本演员、剧场观众,都可见川剧"雅"之所在。成都是古蜀文明重要的发祥地,具有深厚的文化底蕴。古典文学为成都这座历史文化名城增添无限诗意,历史名人的风雅故事,诗词歌赋的优美诠释,饱含诗意的城市面貌,等等,都是成都优雅时尚的文化记忆。"优雅时尚"体现了天府文化弥足珍贵的文化气质,也是古典文学传统的重要源泉和天府文化有待发展的重要内容。

信美无与适　优雅九天开

——四川盆地号称"天府"的由来与李白、杜甫对"天府之国"的赞美

祁和晖[1]

摘　要："天府"之称，首见于苏秦。之后秦灭巴蜀，将成都作为一统六合的大后方，郡守李冰修建都江堰，变赤里为"天府"。此后，从诸葛亮笔下的"天府之土"，到诗人李白、杜甫对"天府"的盛赞，"天府之国"自古至今都是四川盆地城市文化的榜样，成都乡村也是四川乡村文化建设的模范。

关键词：天府；李白；杜甫；优雅

一、何谓"天府"

"天府"一词，今存文献首见于《战国策·秦策一》中，苏秦欲说服秦惠王采纳他的"合纵"战略，称雄天下，其说辞云：

---

[1] 祁和晖，西南民族大学教授。

大王之国，西有巴蜀、汉中之利，北有胡貉、代马之用，南有巫山、黔中之限，东有肴、函之固。田肥美，民殷富，战车万乘，奋击百万，沃野千里，蓄积饶多，地势形便，此所谓天府，天下之雄国也。以大王之贤，士民之众，车骑之用，兵法之教，可以并诸侯，吞天下，称帝而治，愿大王稍留意，臣请奏其效。[1]

此处"天府"乃赞誉秦京城咸阳所在的"关中盆地"。西周、秦、汉、唐等中国历史上的辉煌时代，皆建都城于此区域。

苏秦所称"天府"，其含义有六：第一，自然生态良好；第二，物藏、物产丰富；第三，地势险要；第四，人民生活富足安康；第五，综合国力强大、资源丰厚；第六，以上五大优越条件皆天造地设，非人力所能"打造"。

"天府"一词本义为天赐之藏宝府库，"府"者，藏聚宝物之库也；"天"者，天然生成之谓也；"天府"者，天然生成之宝藏库也。

二、"四川盆地"号称"天府之土"的由来

秦汉相继，国家发展战略皆为开发巴蜀大地资源以兴国、强国：秦国灭蜀吞巴，以"四川盆地"为特区——尤其是"盆底"位置的成都平原是秦国富国强兵的第一后方基地，秦国赖此基地灭齐伐楚，统一天下，建立秦朝。天府首城成都的建城史早于秦朝。成都锦城、锦里、锦江的得名也早于秦朝。刘邦以汉中王（古蜀王国土汉水流域之三）灭楚兴汉，建立汉朝。汉朝之"汉"正是汉水之汉，其流域乃古巴蜀人聚居之地（其民至今仍讲四川话）。西汉立国后继续秦朝开发巴蜀战略，重点开发巴蜀工商农产业，使得巴蜀大地农业、工业（丝织、冶铁）、商贸、人文皆繁富兴盛，富甲一方。不仅产生了卓王孙、程郑氏、巴寡妇清等全国首屈一指的巨商巨富，培养出了司马相如、王褒、扬雄等一批文化巨人，还产生了严君平、落下闳等数术家，更有李冰及都江堰这样的世界级工程师与伟大工程。故东汉初，班固《两都赋》借长安父老之口称，长安富饶，号称"近蜀"——以接近巴蜀天

---

[1] 诸祖耿撰：《战国策集注汇考》，江苏古籍出版社，1985年，第118页。

府之富去形容长安，可见西汉成都平原已是全国首富区域。

"天府之土"一语，在文献中首次出现于汉末诸葛亮《草庐对》一文中：

> 荆州北据汉、沔，利尽南海，东连吴会，西通巴蜀，此用武之国，而其主不能守，此殆天所以资将军，将军岂有意乎？益州险塞，沃野千里，天府之土，高祖因之以成帝业。刘璋暗弱，张鲁在北，民殷国富而不知存恤，智能之士思得明君。将军既帝室之胄，信义著于四海，总揽英雄，思贤如渴，若跨有荆益，保其险阻，西和诸戎，南抚夷越，外结好孙权，内修政理，天下有变……将军身率益州之众出于秦川，百姓孰敢不箪食壶浆以迎将军者乎？诚如是，则霸业可成，汉室可兴矣。[1]

诸葛亮显然吸纳了苏秦和张仪合纵连横战略的精髓，甚至借用了六百年前苏秦说秦惠王的文辞，形成了《草庐对》。刘备全面采信《草庐对》战略，始有"三国"鼎立这一段历史。

后世雅称"天府之土"为天府之国，"天府之国"四川盆地这一方水土不仅养人，更润国，正是这一沃土提供了天下英雄为之竞折腰的条件基础。

三、李白对"天府之国"首府的激情赞叹

李白二十岁在成都，写诗《登锦城散花楼》：

> 日照锦城头，朝光散花楼。
> 金窗夹绣户，珠箔悬银钩。
> 飞梯绿云中，极目散我忧。
> 暮雨向三峡，春江绕双流。
> 今来一登望，如上九天游。

---

[1] 《诸葛亮集》，中华书局，1960年，第1页。

李白二十三岁在岷江边的清溪码头又写下了《峨眉山月歌》：

峨眉山月半轮秋，影入平羌江水流。
夜发清溪向三峡，思君不见下渝州。

李白二十五岁时因打抱不平，手刃恶人，不得不"杖剑去国，辞亲远游"，离开故乡，寄居长江中游荆州大地的安陆县唐朝前宰相许圉师家，在此婚娶，养儿育女。他以安陆为家，漫游四方，前后长达八年。在走出长江三峡时，李白深情地写下《自巴东舟行经瞿塘峡登巫山最高峰晚还题壁》，诗中以拳拳之心与故乡告别：

江行几千里，海月十五圆。
始经瞿塘峡，遂步巫山巅。
巫山高不穷，巴国尽所历。
…………
月色何悠悠，清猿响啾啾。
辞山不忍听，挥策还孤舟。

李白五十七岁，因于安史之乱中接受唐玄宗第十六子永王李璘（唐肃宗李亨同父异母弟，从小由李亨抚养）敦请，曾答应参与李璘抗击安史乱党的幕府事务，被视为"附逆"而获罪——李璘在淮南聚兵，被其皇兄李亨视为"反叛"，李白受其牵连，流贬夜郎。在此窘境中，闻说李亨朝廷有定成都为南京之事，李白不顾戴罪之身，发表赞成定南京于成都之策，写下《上皇西巡南京歌十首》，盛赞天府之国富沃、美丽、险要、人民素质高、自然环境优良，是建帝王都城的好地方。

这十首诗历述故乡天府之国山清水秀、空气清新的生态之美，有如九天仙宫的城市之美，和谐而重情义的人民之美，悠久的历史人文之美。兹引

《上皇西巡南京歌十首》[1]如下：

之一

胡尘轻拂建章台，圣主西巡蜀道来。
剑壁门高五千尺，石为楼阁九天开。

之二

九天开出一成都，万户千门入画图。
草树云山如锦绣，秦川得及此间无？

之三

华阳春树似新丰，行入新都若旧宫。
柳色未饶秦地绿，花光不减上阳红。

之四

谁道君王行路难，六龙西幸万人欢。
地转锦江成渭水，天回玉垒作长安。

之五

万国同风共一时，锦江何谢曲江池。
石镜更明天上月，后宫亲得照蛾眉。

之六

濯锦清江万里流，云帆龙舸下扬州。
北地休夸上林苑，南京还有散花楼。

---

[1] 引诗以安旗等撰《李白全集编年笺注》本为准，中华书局，2015年，第三册，第1349~1356页。

之七

锦水东流绕锦城，星桥北挂象天星。
四海此中朝圣主，峨眉山下列仙庭。

之八

秦开蜀道置金牛，汉水元通星汉流。
天子一行遗圣迹，锦城长作帝王州。

之九

水绿天青不起尘，风光和暖胜三秦。
万国烟花随玉辇，西来添作锦江春。

之十

剑阁重关蜀北门，上皇归马若云屯。
少帝长安开紫极，双悬日月照乾坤。

李白此组诗中使用了天府蜀国十二处地名，如剑门关、成都、华阳、新都、锦江、锦城、玉垒、散花楼、星桥、万里桥、峨眉、蜀道；巴蜀文化典故五处，如蜀道、九天仙庭、石镜、万里桥、星桥。

四、杜甫对"天府之国"的"点赞"

杜甫四十九岁那年腊月三十进入成都，写下了居住于成都期间的第一首诗《成都府》。此诗赞颂成都——天府是新天地、新人民、新城市、新山水、新人文、新历史。"六新"的天府之国给杜甫的印象——从自然环境到人文气象，从人民习俗到独特的古蜀历史，一切的一切，皆为诗圣之"前年未见"。

杜甫在四川盆地渡过了其人生中最为重要的数年，留下了大量杰出的诗篇。天府之国，以其独特的自然环境和深厚的人文底蕴，滋养着杜甫，正是天府之国为杜甫登上中国诗史顶峰提供了"登圣天梯"。

美哉天府，壮哉天府！天府天梯承载着中国诗仙登天、诗圣登圣的功能。兹选读杜甫以天府之国素材为内容的诗句诗篇[1]如下：

登楼

（摘句）

锦江春色来天地，玉垒浮云变古今。

成都府

（杜甫居成都所写第一首诗）

翳翳桑榆日，照我征衣裳。
我行山川异，忽在天一方。
但逢新人民，未卜见故乡。
大江东流去，游子日月长。
曾城填华屋，季冬树木苍。
喧然名都会，吹箫间笙簧。
信美无与适，侧身望川梁。
鸟雀夜各归，中原杳茫茫。
初月出不高，众星尚争光。
自古有羁旅，我何苦哀伤。

卜居

浣花溪水水西头，主人为卜林塘幽。
已知出郭少尘事，更有澄江销客愁。
无数蜻蜓齐上下，一双鸂鶒对沉浮。
东行万里堪乘兴，须向山阴入小舟。

南邻

锦里先生乌角巾，园收芋栗不全贫。

---

1 引诗以仇兆鳌《杜诗详注》为准，中华书局，2004年。

惯看宾客儿童喜，得食阶除鸟雀驯。
秋水才深四五尺，野航恰受两三人。
白沙翠竹江村暮，相对柴门月色新。

江村

清江一曲抱村流，长夏江村事事幽。
自去自来堂上燕，相亲相近水中鸥。
老妻画纸为棋局，稚子敲针作钓钩。
但有故人供禄米，微躯此外更何求。

客至

舍南舍北皆春水，但见群鸥日日来。
花径不曾缘客扫，蓬门今始为君开。
盘飧市远无兼味，樽酒家贫只旧醅。
肯与邻翁相对饮，隔篱呼取尽余杯。

春夜喜雨

（今日成都市民"众投"十首唐诗之首）

好雨知时节，当春乃发生。
随风潜入夜，润物细无声。
野径云俱黑，江船火独明。
晓看红湿处，花重锦官城。

赠花卿

锦城丝管日纷纷，半入江风半入云。
此曲只应天上有，人间能得几回闻。

以下《杜鹃行》《石笋行》《石犀行》《石镜》，创新乐府体并书写了"天府之国"的历史、文物，如望帝杜宇化鹃啼血的传说和蜀人"大石崇拜"的历史习俗。

杜鹃行 之一

（巴蜀人独有的历史习俗）

古时杜宇称望帝，魂作杜鹃何微细。
....
声音咽咽若有谓，号啼略与婴儿同。
口干垂血转迫促，似欲上诉于苍穹。
蜀人闻之皆起立，至今相效传遗风。
乃知变化不可穷，岂知昔日居深宫，嫔妃左右如花红。

杜鹃行 之二

君不见昔日蜀天子，化作杜鹃似老乌。
寄巢生子不自啄，群鸟至今与哺雏。
....
苍天变化谁料得，万事反覆何所无。

石笋行

君不见益州城西门，陌上石笋双高蹲。
....
恐是昔时卿相冢，立石为表今仍存。

石犀行

君不见秦时蜀太守，刻石立作五犀牛。
自古虽有厌胜法，天生江水向东流。
蜀人矜夸一千载，泛溢不近张仪楼。
今年灌口损户口，此事或恐为神羞。

石镜

> 蜀王将此镜，送死置空山。
> 冥窦怜香骨，提携近玉颜。
> 众妃无复叹，千骑亦虚还。
> 独有伤心石，埋轮月宇间。

五、"巴蜀文化"与"天府文化"的同异关系

"巴蜀文化"是产生于距今四千五百年前（甚至更早）的巴、蜀古国并一脉相承而传承至今的区域文化。巴蜀文化大师蒙文通氏"甄微"系列著述中曾说"与巴蜀同俗之区即为巴蜀文化区"，"同俗"之最大公约数莫过于语言，凡讲"西南官话"（俗称"四川话"）方言的人群聚居区即是巴蜀文化区。

按晋人常璩《华阳国志》述记，巴蜀古国曾经历"古蜀五祖"历史——五个蜀王统治时代，先后为蚕丛氏、柏灌氏、鱼凫氏、杜宇氏、开明氏。开明蜀王第九世始由郫邑王城迁都赤里（今成都市南大街）。开明十三世时蜀国被秦国所灭。蜀国灭亡后，秦国降蜀王为蜀侯，并连杀三位蜀侯。开明蜀王之孙泮被迫率三万蜀民南下远迁至东南亚印支半岛，在今越南北部建立了"安阳王朝"。后来又被迫南迁入海，其子孙不知所终。

古蜀国历史，按《华阳国志》所述，其王族乃黄帝与首妃嫘祖所育次子昌意与蜀山氏之女所育子孙支庶形成的族群。《华阳国志·蜀志》开篇即记述了这段历史："蜀之为国，肇于人皇，与巴同囿。至黄帝，为其子昌意娶蜀山氏之女，生子高阳，是为颛顼，封其支庶于蜀，世为侯伯。历夏商周。武王伐纣，蜀与焉。其地，东接于巴，南接于越，北与秦分，西奄峨眉，地称天府，原曰华阳。"[1]常志特别记述巴蜀古国因为"在《诗》，文王之化，被乎江汉之域；秦豳同咏，故有夏声也"[2]。"夏声"即后世汉语系统，巴蜀人语言属于"夏声"方言，四千年前如此，今日亦如此。

---

1 刘琳：《华阳国志新校注》，四川大学出版社，2015年，第97页。
2 刘琳：《华阳国志新校注》，第97页。

《华阳国志》将古蜀国"同俗"疆域记为秦朝四郡而"志"。《巴志》（巴郡）、《汉中志》（汉中郡）、《蜀志》（蜀郡）、《南中志》（南中郡）。对应今日行政区划，为今重庆市，四川省，云南省，贵州省，甘肃省东南部西汉水（嘉陵江上流），陕西省、湖北省汉水流域及仙桃市以西，江汉平原，湖北恩施州，湖南湘西。这一大片区域至今皆为"西南官话"（四川话）方言区，广义的"巴蜀文化"指这一大片方言区的文化习俗，狭义的巴蜀文化一般指巴蜀文化核心区，即巴蜀古国直辖区之今四川省、重庆市（四川盆地盆底与盆周地区）。

常璩《华阳国志》所说"地称天府"正是指四川盆地。黄河、长江上游有三大盆地。黄河及其支流渭水（秦川）形成了关中盆地，这是《战国策·秦策一》中苏秦所称誉的"天府"沃土、帝王基业，周秦汉唐辉煌时代皆建都城于此的盆地。关中盆地之南，长江与第一大支流汉水在"南山"（秦岭）北形成了又一富饶盆地——汉中盆地。这一盆地原为古蜀国疆域，春秋战国秦楚南北夹击争夺此地，后终为秦辖。汉中盆地之南，长江及其四大支流——金沙江、岷江、沱江、嘉陵江穿行"盆底"，形成四川盆地，其"盆底"即著名的成都平原。成都市为四川省首府，所辖地区即成都平原。故狭义的"天府之国"可理解为今日成都市行政区域所在地，这里是四川盆地聚宝盆的精华所在，也是孕育了天府文化精华产生的母体。

"天府之国"中，成都城及其下辖区、市、县、镇为四川城市文化的塑造做出了榜样，而成都市的乡村也应成为四川乡村文化建设的模范。既得"天府"之恩赐，便当负带头羊之责任。天道运行的有情与真谛正蕴含在这一"道法自然"的无言教化之中。

五腔共荣的川剧"雅"文化浅论

王 淼 康雪梅[1]

摘 要:川剧是中国戏曲里一种多声腔融合的地方剧种,其根植于巴蜀之地的文化土壤之中,善于吸纳外来戏曲文化并将其与本土戏曲融为一体,以此形成五腔于一体的发展路径。长久以来,川剧都被大众视为一种传统的、凡俗的地方戏曲剧种,对于川剧的认识都只停留在高超技艺的展示中,而没能深入地去探索其剧本内核之美,唱腔创作之韵,文化精髓之雅。究其根源,寻其流迹,从川剧的前世到今生,剧本到演员,剧场到观众,我们都可见川剧"雅"之所在。本文浅谈川剧之"雅",以期让更多的人认识到川剧这一代表四川人自己的戏曲文化之美。

关键词:川剧;雅文化;剧本文学;尚文性

坐落于四川盆地西部的古蜀国之都成都,四千五百多年前就已形成城市。历经千年的岁月,城址未徙,城名未易,用时间与风霜酿造了属于这片

---

[1] 王淼,成都大学美术与影视学院教师,助理研究员,四川省文艺评论家协会会员,成都市文艺评论家协会副秘书长。康雪梅,四川师范大学影视与传媒学院戏剧与影视学专业研究生。

土地的巴蜀文化。古老的巴蜀文化一如岷江那潺潺流水,灌溉着广袤的成都平原,让这片土地生长出许多文化的花与果,以供勤劳的成都人民去品味,去欣赏,去陶冶内心的灵魂与情操。而这样一片花与果之中,名列国家级非物质文化遗产代表项目的川剧自产生至今始终散发着它独有的文化韵味与艺术内涵。从起源到今时的转变,川剧都在不断汲取本土文化与外来文化的营养,将吸收与转变,推陈与创新,凡俗与优雅的特性融汇一起,汇多元于一体,容五腔以共荣。

一、川剧起源中的"雅"因

川剧作为我国现有的三百多种地方剧种中的一员,在百花齐放的中国戏曲花园中始终散发着独具巴蜀文化气息的芬芳,像一部百年四川人民生活舞台记录史,记录着属于四川人民以及四川地方文化的历史与长歌。说到川剧,无人不赞赏其雅趣幽默、技艺高超、生动细腻的表演艺术;其文学性强、雅俗共赏、丰富多样的剧目剧本;其包容性强、多种多样、融会贯通的声腔系统。无疑,川剧是我们川人的骄傲,是我们川人时至今日仍需要对外宣传的优质文化艺术代表。它的雅俗兼备使其能够扎根四川本土,吸引上自文人学士、官场官员,下至贩夫走卒、老幼妇孺的关注与欣赏。对于川剧的"俗"无须多言,这是大部分地方戏曲剧种都共有的部分,"俗"才能通至民间,才能深入百姓,为民所生,为民所娱。而川剧的"雅"则是一个长期以来较不为大众以及学者所重视的地方,且谈川剧之"雅",能使我们更深入更全面地认识川剧——这一我们川人自己的戏曲之音。

要想更好地认识川剧,就避不开对川剧起源的探究。目前对于"川剧""川戏"名称的起源,公认为其首见于明代金陵散曲家陈铎所作的两首散曲,即明代剧作家汪廷讷校订的《滑稽余韵·朝天子·川戏》和《秋碧轩稿·嘲川戏》。[1]这里的川戏可想而知绝非今日我们看到的川剧,应泛指当时四川的一种戏剧形式。其虽不是现在的川剧,但却与我们现今的川剧有着千丝万缕的关系。应该说在川剧真正诞生之前的四川戏,都是它发展的源头与基础。纵观四川戏的历史流变,从《华阳国志·巴志》中记载的"巴师勇

---

1 安民:《川剧简史》(上),天地出版社,1997年,第53页。

锐，歌舞以凌殷人，前徒倒戈，故世称之曰'武王伐纣，前歌后舞'也"，可见先秦时期巴蜀之地就有了歌舞的艺术基础。宋人范百禄在《成都古今记序》里概言宋代的成都系"蜀之都会，厥土沃腴，厥民阜繁，百姓浩丽，见谓天府"。这里从事表演的优伶所具备的文化和艺术素质自然也随之提高，所演节目的内容亦非一般插科打诨，常多涉猎经史。[1]四川戏早在宋时就随着经济文化的繁荣兴盛，在戏曲中种下了"雅"因，其所表演的并非全然的低俗趣味，而是应受众之需求，对表演者自身素质与表演内容质量都有所要求。除此之外，川戏亦有王公贵族、士大夫文人为其"雅"性添砖加瓦。如明初朱椿守封蜀王，入川后在成都建安乐寺，陈设"万年台"让群优日日演唱，女乐夜夜歌舞，推动了当时蜀地戏曲、歌舞艺术的兴盛。又有明川籍状元杨升庵著诸多戏曲散论，如散曲《陶情乐府》、杂剧《洞天玄记》及说唱《历代史略十段锦词话》，丰富了我国及巴蜀戏曲的创作和理论。

就我们今日所见的川剧来说，笔者赞同杜建华老师在《问道川剧》中提出的观点，其真正形成的标志应以其高腔的形成为准。换言之，可给川剧下这样一个定义：川剧是以高腔为主体的多声腔剧种，因而川剧高腔的形成标志着川剧剧种的形成。[2]川剧是融昆腔、高腔、胡琴、弹戏、灯调五腔于一体的地方戏曲剧种，而这五种声腔从外省流入四川境内，经过川剧艺人的吸收与转变，逐渐本土化为一种带有四川口音的演唱方式。逐渐形成以高腔为主、五腔共和的巴蜀雅韵。从五腔探寻川剧的"雅"，势必将目光聚焦于川剧五腔中的昆腔。昆腔的传入可追寻至明代末叶，明代文人李文允的《甬上耆旧诗集传》卷三十载："周朝俊，少有才。工填词，所撰……十余种，唯《红梅花》最传。蜀中、岭外伶人莫不唱《红梅花》。"[3]而当时的《红梅花》尚以昆曲形式演唱，由此可见昆曲早在明代就已进入四川，或多或少地对当时的四川戏产生了一定的影响。昆曲的"雅"闻名中外，其华丽婉转的唱腔、吴侬软语的念白、飘逸优美的身段古往今来令多少文人雅客为之倾倒，为之赞叹！据载，川剧中的昆腔源头是清代初期康熙二年（1663），有

---

1 戴德源：《蜀风戏雨》，天地出版社，2006年，第6页。
2 杜建华：《问道川剧》，四川人民出版社，2014年，第35页。
3 胡文学：《甬上耆旧诗》（下卷），宁波出版社，2010年，第27页。

八名善唱昆曲者由江苏入川。到雍正年间，更有昆曲艺人开班组社，官商世家组建自家戏班演唱昆曲，或教习昆曲。这些班社的成立以及演出的需要，自然带动了昆曲本子在川的流传，除外来的昆曲本子的传入，四川本地的文人剧作家等也激发了创作昆曲剧本的激情，如清道光年间的四川蒲江贡生彭体元以昆曲形式新编写了《凤凰琴》《天感孝》《双龙珠》等剧本。昆曲的演出及剧本的创作使得昆曲在川得到较大发展，至清末，昆曲已被四川诸多戏班接纳，成为常演的一类剧目，四川化后的川剧昆腔至此形成，而一些经典的昆曲折子戏也流传了下来，如《拷红》《游园》《双下山》等。昆腔的融入使得川剧有了花雅并蓄的特色，让"雅"从声腔根源中植入川剧。

二、川剧流传中的"雅"性

纵观中国戏曲史，我们可以发现，清代是中国地方戏曲广泛传播流衍的重要时期，各种声腔剧种随着商业化活动、移民流动、官方行为等流传各地，繁衍变化，在各地的扎根发展中形成当地的地方戏剧种。细看四川境内的戏曲流变，清代的川戏很大程度上受到了"湖广填四川"这一历史事件的影响，大量的移民涌入四川，其乡音乡语也随之而来。大胆地想象，其中或许也有着零星的伶人、班社随着大队伍迁徙入川，为川戏带来了他们的声腔与表演。人口的增多，势必意味着农业的发展以及随之而来的商业的兴盛，也自然带动了戏曲的发展。且人口增多更是意味着该地戏曲发展有了充足的观众作为基础保障。

随着这些移民的稳定，川内开始涌现出大量的会馆。这些会馆除承载着同乡交流、商贸往来等作用之外，其内部所修建的戏楼更是对戏曲的发展产生了不可忽视的作用。戏楼不仅为戏曲提供了演出场所，更是带动了戏班的繁盛兴荣。如云的戏班，如林的戏台，使得当时的蜀地戏曲活动竞争激烈，这种良性竞争促使戏班与艺人们磨炼自己的技艺，精研剧目，规范演出，如此循环反复，自然也催生了著名的班社。此时期聚集成都的就有"翠华班""宴乐班""长乐班""彩华班"等七大班社，川剧之繁荣可见一斑。戏曲繁荣的背后，势必也包罗了各种阶层的观众群体。此时的川剧在为商界、官场以及文人圈提供的艺术表演中，自然无法用低俗粗糙的内容去满足

其观赏需求，势必需要推出更多高雅性、文学性与艺术性三位一体的艺术作品。

随后的川剧发展经历了"改良运动"的影响，这当中的一项改良措施，即延请文人编写剧本并作为演出的范本印行散发，以及川剧艺人需通过"考试"方能登台演出等，使川剧剥离了一些"俗"的部分，往更雅质、精良的方向发展。20世纪20年代至30年代，川剧还受到了文明戏的影响，涌现了一批具有较强民主意识的时装戏。抗战时期的川剧迫于客观条件，走了一段弯路。新中国建立后，川剧在新的文艺方针的指导下重新燃起了对艺术的追求，去杂质，留优良，并历经了"三改"政策。其后的川剧响应时代的主题，对自身进行了清理洗涤，将旧社会的封建低俗因子去除，把对"雅性"的追求作为坚持。川剧不再是简单地吸引人们的眼球，除其技艺之外，开始注重故事内核对观众的吸引力，出现了以徐棻、魏明伦等为代表的川剧剧作家及其优秀作品。

三、川剧现代中的"雅"型

戏曲的演出场所历经了数千年的进化与演变，从唐时的"梨园"到宋代的"勾栏瓦舍"，再到明清时期的戏楼等，戏曲的表演从一种随场而设的演出过渡到了有固定演出场所的专场演出。"戏场"成为戏曲表演的一个特有载体，从一个具体形态角度记录了戏曲的流迁变化，也反映出戏曲观众的观赏需求变化。川剧的剧场流变也有着大致相同的流变路径，按类型特点，传统川剧的剧场可分为寺庙戏场、会馆戏场、宫廷戏场、宗祠戏场、私家戏场、城市戏园这六大类，而现代的川剧剧场则可分为川剧艺术中心、川剧剧场两类。从上面的剧场种类划分变化我们可以看出，川剧的剧场空间正在随着时代而萎缩，川剧与礼俗和宗教、地域及族群之间的关系正在淡化。现今的川剧剧场受到了西式剧场文化的影响，更多采用了镜框式舞台的形式，剥离了以往复杂的功能，变为单纯的艺术欣赏空间、城市文化空间。因此，其对于舞台艺术作品的要求也更加趋向于艺术化、高雅化。剧场内部的设施也让川剧表演不再像过去"草台班子"般简陋，川剧表演能够采用更多现代化的技术手段，如用灯光、布景、电子屏幕等来营造精致优雅的艺术效果。

川剧的剧本文学也塑造了川剧的这种"雅性"。无论是传统剧目还是新编剧目，川剧的剧本文学中都有着同巴蜀文化一脉传承的包容性，正是这种对于各种文化的包容，对各种知识的接纳，川剧的剧本从俗到雅应有尽有。浅说川剧剧本之雅，一可谓川剧编剧对于文学性的重视与追求，二可谓川剧剧本对于民众生活的"雅"的表现。

川剧编剧的文学性追求，我们可从近现代的几位川剧名编作品中窥见一二。剧作家黄吉安一生创作川剧剧本八十多个，其少时读书，18岁投笔从戎，在军中做文书工作，六十六岁才开始剧本创作。年少从文的经历使得黄吉安的剧本有着大俗大雅的特点，从其《柴市》中留梦炎的一段唱词即可见一斑："伊尹相汤幡然改，曾经五就夏桀来。微子归周出无奈，不抱器谁立神主牌？管仲相齐曾射带，一匡九合两无猜。邓禹先为王莽宰，后投光武显云台。"[1]黄吉安笔下的留氏引经据典将自己劝降叛国的龌龊心思"高雅"化，混淆黑白是非。这种"坏"不是一个市井小人的"坏"，而是具有一定文化水平的士人的"坏"，更让人憎恶恐惧。进士出身的赵熙所著的《情探》文学性高，影响深远。其辞藻优美，文风雅趣，将王魁与焦桂英之间俗套的书生有负青楼女子的故事核心聚焦于"情"。唱词中的"更阑静，夜色哀，月明如水浸楼台"，"梨花落，杏花开，梦绕长安十二街"等句无疑是其"雅"到极致的有力证明。近代的巴蜀才女徐棻是致力于川剧人文意识开拓与剧诗风格张扬的代表人物，曾就读于北京大学中文系新闻专业，有着良好的文学基础。在其代表作《欲海狂潮》中，那清丽而富有哲理的唱词值得我们细细品味。如第四场"进退之间"，蒲兰内心自独白："月淡淡，夜深深。意惶惶，步沉沉。朦胧疏星忽闪闪，时明时暗像我心。应是一切皆如意，为何神志总不宁？听吱吱秋虫，忽阵阵寒噤，可恼这寂寂寥寥、空空荡荡、萧萧索索、冷冷清清。"[2]雅中带俗，读来简洁清新，却又有着如诗一般的结构和韵味。

而说川剧剧本对于展现民众生活"雅"的追求，大概与它滋养于巴山蜀水的民风民俗这一现实有着不可割裂的关系吧。在这种巴蜀民风民俗的熏陶

1　戴德源：《川剧"味素"唐广体》，《四川戏剧》2006年第1期。
2　徐棻：《徐棻戏剧作品选》，四川人民出版社，2001年，第198～199页。

下，川剧编剧爱用一种入世的精神去刻画蜀人蜀地的生活风光，但对于人生、生活的刻画又绝不甘于落俗。在描述生活现象、人生经历时，川剧编剧用一种文雅化的语言，去使之"源于生活，而高于生活"。"川剧保存了剧本的文学部分，保存了剧本的文学性，如《评雪辨踪》这个戏很生活化，刻化封建时代穷秀才和当时知识分子对女人的心理是很透彻的。"[1]欧阳予倩先生的这句评语是川剧剧本在深刻展示人的生活的一面又不失文学性、雅性追求的佐证。川剧在对生活化场景的展现上显得十分得心应手。一如《迎贤店》中那个见钱眼开的店婆："店儿开了好多年（为钱），未明先起我夜迟眠（能干）。知宾待客假装贤（久便），招牌挂在门外边（客店）。"几句打油诗般的台词就刻画出其"一张面孔两般用"的势利丑态。一如《秋江》中那思念情郎的尼姑陈妙常："你看那鸳鸯鸟儿成双成对，好一似那和美的夫妻。白日里并翅而飞，到晚来交颈而眠。奴与潘郎虽则是相亲相爱，怎比得鸳鸯鸟儿，一双双，一对对，飞入在波浪里。（帮：永不离。）"唱词将思念情郎的思绪由生活中的景物点化开来，情景交融，妙不可言。由此可见，川剧虽是民众的艺术，但绝非庸人的艺术。它将生活的美提炼出来，给人以美与雅的享受。

四、川剧导演的"雅"与"变"

何谓戏曲导演？对其拆文解字，我们可以将之理解为是编导戏曲舞台演出的人，而在古典戏曲中并没有"戏曲导演"这种工位。中国古代的戏曲，从唐至宋元杂剧，又发展到明清传奇，都没有形成专门的导演艺术体系。戏曲导演一职在中华人民共和国成立后才开始设置，也是自此才建立起完备的导演制度。但当时的戏曲导演仍处在摸索阶段，更多的是学习话剧的戏剧理论，如斯坦尼斯拉夫斯基理论和布莱希特理论。

川剧的戏曲导演夏阳就是这类典型，他从部队转入川剧院工作，任成都市川剧院军代表兼导演。虽是"半路出家"，但夏阳自进入川剧院后就虚心拜师川剧老艺人，认真学好川剧传统基础。从1950年至今，他导演戏曲作品近200部，塑造了"似是而非""变中求新"的风格与理念。在其著作《似

---

1 严福昌：《川剧艺术引论》，巴蜀书社，2000年，第61页。

是而非》中,王小遂的一篇序文对他的戏曲导演工作受到话剧影响有着这样一段阐述:"在这个过程中,夏阳身上的话剧基因逐渐发挥了作用,显示出一种杂交优势。诸如导演构思、主题阐述、人物分析、节奏掌握;强调综合艺术,注重演出完整;包括直接从斯坦尼那里'拿来'的规定情境、贯串动作、最高任务等,都被引进到川剧导演工作中来。"[1]

同导演夏阳一样,熊正堃导演也有着深厚的传统功底与创新改革的理念。其幼年便师从武生廖树培,经历了川剧艺人之路之后,又进入中国戏曲学院导演进修班学习,这样的经历使他在深刻理解戏曲传统的基础上锐意改革创新。其代表作品《桃花扇》《仙女峰》《燕燕》《红岩》《许云峰》,题材从传统跨越到现代。此外他还著有《导演心谱》对其导演艺术进行归纳总结。

另一位有着梨园经历的川剧著名导演谢平安同熊正堃导演一样,也经历了由演员到导演的职业之路。他出身梨园世家,从小就泡在川剧剧场里,成年后在乐山市川剧团做演员,到1992年以后才开始真正专门从事戏剧导演工作。对于自己的导演理念,他用了四句话概括:背靠传统,立足现代,眼望未来,与时俱进。对于这几句话,谢平安导演进行了自己的阐述:"背靠传统就要抓住戏剧最本体的美学观念——写意传神……立足现代就是不吃老本,不抱残守缺,要把传统重新进行组织,让戏剧既是传统又是现代,或者说叫老戏新演。同时戏剧要有正确的导向,弘扬真善美,鞭挞假丑恶,导向不能可有可无,不能迎合,不是恶搞。"[2]谢平安导演虽未著书,但却常有论文、文章、剧本在省内刊物发表。

从上述川剧导演代表身上,我们可以看出当代川剧导演立足于戏曲传统,于传统中求新求变的专业追求。说川剧导演的"雅"与"变","雅"从何来?"雅"从传统中来。传统戏曲里有着丰富的戏曲理论与戏曲艺术手法,以供戏曲导演学习吸纳。如明末清初的戏剧家、文学家李渔所作的《闲情偶寄》,分"词曲部""演习部""声容部"对古代的戏曲理论与舞

---

[1] 夏阳:《似是而非:夏阳戏剧文选》,成都人民出版社,1995年,第4页。
[2] 郜晋:《中国戏剧舞台上的"魔术师"——访乐山籍著名戏剧导演谢平安先生》,《中国乐山市委党校学报》2008年第1期。

台演出经验做了系统化的梳理。在"词曲部"中,李渔谈到了戏曲"戒淫亵""忌俗恶"的要求:"人间戏语尽多,何必专谈欲事?即谈欲事,亦有'善戏谑兮,不为虐兮'之法。"[1]戏曲的舞台并非完全避而不谈"欲"之事,毕竟人有七情六欲,"欲"乃人之常情,但若毫无处理技巧直白袒露,就使得这"欲"落俗不雅。即便是讲"欲",川剧导演也需巧用艺术手法,使之优雅地呈现于观众面前。李增林导演与张曼君导演共同执导的川剧《欲海狂潮》,就将这种雅化"欲望"的导演技巧表现得淋漓尽致。在第四场"进退之间",川剧导演巧借竹椅道具,通过设置一道沟壑,让两位演员通过沟壑与竹椅、身段与指法,将无形的墙化为有形的墙,让两人内心的"情欲"外化为力量,打破隔阂;最后以竹椅为媒介,跨越"墙"的阻力,最终合二为一。这出戏在原作品《榆树下的欲望》中是一场冲击伦理与道德的戏,继子埃本在情欲与肉欲的诱惑下,与自己的继母阿比发生了肉体关系,而川剧版则淡化了凡俗的肉欲呈现,将其雅化为一种内心情感的纠葛。

川剧的导演在追求"雅"化的表达上更有着"革新求变"的思想。川剧导演的"变"从何来?"变"从现代中来。戏曲的表演不能一味固守传统,在不断变化的时代中肯定有着不断变化的审美需求、观赏需求。所以作为戏曲舞台艺术的执导者,戏曲导演也需要发掘观众的新需求、新体验,让戏曲在新的时代里更好地生存与发展。而这其中的代表,从演员到导演的田蔓莎可谓典范。田蔓莎的川剧事迹有很多,最为人津津乐道的便是她向著名编剧徐棻购买了川剧《死水微澜》的首演权。该剧在1996年推出后引起了全国戏曲界的轰动,并被推崇为"中国戏剧改革里程碑式的作品"。此后,田蔓莎对川剧进行了更多的新探索、新尝试,试图将传统的川剧与现代实验戏剧相融合,打造概念川剧品牌。如其推出的概念川剧《情探》,以传统川剧剧目《情探》作为基础,汲取其精华部分,用"戏中戏"的结构技巧来尝试对其进行新的解读。在舞台表演方面,概念川剧《情探》将传统川剧的元素进行了分解,运用现代化舞台灯光的语言与之进行组合。灯光在开场时将彩鞋、脚的动作、手的动作进行了聚焦和放大展示,起到了类似电影特写镜头的作用,使观众通过这样的"特写镜头"进入川剧训练最初的过程。在遵从川剧

---

[1] 李渔:《闲情偶寄》,云南人民出版社,2016年,第91页。

传统基本规律的前提下,田蔓莎秉承开放、包容、前卫的艺术创作观念,带领川剧在现代化的舞台中寻求更多的空间与展示机会。这样集"雅"与"变"于一身的川剧导演群体,让川人的骄傲——川剧能够根植本土,走出省域,跨越国门,在交流与学习中走得更远,传播更广。

五、川剧演员的"雅"与"化"

有人说川剧作为一种地方剧种,有着很强的书卷气,这种书卷气也使得川剧人多有一股文雅之气,就连川剧的"丑"也在荒诞嬉笑之间透露着人生的智慧,凡俗中带着雅趣,俗不伤雅,俗雅与共。川剧的书卷气自然也在川剧伶人身上有所流露,自清朝就有读书人入川剧从艺的轶事。如清代张邦伸《锦里新编》所记:"向日贞,字乾夫,号一存,成都人,康熙癸巳进士,授庶吉士,迁广东道监察御史。幼极聪慧,美丰姿,有神童之称。年十四,在塾中被人诳去,入梨园学戏。其兄日升寻觅半年不得,后闻在重庆某班装旦,声名藉甚,乃踪得之,议以价赎,而班主不放。"[1]若说这只是一场意外的雅闻,那么从清代名伶岳春、傅三乾、李琴生等人开始,川剧艺人已然开始注重自身文化素养、艺术品位的培养,或沉醉书法画艺,或潜研诗书文笔,以期在自身的表演中带入更多的"雅隽"气息,剥离"俗套"味道。岳春更是开创了川剧演员记录整理、编写剧本的先例。到了民国年间,川剧名伶与文化之雅的关系更为密切,在继承川剧名伶前辈身上善学好学的文化之风后,又以自身带动群体,将此风发扬光大。如张德成先生在郭沫若、田汉等文人名士的指导下,积极组织创办"川剧演员协会",激发创作爱国题材川剧作品的热情,其本人也善于将所学成文成书,以供后人阅览,可惜其所著《川剧内影》一书已失传。

而后的川剧名伶们似乎都善于将自己的从艺经历与表演技艺整化梳理成章,并著作成书。川剧演员们多未接受过高等教育,但这并不妨碍其从戏曲的古典文学中吸收营养,并转化为知识为自己所用。细数川剧演员的相关著述,专著有:曾荣华《四卒千军》《曾荣华舞台艺术》,袁玉堃《袁玉堃舞台艺术》,晓艇《晓艇表演艺术初探》,白玉琼《川剧旦角的练唱及创

---

[1] 张邦伸:《锦里新编》,巴蜀书社,1984年,第17页。

腔》,周慕莲《周慕莲舞台艺术》,阳友鹤《川剧旦角表演艺术》《一代桐凤——阳友鹤文存》,许倩云《许倩云舞台艺术》,左清飞《清言戏语:左清飞的艺术人生》,张德成《川剧高腔乐府》《张德成川剧表演论文选》,邹西池《邹西池舞台艺术》,吴晓雷《吴晓雷舞台艺术》,金震雷《金震雷舞台艺术》,刘成基《川剧丑角表演程式》《刘成基舞台艺术》,陈全波《陈全波舞台艺术》,周企何《周企何舞台艺术》,李笑非《存而不论:戏曲院团管理学活态案例文存》《丑而不丑:李笑非川剧表演艺术》等;论文有姜尚峰《川剧小生面部表情》,曾荣华《川剧文生扇子》《川剧小生的眉眼技巧》等,杨云凤《打神告庙的演出体会》《铁龙山的傲与横》《同中求异——谈"三后"的表演》等,邓先树《戏曲导演知识浅谈》《川剧旦角表演艺术》《折扇、水袖、蚊帚》等,周裕祥《川剧丑角的分行》《川剧袍带丑与西川图》《漫谈川剧导演》等。共约二十名川剧演员有撰文出书的成果。当然,这并不是最终的统计数据,应当还有未尽数统计的遗珠。但从以上罗列的专著和论文可以看出,正是由于川剧演员有着灵活的"化"功和勤劳好学的文雅风气。

当然,这并不是最完整的统计数据,只是罗列大概。川剧演员有着灵活的"化"功,和勤劳好学的文雅风气,才使得其艺术成就不仅仅局限于一方小小的戏曲舞台,而是能"化"出另一番天地。如著名川剧演员张崇林老先生本是演员出身,通过进修和学习也走上了川剧编剧道路,更著有戏文诗集《梨园寻踪》。对自己之所以走上这条路,张崇林在《梨园寻踪》一书的前言中有这样一段话:"自编唱词受到观众欢迎,由此激励我与笔结下了缘。此后在我演的传统剧目中,总有我改写的唱词或舞台的别样处理而显得'与众不同'。"[1]张崇林老先生因不拘于固有的表演台词,将心中所思勇敢地转化为自己的台词,打动了前来看戏的川剧观众,由此激发了自己更多的创作欲望。以此可见,川剧演员在具有了"雅"的文风后,更有着活"化"之法,营造了川剧中尚文尚学之雅风。

---

[1] 张崇林:《梨园寻踪》,香港文学报社出版公司,2009年,第4页。

六、川剧受众的"雅"与"稀"

若将川剧比喻为一壶清香雅韵的峨眉雪芽，那么川剧观众自然就是那喜好饮茶之人。川剧观众对于川剧艺术作品有着"雅"的需求，使得川剧在之后的发展中逐渐加强了其雅俗共赏的特性，不拘泥于市井文化之"俗"，但也不独善于阳春白雪之"雅"。之所以说川剧观众有着"雅"的观赏需求，是就现流传的优秀川剧剧目而言。戏曲剧目能否流传，不仅取决于戏曲艺术本身，也受到戏曲观众欣赏水平的制约。在上述文字中我们已阐明川剧剧目有着雅俗共赏的特性，时至今日，一些优秀的传统剧目依然在上演，这就可见川剧观众欣赏水平绝不低下。而川剧观众对于戏曲之"雅"的观赏需求，也得益于巴蜀之地千百年来那"润物细无声"的文化之雨。前有文翁兴学，后有李白、苏轼诗满天下，在这种尚文好学风气之下，巴蜀古地涌现出了一批又一批的文人豪客。不过川剧虽有着文人们带来的雅性，但它并不是完全脱离群众，变成仅仅为士大夫、文人等阶层所欣赏的"空谷幽兰"，而是始终根植于民间，容花雅之音并存。

近年来川剧观众群体正朝着缩减的方向发展。川剧观众较之其他舞台艺术观众可以说是日益"稀少"，其原因有值得探讨之处。谈川剧观众的"稀"，是因为我们要正确认识川剧观众之于川剧的意义。只有正确认识此问题，才能够让川剧更好地为观众服务，受观众喜爱，而免于遭受被艺术市场淘汰的厄运。清代的李渔根据欣赏能力以及欣赏趣旨的差别，将观众分为"雅"与"俗"两个部分，又根据文化程度的不同将观众分为"读书人"与"不读书人"两类。除此之外，他认为对于不同时期、不同地域、不同剧种之间的观众也需进行明确区分。以此划分川剧观众，其方法大致也是科学合理的。对川剧观众进行区分，其背后的原因则是要在区分的过程中找准不同观众所具有的不同审美需求与戏剧观念。近年来的戏曲观众，包括川剧观众，呈现出老龄化和缩减趋势；戏曲表演，包括川剧表演，正在从大众化慢慢变得小众化。"看川剧的人不多了！"川剧界常常可以听到这样的哀叹。带着这种担忧，川剧人也常思考，究竟现代川剧的出路何在？寻找出路自然还是要落脚到对川剧观众的分析和思考上来。为何川剧观众较之以往少了许

多？我想可以从两方面去解读。

其一，时代背景下年轻观众审美的变化。新一代的年轻观众在其成长阶段受到了电视媒体、网络媒体等新兴传媒艺术的冲击，其审美与观赏习惯都适应于荧屏艺术的艺术语言及表达方式。而中国的戏曲表演重视"虚拟与程式"，其"一桌二椅"的舞台空间和戏曲艺术的最终呈现都需要观众发挥更多的想象力去共同完成。

其二，能被观众津津乐道的川剧新作品不多。戏曲编剧的缺失与人才匮乏不仅仅是现代川剧的问题，整个戏曲界都面临着同样的难题。没有好的戏曲编剧，何谈好的戏曲作品？当好的戏曲作品不再，一味复排传统剧目又能支撑川剧走多远呢？因此，要想吸引更多的川剧观众，我们需要让川剧走进年轻观众，走进普通大众，发展、培养更多能够欣赏川剧的观众。此外，要加强自身建设，大力培养川剧编剧、川剧演员等川剧人才，打造更多更好的川剧精品来吸引观众。

川剧的"雅"文化根植于古老灿烂的巴蜀文化之中，浸染入川剧人的"艺术血液"之中，并随着时代的变迁，将戏曲之"雅"化为大众之"艺"，汲各地剧种之所长，容戏曲五腔以共荣。

品一口清茶，听一曲川剧，这就是成都人自己的优雅之道！

优雅绵长的成都书法

王兴国[1]

摘 要：成都具有深厚的书法艺术史积淀，本文从三方面加以梳理。一是从秦汉以来，考古发现成都历代均有一些颇具文史价值和艺术代表性的书法石刻、石碑。二是在成都各主要风景名胜区如武侯祠、杜甫草堂等地保存了大量的名人名家书法牌匾、楹联、碑刻。这些都反映了成都历史上的书法艺术成就和影响。三是从汉唐直至近现代，成都涌现出了众多有名可载的文人书法家，他们的书法作品优雅醇美，代代传承，共同铸就了天府文化中成都书法这座艺术丰碑。

关键词：成都书法；碑刻遗迹；名胜书法；书法名家

成都历史上曾诞生和汇聚了众多成就斐然的名家大师，司马相如、扬雄、贾谊、卓文君、常璩、黄筌、黄休复、杨慎、李劼人、巴金、艾芜等等，都是古今有名的成都籍文学家、书画家和艺术理论家。此外，李白、杜甫、王勃、高适、岑参、李商隐、陆游、范成大等都曾寓居成都。特别是唐代安史之乱后，全国各地的书画家曾纷纷入蜀，韦偃、孙位、滕昌祐、贯休等都曾在成都活动，成都开始成为全国的艺术之都。抗战时期，成都更是广

---

[1] 王兴国，成都大学美术与影视学院教授。

纳四海俊杰，郭沫若、张大千、徐悲鸿、黄宾虹、陈子庄、赵蕴玉等汇聚成都从事艺术活动，一时间，成都成为全国的艺术中心。成都的书法艺术具有深厚的历史积淀。这里有灿若星辰的书法家，有不胜枚举的书法遗迹。成都自秦汉以来便不断诞生各种书法石碑石刻，众多历代文化名人和书法名家的书法手迹被镌刻保存在众多名胜景区的书法牌匾、楹联、碑刻上。活跃于中国书法史的众多寓居成都和成都本土的书法名家，以及数不清的成都书法名迹，共同铸就了天府文化体系中的书法艺术盛宴，展示了成都这座历史名城丰硕的艺术成果，浓郁的人文气息和艺术气息，构建起了天府文化中优雅绵长的"成都书法"这座艺术丰碑。

一、成都历代的书法碑刻遗迹

成都书法的历史文脉，大约可以从汉代说起。从考古学角度看，目前在四川出土最早的带有文字符号性质的文物当推1921年在成都北郊白马寺、坛君庙一带出土的一批古铜器。学者们认为，这是有关"巴蜀图语"（文字）的第一批文物，其中包括一些刻有神秘符号的铜戈和印章，大约有三百个符号（文字）。有人认为这可能是古蜀开明王朝（距今约四千年）的文字，有的则认为这是春秋战国时期的巴蜀文物，各种看法虽不一致，但学术界普遍据此认为古代巴蜀地区有自己的文字。由于和已经确认的中华民族汉字之源头的甲骨文体系不一致，我们无法把它作为巴蜀书法的起源。不过，1980年发现的四川青川木牍，是公元前309年的战国文字书写墨迹，是目前所发现年代最早的古隶书的标本。青川位于四川盆地边沿，所以，成都平原的书法诞生的时间大约也不会晚于战国时期。

到了汉代，无论从现代考古发现的实物，还是从典籍文献记载来看，成都的书法艺术都有很多实证。

据资料记载，成都地区出土的最早的书法碑刻当为都江堰境内的《蚕崖碑》[1]，该碑为西汉哀帝元寿元年（公元前2年）所刻隶书石碑，此碑现已不存，但据宋洪适《隶续》一书记载和摹写，它是由篆书向隶书过渡时期的古隶书，已具有较高的艺术水平。

---

[1] 高文、高成刚：《四川历代碑刻》，四川大学出版社，1990年，第5页。

优雅绵长的成都书法

而于1980年6月在成都金牛区圣灯乡猛追村（今属市中心）发现的成都汉阙刻石，刻于东汉永元九年（97），分为甲乙两块，阙上铭文达一百二十余字，是全国所发现的汉阙中铭文最长者，其书法与流传甚广的汉隶名品《石门颂》（148年刻）风格类似，它可以证明成都地区的书法水平并不落后于当时全国中心地区。该阙刻石现存于成都市博物馆。[1]（如图1）

第三块值得一说的是1966年出土于郫县犀浦（原成都西郊）二门桥的两通东汉残碑（刻于公元129年）。一名《王孝渊碑》，一名《薄书碑》。前者有隶书碑文13行，虽文字已大部分剥蚀，但首尾几行字尚可辨认。它也是新中国成立以来在成都出土较早的东汉隶书石碑。近些年来，许多书法研究者及有关著述都曾谈及此碑，认为它是汉代四川地区书法艺术的见证和代表。

图1　成都汉阙甲阙刻石

2010年11月出土于天府广场东御街口的两块汉碑《裴君碑》和《李君碑》[2]（如图2-1、图2-2）当是成都艺术史上最重要的碑刻。两者一大一小，同时被挖掘出土。大者为《裴君碑》，高2.61米，宽1.24米，有一千四百多

1　高文、高成刚：《四川历代碑刻》，第14页。
2　谭良啸、吴刚：《文物为成都作证》，成都时代出版社，2015年，第131、132页。

字；小者为《李君碑》，高2.37米，宽1.1米，有八百多字。两碑保存完好，碑铭字口清晰，分别记载了东汉时期裴君和李君的事迹。根据专家考证，裴君与李君均是东汉阳嘉年间的蜀郡太守，其中李君于132—135年任蜀郡太守，他在任上"修庠序，设条教，明法令，威恩并行"。裴君继其后，于144—152年在成都任太守。两人在治蜀期间重视教育，振兴儒学，使蜀郡文化教育事业得到了大发展，人们为记其功德而立此两碑，并竖立于当时的文翁石室（成都历史上第一座官办学堂）学宫（今日天府广场一带）。这两块碑是成都历史上兴文重教、文化传承有序的最好见证，是记载和歌颂地方官吏兴文重教政绩的载体，其书法水平堪称当时的上乘之作，最具有代表性。这两块碑文为典型的汉隶风格，章法朴茂，结字方整而灵动变化，笔力遒劲厚重。其中《裴君碑》更

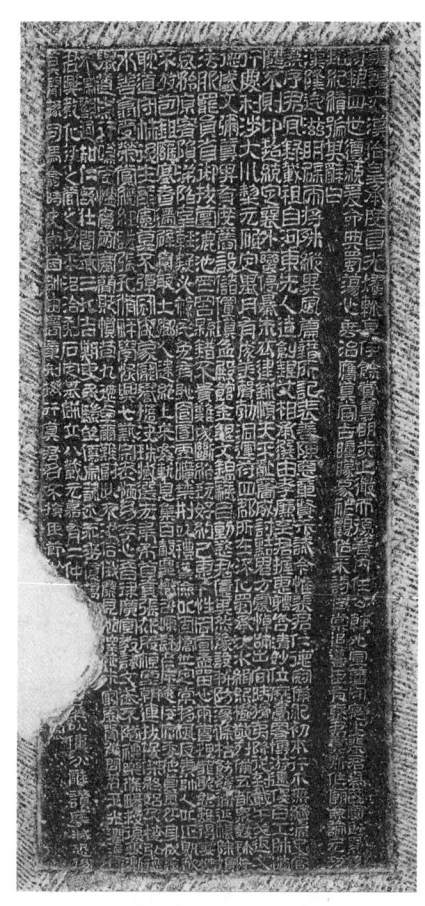 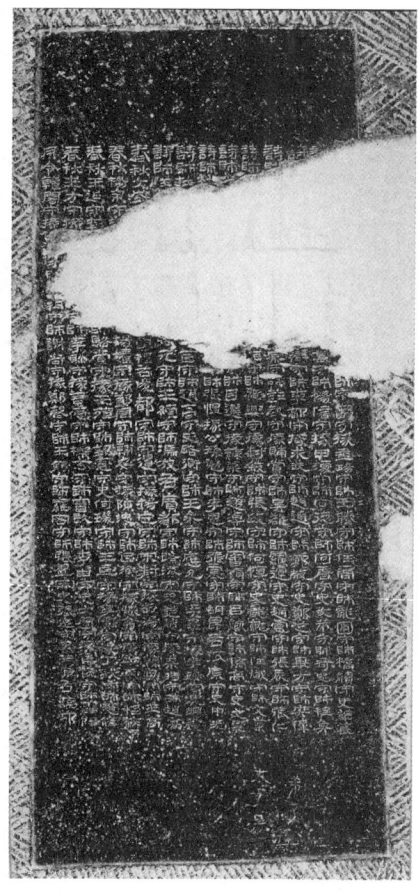

图2-1　成都记功碑（《裴君碑》）　　图2-2　成都记功碑（《李君碑》）

为率意古雅，有稚拙之趣。《李君碑》则稍扁平开张，有飘逸奔放之态。虽然两碑镌刻时间相差不久，但在风格上有较大的差别，这也显示了汉代成都地区书碑者的不同风格取向，具有很高的艺术价值。

根据四川省文物志编辑部所藏拓片拍摄的出土于成都双流华阳半边街崖墓内的《杨子舆崖墓题记》（原题刻已毁），所能见到的只有9字"蓝田令杨子舆所处穴"。其字笔画圆转细瘦，奔放挺括，潇洒而不失遒劲，以篆书为基调，又略带隶书意味；既有婉转之美，也有飘逸之态，展现了汉代成都地区隶书的灵秀之美。

从留存于成都新都文管所的拓片《新都读碑图》考释，东汉和帝时在新都弥牟镇曾立有《王稚子阙》[1]（如图3），上刻"汉故兖州刺史雒阳令王君稚子之阙"，该阙文流传有序。明代杨升庵曾有诗赞曰："墓道郫原上，石阙巍嵯峨。左右三十字，照耀锦苔窠。八分隼尾隶，千载耿不磨。"清人王懿荣、顾复初、冯廉、张瑞珍等人先后用楷、隶、行草等体题诗，后人又刻成《新都读碑图》以赞之。可见《王稚子阙》的影响和其流传之有序，这也是成都书法史上一件值得传唱的轶事。

1980年郫县太平乡出土了一东汉残墓墓门，上刻有一轺车，一车驾一马，车马下部为铭文，13行，行4字，隶书阴刻。此幅隶书铭文温润厚重而有稚趣。展示了成都汉碑书法的又一种面貌。该石刻遗迹现藏于四川省博物院。

现藏于成都龙泉驿区石佛寺的《北周文王碑》[2]（如图4）是成都书法史上

图3 东汉《王稚子阙》

1　高文、高成刚：《四川历代碑刻》，第55页。
2　高文、高成刚：《四川历代碑刻》，第89页。

图4 《北周文王碑》

又重要遗迹。该碑坐落在一尊巨石上,碑额正书阳文,碑文为楷书阴文,上有飞天、佛像,碑文下方左右亦饰有佛像。此碑为北周使持节、车骑大将军、仪同三司、大都督、散骑常侍、军都县开国伯强独乐于北周孝闵帝初元(557)为文王建佛道像而镌刻。碑文对北周的开拓者宇文泰东征西讨、南北转战情形做了叙述,对于平息战乱的经过等记述详细。其字体是典型的魏碑风格,方整峻峭,端严又不失温润,并带有唐楷意味,呈现出过渡时期的书法特征,具有较高的学术价值和书法价值,也是研究南北朝时期成都书法概况的重要史料支撑。

唐代时期的成都书法,可以通过留存下来的青城山常道观《唐玄宗手敕碑》、武侯祠博物馆《蜀丞相诸葛武侯祠堂碑》、都江堰《灵岩石经》等遗迹得到考察。

现立于青城山常道观的《唐玄宗手敕碑》[1](如图5)碑高120厘米,宽69厘米,碑的正文前题有"大唐开元神武皇帝书""常道观主甘道荣勒字及题,晋原吴光逵刊石",其碑文近200字,楷书、行草书间杂,为破体书。其楷书秀润遒劲,行草书连绵流畅,书体间的过渡也比较自然,是一种比较少见的破体书法碑刻。

成都武侯祠大门内右侧的《蜀丞相诸葛武侯祠堂碑》为唐代元和四年

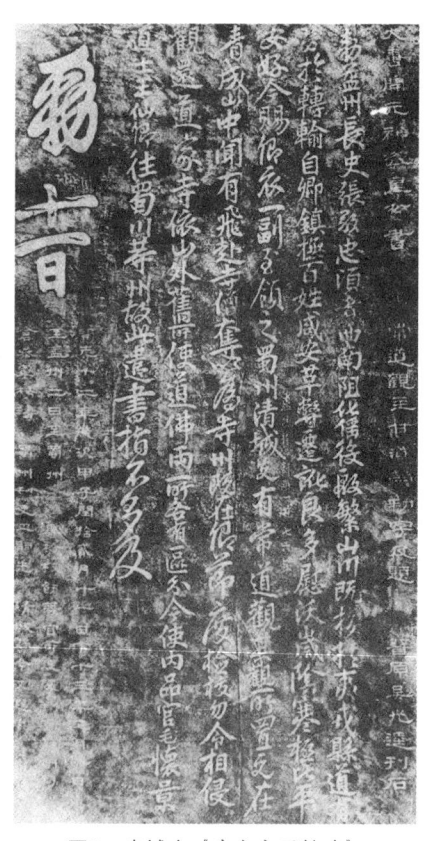

图5 青城山《唐玄宗手敕碑》

---

1 高文、高成刚:《四川历代碑刻》,第101页。

（809）所立，由唐宰相裴度撰文，著名书法家柳公绰（柳公权之兄）以楷书写成，名匠鲁建刻字。其楷书温润秀美、含蓄蕴藉而多韵味，与其兄柳公权书法有较大不同。因文章、书法、镌刻精湛，世称"三绝碑"。所谓三绝，也有人说是指诸葛亮的功绩、裴度文章和柳公绰的书法（未含镌刻）。后人还有将这两种说法合二为一者，则有"四绝"之称。不管哪种说法，都公认了这块碑所具有的很高的文物价值和书法价值。

五代两宋时期的成都书法，一方面由现存碑刻遗迹、墓志书法可见一斑，另一方面也有一些书法名家的作品留传于世，两者从不同角度展示了五代两宋时期成都书法的丰富性。

该时期现存碑刻遗迹主要有《福庆长公主墓志铭》《孟蜀石经》等。《孟蜀石经》[1]（如图6）是后蜀主孟昶于广政元年（938）依唐文宗《开成石经》（国宝级文物，由唐文宗主持，花费七年时间将经书刻成的114块石碑，于公元837年完成，现藏西安碑林）旧本刻石立于成都学宫石经堂的一处工程浩大、意义深刻的石刻，又称《广政石经》《成都石经》等。初由后蜀宰相毋昭裔主持其事。该碑为楷书，始刻经有《孝经》《论语》《周易》等17卷，由张德钊、杨钧、张铭文等名书法家书丹和校订，由陈德谦等刻石。其后宋皇祐元年（1049）、徽宗宣和年间都不断补刻。石经镌刻制作达180年之久，碑版上千，工程艰巨，但刻版精良。其以严谨的体例和峻美的书法被后代书家誉为"专精"之作。其字体与唐《开成石经》颇相近，以欧阳询、虞世南风格的字体为主，书法秀整，较《开成石经》更为优美。清代杨守敬曾评价："蜀石经经注并刻，宏工巨制，可谓空

图6 《孟蜀石经》

---

1 高文、高成刚：《四川历代碑刻》，第143、144页。

前绝后。"[1]现中国国家图书馆藏有残本。

明代的成都书法,从考古遗迹碑刻看主要有《大明蜀僖王圹志》《新都县八阵图》《杨升庵先生墨迹》等;从记载及流传有序的书法家来看,有杨廷和、杨升庵父子及费密等人。

《大明蜀僖王圹志》[2](如图7)为明蜀王僖王墓中出土的圹志。僖王朱友壎(1409—1434)系朱元璋第十一子蜀献王朱椿世子朱悦燫的第三子,封罗江王,后袭封为蜀王葬于成都东郊(今成都十陵镇)正觉山麓。今天此地建有明蜀王陵博物馆,对该墓及相关文物加以专门的保护。该墓志也是博物馆的重要文物。其书法为楷书,字口清晰,排列疏朗,清润端庄,疏朗灵秀,既有较高的书法价值;它同时也有较高的史料价值,纠正了《明史》中对僖王名称的误载,为明史研究提供了重要资料。

《新都县八阵图》《杨升庵先生墨迹》[3](如图8)两碑均为新都桂湖博物馆所藏石刻。前者为杨升庵撰文并书,后者为杨升庵书法墨迹的碑刻,碑上除刻有杨升庵书自作诗一首和跋语外,其后还有清代8位文士的题跋一并刻于其后。碑虽刻于清代,但由于所刻内容为明代杨升庵书迹,它所反映的仍然是明代书法遗迹,代表了明代成都地区的书法面貌。

清代及民国时期的成都书法堪称盛况空前,传承下来的书法家史料及书法遗迹也非常丰富。这一时期也是中国传

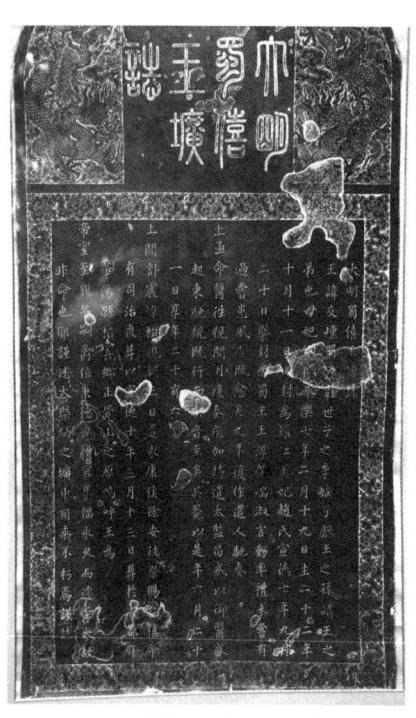

图7 《大明蜀僖王圹志》

---

1 周昌梅:《何晏〈论语集解〉版本考释》,《古籍整理研究学刊》2005年第1期,第78页。
2 图片由成都市龙泉驿区明蜀王陵文管所提供。
3 高文、高成刚:《四川历代碑刻》,第245页。

统文人名家汇聚成都较为集中的时期。近代以来，成都作为中国西南政治、经济、文化中心，随着巴蜀交通的不断发展改善，更多的文人艺术家开始汇聚于此。特别是抗战时期，四川作为大后方，容纳了全国各地的文化艺术精英。难以计数的国内堪称一流的文豪、艺术大师都汇聚于成都，此时成都成为中国文艺人才的集聚之地，也成为全国文化艺术活动的中心之一。这一时期，一方面成都本土的文人书法家增多，另一方面国内大学集中内迁，外埠来此的学者知识分子都扎堆于成都，形成了成都历史上文艺最为繁荣的时代。书法方面，清末民国时期活跃于成都的一流大师

图8 《杨升庵墨迹》

非常多，后文将专门加以细述。

相比较而言，成都出土的清代书法碑刻就显得数量不多，分量不足。此时期除了有一两块可以代表文人书法面貌者外，如刘光第所书碑刻[1]（如图9）、王懿荣书碑，其余则不值一提。倒是留存于成都各风景名胜之地的匾额、楹联、书法碑刻木刻等数量非常之多，它们在装点成都各名胜景区的书法美景和文化氛围之时，也很好地展示了成都近现代以来的书法文化氛围和书法艺术盛况。

二、成都风景名胜之地的书法

成都作为中国历史文化名城，有享誉国内外的众多名胜古迹，如武侯祠、杜甫草堂、

图9 刘光第书碑

---

[1] 高文、高成刚：《四川历代碑刻》，第325页。

文殊院、大慈寺、宝光寺、望江楼、东湖、桂湖、都江堰、青城山等。这些名胜地历来是人们游玩、会友、赏景的必去之地，历代凡过往成都的名臣武将、高僧鸿儒、文艺大师者，无不以"到此一游"为乐。这些名家圣手们在游览之后，为景、为情所感染，往往都会留下墨宝以资纪念。所以，自古以来，成都各名胜景区留下了大量名家书法的作品。各名胜景区也会选择其中一些有代表性的作品镌刻成楹联牌匾悬挂出来，或者刻成书法石碑或木版集中展示。这些作品的作者绝大部分为成都本土文化名流、书法名家，或者是曾经在此游历过的重要领导人物和文艺大师，也有专为各名胜之地创作书法作品以表歌颂缅怀之意者。这就形成了庞大的成都名胜景点书法宝库，是展示成都书法史迹和书法艺术氛围的一扇重要窗口。

1. 武侯祠的书法

武侯祠是成都人民为了缅怀三国时蜀国名相诸葛亮所建的祠堂，因诸葛亮逝后被封为武侯，故有此称。武侯祠中留有历代名人所书的大量楹联、牌匾和碑刻，其中有代表性的当数岳飞手书《出师表》碑刻，清人赵藩的"攻心联"，游俊的"两表酬三顾"联，清康熙帝十七子果亲王、文坛泰斗郭沫若等人题匾，当代书法家舒同等人题写的楹联，等等。这些作品既具有很强的艺术性和观赏性，也有独特的启发性。

赵藩于清光绪二十八年（1902）书写的"攻心联"悬挂于武侯祠诸葛亮殿正中门柱上，内容为"能攻心则反侧自消，从古知兵非好战；不审势即宽严皆误，后来治蜀要深思"。它吸引了无数来来往往的过客驻足端看和深思。赵藩在清末曾代理四川盐茶道使，他为人耿介，为官清廉，有文才，善书法。当时的四川总督岑春煊以武力镇压起义百姓，赵藩深以为忧，于是撰书此联进行劝谏，并以诸葛亮治蜀的经验提出"攻心"和"审势"两个发人深省的问题。此联文意深刻，书法谨严，朴实厚重而具灵动之气，深受后人喜爱。而王天培的篆书长联"公本识字耕田人，为感殊遇驱驰，以三分始，以六出终，统一古今难，效死不渝，遗恨功名存两表；世又陈强古冶子，应笑同根煎急，谁开诚心，谁广忠益，安危天下系，先生已往，缅怀风义拂残碑"，也是一副文辞与书法艺术俱佳的名联。撰书者王天培为北伐名将，侗族人，他对当时军阀混战的局面既痛恨又惆怅，故借这副对联来抒怀，以称颂诸葛亮，借古讽今，表达其忧国爱民之情。此联用典丰富，说理深刻，书法功力深厚，篆刻精美，章法布局也很美观，不失为名篇佳作。

武侯祠中还有大气恢宏的郭沫若题匾、温润秀美的果亲王题匾。此外，舒同等书法家的楹联则展示了不同风格和章法形式之美的书法艺术，展示了武侯祠所迎来的众多名家圣手和历史积淀。

2. 杜甫草堂的书法

杜甫草堂是成都人民为纪念唐代大诗人杜甫而建，经过历代修缮而成为成都市内一处重要的文化景点。来杜甫草堂参观游览的名人众多，因此草堂留有历代名人所书的大量楹联、牌匾和碑刻。馆内还建成了专门的书法碑刻长廊，以集中展示历代书法家歌咏杜甫、缅怀诗圣、书写杜诗的精品力作，更增添了杜甫草堂的书香之气。其中包括历代书法名家如王铎、张瑞图、王福庵、翁同龢、吴昌硕、邓散木等人书写杜诗纪念杜甫的书法碑刻，也包括近代文化名人如老舍、邓拓、丰子恺、丁磐石等人的作品。其中何宇度的楷书楹联"万丈光芒，信有文章惊海内；千年艳慕，犹劳车马驻江干"镌刻于杜甫草堂之工部祠堂外正门。何宇度为明代万历时期的文人，曾先后在四川夔州、华阳（今成都市）等地为官，他崇拜杜甫，曾亲自主持维修杜甫草堂，所镌刻的杜甫石刻像保存至今。他还亲自为草堂写下了三副有名的对联，此为其一。由于年代久远，目前悬挂在此的对联由中央文史馆首任馆员陈云诰先生于1963年补书，其笔法拙朴厚重，大气浑厚，让观者肃然起敬。

何绍基的名联"锦水春风公占却，草堂人日我归来"堪称草堂的镇馆之宝。何绍基为清代有名的大书法家，其书法在中国书法史上有重要影响。何绍基于1852年至1855年在成都任四川学政，他也是成都历史上具有一定影响力的文化名人。此联提及了"草堂人日"，所谓"人日"即正月初七。如此联所云，"人日"游草堂，祭诗圣、咏梅花、文人雅集多年以来已成为成都市民的一道风俗。何绍基此联是在提醒文人当沿袭这一习俗，经其倡导，"人日游草堂"成为成都一项所特有的民俗文化活动。到今天，甚至已发展成为杜甫草堂蔚为大观的诗圣文化节了。

王闿运曾为晚清四川最高学堂尊经书院山长（校长），是四川文化史上的名人，是著名学者、经学家、文学家、教育家，辛亥革命后任北洋政府国史馆（国家图书馆）馆长，堪称成都历史上的第二个文翁。除了学问见识，其于书法上也很有建树。他曾多次拜谒杜甫草堂，并在草堂留下了长联"自许诗成风雨惊，将平生硬语愁吟，开得宋贤两派；莫言地僻经少，看今日寒泉配食，远同吴郡三高"，对联工整巧妙，用典出神入化，可谓草堂名联。稍遗憾的是，王闿运原迹不存，现在草堂悬挂的是现代著名作家老舍于1963年补书。不过，以文学巨匠老舍的名气与书法手迹来展示王闿运所撰联语，名联与书法合璧，也算得上一道独特的风景。

杜甫草堂中其余的书法名迹亦很丰富。特别是在其书法碑刻长廊中，收集有历代书法大家王铎、张瑞图、王福庵等人书写的杜诗作品，既展示了历代名家对杜甫的崇敬，也展示了杜甫草堂对历代书法名家的吸引力及其文化魅力。

3. 大慈寺的书法

成都大慈寺距今已有一千六百多年的历史。据说唐代名僧玄奘法师曾在这里受戒。大慈寺历经几度兴衰，在唐代曾得到扩建，寺内楼、阁、殿、塔及各种神像、佛像、画像构成了一座精妙冠世的艺术宝库。宋代李之纯《大圣慈寺画记》曾称："举天下之言唐画者，莫如大圣慈寺之盛。"可见其曾经的辉煌。现今在大慈寺中仍留有历代名人所书的楹联、牌匾，其中有代表性的当数颜楷撰写、释昌臻补书的楹联"立足镇潮音，预防沧海横流日；以手援天下，应现金刚不坏身"。这是一副描写观音的联句，将观音形象刻画得栩栩如生，有歌颂观音普度众生的深刻说教意义。颜楷为晚清举人，四川华阳（今成都市）人，曾任翰林院侍讲，四川保路同志会干事长。辛亥革命成功后，他脱离政界从事教育，后又于1918年辞职，此后长期在成都卖字为生。成都人民公园"保路纪念碑"的一面即为其手笔，青城山乃至很多名胜之地也都留有他的墨宝，可见颜楷的书法在四川具有广泛影响。

4. 宝光寺的书法

宝光寺位于成都市北郊新都区，是四川著名禅寺，相传其建于东汉，也是成都地区历史最悠久、规模最宏大、收藏文物最丰富的一座佛教寺庙。宝光寺文物众多且保护较好。"文化大革命"期间，国内许多寺院都遭到不同程度的破坏，成都宝光寺的殿堂、佛像、匾联、书画等文物古迹却基本无毁损，寺中留有历代名人所书的大量楹联、牌匾和碑刻，堪称成都书法的一处宏大的展示场地。其中何元普撰书的"世外人法无定法，然后知非法法也；天下事了犹未了，何妨以不了了之"联，和武侯祠的"攻心联"，是被毛泽东主席引用过的两副名联。撰联者何元普为清代成都名士，善诗文书法，文韬武略。他于1888年秋撰写该联并刻于宝光寺大雄宝殿当心间的檐柱上，深为世人赞赏，甚至被河南少林寺等外地寺庙仿刻悬挂。该联谈玄论道，将佛教的禅机智慧和朴素的辩证法很好地结合，对世人具有深刻的劝导作用。其书法遒劲敦实，刚柔相济，耐人寻味。

5. 望江楼的书法

望江楼地处成都市区东南锦江岸边，是成都人为纪念唐代女诗人薛涛而于此筑楼修园。园内有明蜀王为仿制薛涛笺而凿井取水的"薛涛井"。明清两代先后还在这里建起了崇丽阁、濯锦楼、浣笺亭、五云仙馆、流杯池和泉香榭等建筑，构成了极富四川风格的园林建筑群。民国时期，望江楼被辟为望江楼公园。园中留有历代名人所书的楹联、牌匾和碑刻，其中有代表性的当数钟云舫撰"几层楼独撑东面峰，千年事屡换川西局"长联，全联句共212字，是成都市区最长的楹联。该联早遗，但联文不废，后为魏传统先生所补书。魏传统先生是四川达州人，是一位老红军，专攻魏体，深得汉魏之气、晋唐之韵，字体朴拙而纯净，抑扬顿挫而颇富书卷气，在当代书法界具有一定影响力。该联文书俱佳，深得游客喜爱。

6. 新都桂湖的书法

桂湖亦是成都一景，地处成都北郊新都区。此地原为一处荷塘，后因明代著名学者杨慎（号升庵）在此沿湖广植桂树，并作诗《桂湖曲》而得名"桂湖"。园内亭台楼榭等古典建筑共二十余处，有成都平原保存完好的850米明代古城墙。桂湖中留有历代名人所书的楹联、牌匾和碑刻等，其中有代表性的当数黄云鹄所撰颂扬桂湖主人杨升庵的楹联"投边益显宏文，全蜀才华推第一；佐父同争大礼，有明忠谔叹无双"，联文对才高学博、忠诚亮直的杨升庵波澜起伏的一生做了公允的评价，表达了对杨升庵的衷心敬仰之情。黄云鹄为清代后期进士，近代国学大师黄侃之父，历任四川盐茶道、成都知府等职，官至二品，也是著名的学者、经学家、书法家。当年他写的这副楹联当为妙品,可惜该联早遗,后由民国书画家姚石倩补书。姚石倩是齐白石的得意门生,也有很高的书法水平,因此这幅书法作品亦有不寻常之处。

7. 青城山的书法

青城山位于成都都江堰市西南,自古有"青城天下幽"的美誉,并被列为世界文化遗产,世界自然遗产,是中国"四大道教名山"之一和全国重点文物保护单位、国家AAAAA级旅游景区。青城山自古就是文人墨客探幽访胜和隐居修炼之地,留有历代名人所书的大量楹联、牌匾等书法作品。其中有代表性的当数李善济"溯禹迹奠岷阜"长联、宋育仁"玄重为道德所宗"联、程芝轩"一生二"联、于右任书"启草昧而兴"联、谢无量"半岭天风闻剑啸"联、徐悲鸿"空洞亲迎光照耀"联等。

李善济"溯禹迹奠岷阜"一联堪称国内知名的"蜀中第一长联"和"青城一绝"。全联共394字,遣词严谨,对仗工整,布局精巧,用典绝妙,裁剪得体,所写内容情景交融,如果翻译为白话文,简直就是一篇精妙的历史性散文,历来许多书者皆争相抄录这一长联。该联书法为正楷书,字大如拳,书写恭谨严整,笔力遒劲,铁画银钩,大气磅礴。该联原题于天师洞,后移至建福宫后殿楹柱上,其美文美书吸引了无数的游客,令人叹为观止。

宋育仁所书长联"玄重为道德所宗,太上总三清,信有丈人尊五岳;正一授明威之箓,宝仙题九室,别传真宰领诸天"镌刻于天师洞三清殿前,该联将道教义理与典故融会贯通,联句对仗工整,其书法为楷书,既有清刚之气,严整之中又有伸缩避让,自然朴实。宋育仁(1857—1931)为四川自贡人,1875年就读于成都尊经书院,后中进士,授翰林院庶吉士,1894年曾出任英、法、意、比四国参赞,后任职于成都,主持过尊经书院,是成都乃至巴蜀报业的开创者,被视为"新学巨子"。

在天师洞三清殿前还有一副由近代著名教育家、华西协合大学教务长、中文系主任程芝轩撰联,其好友、著名书法家王伯乔所书的名联"一生二,二生三,三生万物;地法天,天法道,道法自然"。该联为摘取《老子》原文而集成的联句,不改一字,声韵合律,平仄和谐,语意明确,让人可以轻松领略道家教义且记忆深刻,确为好联!其书法介于隶书与魏碑之间,厚重、峻峭、大气而又温润灵动，书体十分和谐而独具个性。

悬挂于青城山上清宫门两侧的于右任手书对联，既是青城山书法名迹中的精品，也是成都名胜之地中"名家书法"的代表作。于右任（1879—1964）早年追随孙中山先生，是国民党的元老，曾任国民政府监察院院长长达34年，也是近现代中国著名书法家、诗人，复旦大学和上海大学的创办者之一。于右任的书法，特别是草书闻名海内外，他留在青城山上的墨宝不少，这副名联气势磅礴、潇洒而有古意。宫门上方则是蒋介石楷书的"上清宫"三字，两者搭配，一正一草，一端正严谨，一活泼恣肆，很有韵味。

三、群星璀璨的成都名家书法

成都的历史文化名人为数众多，如汉代的扬雄、司马相如，唐代的李白、杜甫，宋代的陆游、范成大，明代的杨升庵，清代的刘沅、何绍基，近代的赵熙、张澜、郭沫若，等等。根据有关文献粗略统计，成都历史上善书法或书法造诣精深，且能找到传世书法作品以飨后人的文化名人，至少有七十余人。其中，早期的司马相如、扬雄、诸葛亮、薛涛等人均无书法作品传世，但有关文献上尚能见到记载。[1]比如，据北魏王愔《古今文字志目》载，秦、吴善书者59人中即列有司马相如。唐人韦续《墨薮·五十六种书》中"气候时书"亦谓"汉文帝令蜀郡司马长卿采日、辰、禽屈伸之体、升伏之势，象四时为书也"，便是在叙述司马相如的书法。

人们都知道三国张飞是一员虎将，但很少有人知道张飞擅书法。据有关资料记载和民间传说，张飞精通草书，擅画美人。现今在重庆云阳张飞庙还存有一幅石刻隶书《立马勒铭》，据说为张飞在马上以丈八蛇矛刻写而成。

李白生于蜀郡昌隆县（今四川江油市），他一生曾数次到成都游历和短暂居住，是中国历史上伟大的浪漫主义诗人，人称"诗仙"。除诗歌之外，李白亦擅书法，据黄庭坚评，"及观其稿书，大类其诗，弥使人远想慨然。白在开元、至德间，不以能书传，今其行、草殊不减古人"。现流传有他的一幅草书《上阳台帖》，可见其书法面貌。该帖现藏北京故宫博物院。

---

[1] 注：本篇所引用人物介绍，如未特别注明者，其生平主要来自于《成都大词典·人物篇》，四川辞书出版社，1995年，请参见书内条目。

图10 杜甫《南山诗》拓本

杜甫（712—770）与成都的关系世人皆知。安史之乱中，杜甫曾在成都筑草堂居住，后世称他为杜工部，也称他杜少陵、杜草堂。杜甫的诗歌影响深远，被后人称为"诗圣"。而其于书法方面，楷、隶、行、草书兼工，古朴而雄壮。其书法传世遗迹有《严公九日南山诗》拓本（如图10），为唐代乾元二年（759）书，拓片高121厘米，宽70厘米。这是目前发现的杜甫唯一墨迹。同时，他对于唐代书法家的赞扬，对于画家曹霸、草圣张旭的评价都足以使他在书法史上留名。

薛涛（约768—832）是唐代中期著名的女诗人和书法家，名动一时。宋人《宣和书谱》云，（薛涛）"字无女子气，笔力俊激，其行书，妙处颇得王羲之法，少加以学，亦卫夫人之流"[1]，又传她有《萱草等书帖》藏于御府。

宋代成都有代表性的书法家主要有新繁梅挚、华阳范祖禹、新津张商英、蒲江魏了翁、双流宇文虚中以及曾在此为官的陆游、范成大等人。

梅挚（约993—1058），进士及第，景祐年间任殿中丞，后迁任苏州通判、殿中侍御史、户部副使、杭州知府等。善书法，《中国书法全集·北宋名家卷》中收录有他的作品。

范祖禹（1041—1098），成都华阳人。嘉祐八年登进士甲科，修编《资治通鉴》15年，后迁任翰林侍讲学士、陕州知州等。一生勤于著述，学术精

---

[1] 潘运告编：《宣和书谱》卷十《行书四》，湖南美术出版社，1999年，第171页。

深、行为磊落,是北宋著名的史学家、政论家和书法家。范祖禹书法字体工妙,得世人推重,其墨迹被收入《群玉堂法帖》和《中国书法全集·北宋名家卷》。[1]

张商英(1043—1121),北宋蜀州新津(今成都新津)人。治平四年进士及第,后任右正言,迁左司谏,拜尚书右丞。因与蔡京不合,贬亳州知县,大观四年又迁尚书右仆射,后任河南知府等。张商英的书法灵动有致,宋都穆《寓意篇》谓:"张商英法颜,而自运为多。"宋释惠洪《冷斋夜话》谓:"张天觉好草书,一日得,索笔疾书,满纸龙蛇飞动"。传世书迹有《女夫帖》《沐川寨纪碑》等,作品被收入《中国书法全集·北宋名家卷》。

陆游原籍浙江绍兴,中年入蜀,投身军旅,官至宝章阁待制,晚年退居家乡。陆游擅书法,精于行草和楷书,自称"草书学张颠(张旭),行书学杨凤(凝式)"。他的书法飘逸潇洒,秀润挺拔,晚年笔力遒健奔放。朱熹称其笔札精妙,遒严飘逸,意致高远。特别是他的传世之作《怀成都诗卷》[2](如图11),又名《诗翰卷》,纸本行书,18行,158字,纵34.6厘米,横84.2厘米,现藏北京故宫博物院。此卷是陆游传世墨迹中不可多得的珍品。其字形清劲可爱,用笔方圆兼备,自然流畅,笔势放逸,有宋人苏米之遗意。曾由清内府收藏,编入《石渠宝笈》。陆游在蜀地为官多年,因此他也算是成都书法史上的代表之一。

范成大(1126—1193),吴郡(今

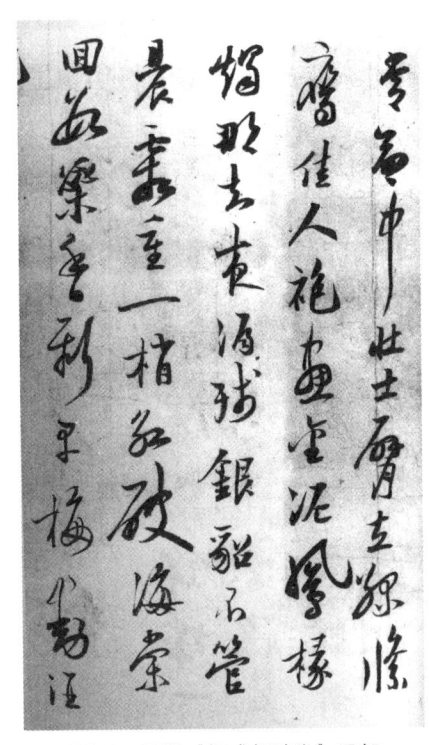

图11 陆游《怀成都诗卷》局部

---

1 刘正成:《中国书法全集》第41卷,荣宝斋出版社,2000年,第124页。
2 刘正成:《中国书法全集》第40卷,荣宝斋出版社,2000年,第86~100页。

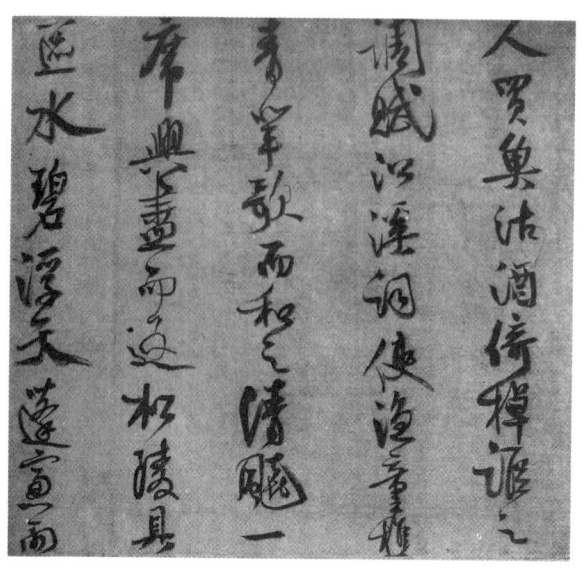

图12 范成大书法《西塞渔社图卷跋》局部

苏州）人，后在蜀地多年为官。他与杨万里、陆游、尤袤合称南宋"中兴四大诗人"。其诗风格轻巧，钱钟书在《宋诗选注》中说他"也算得中国古代田园诗的集大成"者。范成大同时也是著名书法家。他传世的书法作品有《垂诲帖》《西塞渔社图卷跋》[1]（如图12）等，其用笔沉着爽朗，开张奔放，节奏明快，有米芾书法意趣。

魏了翁（1178—1237），邛州蒲江（今属成都）人，南宋著名理学家、思想家和书法家。明陶宗仪《书史会要》谓："鹤山先生善篆，不规规然绳尺中，而有自然之势，曾以篆法寓诸隶，最为近古。"了翁先生除精通篆隶外，还长于行草，在当时就已盛名远传。他的隶书雅健，行草劲润，独具风采。元吴澄《篆书序》称："宋人能篆书者，颇多于唐，蜀魏文靖公至今为人所称。"今传世墨迹有其48岁时所书《文向帖》和《昭代亲友帖》等二三件。

明代成都历史上最有名的书法家当数新都杨廷和、杨慎父子及费密等人。现《中国书法全集》中收录有杨廷和、杨慎父子的书法作品。特别值得一说的是杨慎。杨慎（1488—1559），号升庵，明代著名学者和书法家。杨慎从小受到良好的家庭教育，24岁中状元。明嘉靖三年（1524）召为翰林学士，后针对皇帝荒唐举措而坚持上疏反对，遭廷杖，并被贬云南充军，含冤35年。去世后被追赠光禄少卿，追谥"文宪"。杨慎一生刚直不阿，博学洽

---

1 刘正成：《中国书法全集》第40卷，荣宝斋出版社，2000年，第151~158页。

闻，他留给后世的著作宏富，有作品一百一十多种和诗歌三千多首传世。杨慎在成都新都居住多年，新都名胜桂湖是其曾经居住之地，现在建有杨升庵纪念馆。他的书法，匾额书大气豪放，手札书则潇洒遒美，文雅醇正。

清代到民国时期，成都书法名家更是难以尽数，我们可分几个群体来略加叙述。一是以双流刘沅一门及其子孙刘咸炘、刘咸荥等为代表的成都本地书法名家；二是在此为官的何绍基、顾复初、王闿运、方旭等官员书法家群体；三是从四川各地汇聚于此的社会贤达如赵熙、吴之英、陈钟信、尹昌龄等"五老七贤"、文人书法名家。[1]

双流刘氏是一个影响较大并延续数代的书法世家。其高祖刘沅（1768—1855）乃四川清代历史上少有的学问大家和书法家。其著作《槐轩全书》以儒学精神为根本，融道入儒，会通禅佛，体大精深，堪称鸿篇巨制。其书法圆润遒劲，取法古人，风姿动人，功力深厚。今成都武侯祠尚存刘沅撰书的《巍然》等五通碑石，杜甫草堂尚存刘沅撰书的一通七律诗碑。刘咸荥（1857—1949），刘沅之孙，民国时期成都"五老七贤"之一，曾任内阁中书，终身从事文教工作，精通经史，尤长诗词书画，与其弟刘咸炘、刘咸焌并称"双流三刘"。他的书法作品遒劲飘逸，或隐或显地表现出黄庭坚书法的意趣，体现出达观旷逸的人生境界。刘咸炘（1896—1932），字鉴泉，15岁就开始从事书法教学，尤精篆书与隶书，著有论书法的专著《弄翰余渖》。他主张以编写书法史来扩大书法艺术的传播与影响，并对大篆、小篆、分书、隶书、真书、草书、行书的

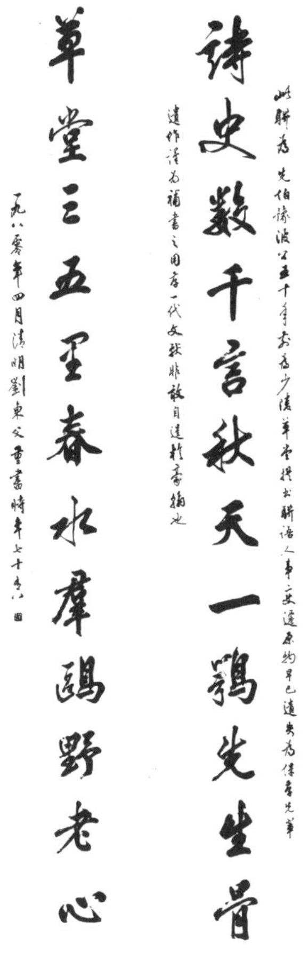

图13 刘东父书法作品

---

1 近现代名家介绍参见王兴国《书法成都》，中国旅游出版社，2016年，第72～155页。

发展变化，都有精辟的论述。他的书法书风质朴自然，学养与功力皆深厚，声名远播。惜其英年早逝，所留作品不多。刘东父（1902—1980），名恒壁，刘沅曾孙。青年时曾入刘湘幕府，后出任《济川公报》总编辑，《川康通讯》《国难三日刊》社长，川康绥靖公署秘书处处长等，长期从事文史研究和诗书画创作。1954年被聘为四川省文史馆馆员、省政协文史委员等。刘东父幼承家学，在四叔刘咸炘辅导下，学习书艺，数十年不辍。他从赵松雪入手，直达二王，又参以魏碑和苏、米笔意，其书法端丽中见活泼，酣畅中寓遒劲。而他所书之碑、篆、隶作品，无一字一笔无出处或游离法度外，无一篇一章不见个性与精神，显示了他过人的功力与广博的胸襟。

清代成都书法的第二个重要群体是在此为官的何绍基、顾复初、王闿运、方旭等人。

何绍基（1799—1873），湖南道州人，清道光年间进士，1852年任四川学政，因得罪权贵，后辞去官职，在成都创立草堂书院，讲学授徒。晚年主持苏州、扬州书局，校刊《十三经注疏》。他一生豪饮健游，拓碑访古，以书法闻名于世，为晚清书坛最有影响的书法家之一。何绍基书法早年学颜真卿，后宗法碑版，上自周秦两汉古籀篆，下至六朝南北碑。其行书参篆隶书意，于纵横欹斜中见规矩，恣肆中透秀逸之气。特别是他采用"回腕"用笔，古今特绝，

图14 何绍基书法楹联

始终保持中锋行笔而又略带战掣，自然带有篆籀之意，朴拙有力，形成奇崛生动的特殊美感。何绍基的书法遗迹在成都留有多处。

顾复初（1812—1894），江苏吴县人。咸丰年间应四川学政何绍基邀请

入川，寓居成都梓潼街，先后做过四川总督吴棠、丁宝桢、刘秉璋和成都将军颜崇实幕僚，82岁卒于成都。顾复初擅长诗词、书画。其书法各体皆善，隶书和草书尤具特色，晚年更精于汉隶，以篆入隶而后自成风格。平生书《千字文》数百本；所撰楹联词句清丽、笔意高雅，现成都杜甫草堂、武侯祠、望江楼、新都桂湖都留藏有其手迹。

方旭（1852—1940），安徽桐城人。历任四川夔州知府、四川省提学使、川东道台。其为官清正，积极开办学堂，倡导新式教育。辛亥革命后隐居成都。20世纪30年代参与组织成都文化名人与书画家、收藏家的艺术组织"蓉社"，为首任社长。该社汇聚了黄宾虹、刘咸荥、向楚、谢无量、吴一峰、冯建吴等一大批成都的文化艺术名家，谈艺论道、组织义卖、支持抗战、捐助难民，活动很有影响，并受到国民政府传谕嘉奖。方旭善书法，从唐人入手，上追二王，深得帖学精髓，其行楷书俊朗苍朴、温润平和，为蜀中士林所推重。

清代民国时期成都书法中的第三个群体当数以赵熙为代表的"五老七贤"群体。"五老七贤"人数并不确切，主要有赵熙、颜楷、骆成骧、方旭、宋育仁、庞石帚、徐子休、林思进、邵从恩、刘咸荥、尹昌龄、曾鉴、吴之英、卢子鹤、文龙等等。他们是一个社会贤达群体，每人的书法都功夫扎实而独具一格，在当时乃至后世都形成了一定影响。

赵熙（1867—1948），四川自贡荣县人。成都"五老七贤"之首，工诗，善书，间亦作画。蜀中传有"家有赵翁书，斯人才不俗"之谚。赵熙书法集

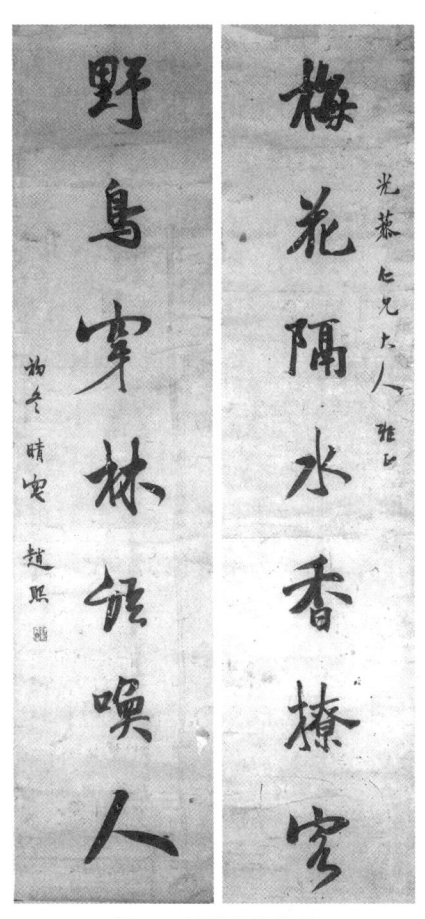

图15 赵熙书法作品

古之大成，遍学宋元之前书法大家，且每学一家都能融合变化，写出自家新意。近人陈兼与称其"书法最工，初为帖学，近小欧阳，后泛涉汉魏诸碑，于北魏之张猛龙，尤有入处。故所作峻整栗密，而又气骨森张，近百年间，罕有与并"，"先生书札特精且勤，友朋有书必覆。或简短数行，或连篇累牍。文字高古，有六朝人风格。而小行草笔精墨良，疏落有致，每令人爱不释手，得之者珍如拱璧"。这些都是中肯的评价。赵熙学古能化，化能融合，一生都在学习不同风格，丰富自己，使其书法最终臻于秀逸朴厚、变化多端的艺术境界。

吴之英（1857—1918），四川名山县人。清光绪年间拔贡，出身书香门第，幼承庭训，18岁被张之洞选入尊经书院，与廖平、杨锐、宋育仁同称院中"四杰"。他倡导新学，在四川各地讲学，历任灌县训导、尊经书院都讲、锦江书院襄校、四川国学院院正（院长）。吴之英擅书法，于经、史、词、章均有造诣。35岁后形成自己的书法风格，书作融北碑南帖为一体，毕生著作甚丰，今成都人民公园"辛亥秋保路死事纪念碑"东面所题即为其力作。

周善培（1875—1958），原籍浙江诸暨，生于成都。一生满腹才智，曾任四川警局总办、省巡警道、劝业道等职，主管全省治安及农、工、商、矿、企业等，勇于除弊革新，倡办新政，对成都贡献很大。新中国成立后任国家法制委委员、民生轮船公司董事长、第一届全国政协特邀委员。周善培诗文俱佳，他的书法古朴遒劲，饶有金石味。四川省图书馆存有其手书四十八册《十三经》篆文；杜甫草堂内存有他写的青花草堂影壁的"草堂"二字；大廨内悬有他于1957年补书的一副对联"水竹傍幽居，想溪外微吟，密藻园沙依草阁；楼台开丽景，结花间小队，野梅官柳满春城"。

余舒（1880—1940），别号沙园居士，成都人。早岁即爱好书法，勤于临池，于魏碑用力尤深，20岁时已露头角，后留学日本，游名胜箱根所作题记，名列梁启超之后，博得"题咏赖名贤"之美誉。1930年以作品参加"金陵书展"，书法以写碑而胜，与郑孝胥齐名，郑被评为全国碑体书法第一，余舒则被评为第二。书名不胫而走，求书者益多，当今成都书法界许多名家都曾问学于他。余舒之书法，布局严整，方圆并用，笔势凝重、雄厚，形成自己的风格，为蜀中书法名家之一。文殊院藏有先生墨迹《禅行法想经》等。

曾默躬（1881—1961），成都人，又称墨公、默居士，四川省文史研究馆馆员，通诗文、长书法、精篆刻、善绘画、懂医术、精鉴赏。著有医论医案数十卷。书画作品大多散失于"文化大革命"期间。艺术界曾有多人撰文纪念他。曾默躬于篆刻艺术方面成就斐然，当年齐白石在题《门人罗祥止印谱》中就有过评语："今之刻印者，唯有曾默躬删除古人一切习气而自立……成都曾默躬为余神交友。"他摒弃传统印章中那些毫无生气的陈旧作风，其不守成法的篆刻创新曾得到齐白石先生的高度赞扬。

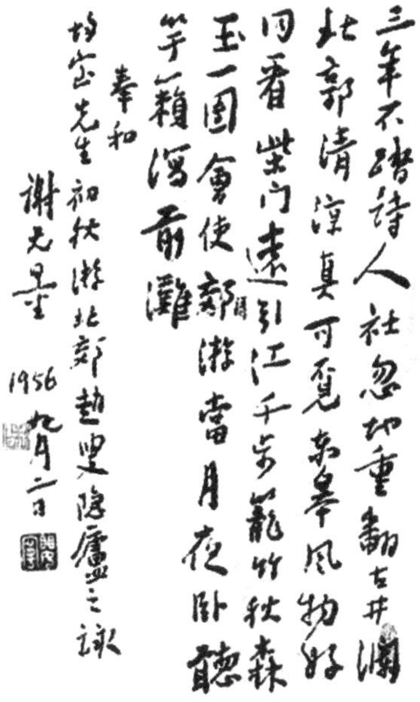

谢无量（1884—1964），四川乐至人（今属重庆市）。近代著名学者、诗人、书法家。他的书法不受一家一派之影响，自己潜心研习历代名家碑帖，兼取各家之长。其书法既有汉魏碑书之刚健，又有晋唐帖书之秀媚，严谨处似真楷，流走处若行草。能熔各家之长于一炉，书法独创一格，世称"孩儿体"。50年代全国名书法家聚北京献书艺，谢无量被举为第一流，其书法艺术名震中外。于右任对他的书法甚为赞异，说他是"干柴体"，笔笔挺拔，别有一种韵味。现当代巴蜀一带书法家深受其影响，他的作品散见于成都各地，影响极其广泛。

图16 谢无量书法作品

刘孟伉（1894—1969），四川云阳县人，文辞诗赋及书法篆刻俱佳。早年任川东游击队领导人，1959年调任四川省文史研究馆馆长。刘孟伉擅长书法篆刻，各体皆能，特别是晚年将深厚的学养与独特的人生经历融入书作中，达到炉火纯青的境界，为当代书坛所推崇。他的书法风骨雄健、气格宏

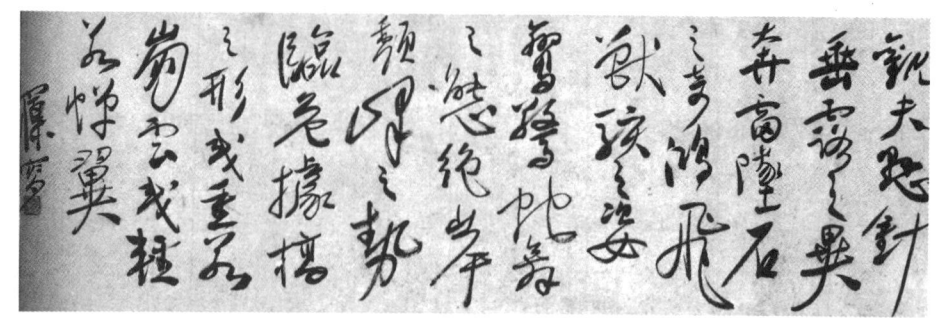

图17 刘孟伉书法作品

博、奇野朴茂、浑然天成。代表作有《刘贞安传》（刻石楷书）、行书《游峨眉诗稿》等。成都杜甫草堂、文殊院等地藏有他的多幅作品。

黄稚荃（1908—1993），女，又名黄先泽，笔名杜邻，四川江安县人。早年毕业于成都高等师范国文系，后任四川大学附中、成都第一女子师范、大同公学、成都公学教师和四川大学文学院教授等职。她曾师从著名学者黄晦闻、赵熙、向楚诸先生，博采众家之长，诗、史、书、画均通，号称"四绝"，有"蜀中才女"之誉。她的书法诸体皆工。她曾任四川省临时参议员、国民政府国史馆编修、国大代表和立法委员等职。1950年后，曾任四川省政协常委、中华诗词学会顾问、四川省诗书画院顾问、四川诗词学会名誉会长等职。著有《杜诗札记》《李清照著作十论》《稚荃三十以前诗》等多部著述。

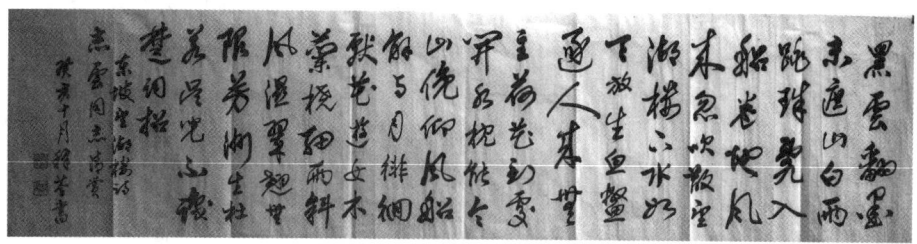

图18 黄稚荃书法作品

李半黎（1913—2004），河北高阳人。1938年秋入延安鲁迅艺术学院学习，新中国成立后历任《川东报》《四川农民报》《四川日报》总编辑、社长，四川日报社党委书记等职。曾任四川省书法家协会主席、中国书协理事、四川省诗书画院副院长、四川省文联常委等。先生自幼喜爱书法，初学从颜真卿入手，后取法怀素、何绍基诸家之长，入古而不泥古，书风偏于豪放而不失婉约。其作品多次入选国内外大型书法展览并为中国博物馆、中国艺术博物馆、黄帝陵陈列馆、炎帝陵纪念馆等处收藏，被国内多处风景名胜区及碑林勒石。

赵蕴玉（1916—2003），原名文蔚，后改名赵石，字蕴玉，阆中市人，著名国画家、书法家。抗日战争时期，赵蕴玉曾在家乡几所中学任教，1945年到成都师从张大千学画，同时在成都岷云艺专执教。新中国成立后，先在川北行署作戏曲改革工作，后到四川省博物馆鉴定和复制古画。晚年为成都画院顾问、四川省诗书画院顾问、中国老年书画研究会四川省分会会长。赵蕴玉既精于绘画，也精书法，善诗词，其画多有题诗，画神诗韵，相得益彰。其作品被海内外众多收藏家及博物馆收藏，成都街头很多牌匾均为其手笔。

周浩然（1929—2009），四川江津人，曾任四川大学教授，四川省书法家协会副主席，四川省书学学会副会长，四川省老年书法研究会副会长等。先生一生情系书法，工作、教学之余勤练不辍。其书学唐代颜真卿、柳公权，宋代苏轼、黄庭坚等大家，博采众长，融会贯通，笔力遒劲雄强，结字宽博挺拔、沉厚峭拔。成都各名胜之地以及街头巷尾都留有他所书匾额、招牌，其书法遗迹在成都留存广泛。

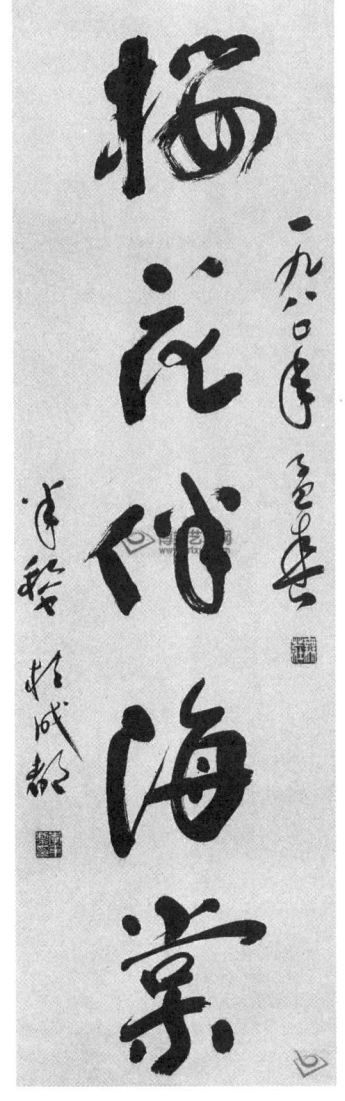

图19　李半黎书法作品

成都书法在当代中国书坛也具有重要影响。近30年来，在全国举办的各

图20　何应辉书法作品

届重大书法展览中均有许多成都籍作者入选、获奖,并逐渐形成了一支创作实力雄厚、创新意识强烈、作品风格鲜明,颇得国内书法界好评的队伍。在当代成都书法家队伍中,有的书法家很早就名扬全国,有的一直担任着中国书法家协会的重要职务并长期担任全国各大展赛的评委,有的中青年书法家频频摘取国内外书法赛事的桂冠而成为明星式人物,充分显示了成都书法在中国当代书坛的重要地位和影响。其中比较能代表成都书法的发展变迁和书法文化形象,在国内外都具有较大影响的老书法家主要有马识途、流沙河、刘奇晋、刘云泉、谢季筠、张景岳、蒲宏湘、何应辉、刘正成、侯开嘉、徐德松、郭强、舒炯等等。何应辉先生更是曾多年担任中国书协副主席、四川省书协主席和全国各种大型书法展评委,其书法扎根于篆隶、北碑等传统碑帖,又极富创新,形成了刚健豪迈、跌宕多姿、浑厚而富有拙趣的独特艺术风格,在全国卓有影响(作品见图20),最近被评为天府成都当代"十大文化名人"之一。当然,成都还有一大批活跃于全国书坛并颇有影响的中青年书法家代表,如洪厚甜、钟显金、戴跃等等,实在难以尽数。有兴趣的读者朋友可以从当下成都不断举办的各种书法活动中一见他们的身影,以便更进一步了解成都书法的全貌。

"优雅时尚"的古典文学与诗意成都研究

王 苹 冯 婵[1]

摘 要：成都是古蜀文明的重要发祥地，具有深厚的文化底蕴。"创新创造、优雅时尚、乐观包容、友善公益"的天府文化是成都别样精彩的人文魅力和城市气质。古典文学为成都这座历史文化名城注入了无限诗意，历史名人的诗歌故事，古典文学的学术研究，以及源于诗歌文化的城市面貌，都是成都厚重的诗歌文化记忆。而"优雅时尚"则体现了天府文化弥足珍贵的文化气质，也是悠久灿烂古典文学传统的重要源泉和传承发展天府文化的重要内容。因此，深入发掘诗歌文化内涵，将其融入文化保护传承，城市文化形象提升，旅游产业、文化创意产业及乡村振兴等战略，是发展天府文化，建设成都世界文化名城的重要文化支撑。

关键词：诗意成都；天府文化；优雅时尚

自公元前4世纪古蜀王开明九世徙治成都起，成都就一直是蜀地的府治所在，素有"天府之国"的美誉。成都得天独厚的自然生态环境、富饶的物

---

[1] 王苹，中共成都市委党校副校长、成都行政学院副院长、教授。冯婵，成都市社会科学院历史与文化研究所副所长、副研究员。

产、优裕的生活，以及深厚的城市人文传统等，造就了独特而鲜明的天府文化特征。从空间范围来看，"天府文化"滋养于以成都为中心的"天府之国"，更准确地说是都江堰水利工程的灌溉区，涵括了四川盆地中西部地区。"天府文化"概念的提出更契合文化地理学的学理性，"天府文化"依托于都江堰灌溉区的成都平原，更加准确和贴切，又具备深厚的历史渊源与鲜明的文化标识性。"创新创造、优雅时尚、乐观包容、友善公益"十六字概括了天府文化的精神特质和核心内涵，是传承历史文化、弘扬现代文明、彰显成都魅力的一面旗帜。

"优雅时尚"是天府文化弥足珍贵的文化气质，无论是成都的物质文明还是精神文明，都生动地彰显着这一特征。天府文化因富庶闲适而优越雅致，因开明进步而引领时尚，其诸多方面体现着文化的先进性及示范性，尤其是从汉赋之恢宏磅礴，到杜诗之清新闲适，再到花间词之雍容华美，成都的文学艺术更是始终焕发着"优雅时尚"的文化气质。换言之，成都悠久灿烂的古典文学传统是天府文化之"优雅时尚"的重要源泉。

一、诗意成都与诗歌之城

纵观历史长河，成都素来是一座沐浴着浓浓诗意的城市。成都历史文化悠久，文苑英才辈出，在中国古典文化、文学发展中占据了相当重要的地位。成都历来被来自古典诗词的耀眼光辉笼罩，这里无疑是一座古典文学的富矿。在关乎文学艺术的话题中，成都表现出"三多"。

（一）诗人多

文翁化蜀后，成都平原以其得天独厚的生态、繁荣的经济、悠久的文化，孕育滋养出了一大批著名的文学家。从古代的司马相如、扬雄、李白、陈子昂、苏洵、苏轼、苏辙、魏了翁、杨慎，到近代的郭沫若、巴金、李劼人，再到当代的柏桦、翟永明、欧阳江河、吉狄马加、阿来，等等，许多名满天下的文人都来自成都平原。因此，有人说缺了蜀地的文人，中国的文学艺术史就会黯然失色，这种说法并不夸张。这样的文学人才辈出，可以说是成都人杰地灵的印证。成都历史上诗人数量多，表现出以下两个特征。

其一是成都的才女美女诗人尤其多。历来成都的美女不仅貌美,而且富有才情,可谓是才貌双全。汉代的卓文君,她不仅与司马相如当垆沽酒,而且能在司马相如移情别恋时写下《白头吟》《诀别书》《怨郎诗》,用诗歌来捍卫自己的爱情。唐代的薛涛,一位具有传奇色彩的女诗人,作为赋诗侑酒的官妓,与当时著名的诗人元稹、白居易、张籍、王建、刘禹锡、杜牧、张祜等人都有唱酬交往。可以说,她是成都历史上第一个职业女诗人,她还有个人诗集《锦江集》出版(五卷,亡佚,《全唐诗》收录一卷)。五代的花蕊夫人,世传《花蕊夫人宫词》一百多篇,其中可考者九十多首,《全唐诗》也收录了其诗一卷。还有明代大状元杨慎之妻黄娥,出身书香门第,与杨慎婚后,长期居住在新都桂湖畔的祖宅里,与在外地做官的杨升庵聚少离多。她抒写离别之情,留下了《寄外诗》等诗作,有《杨状元妻诗集》《杨夫人乐府》等诗集传世。还有人将夫妻二人的作品合编为《杨升庵夫妇散曲》。

其二是外地入蜀的诗人尤其多。历史上众多文人墨客因避难、宦游、贬谪、流寓、探亲等故入蜀。成都对于文人墨客具有非凡的吸引力,能吸引历代的众多文人墨客,不远千里、不畏蜀道之艰难险阻来到成都,并深深地爱上这座城市。古往今来,诸如杜甫、李商隐、黄庭坚、陆游等许多大诗人都出于各种原因来到这里,成都也为这些文人提供了流寓行役的温暖港湾。"自古诗人例到蜀"[1],一语道出历代诗人多宦游、寓居蜀地,而后诗歌渐入佳境的特殊文学现象。历代诗人的入蜀,以唐宋时期最盛,如唐代杨炯、卢照邻、沈佺期、张说、张九龄、孟浩然、王维、苏颋、李颀、骆宾王、李白、杜甫、高适、李端、严武、李德裕、刘禹锡、元稹、孟郊、白居易、李涉、薛涛、李贺、温庭筠、李商隐、罗隐、韦庄等多位大诗人都先后来到蜀地,留下了大量的传世经典之作。而宋代入蜀的诗人与唐代相比,则是有过之而无不及,除去苏洵、苏轼(苏东坡)、苏辙"三苏父子"这类蜀中土生土长的、名冠天下的大文人之外,还有诸如张先、宋祁、石介、黄庭坚、陆

---

[1] 李调元《送朱子颖孝纯之蜀作宰》诗云:"猿啼万树褒斜月,马踏千峰剑阁霜。自古诗人例到蜀,好将新句贮行囊。"李调元:《童山诗集》卷七,见《续修四库全书》影印清乾隆刻道光五年增修《函海》本,第1456册,第194页。

游、范成大等众多游宦行役之士涌入蜀中。据统计,仅北宋有资料可循的入蜀文人就多达556人。[1]而这些入蜀文人中的绝大多数都曾在成都游览或是寓居过。白居易也说"诗家律手在成都"[2],成都不仅能吸引文人,而且文人来了就能写出更好的作品,文学造诣就能更上一层楼,其诗作无论在情感内容还是艺术审美上都呈现上升的走向,甚至登峰造极,这的确是个奇妙的文学现象。

(二)诗歌多

上述这些著名诗人都在成都留下了很多作品。杜甫在成都居住了三年九个月,留下了二百七十首左右的诗作。陆游自己说"四到锦城"[3],共居住了六年左右,创作了几百首诗作。女诗人薛涛留存近一百首诗。《成都文类》收录宋代诗人范成大50首作品。诗人们在成都所创作的诗歌可以用浩如烟海来形容,其中直接描写成都的诗篇也是十分丰富的。

(三)创新多

历代文人在成都写下的这些诗文作品,不仅数量众多,而且十分具有创造性,许多名篇大作在中国文学的发展历程中都具有开创之功,或者达到了艺术的巅峰。比如汉赋的一大半成就就来源于成都,司马相如、扬雄、王褒这些成都人创造了汉赋气势磅礴、辞藻华丽的特殊样式。杜甫入蜀后的绝句创作,从蜀中民歌、方言、民俗等中汲取养分,在李白、王昌龄等人高华绵邈的绝句以外,另辟绝句清新自然之境。[4]后蜀赵崇祚将晚唐五代时期,宦游于蜀,或籍贯在蜀的温庭筠、韦庄、欧阳炯、孙光宪等18位作者的五百多首作品编选为《花间集》。《花间集》是中国文学史上文人编辑的第一部词集。西蜀文人在相对安宁富庶的环境下,创作出了一批浅斟低唱、偎红倚

---

1 伍联群:《北宋文人入蜀诗研究》,巴蜀书社,2010年,第15页。
2 白居易:《昨以拙诗十首寄西川杜相公》,顾学颉校点:《白居易集》,中华书局,1979年,第585页。
3 陆游《剑南诗稿》卷五《客多福院晨起》曰"四到锦城身愈老"。
4 夏承焘:《论杜甫入蜀以后的绝句》,见《文学评论》1962年第3期,第94~98页。

翠，描写绮罗香泽、儿女情长的作品，开宋代文人词之先风，创造出另一种堪与唐诗相媲美的文学样式。

成都虽然偏居中国西南一隅，但它不仅以清新温润的自然环境，为历代蜀籍或客蜀的文人们提供了安定舒适的生存环境，而且以其悠闲安逸的民风、民俗，极具包容性的地域文化，深深地吸引并感染着历来的文人。经由远游他乡的蜀籍诗人笔下剪不断的浓浓乡愁，抑或是客蜀文人胸中涌动的诗词歌赋，成都带着优雅时尚、闲适清新的情调，款款走进古典文学的视野，成为众多骚人墨客赋写华章的诗歌圣地。有人赞誉成都是中国最富诗意的城市之一，此论颇有见地。成都优雅时尚的城市文化形象也通过诗词特有的表现方式，在横向的空间和纵向的时间获得了广泛而持久的生命力和影响力。

二、诗意成都与历史名人

众多的历史名人纷至沓来，他们或在成都留下了深刻的文化足迹，或创作出了家喻户晓的名诗警句。他们把成都那温润秀美的自然风光、悠闲安逸的人文气息等描绘入诗作。借着历代名人的歌咏，成都逐渐成为名扬天下的诗意名都之一。

（一）诗圣杜甫在成都

在"安史之乱"发生后，48岁的杜甫被迫经艰险奇崛之蜀道，携家人入蜀避乱。自公元759年暮冬入蜀至公元765年离开，杜甫一生曾两度寓居成都，先后共居住三年又九个月，其间所创作的诗歌占他全部诗作的近五分之一。

在唐宋时期，成都就表现出强烈的移民城市特征，大批文人、官吏、乐工、伶人、工匠等流寓成都，对成都的文学、音乐等起到了很大的提升作用。成都人也在大规模的移民潮中形成了一种包容、开放的性格特征。成都形成了一种不排斥外来文化，乐于接受新鲜事物，对外地人十分包容的文化氛围。

正是成都人的热情包容温暖了漂泊的杜甫。初到成都的杜甫，带着强烈的客居他乡的漂泊感，在与成都人的各种交往中消解客愁。杜甫成都诗中涉

及当时成都各个阶层人物，可以说，是一幅生动的成都民俗清明上河图。在亲朋好友的资助下，杜甫在浣花溪畔建起了那虽不华丽却属于自己的草堂茅舍，在成都收获了难得的安稳宁静。朋友们的关怀，也是杜甫在成都寓居草堂时，最温暖、最感念的心灵慰藉。

杜甫在成都期间，大量汲取成都独特的地域文化养分，其诗歌风格为之一变，在原有的沉郁顿挫之外，又新添闲适清新的风格，将其诗歌创作推向新的高度。这是杜甫的诗歌艺术在成都的最大收获。依水而居的江村闲居图景是杜甫在成都的生活和诗歌的主基调。杜甫陶醉于临水迎风、晴耕雨读、亲近自然的悠闲而又极富生活气息的生活常态，他在江边散步、赏花、钓鱼、饮酒、赋诗、会友、赏景，又以其清新隽美的妙笔将这一幕幕闲情美景载入诗歌。杜甫以诗的韵笔记载了唐代成都的田园山水、风物民俗，为这座古老的城市留下了丰厚而优美的文化记忆。同时，杜甫的诗意栖居以及杜诗的名扬四海、美誉千古，也反作用于成都，为成都文化注入了充满诗意的元素。

（二）毛主席与成都的诗词故事

1958年毛泽东主席赴成都出席中央政治局扩大会议，会议期间，他曾向四川省图书馆借阅一些与四川历史文化相关的书籍，并亲自编选两部诗集印发给与会者。两部诗选小册子分别题为"诗词若干首"（唐宋人写的有关四川的一些诗和词）及"诗若干首"（明朝人写的有关四川的一些诗）。前一部诗集收有李白、杜甫、苏轼、陆游等15位诗人的作品，后一部诗集收录杨慎、李攀龙等12位诗人的作品。当年即合为一部集子正式出版，1977年四川人民出版社又将其作为内部读物再次分别重印，以纪念毛主席逝世一周年。这段历史，在坐落于天府广场一侧的四川省图书馆的负一楼馆史展厅中，以多媒体、人物蜡像等方式进行了生动的展示，这两本诗选也作为重要的文物得到了展出。领袖人物把有关四川的诗词作为了解四川历史文化、人文风俗、自然地理的重要资料，不仅自己读，还要求参会的领导干部们也要通过这种读诗的方式来了解四川。诗词不如那些以求真为目的的历史著作平实、严肃，却是富有情感的，以如同电影镜头似的生动还原历史。读者能从诗中读出有血有肉的人，读出鸟语花香的景，读出肝肠寸断的情。

三、诗意成都与学术研究

历来关于成都诗人、诗词等文学艺术的文献整理和学术研究工作始终在不懈前行。成都向来有重视乡邦文献搜集汇编的传统，在地域文学的保护和传播上具有很强的自觉意识。早在五代时期，赵崇祚就编纂了第一部文化词集——《花间集》。南宋任四川安抚置制使的袁说友，组织编辑了有关成都地区诗文分类的总集《成都文类》。明代状元杨慎广搜明代以前历代文人记述和吟咏蜀地山水风光、名胜古迹的各类文学作品，编撰成诗文选集《全蜀艺文志》。杨慎的好友、时任四川按察副使的周复俊又重编《全蜀艺文志》[1]。明代的杜应芳、胡承诏，又在杨慎《全蜀艺文志》的基础上，搜辑嘉靖以来的文章及被杨慎漏搜的文章，编辑成《补续全蜀艺文志》。清末民初著名的藏书家傅增湘，以人物为经，以时代为纬，将宋代蜀中学人在经学、文学、史学方面的重要作品载录，编纂为巴蜀地方文献总集《宋代蜀文辑存校补》。明代费经虞辑、清代孙澍校订的《蜀诗》，明代傅振商编的《蜀藻幽胜录》，清代孙桐生编的《国朝全蜀诗钞》，清代李调元辑《蜀雅》，近代著名学者吴虞编选的《蜀十五家词》丛书，今人林孔翼辑录的《成都竹枝词》，李诒收集唐五代以来蜀人词作编纂的《历代蜀词全辑》，许吟雪、许孟青编著的《宋代蜀诗辑存》，廖永祥编撰的《蜀诗总集》等地域诗文总集，充分展现了古代成都灿烂的文学成就，也为诗意成都的研究提供了极为丰富的素材。

前辈学者也对诗意成都的研究做出了卓越贡献，如杨世明先生的《巴蜀文学史稿》，祝尚书先生的《宋代巴蜀文学通论》等，对包括成都在内的巴蜀地区的文学，进行了或通论或断代的研究。这一批学界前辈以其毕生学养和严谨的学术精神对蜀中文学面貌和发展历程进行了较为全面的勾勒和展现。

此外，还有不少是关注成都文人、文学作品等地域文学的学术研究，主

1　旷天全：《〈全蜀艺文志〉编者考论》，《绵阳师范学院学报》2010年第7期。

要集中在关于杜甫、黄庭坚、陆游、范成大等著名文人在成都的文学创作的研究，如夏承焘的《论杜甫入蜀以后的绝句》（《文学评论》1962年第3期），莫砺锋的《陆游诗中的巴蜀情结》（《社会科学研究》2003年第5期），周啸天的《杜甫与三任成都地方官》（《古典文学知识》2010年第5期），张放的《杜甫与成都西山》（《杜甫研究学刊》2012年第1期），张邦炜、卢俊勇的《黄庭坚成都府路遗迹考述》（《蜀学》第二辑，巴蜀书社，2007年）等。也有不少学者聚焦文人入蜀这一特殊文学现象，如张仲裁的《唐五代文人入蜀考论》，伍联群的《北宋文人入蜀诗研究》，彭敏等的《唐代入蜀文人蜀中创作研究》等专著，以及刘琳的《唐宋之际北人迁蜀与四川文化的发展》等。这些论著围绕入蜀对文人文学创作的影响进行了可贵的探讨。

作为诗意之城，成都城市中留下了许多与诗人、诗歌、文学等相关联的历史印迹。至今还有不少充满诗意的古典园林、名胜古迹，仍然是受市民、游客喜爱的游憩娱乐休闲空间。

最著名的应数杜甫草堂——杜甫流寓成都时在浣花溪畔的故居，自五代至宋、元、明、清，历经13次大规模修葺扩建，加之新中国成立以来几十年的保护发展，已成为现今全国规模最大、保存最完好、知名度最高、最具特色的杜甫纪念遗址，既是当代最大的杜甫研究资料和杜诗书画的收藏展示中心，又是梅园飘香、楠木成林的清幽雅致的古典园林。

因唐代女诗人薛涛而闻名的望江楼公园，一方面有薛涛墓冢、薛涛井、薛涛塑像等历史遗迹，尽管这些遗迹大都是历代修缮重建的，但这丝毫不影响望江楼公园的文化韵味，反倒恰恰表明了这里经久不息的文化情怀。另一方面，因薛涛一生爱竹，后人便在纪念她的园中遍植各类佳竹，望江楼公园拥有一百五十余个品种的竹子，其中不乏名贵者。园内既有绿竹掩映、幽篁如海，又遍布题咏碑刻、诗意盎然，为人们的游览提供了览名胜、观风景的多重趣味和亮点。

除去主城区这两座与诗词相关的历史名胜，在成都周边的区（市）县里也有不少古典园林式的生态文化旅游景点。如新繁的东湖是唐代著名宰相李德裕任新繁县令时所开凿的，因位于县署之东，故称东湖。东湖至今已有一千余年历史,是我国目前仅存有遗迹可考的两座唐代古典人文园林之一(另一处为山西新绛县绛守居),建园早于苏州园林,具有很高的历史价值和艺术价值。东湖内既有百年参天巨树、古藤、幽篁,与桃、荷、桂、梅等花卉相映成趣,又有纪念唐宋先贤李德裕、王益、梅挚的"三贤堂",纪念明末清初"费密一门四世六乡贤"的"四费祠",纪念李德裕的"怀李堂",纪念号称"铁面御史"的宋代成都知府赵抃的"清白江楼",以及纪念曾任新繁知县王益的"瑞莲阁"等名胜古迹。

崇州的罨画池始建于唐代,因南宋诗人陆游在蜀州任官时留下不少吟咏罨画池美景的诗篇而闻名,素有川西名园之称。全园由罨画池、陆游祠和州文庙三部分组成。除了陈列着陆游诗画等作品的陆游祠和建于明代的州文庙等人文景观之外,园内的梅花和菱花烟柳等生态风景也颇有名。

新都的桂湖始建于初唐,原名"南亭",因明代著名学者杨慎在此沿湖广植桂树,作诗《桂湖曲》而得名。作为全国重点文物保护单位的桂湖,同样是一座兼具人文底蕴和优美生态环境的古典园林。园内既有保存完好的清代的亭台楼榭,及成都平原保存完好的850米明代古城墙等历史名胜,又有相传为明代状元杨慎亲手所植的500年巨型紫藤,和蜚声在外的盛夏荷花、万里桂花等生态美景。

近年来,以杜甫草堂的历史文化内涵为基础打造的浣花溪公园,集万树山、沧浪湖、白鹭洲、诗歌大道及展示历代名家书写杜诗的"杜甫千诗碑"等景点于一体。作为成都目前最大的开放式城市森林公园,浣花溪公园俨然是杜甫诗歌意境的生动演绎。

四、启示与思考

在立足建设世界历史文化名城的今天,我们有责任,也有必要把历代文人馈赠给成都这座充满诗意的千古名都的精神瑰宝发扬光大。

(一)加强成都诗歌文化的研究和推广

首先,加强成都诗歌等文学艺术的文献整理和学术研究。从古典文学的视角关照成都,立足有关成都的诗词歌赋,着力挖掘研究自古以来成都的文

人轶事、文学故事及名篇佳制等，探寻诗意成都的学术价值。整理汇编有关成都的文学总集和历代成都籍或客居成都的文人别集。

其次，以通俗化可读性强的语言，以新媒体等易于为大众所接受的方式，向市民及游客推广普及。使读者了解和欣赏成都历史上辉煌的文学成就，走进那些闪烁着光芒的文学名家，及他们在成都的生活经历和情感体验，无阅读障碍地漫步于古典文学的原野，对身边熟悉的成都地名、风物等展开诗意的再认识。向广大读者播撒古典文学的种子，帮助人们了解自己生活的这座城市灿烂的文化和诗意的过往。在鉴赏成都古典诗文之美的同时，传播诗意成都美丽的城市文化形象，提升读者的人文素养，强化人们对优秀地域文化的认同，加深人们对成都这座历史文化名城的热爱。

（二）将诗歌文化品牌融入城市文化形象提升工程

成都人自古爱花，一直有用花来装扮城市的传统，芙蓉、海棠、梅花、牡丹、荷花、杜鹃等众多花卉四季交替开放。自后蜀主孟昶为花蕊夫人遍植芙蓉花起，成都就享有"芙蓉城"的美誉；城西的梅花"二十里中香不断，青羊宫到浣花溪"（陆游《梅花绝句》）；城南的千亩桂花"有花怒放如锦绣"；锦江两岸笑对料峭春寒的海棠也被赞誉"锦城海棠妙无比"（宋人汪元量《锦城春暮海棠花》）。大慈寺外有花市，青羊宫内有花会，城内还有不少以花命名的街道。历史上无数的诗人，以其微妙善感的诗心发现了成都那有关花的美，并以隽永秀丽的辞藻把成都花卉之美传神表现且流传千古。

纵观历史，成都"花重锦官城"之美誉，在很大程度上得益于蜀中最高统治者对某种花卉的情有独钟，以及持续数百年、遍布全城或动辄千亩的大规模栽种。因此，今天我们不妨根植成都深厚的古典文学传统，大力弘扬诗歌文化品牌，结合植物花卉等生态景观，有重点、有特色、有规划地增植花木，将诗歌文化充分融入城市生态园林景观中，景中带诗或依诗造景，大力营造兼具生态美景与诗歌意境的城市文化形象工程，真正体现出成都的文化个性和独特识别性。

(三）推进以诗歌文化为主题的文化旅游产业

杜甫草堂和望江楼公园是以杜甫、薛涛两位唐代著名诗人相关的历史遗迹为依托的古典园林，也是成都发展得较为成熟的诗歌文化旅游胜地。经过多年的经营，杜甫草堂、望江公园已经成为成都诗歌文化的中心。建议把握成都建设世界旅游目的地城市的良好契机，充分利用杜、薛的"双核"基础，串联起眉山三苏祠、崇州陆游罨画池、新都李德裕东湖、新都杨升庵桂湖、邛崃司马相如—文君井公园、郫都扬雄墓园、街子唐求故里等诗歌文化景观，进一步增强成都诗歌文化圈的文化影响力，逐步形成成都平原诗歌旅游线路，并尝试开发以诗歌为主题的大型文化体验游，打造诗意成都的大型品牌文化旅游演艺项目，设计研发诗歌文化的特色旅游纪念品，延伸诗歌文化旅游产业链。

（四）大力发展以诗歌文化为创意的文化产业

以诗歌文化为创意增长点，尝试编演以司马相如、杜甫、薛涛、陆游、李白等著名诗人，或摩诃游赏、花间唱和、诗人入蜀等文学现象为内容，融入川剧、清音等地方曲艺特色，以歌舞剧、话剧、皮影剧、木偶剧等文化演艺，以及动漫游戏、原创音乐、传记读物等大众喜闻乐见的文创产品等形式，为成都的文化创意产业植入具有地域特色的文化内涵，以内容促进质量，进而提升成都文化创意产业的能级。

关于成都的文学名篇可谓充栋盈车，驻足成都的文人名士数不胜数，发生在成都的文学故事也令后人津津乐道。成都的诗歌文化在中国古典文化、文学中占据了相当重要的地位，同时，以诗词为主的古典文学也为成都这座历史文化名城注入了无限诗意，这是属于成都这座古老城市的独特文化记忆。浓郁的诗情画意是成都"优雅时尚"文化气质的重要源泉之一。在经济社会高速发展的当下，成都人"快工作、慢生活"，享受着优游雅致、从容不迫、张弛有道的时尚慢生活。从宽窄巷子的"最成都"、太古里的国际潮流，到锦江河畔的惬意漫步、街子古镇沐浴着阳光的下午茶，成都的诗意与安逸一同无处不在。

成都时尚生活的诗意呈现

邱宇林[1]

摘　要：历史文化名城成都骨子里的诗意生活，有其文化历史的深厚积淀和独特地理位置的渊源，滋生了古往今来文人墨客驻足吟唱的文化现象，并一直延伸到当今都市时尚生活的诗意呈现。

关键词：蜀文化；诗歌；时尚生活

成都是一座适宜驻足吟唱、流连感怀的都市。来过成都的人，都会深深为她迷恋：短途旅行，你会爱上她的美食、美景、美女；短期旅居，你会爱上她最市井又最时尚、最悠闲宁静而又最繁华洒脱的城市气质；安居乐业，当你徜徉在城市里的每个角落，传统的、文艺的、时尚的、超前的，各种元素交汇融合，你会从骨子里深深地爱上她。

毋庸置疑，成都是一座古老而又神秘的都城，于公元前5世纪中叶古蜀国开明王朝九世以"一年成邑，二年成都"[2]而名"成都"。历经2500年，从未更改城名，也不曾迁移城址，成都就这么平静而祥和地屹立于"天府之

---

[1] 邱宇林，川人，祖籍重庆，现居广东。中华诗词学会会员、惠州市作家协会会员、惠州市博罗县委宣传部社科联副主席。

[2] 乐史：《太平寰宇记》第三册，中华书局，2007年，第1463页。

国"的腹地。

一、成都诗意的历史渊源

作为国家历史文化名城，成都承载了四千多年的文明，是古蜀文明发祥地，是中国十大古都之一，历史上先后有七个割据政权在此建都。统一王朝时期，成都又一直是各朝代的州、郡、行省治所。

秦汉时期，成都商业发达，秦时成都即已成为全国大都市，西汉时成都人口达到7.6万户，近40万人[1]，成为全国六大都市（长安、洛阳、邯郸、临洮、宛、成都）之一。"少城"为成都商业最发达的城区，商店、货摊鳞次栉比，商品琳琅满目。

西汉至东汉，以成都平原为核心的天府之国已基本形成。三国时期，成都作为蜀汉政权的中心，是当仁不让的三国文化的"首府"，在三国历史上占有重要的地位。蜀汉在诸葛亮的治理下，农业、工商业发展迅猛，尤以盐、铁、织锦业最为发达。蜀锦驰名全国，远销吴、魏，其收入成为蜀汉政权军费的一大来源。中国现代著名历史学家、古文字学家徐中舒在《蜀锦》一文中称"蜀锦之盛，当在蜀汉之世"，"蜀中工业之盛，较之中原各地，实有过之而无不及也"，充分显示出蜀汉手工业生产的昌盛和发达，以及人民生活的富庶和满足。

隋唐时期，成都经济发达，文化繁荣，佛教盛行。成都成为中国最发达的工商业城市之一，史称"扬一益二"[2]（成都古又称益州）。农业、丝绸业、手工业、商业发达，造纸、印刷术发展很快。"蜀绣"为全国三大名绣之一，"蜀锦"被视为上贡珍品，产量全国第一。唐代蜀锦工艺有很大发展，产品远销到日本、波斯。[3]成都还是中国雕版印刷术的发源地之一，唐代后期，大部分印刷品都出自成都。

1　班固：《汉书》卷二十八上《地理志上》，中华书局，1962年，第1598页。
2　"先是，扬州富庶甲天下，时人称扬一益二。及经秦、毕、孙、杨兵火之余，江、淮之间，东西千里扫地尽矣。"（唐末军阀战争导致扬州经济衰落。杨指杨行密。）见司马光《资治通鉴》（第十八册）卷二百五十九《唐纪七十五》，中华书局，1956年，第8430页。
3　《成都通史》编纂委员会：《成都通史·两晋南北朝隋唐时期》，四川人民出版社，2011年，第219～224页。

到了北宋时期，成都是汴京以外的第二大都会，发明了世界上第一种纸币——交子。

在成都，都江堰、武侯祠、杜甫草堂、金沙遗址等众多名胜古迹数不胜数，历史文化的源远流长，经济社会的繁荣发展，富足的人们能不诗情画意？

1843年盛夏，曾国藩入川，写有《初入四川境喜晴》七律一首，其中有"楚客初来询物俗，蜀人从古足英雄"名句，昭示了两种迥然不同的历史文化氛围：楚地的生意经与蜀地高扬的英雄气概。而这种浪漫的英雄气不正是成都深入骨髓的诗意呈现吗？

二、成都诗意的地理渊源

成都位于四川盆地西部，境内平原、丘陵和山地三种地形地貌均而有之，地形地貌复杂丰富，既有崇山峻岭又有肥沃平原，既有大江大河又有小桥流水，自古享有"天府之国"的美誉。其东部地处成都平原的腹心地带，地势平坦、河网纵横、物产富饶，属亚热带季风性湿润气候。其西部横断山脉的险峻巍峨，大诗人李白一首《蜀道难》描摹殆尽。

在杜甫笔下，成都鱼米之乡、富庶之地的景象跃然纸上：《田舍》中"鸂鶒西日照，晒翅满渔梁"的夕阳西归，《屏迹三首》中"村鼓时时急，渔舟个个轻"的满满收获，《野老》中"渔人网集澄潭下，贾客随船返照来"的锦瑟繁华。

如今现代化建设中的成都，更是我国第四大航空枢纽，航线通达全球五大洲。成都作为全球重要的电子信息产业基地、国家重要的高新技术产业基地，有国家级科研机构30家，国家级研发平台67个，高校56所，各类人才约389万人，世界500强企业达281家。成都是内陆地区领事机构最多的地区，有驻蓉外国领事机构17个。[1]借助丰富的文化资源，成都面向国内和国际开展了一系列具有影响力的演艺、会展、论坛等文化交流活动，推动了成都城市对外文化交流，增强了城市品牌价值传播力、文化交流凝聚力和城市影响推动力。

---

1 以上数据参见成都市人民政府门户网站，网址为www.chengda.gov.cn。

在国家"一带一路"倡议这一背景下,成都正加快建设西部对外交往中心,加强对内、对外双向开放,全面提升国际交往便利度和交流合作紧密度,打造内陆开放型高地和国家门户城市。建设大通路,促进大开放,新道路、新建筑和新兴企业,正是这个城市创新的表现,毫无疑问,成都正坚定地走在建设国家中心城市的道路上。

成都素有"沃野千里,天府之土"的美誉,在这肥沃发达的成都平原上,世世代代辛勤耕耘的人们,生性乐观豁达、热爱生活的人们,必然孕育出诗意灿烂、旷达闲适的诗意生活。

三、成都在诗意中绽放

提到泱泱五千年中华文化,巴蜀文化是必然要提的。巴蜀文化是以成都为中心,融合周边少数民族的特色文化而形成的自己独有的一种多元文化。

"人生自有诗意"。放眼中国,在巴蜀文化的涵养下,成都更是用她特有的温柔与宽厚孕育了不少诗人以及大量的诗词歌赋创作。

在这片诗意盎然的沃土上,文学大家们的集聚效应和示范效应不容忽视。西汉辞赋家司马相如,这位才华横溢的才俊,以一曲《凤求凰》赢得了中国古代"四大才女"之一的卓文君的芳心,二人的爱情故事成为千古流传的佳话。

相如之后则是扬雄,西汉著名文学家、诗人,同时也是哲学家。扬雄的《蜀都赋》为现存最早的以都邑为题材的作品。"蜀都之地,古曰梁州。禹治其江,渟皋弥望,郁乎青葱,沃野千里",该赋是他的代表作,极尽言辞,以写成都之壮美秀丽。这位扬雄在古代文学史上是全国著名的川人。"南阳诸葛庐,西蜀子云亭,孔子云:何陋之有?"刘禹锡《陋室铭》中子云亭的主人,就是这位汉代大儒扬雄。《文心雕龙》把扬雄摆在司马相如之前,故西汉辞赋又有"扬马"之称。

到了唐朝,成都更是大家云集,各领风骚,大诗人李白、杜甫、王勃、卢照邻、高适、岑参、薛涛、李商隐、康术等都曾寓居成都。

"蜀道难,难于上青天。"《蜀道难》全诗以山川之险,言蜀道之难,给人以荡气回肠之感!川籍诗人李白,突破常规、天马行空,是无可仿效的

诗仙,在世界诗歌界也是无可争议的伟大诗人。其诗瑰丽奇诡、波澜壮阔,无论是批判现实、否定权贵,还是浪迹天涯、歌咏山川友情之作,李白的诗歌均体现出对自由、平等的追求,因此不管是哪个时代哪个国度的人,读李白的诗歌都能获得一种很好的艺术享受,都能产生强烈的共鸣,深深地感受到伟大诗人浪漫豪放的语言魅力以及强烈的感情冲击。

中国古代诗歌艺术在唐代达到的另一个高峰,其代表就是"诗圣"杜甫。杜甫漂泊西南期间,定居成都,在浣花溪畔筑草堂,前后近四年。杜甫诗歌在唐朝所获评价就很高,韩愈曾有"李杜文章在,光耀万丈长"的感叹。杜诗把个体人格化入广阔人生,襟怀博大,素有"史诗"之称。杜甫的诗歌无论是叙事抒怀,还是写景咏物,都高度结合现实,充满了忧患意识。

而杜甫草堂,亦成为成都人民心中诗的殿堂。其坐落于成都市西门外浣花溪畔,是中国唐代大诗人杜甫流寓成都时的故居。杜甫先后在此居住近四年的时间,创作诗歌二百四十余首。唐末诗人韦庄寻得草堂遗址,重结茅屋,使之得以保存,此后宋元明清历代都有修葺扩建。杜甫为人民呐喊、歌唱,必定永远被人民纪念、歌颂。

四川眉山人苏轼,是北宋时期最杰出的文学家,同时又是中国历史上的文化巨匠,是千年来川人的骄傲。现代学者认为苏东坡是一个说不全、说不完、说不透的人,是永恒的苏东坡。从文学上说,他的散文、诗词、书法在宋朝都是第一,并且每样都开创了一个新流派。单从诗词来说,他的诗清新豪健,善用夸张、比喻,艺术表现独具一格;他的词雄浑豪迈,开创了一代豪放派词风。"长明灯下石栏干,长共松杉守岁寒。叶厚有棱犀甲健,花深少态鹤头丹。久陪方丈曼陀雨,羞对先生苜蓿盘。雪里盛开知有意,明年开后更谁看。"这是东坡先生咏四川山茶的一首诗。

东坡先生留下的一首千古绝唱《临江仙》曰:"忘却成都来十载,因君未免思量。凭将清泪洒江阳。故山知好在,孤客自悲凉。 坐上别愁君未见,归来欲断无肠。殷勤且更尽离觞。此身如传舍,何处是吾乡。"十年了,还能悲凉至此,只因成都的人、成都的物。想当年,从眉山到成都赶考,来到成都西郊的一条清水河旁,生性悠然自得的东坡对着清澈河水中戏水的白鹅、畅游的鱼儿,发出"如此美景,岂非人间桃源"的感叹。功成名就之后,他便在成都清水河修了一座青石拱桥,这座桥就是我们现在看到的"苏坡桥"。桥头还镌刻了副对联:"听长公当年曾吟大江东去,愿吾辈今朝齐作砥柱中流。"一千多年后的今天,苏坡桥已经成了一座时尚漂亮又蕴含深厚文化底蕴的现代立交桥,而苏轼留给成都的远不止这一座桥的美谈。

"滚滚长江东逝水",这首脍炙人口的《三国演义》开篇词,是著名文学家、居"明代三才子"之首的杨慎杨升庵所写。杨慎是明朝四川地区唯一的状元,从小就天资过人,两岁半识字后即"日记数卷",少年时把唐诗宋词元曲背了个遍,24岁就夺得状元。[1]杨慎在《宿金沙江》诗中写道:"岂意飘零瘴海头,嘉陵回首转悠悠。江声月色那堪说,肠断金沙万里楼。"该诗以今昔行旅思情相对,衬出离愁的苦痛。另一首告别爱妻的诗《江陵别内》,表现了别情思绪,深挚凄婉。他还有关心人民疾苦的诗作,如《海口行》及《后海口行》。"疏浚海口银十万,委官欢喜海夫怨",揭露豪绅地主勾结地方官吏,借疏海口占田肥私。他在诗中呼吁"安得仁人罢此宴,亿兆歌舞如更生"。他在《观刘稻纪谚》中托老农之口,说"乐土宁无咏,丰年亦有歌。唯愁军饷急,松茂正干戈",对农民遇丰年,却因军饷赋敛沉重而仍然不得温饱的贫苦生活进行了记述。

四、成都在诗意中延伸

如今,成都人在现代都市生活中更加自觉地延续着诗意生活。在成都的旧城改造中,浪漫的成都人用诗一般的建筑语言立新续旧,在现代高层住宅楼、商务楼、花园洋房层出不穷的同时,越来越多的老式建筑、胡同和社区重新焕发出五彩斑斓的色彩。

琴台路——成都市的珠宝一条街,市内大型珠宝楼几乎均荟萃于此,此外,也兼有少数小规模餐饮店。以前的琴台路虽然保留了一些古代传统建筑样式,但整个街区缺乏统一性,特色也不突出。改造后的琴台路于2002年12月30日正式开街,全长900米,以汉唐仿古建筑群为依托,以司马相如和卓文君的爱情故事为主线,展示了汉代礼仪、舞乐、宴饮等风土人情。因为有

---

1 张廷玉:《明史》卷一百九十二《杨慎传》,中华书局,1974年,第5081页。

了浪漫爱情色彩的诗意注入，琴台路才完成了在同周围环境相结合的基础上对特色街区的文化营造和人文植入。

青砖墙，四合院，高门楼，花墙裙。这个既有川西民居特色，又有北方民俗文化内涵的区域，在民国初年开始称"宽窄巷子"，是成都休闲文化的发源地之一。"宽窄巷子"如今成了中外游客来到成都找寻诗意成都的必游之地。

近十余年来，在城市改造中，宽窄巷子异军突起，居民们纷纷在巷子里开起了颇具地方特色的茶馆和酒吧，不到两百米的街道上竟然挤挤挨挨开了十余家。在这两条小巷子里，"老成都"氛围越来越浓烈，盖碗茶、豆花饭等市井生活的饮食场景在这儿顽强地再现……宽窄巷子是老成都"千年少城"城市格局和百年原真建筑格局的最后遗存，也是北方胡同文化和建筑风格在南方得以复制和本地化的"孤本"，更是今天成都最著名的新"名片"和会客厅。

有人说宽巷子代表了老成都的"闲生活"，代表了最成都、最市井的民间文化；原住民、龙堂客栈、精美的门头、茂密的梧桐树、悠闲的老茶馆……构成了宽巷子独一无二的成都元素和成都语境。宽巷子，由是呈现了现代人对于一个城市的记忆。

窄巷子，代表了老成都的"慢生活"。成都是天府，窄巷子就是成都的"府"。经过城市改造后的窄巷子，展示的则是成都的院落文化。院落，上承天华，下沾地气。宅中有园，园里有屋，屋中有院，院中有树，树上有天，天上有月……这是中国式的院落梦想，也是窄巷子的生活梦想。这种院落文化代表了一种精英文化，一种传统的优雅文化。如今的窄巷子形成了以西式餐饮、轻便餐饮、艺术休闲、健康生活、特色文化为主题的精致生活品位区，成为成都现代诗意生活的栖息之地。

井巷子，展现的是成都人的"新生活"。井巷子是宽窄巷子的现代界面，是宽窄巷子最开放、最多元、最动感的消费空间——在成都最有韵味的历史街区里，享受丰富多彩的美食；在成都最精致的传统建筑里，享受灯火斑斓的夜晚；在成都最经典的幽长巷子里，享受自由浪漫的快乐。那里的小洋楼广场是井巷子最具特色的建筑，法式小洋楼据说曾是一个大户人家的私邸，后来成为教堂。这座法式风情的小洋楼展现了成都兼收并蓄的开放心态。以小洋楼为核心的广场成为井巷子的中心节点。井巷子被打造为以酒吧、小型特色零售、轻便餐饮、文创部落为主题的时尚动感娱乐区。同时，这里还是婚恋主题消费场所，成为甜蜜、浪漫、温馨爱情的标志性场所。

结　语

"自古文人皆入蜀"，成都作为中国历史文化名城，底蕴深厚、人文昌盛，充满了诗情画意，这里的文化土壤赋予古往今来的文化巨匠以创作的灵感，为华夏民族提供了延绵千年的文化滋养。

"晓看红湿处，花重锦官城。"成都，一座令人心醉的城市，一座诗意盎然的城市，始终有一种让人缱绻留恋的魅力，让千古风流人物唱不完，说不尽。

浅谈天府文化之"核":大熊猫文化

张志和[1]

摘 要:大熊猫是全世界最具影响力和亲和力的珍稀动物之一,也是人类保护自然生态环境的象征。我省是大熊猫发现地和模式标本产地、大熊猫主要栖息地、人工繁育大熊猫主产地,有着无与伦比的、丰厚的大熊猫文化资源。对于源远流长、博大精深的天府文化而言,"水文化"所凸显的"上善若水"的哲理与大熊猫顺应自然的生存智慧相当契合;民间流传多年的"合和二仙"与大熊猫与世无争、"和为贵"的行为完全相融;甚至"仙道文化"的重要标志"太极图"也与熊猫的黑白二色惊人的相似。天府文明从三星堆到鹤鸣山都贯穿着和平、和谐、和为贵的理念,而熊猫文化则是天府文化的重要核心。

关键词:大熊猫;文创产业;天府文化

一、大熊猫与"天府"的独特资源

近百年来,以成都平原为核心的古蜀区域的考古新发现,证明这一地区

---

[1] 张志和,成都大熊猫繁育研究基地主任、书记、研究员。

是中华民族五千年灿烂文化的重要源头之一。这一地区气候温润，土地肥沃，适宜农作物生产，是全世界农耕文明的发祥地之一，自汉代以来就被称为"天之府库"。两千多年来，成都平原一直拥有"天府之国"的盛名。历史学家将这一块神奇土地上所有的文化呈现统称为"天府文化"。

三星堆所展示的纵目人青铜面具，以及青铜立人形象，与中原文化中象征权力的青铜鼎大相径庭。青铜鼎的庄严、厚重、权威，与接近人与神祇的面具蕴藏着不同的内涵。金沙遗址的太阳神鸟，与数吨亚洲象的象牙堆积，更进一步证实了古蜀曾是史前罕有的动物宝库。其中，最重要的标志性动物就是大熊猫。

在源远流长、博大精深的天府文化之中，自然包涵着大熊猫文化。从《诗经》《尔雅》《山海经》《史记》《上林赋》直到清代的《峨眉山志》，均有疑似对大熊猫的描述。由于长期以来重视不够，涉猎太少，更因大量史料零星散布于典籍之中，这些对大熊猫的描述更显扑朔迷离，缺乏挖掘、整理与论证，故其所描述的对象又被一些研究者称为"疑似大熊猫"。但有一点值得注意的是，所有古代典籍论及"疑似大熊猫"的产地时，总是围绕着四川，几乎都离不开四川这个核心。

从现代科学意义上说，对大熊猫的发现，更是离不开四川。

1915年，在缅甸摩谷城鲁比矿区洞穴中，发现了一种被定名为"巴氏熊猫"的动物的一件完整的上颌骨。此后，美国生物学家葛兰阶在四川省万县盐井沟发现了相同历史时期的熊猫化石。它们属于一个亚种，中文名就是"大熊猫巴氏亚种"。它的个头比小种大熊猫大三分之一，生活在距今100万年前的东亚大陆。那时西起云贵高原，东至安徽，北至周口店，南到海南岛、缅甸和越南北部，到处均有熊猫出没。这时是熊猫王国的鼎盛期。

1869年4月1日，法国传教士阿尔芒德·戴维在四川宝兴邓池沟发现了大熊猫，巴黎自然博物馆馆长爱德华兹据此发现将其定名。从此，席卷世界的"熊猫热"在百余年间持续升温，以至于在对外的"中国形象调查"之中，在外国人心目中，大熊猫战胜了长城、黄河、故宫等，成为中国形象的"代言人"。

四川省，既是大熊猫的科学发现地，又是中国野生大熊猫的主要栖息

地。现有野生大熊猫1387只，占全国的74.4%，有48个以保护大熊猫及其生态环境的自然保护区，总面积202.7万公顷，占全国的78.7%。四川省和成都市，是95%以上的人工繁育大熊猫的出生地。

2000年，青城山—都江堰被联合国教科文组织列入世界文化遗产名录。2006年，四川省的大熊猫栖息地又被列入世界自然遗产名录。其范围包括卧龙、夹金山脉，面积9245平方公里，涵盖成都、阿坝、雅安、甘孜4个市州12个县。这里生活着全世界30%以上的野生大熊猫，是全球最大最完整的大熊猫栖息地，也是全球除热带雨林以外植物种类最丰富的区域之一。它曾被自然保护国际选定为全球25个生物多样性热点地区之一，被全球环境保护组织确定为全球200个生态区之一。

随着大熊猫在世界的美誉度的不断提高，深入探讨大熊猫文化的内涵，厘清大熊猫文化与天府文化的关系，充分利用天府文化中的宝贵资源——独有的大熊猫文化，推动我省我市的经济与文化发展，是刻不容缓、亟待推进的历史重任。

二、大熊猫的文化价值

大熊猫的美学价值、生态学价值、科学价值和产业价值，可统称为文化价值。现分别叙述如下。

（一）大熊猫的美学价值

1961年，在苏美两大阵营严重对立，中国国门紧闭的政治背景下，以保护濒危的野生动物为主旨的世界野生生物基金会在瑞士成立。东方和西方的动物学家济济一堂，一致通过以英国斯科特勋爵（后选为主席）设计的大熊猫图案作为该会的会旗和会标。后来，此会更名为世界自然基金会（World Wide Fund for Nature or World Wildlife Fund），亦一直沿用大熊猫图案作为标志。从此，熊猫之旗超越了意识形态，超越了国家和民族界限，插遍世界，表现了人类保护大自然，拯救濒危物种的决心，它可与联合国旗帜并列为"地球的LOGO"。

大熊猫皮毛为黑白两色，是极冷极热的两种颜色的奇妙组合，有着强烈的反差，在阴暗的密林中，给其他动物以鲜明的视觉提醒，同时产生了简约、独特的色彩之美。

由于大熊猫主要采食富含纤维素的竹子，嚼肌特别发达，腮帮上的肉将脸部撑成圆形，吻部显得较短。按人类共同的审美观，鳄鱼吻部长、猩猩吻部突出，都会产生令人生畏的恐惧效果，而大熊猫较短的吻部则显得憨厚友善。加之毛茸茸的黑色大耳朵和大大的如戴墨镜的黑眼圈，熊猫实在很轻易就能俘获人心，给人以友善可爱的印象，有一种让人难以抗拒的形象之美。

大熊猫身材滚圆，动作悠缓，加之以竹子为主食，显得憨态可掬。它有其他哺乳动物所没有的特点，其前后肢天生均为内撇，即双内八字，走路时必然摆腰扭臀，有一种雍容华贵又带一点滑稽的行为美。

苏联动物学家梭斯诺夫斯基评论："大熊猫是野生动物世界绝无仅有的、货真价实的瑰宝。非常美丽的、标新立异的、令人惊叹的动物。"[1]

日本漫画家木材忠夫认为："大熊猫是上帝最富于创造力的，赐予地球人的卡通形象。"

大熊猫之所以被全世界数以亿计的粉丝热捧，全在于它提供了非常独特的、可爱的、美的形象。关于大熊猫的美学研究，有许多值得深究的课题。

（二）大熊猫的生态学价值

大熊猫是动物学界公认的"旗舰动物"。从20世纪80年代开始，联合国教科文组织、世界自然基金会（WWF）及众多国际生物保护组织均投入财力和人力，参与中国的大熊猫保护与研究，致力于大熊猫及其生态环境的改善。对于"地球村"来说，任何一个国家的生态灾难都会影响到全球。

首先，它是长江上游生态状况的重要标志。

20世纪80年代全国第二次野生大熊猫调查结果表明，野生大熊猫数量约一千只，被列入世界自然基金会的"极度濒危的野生动物"名录。

与此对应的是大熊猫生态环境被挤压、切割、破坏。为此，大自然发出了严厉警告。

---

[1] 中国野生动物保护协会四川分会编：《野生动物世界》，四川科学技术出版社，1986年，第8页。

都江堰管理局总工程师吴敏良指出：20世纪30年代，岷江上游的森林覆盖面积高达40%，进入80年代则降至12%。这与夏勒博士初到卧龙时看到岷江之上满是漂木的情况是一致的。当时，夏勒博士就曾质疑："树都砍光了，熊猫如何生存？"

中国的大熊猫保护工程，从80年代开始全面启动，自然保护区的建设力度不断加大。特别是90年代实施"天然林保护工程"与长江上游的全面禁伐之后，大熊猫栖息地的生态环境有了明显的改善。

2005年，全国第三次大熊猫调查发现，野生大熊猫数量是1596只，四川就有1206只。2015年，全国第四次大熊猫调查发现，野生大熊猫数量是1864只，四川占1387只。

其次，大熊猫与羚牛、金丝猴等动物，均为中国独有。秦岭、岷山、邛崃山、大小相岭和大小凉山，形成了世界上最为壮观、最为珍贵的野生动物群落。它们在这一片栖息地繁衍后代，生生不息，也让这一片土地充满蓬勃生机，生态价值得以充分体现。

（三）大熊猫的科学价值

1980年，世界自然基金会指出："大熊猫不仅是中国人民的珍贵财富，也是世界人民所关心的自然历史的宝贵遗产。"

据黄万波考证，始熊猫化石出自云南禄丰，距今有800万年历史。

历经800万年，大熊猫完成了从杂食（祖熊）—杂食间食竹（始熊猫）—食竹间杂食（小种大熊猫）—以竹为主（巴氏大熊猫至现生大熊猫）的演化过程。

800万年以来，古老的动物几乎绝迹了，大熊猫还在高山竹海中生生不息，而且是在拒绝"进化"地活着。

现在生活在地球上的那些豺狼、黑熊，骨头比较"空"，也轻盈得多；而熊猫的骨头几乎是"实心"的，所以相当沉重。

量一量熊猫的脑容量，只有310~320毫升。黑熊跟熊猫个头差不多，脑容量却比熊猫多60毫升！

再看一看现在大熊猫的头骨，跟90万年前的小种熊猫头骨化石相比，几乎没有什么变化。骨架重，脑容量小，全都是古老动物的特点。所以，大熊猫被称为"活化石"，是很贴切的。

由于它是"活化石"，提供了数百万年前哺乳动物的鲜活样本，其科学价值还包括其潜藏着太多的自然之谜。

比如，它以竹类为主食，竹类富含纤维素，有少量淀粉，它究竟是如何通过消化系统，将这些物质转化为蛋白质、脂肪，以及其他身体所需的营养成分的？

比如，它如何从竹类这种低热量食品中摄取能量？从行为学和能量耗散学的观点看来，它又是如何实现低耗能的？

比如，在自然条件下，它的交配是如何进行的？如何保证交配质量？为什么受精卵在子宫内久不着床？生下的幼崽为什么是"早产儿"？

揭开熊猫生存之谜，其价值不在于揭谜本身，更在于通过揭秘，对生命科学、生物工程等提供富于创见的新思路。

（四）大熊猫的对外交流价值

据我国首席大熊猫专家胡锦矗教授的著作披露，公元685年，即武则天垂拱元年，唐王朝曾将一对大熊猫作为国礼赠送给日本神武天皇。

1936年12月，美国服装设计师哈更斯夫人将一只幼年熊猫苏琳带到美国，世界第一次看到了大熊猫可爱的模样。1937年早春，苏琳在芝加哥动物园亮相之后，一天竟有5万人涌入，这个纪录至今没有被打破过。

1941年，宋美龄将大熊猫"潘达"和"潘弟"赠送给美国，感谢他们对中国抗战的支持。

1972年，周恩来总理宣布，将大熊猫"兴兴"和"玲玲"赠送给美国，轰动了全世界。这成为中美关系"解冻"，东西方关系暖和的肇始。从此"熊猫外交"成为流传世界的词语，"熊猫外交"为中国致力于和平发展树立了良好形象。

按中国野生动物保护协会2014年公布的数据，中国与全世界12个国家和地区的17家动物园合作研究大熊猫，使海外大熊猫数量达到44只。

无论在哪个国家的动物园，大熊猫都是最受观众追捧的明星。它们的生日、产恩，以及幼崽的生日，都会成为大搞庆祝活动的理由。它们的形象经常出现在各种媒体上，得到全民极大的关注，自然而然地成为最逗人喜爱的"民间外交家"。

（五）大熊猫的产业价值

20世纪50年代以来，大熊猫形象已经广泛用于工商业。

比如，南京生产熊猫牌收音机的厂家，发展成后来的熊猫电子集团公司。辽宁生产盼盼门窗的厂家，以亚运会吉祥物熊猫"盼盼"作为形象代表。四川的雪竹、娇子等香烟，还有销量很大的全友家具，均采用熊猫作为企业或品牌的形象代言。

80年代以来，国内曾拍摄过多部熊猫题材的故事片、专题片，但质量平平，效果均不理想。

2009年春天，在《功夫熊猫1》赚得5.5亿美元的票房之后，其编导和主创人员才在成都大熊猫繁育研究基地首次接触到活体大熊猫。在基地，他们看到孔雀和熊猫打架，便萌生了《功夫熊猫2》的创意。如今，《功夫熊猫》第1~3集共赚得17.35亿美元票房，除了给中国观众带来愉悦的观影感受，也给中国的文化人上了一课：

中国，有功夫，有熊猫，没有功夫熊猫；
美国，没功夫，没熊猫，却有功夫熊猫。

《功夫熊猫》未花任何咨询费就轻而易举地收集到大量中国元素，将其融入好莱坞的编剧模式，再卖给中国人。这是运用大熊猫文化取得丰硕经济效益的成功范例。

"他山之石，可以攻玉。"《功夫熊猫》提供了成功范例，激励我们大胆创新，在大熊猫文化建设方面开拓出一片新天地。

21世纪以来，成都大熊猫繁育研究基地在人工繁育大熊猫方面取得了举世瞩目的成果。大熊猫作为令人赏心悦目的观赏动物，与旅游产业相结合，取得了极好的双效益。仅2017年，中外参观者就达到了570万人次，创造产值2.3亿元。

大熊猫文化,还涵盖着更多更丰富的内容,特别是它与天府之国的文化相结合,必将拓展出更大的发展空间。

三、天府文化的"大熊猫内核"

天府文化应是古蜀以来人类在该地区社会历史发展过程中所创造的物质财富与精神财富的总和。如前所述,由于自然地理、历史条件的不同,天府文化有其自身的特点。

有专家认为:"由于有了都江堰,才有两千多年来'水旱从人,不知饥馑'的天府之国。都江堰的整体修建,体现了'上善若水,顺其自然'的哲学思想。所以说,天府文化的核心是水文化。"

也有专家认为:"成都鹤鸣山是中国本土宗教道教的发祥地,天府文化的核心是阴阳调和,崇尚自然,修道成仙。"

还有专家认为:"古蜀人崇敬和合二仙。二仙的形象,遍及城乡,象征和谐与吉祥。天府文化的精髓是和与合。"

以上三种有关天府文化的解读,均可在"大熊猫文化"中得到体现。可以说,"大熊猫文化"是天府文化的核心之一。

首先,大熊猫的生存,适应了大自然的变迁。大熊猫在动物分类学上属于肉食动物,它的消化系统还保留着肉食动物的特征。为了适应大自然的变迁,它将主食改为竹类,成为"素食"动物。对于地球上的一切生物来说,生存智慧是第一重要的智慧。这与天府水文化所体现的"上善若水,顺其自然"理念十分契合。

其次,大熊猫隐居高山密林,有"竹林隐士"之称,颇似苦修仙道之隐士。其毛色为黑与白,暗合阴阳,与道教太极图的黑白两色完全一致。故称:"大熊猫是滚动的太极图,太极图是静止的大熊猫。"

再次,大熊猫自古以来就是和平的象征。

考古学家发现,汉代薄太后墓中陪葬有宠物大熊猫。薄太后原为高祖之妃,远离宫廷斗争,亲民助民,喜欢动物。专横狠毒的吕后死后,薄妃之子刘恒被群臣拥戴登基,成为汉文帝,薄妃被尊为太后。大熊猫为什么能成为

薄太后的最爱？憨厚、和平、与世无争，是大熊猫的品格，也是它能在恶劣环境中生存、坚守的原因，是大智慧的体现。

西晋以来，大熊猫又被称为驺虞，是有名的义兽。两军交战，杀得天昏地暗，只要一方举起驺虞之旗，就表示停止交战，双方随即鸣金收兵。

在古代，大熊猫又称"食铁兽"，因为它有很强的咀嚼功能。基地的大熊猫就曾有过把金属食料盆咬碎的"战绩"。古人们还认为"食铁"表达的是一种"化干戈为玉帛"的积极意义。

其四，大熊猫与共生动物和谐相处，在划定的巢域内自由自在地生活，类似蜀人所钟爱的和合二仙：其"和"，就是和谐共处；其"合"，就是合作共赢。

从历史上看，天府文化之所以丰富多彩，一方面，岷江流域是汉藏羌文化交流的走廊；另一方面，从汉文翁入蜀办学，到唐宋王勃、高适、杜甫、黄庭坚、陆游等诗人入蜀，形成了"自古诗人例到蜀"的风气，天府文化包容、大度，欢迎外来人群，使四川盆地成为融合外来文化的"聚宝盆"。

综上所述，天府文化的核心价值就在于"和为贵"，这与大熊猫文化的特质不谋而合。可以说，天府文化的内核之一，就是大熊猫文化。

四、天府大熊猫文化的现状与发展

2015年，美国《纽约时报》再次评出世界上52个"必到旅游胜地推荐"，中国有两个地方上榜：成都和周庄。

权威评论家指出：大熊猫和美食是成都递给世界的一张名片。大熊猫，体色为黑白两色，它有着圆圆的脸颊，大大的黑眼圈，胖嘟嘟的身体，标志性的内八字的行走方式，也有解剖刀般锋利的爪子，是世界上最可爱的动物之一。

成都，早已成为各国熊猫粉丝心目中的"世界熊猫之都"。细分析，成都作为"世界熊猫之都"，至少具备五大条件。

第一，成都地处四川野生大熊猫栖息地中心，占据了大熊猫"王国"的"首都"的位置。成都下辖的彭州、邛崃、大邑、崇州、都江堰等地均有野生大熊猫分布。

第二，成都从1938年即开始人工饲养大熊猫。从20世纪30年代，直到21世纪，几乎所有走向世界的大熊猫都出自成都。

第三，成都人民热爱大熊猫。从繁华闹市的大熊猫塑像到熊猫商店、熊猫邮局，大熊猫形象已扎根民间，深得民心。

第四，成都出版了多部关于大熊猫的书籍，与外国合拍了多部熊猫题材的电影、电视剧；中央电视台熊猫频道落户成都大熊猫繁育研究基地，世界各地的粉丝都能在全天24小时的任意时段观看到大熊猫的生活状态；成都的作家、艺术家还创作了大量有关大熊猫的文学、艺术作品，为"熊猫之都"的文化建设奠定了基础。

第五，成都有举世闻名的大熊猫繁育研究基地。基地创建30年来，经两代人的艰苦努力，由原来仅有的6只大熊猫，到繁育出184只大熊猫，成功建立了全球最大的大熊猫人工圈养种群。基地占地千余亩，翠竹似海，绿树成荫，一栋栋熊猫别墅配备齐全，模拟自然环境，让各种年龄段的熊猫都有自己的家园。

基地拥有中国唯一的部省共建国家重点实验室，有高级研究人员46名，掌握着领先海内外的大熊猫繁育技术，所发表论文的影响因子高达9.2。同时，在人工繁殖技术取得巨大成果的基础上，基地还大胆而谨慎地开展了人工繁育大熊猫野化放归实验，已取得初步成果。

基地注意科研，同时注重科普教育，长期以来投入大量人力和财力，向广大观众，特别是青少年普及科学知识，还组织志愿者夏令营，面向全球开展评选守护使活动。基地还创办了中国第一本中英文版《大熊猫》杂志，每期发行3万册，深受中外读者欢迎。

近几年来，成都大熊猫繁育研究基地曾多次召集历史、文化专家商讨有关发展大熊猫文化的事宜。毫无疑问，大熊猫可以作为成都的"形象代表"。日本熊本县在打造熊本熊时打破了传统吉祥物的刻板印象，创新设计出熊本熊的呆萌形象，成功走红，此案例很值得成都参考。

党的十九大报告指出："建立以国家公园为主体的自然保护地体系，推进国际传播能力建设，讲好中国故事，展现真实、立体、全面的中国，提高国家文化软实力。"

成都地处四川大熊猫栖息地的中心位置，开发大熊猫文化产业具有其自身的区位优势、品牌优势和国际合作优势。在习总书记有关保护好生态环境的一系列重要指示的指引下，建设大熊猫国家公园恰逢其时，成都因而获得了新的机遇，但也面临着新的挑战。为此，成都需要在大熊猫科学研究方面继续保持先进，引领潮流，不断创造出令人信服的业绩；需要在发展大熊猫文化产业方面加大投入，下足功夫，有较大突破，与"创新之城""科技之城"同步发展，不断推出"当今世界殊"的大熊猫文化艺术精品。成都是全国文明城市，在建设大熊猫国家公园的同时，成都的生态环境、全民健康状况、幸福指数等指标也应"水涨船高"，才能无愧于"大熊猫"这一世界级的文化资源。

五、新的挑战与两条建议

中国建立大熊猫国家公园，相比有着成熟的国家公园定位与管理的欧美而言，面临着诸多挑战。

首先，川、陕、甘三省的大熊猫栖息地，在分布上呈严重的破碎化状态，并未连成一大片，汉中与广元之间相距200公里，其间夹杂着工厂、农村、城市。要将其划入国家公园范围，就得让企业搬走，促使产业做出调整，区内老百姓的生存状态必将发生较大的变化。

建立大熊猫国家公园，没有捷径可走，没有现成经验可学，首先面对的就是体制的创新和管理的创新。

其次，如何统筹规划，因地制宜，共建共享。公园建设的每一步，都牵扯到群众利益，比如生态移民的安置，原企业人员的转产，核心区的保护与生态恢复，一些土地和林地的权属等。

在行政命令、经济杠杆之后，最重要的是无所不在、看似无形却有形的文化宣传手段。

面对新的挑战，需要新的策略。谨提出两条建议。

第一，建立国家公园，需要一个思想库；发展大熊猫文化产业，需要大量的咨询。建议成立大熊猫文化研究所或研究中心，集中百家智慧，为重大决策提供咨询。

这个机构，主要负责联络大熊猫科研单位、自然保护区、相关大专院校、出版社、文化与科学方面的群团组织，以及科学家、作家、艺术家、影视专家等，是完成国家和省市相关文化课题的领衔者、组织者。

这个机构，将主要负责建设信息平台、宣传平台、科普平台、旅游平台。协助央视办好"熊猫频道"；与出版界合作，办好相关刊物，多出精品图书。

这个机构，将扎实做好大熊猫文化基础工作。自1869年法国传教士戴维发现大熊猫之后，一百多年来，多部有关熊猫、风靡世界的图书陆续问世。除夏勒的《最后的大熊猫》之外，其余的重要著作均无译本。

这个机构，将长期从事"大熊猫信息与翻译工程"和"大熊猫历史研究"，做好大熊猫文化的基础工作。

这个机构，将牵线搭桥，与国内外影视公司合作，开发影视、动漫产品。

这个机构，将借助国外有大熊猫的动物园，建立中国大熊猫文化分中心，同时团结当地华人社团，努力开展民间外交，成为对外展示中国形象的窗口。

这个机构，将为国内外大熊猫文化产业公司提供咨询，组织相关专家建立信息平台，促进产业发展。

第二，盘点资源，整合资源，提升资源，建立激励机制。

阿坝州有"国际熊猫节"，雅安有"中国·雅安国际熊猫·动物与自然电影节"，成都大熊猫繁育研究基地有"成都全球招募熊猫守护使"大型公益活动，中国大熊猫研究中心有为出国旅居熊猫的欢送活动等。这些都是近几年开展的有一定影响力的文化活动。

四川省有野生动物保护协会，九寨天骄大熊猫书画院，雅安有四川大熊猫生态与文化促进会，成都还有"好多熊猫文化公司"等。近几年，大熊猫文化已经热起来，其总的情况是："群雄"并起，各据山头，刚刚起步，亮点不多，重复劳作，缺乏新意。

以"中国·雅安国际熊猫·动物与自然电影节"为例，此项活动举办已历十届，但从组织策划到具体实施，定位不准，目的不明，影响有限。资金

充裕时,邀请中央"红星艺术团"豪华演出(聚数万观众看演出,与电影节的主题无关);资金紧张时,草草开场,匆匆结束。这样一个有着"国际电影节"名头的活动,却没有取得应有效果。但如果策划得好,这应当是有广阔前景的。

在北京奥运会上,为了让大熊猫入选吉祥物,四川省委组织部、省经委均受命做过"大熊猫文化"的"命题作文";之后,省政府又曾经举办大熊猫品牌研讨会。这些活动的组织机构均是临时搭建的,热闹一时却没有下文,或计划赫然却无法落地。

总结历史经验,推进大熊猫文化蓬勃发展,应该由政府提倡和主导,建立专门的机构,充分依靠业务部门(比如成都大熊猫基地)、社会力量、民间力量,形成合力。

在成立大熊猫文化机构的同时,另可设立大熊猫文化基金,建立激励机制,催生大熊猫文化艺术精品,促进大熊猫文化产业的发展。

"优雅时尚"的生活意态

传承巴蜀文明 发展天府文化

THE RESEARCH
OF TIANFU CULTURE

"优雅时尚"是天府成都自古以来传承不息的生活意态。明代蜀王高雅的生活情趣，具有前瞻性的地方建设，丰富多彩的音乐赏鉴和创作活动，等等，呈现出天府成都历史上贵族高雅、富贵、内敛的生活姿态。尊经书院诸院生推崇礼仪，吟诗品茗，是清末蜀中文人优雅生活的缩影与代表。天府成都秀美宜居的地理环境，奠定了其清雅闲适的生活基调，也为茶馆的兴盛繁荣提供了基础。广泛分布的茶馆是成都重要的公共空间，也是城市的著名人文景观。茶馆具有交流信息、传播文化等功能，茶馆内的市井艺术是"优雅时尚"文化类型的主要分支，展现出普通大众活色生香的生活气息。"优雅时尚"提升了从精英到大众各色人群的生活品质，为天府文化与时俱进的诗意化发展提供了强有力的社会支撑。

花都竹韵：唐宋成都城市的优雅精神

谢元鲁[1]

摘　要：成都城市的优雅精神与成都优美的自然环境密切相关。唐宋时期，花与竹逐渐成为成都城市景观的亮色与城市文化的代表。生态环境、园林建筑、名人仕女、文学艺术展现了优雅的城市风貌、城市品格。花都竹韵成为成都优雅文化精神的象征。

关键词：成都；唐宋；花都；竹韵；优雅

　　成都城市的优雅精神与成都优美的自然环境密切相关。唐宋时期，成都社会安宁、经济繁荣，城市呈现出欣欣向荣的景象，被称为"扬一益二"。作为当时最为繁荣兴盛的城市，成都必定拥有与众不同的城市景观与文化内涵。花与竹是蜀中最为丰富和引人注目的乡土植物，构成城市的生态环境，在成都的发展与变迁中，成为对美好精神的追求与独特品格的载体。唐宋时期，花都与竹韵逐渐成为城市景观的亮色与城市文化的代表，成为成都优雅文化精神的象征。

　　唐宋时期的成都，是一座花木园林之城。唐代诗人杜甫来到成都后，对

---

[1] 谢元鲁，四川师范大学旅游与城乡规划研究院副院长、教授、博士生导师。

成都的印象就是"晓看红湿处,花重锦官城"[1]。又说:"时出碧鸡坊,西郊向草堂。市桥官柳细,江路野梅香。"[2]与草堂邻近的少城,更是花木处处:"东望少城花满烟,百花高楼更可怜。"就连城郊江畔寻常人家院落,也是百花盛开:"黄四娘家花满蹊,千朵万朵压枝低。留连戏蝶时时舞,自在娇莺恰恰啼。"[3]杜甫诗中又说:"风含翠筱娟娟净,雨浥红蕖冉冉香。"可见在诗人心中,成都是一个鲜花盛开、风光如画的城市。

竹是成都的乡土植物,早在古蜀时代,成都平原上就广泛分布各种竹类。《汉书》卷二十八下《地理志》说:"巴蜀广汉……土地肥美,有江水沃野,山林竹木,蔬食果实之饶。"扬雄《蜀都赋》说,秦汉时期的成都平原上,"其竹则……俊茂丰美(洪溶忿芛,纷扬搔翕,与风披拖),夹江缘山,寻卒而起。(结根才业,填衍迥野,若此者方乎数十百里)"[4]。夹江缘山连绵如画的翠竹,勾画出成都平原生态景观的乡土底色。自古蜀时代起到今天,竹与成都的环境、生活与内涵密切相关。而唐宋时期的竹,成为成都城市生态环境和精神文化的重要象征。

一、名花:唐宋成都城市优美风貌的精华

那么,唐宋时期哪些名花佳木成为过成都这个城市内在精神的代表呢?

在花木方面,与成都古蜀历史关系最为密切的名花是杜鹃花。横断山脉一带的蜀山地区,是杜鹃花的发祥地和分布中心。杜鹃花与先秦古蜀时期杜宇的传说有密切关系。古蜀王杜宇禅位于开明,隐居蜀国西山,化为杜鹃鸟的传说,先秦时期起就流传于蜀中,到唐宋时期更是成为诗人歌咏的对象。杜甫《杜鹃》诗说:"我昔游锦城,结庐锦水边。有竹一顷余,乔木上参天。杜鹃暮春至,哀哀叫其间。我见常再拜,重是古帝魂。生子百鸟巢,百鸟不敢嗔。"[5]李商隐《锦瑟》诗说:"锦瑟无端五十弦,一弦一柱思华年。

---

1 杜甫:《杜诗全集》卷八《春夜喜雨》,天地出版社,1999年,第777页。
2 杜甫:《杜诗全集》卷八《西郊》,第770页。
3 杜甫:《杜诗全集》卷八《江畔独步寻花七绝句》,第805页。
4 扬雄:《蜀都赋》,《成都文类》卷一《赋》,中华书局,2011年,第2页。
5 杜甫:《杜鹃》,《全唐诗》卷二百二十一,中州古籍出版社,2008年,第1073页。

庄生晓梦迷蝴蝶，望帝春心托杜鹃。"[1]隋唐时又盛行杜鹃啼血化为杜鹃花的传说。成彦雄《杜鹃花》诗说："杜鹃花与鸟，怨艳两何赊。疑是口中血，滴成枝上花。"[2]杜鹃花成为成都历史文化的象征。

唐宋时期称杜鹃花为"山石榴""映山红""山踯躅"等。白居易最喜爱杜鹃花，甚至认为杜鹃花是"花中西施"。白居易《山石榴寄元九》诗说："山石榴，一名山踯躅，一名杜鹃花，杜鹃啼时花扑扑。九江三月杜鹃来，一声催得一枝开。江城上佐闲无事，山下劚得厅前栽。烂熳一栏十八树，根株有数花无数。……闲折两枝持在手，细看不似人间有。花中此物似西施，芙蓉芍药皆嫫母。"[3]可见在隋唐时期，杜鹃花已从山间野生，开始进入庭院栽培行列，成为园林花卉的新秀。白居易《山石榴花十二韵》诗说："晔晔复煌煌，花中无比方。艳夭宜小院，条短称低廊。本是山头物，今为砌下芳。千丛相向背，万朵互低昂。照灼连朱槛，玲珑映粉墙。……此时逢国色，何处觅天香。恐合栽金阙，思将献玉皇。好差青鸟使，封作百花王。"[4]又把杜鹃花称为具有花中国色的"百花王"。

唐宋时期，成都西部的蜀山之上每到春季杜鹃花盛开。温庭筠《锦城曲》诗说："蜀山攒黛留晴雪，簝笋蕨芽萦九折。江风吹巧剪霞绡，花上千枝杜鹃血。杜鹃飞入岩下丛，夜叫思归山月中。巴水漾情情不尽，文君织得春机红。"[5]诗中咏杜鹃鸟之悲及杜鹃花之美，正是成都郊野春天常见的景象。宋杨万里的诗说："何须名苑看春风，一路山花不负侬。日日锦江呈锦样，清溪倒照映山红。"[6]杜鹃花点染了锦江两岸的春色。

芙蓉则是唐宋时成都城市别名的来源。自五代后蜀孟昶在成都城遍植芙蓉，秋天数十里间花开如锦绣，成都就得了"芙蓉城"的美名。芙蓉又名

1　李商隐：《锦瑟》，《全唐诗》卷五百三十九，康熙扬州诗局刻本。
2　成彦雄：《杜鹃花》，《全唐诗》卷七百五十九，康熙扬州诗局刻本。
3　白居易：《山石榴寄元九》，《全唐诗》卷四百三十五，康熙扬州诗局刻本。
4　白居易：《山石榴花十二韵》，《全唐诗》卷四百四十八，康熙扬州诗局刻本。
5　温庭筠：《锦城曲》，《全唐诗》卷五百七十五，康熙扬州诗局刻本。
6　杨万里：《明发西馆晨炊蔼冈》，《诚斋集》卷三十四，《四部丛刊》影印宋钞本。

"木芙蓉"，以与莲花的别名"芙蓉"相区别。其花晚秋始开，经霜风寒露却丰姿艳丽，占尽深秋风情，因而又名"拒霜花"。"木芙蓉"在唐代还主要是野生，较少人工栽培。王维《辛夷坞》诗说："木末芙蓉花，山中发红萼。涧户寂无人，纷纷开且落。"[1]崔橹《山路木芙蓉》诗说："不向横塘泥里栽，两株晴笑碧岩隈。枉教绝世深红色，只向深山僻处开。"[2]这些唐人诗歌都描写了木芙蓉在山野间生长盛开的情景。

唐人已经开始注意到木芙蓉的美丽。白居易《木芙蓉花下招客饮》诗说："晚凉思饮两三杯，召得江头酒客来。莫怕秋无伴醉物，水莲花尽木莲开。"[3]欲以木芙蓉花伴酒。柳宗元《芙蓉亭》诗说："新亭俯朱槛，嘉木开芙蓉。清香晨风远，缛彩寒露浓。潇洒出人世，低昂多异容。"[4]已称赞木芙蓉为"嘉木"。可见唐代后期，诗人对木芙蓉花的评价逐渐提高。到后蜀孟昶在成都广泛种植木芙蓉后，这种原本为山野之花的植物才真正进入人们的视野。自宋代以后，芙蓉成为"木芙蓉"的专名，成都也以"芙蓉城"之名著称于世。徐铉《题殷舍人宅木芙蓉》："怜君庭下木芙蓉，袅袅纤枝淡淡红。晓吐芳心零宿露，晚摇娇影媚清风。似含情态愁秋雨，暗减馨香借菊丛。默饮数杯应未称，不知歌管与谁同。"[5]把木芙蓉比喻为娇媚含情的美女，这是与唐宋时期成都的城市风采相吻合的。

唐宋时期蜀中最为诗人倾慕的名花是海棠。海棠花是我国的传统名花之一，历代文人墨客题咏不绝。蜀中是海棠的原产地之一，《太平寰宇记》说，成都"（海棠）树尤多繁艳，未开时如朱砂烂熳，稍白半落如雪，天下所无也"[6]。唐宰相贾耽著《百花谱》，把海棠称作"花中神仙"。[7]宋代诗人沈立赞美蜀中海棠说："岷蜀地千里，海棠花独妍。万株佳丽国，二月艳

---

1 王维：《辛夷坞》，《全唐诗》卷一百二十八，康熙扬州诗局刻本。
2 崔橹：《山路木芙蓉》，《全唐诗》卷八百八十四，康熙扬州诗局刻本。
3 白居易：《木芙蓉花下招客饮》，《全唐诗》卷四百四十三，康熙扬州诗局刻本。
4 柳宗元：《芙蓉亭》，《全唐诗》卷三百五十三，康熙扬州诗局刻本。
5 徐铉：《题殷舍人宅木芙蓉》，《全唐诗》卷七百五十一，康熙扬州诗局刻本。
6 乐史：《太平寰宇记》卷七十二《剑南西道·益州》，中华书局，2007年，第1463页。
7 曹学佺：《蜀中广记》卷六十二《方物记第四》，文渊阁《四库全书》本。

阳天。"¹唐诗人郑谷入蜀后，对成都风物极为心折，吟诗称颂说："夜无多雨晓生尘，草色岚光日日新。蒙顶茶畦千点露，浣花笺纸一溪春。扬雄宅在唯乔木，杜甫台荒绝旧邻。却共海棠花有约，数年留滞不归人。"²成都风物虽美，但最能牵动郑谷，让他流连不去的却是灿如云霞的海棠花。另一唐末进士崔涂，也醉心于成都海棠，说："海棠花底三年客，不觉海棠花盛开。却向江南见图画，始惭虚到蜀城来。"³在蜀中为官的刘兼则为海棠花惆怅："可惜锦江无锦濯，海棠花下杜鹃啼。"⁴

到宋代，蜀中文豪苏轼独爱海棠。他被贬谪到黄州时，见海棠而吟诗说："江城地瘴蕃草木，只有名花苦幽独。嫣然一笑竹篱间，桃李漫山总粗俗。也知造物有深意，故遣佳人在空谷。自然富贵出天姿，不待金盘荐华屋。"⁵又写《海棠》诗说："东风袅袅泛崇光，香雾空蒙月转廊。只恐夜深花睡去，更烧高烛照红妆。"⁶苏轼以花喻人，以人喻花，这是以"忘我""无我"之心，以表达对海棠名花的眷恋，超脱于自身的遭遇。

南宋诗人陆游对成都海棠更是情有独钟。其《成都行》诗说："倚锦瑟，击玉壶，吴中狂士游成都。成都海棠十万株，繁华盛丽天下无。"⁷又说："成都二月海棠开，锦绣裹城迷巷陌。燕宫最盛号花海，霸国雄豪有遗迹。"⁸更是歌咏赞美成都海棠到极致。

梅花是唐宋蜀中的名花。盛唐时的大文豪张说对蜀中梅花印象很深，他在蜀地出使时曾折梅咏诗说："蜀地寒犹暖，正朝发早梅。偏惊万里客，已复一年来。"⁹而唐代的大诗人杜甫寓居成都，对梅花更有感情。他初到成都草堂，欲久居此地，曾向朋友要梅树栽种："草堂少花今欲栽，不问

---

1 沈立：《海棠诗》，《蜀中广记》卷六十二，文渊阁《四库全书》本。
2 郑谷：《蜀中》，《全唐诗》卷六百七十六，康熙扬州诗局刻本。
3 崔涂：《海棠图》，《全唐诗》卷六百七十九，康熙扬州诗局刻本。
4 刘兼：《蜀都春晚感怀》，《全唐诗》卷七百六十六，康熙扬州诗局刻本。
5 苏轼：《东坡全集》卷十一《寓居定惠院之东杂花满山有海棠一株土人不知贵也》，文渊阁《四库全书》本。
6 苏轼：《东坡全集》卷十三《海棠》，文渊阁《四库全书》本。
7 陆游著，钱仲联校注：《剑南诗稿校注》（一）卷四《成都行》，浙江教育出版社，2011年，第266页。
8 陆游著，钱仲联校注：《剑南诗稿校注》（一）卷三《驿舍见故屏风画海棠有感》，第234页。
9 张说：《正朝折梅》，《全唐诗》卷八十九，康熙扬州诗局刻本。

绿李与黄梅。石笋街中却归去，果园坊里为求来。"¹他在夏初的梅雨中吟说："南京犀浦道，四月熟黄梅。湛湛长江去，冥冥细雨来。"²诗中的南京指成都——安史之乱后，唐玄宗避难至成都，改成都为南京。杜甫对成都西郊的梅花感情甚深："时出碧鸡坊，西郊向草堂。市桥官柳细，江路野梅香。"³宋代苏东坡遥想杜甫在成都的行迹说："拾遗被酒行歌处，野梅官柳西郊路。闻道华阳版籍中，至今尚有城南杜。我欲归寻万里桥，水花风叶暮萧萧。"⁴把成都西郊的梅花与杜甫行吟诗歌联系在一起。成都西郊有前蜀时的宫廷梅苑，已任人游玩。南宋"绍兴庚辰十二月既望，缙云冯时行从诸朋旧，凡十有五人，携酒具出西郊梅林。林本王建梅苑，树老，其大可庇一亩。中间风雨剥裂，仆地上，屈盘如龙"⁵。西郊梅林为五代前蜀时所建离宫，可见当时宫苑间梅花种植之多。

唐代成都的名花还有桐花。隋唐时期的成都郊外岷江两岸遍种泡桐，泡桐树干高耸，枝繁叶茂。春天桐花盛开，紫白色的花朵满树怒放，硕大妩媚，映照原野。该花与一种奇鸟桐花凤有不解之缘。《太平寰宇记》载："桐花，色白，至大有小鸟，燋红翠碧相间，毛羽可爱，生花中，唯饮其汁，不食他物，花落遂死，人以蜜水饮之，或得三四日，性乱跳踯，多抵触便死。"⁶唐初的著名文人张鷟说："剑南彭、蜀间有鸟大如指，五色毕具。有冠似凤，食桐花。每桐结花即来，桐花落即去，不知何之。俗谓之桐花鸟。极驯善，止于妇人钗上，客终席不飞。人爱之，无所害也。"⁷唐后期任剑南西川节度使的李德裕，对桐花凤印象尤深，曾为桐花凤作赋，他说："成都夹岷江矶岸，多植紫桐。每至暮春，有灵禽五色，小于玄鸟，来集桐花，以饮朝露。及华落，则烟飞雨散，不知其所往。有名工绘于素扇，以偿

1　杜甫：《杜诗全集》卷七《诣徐卿觅果栽》，第709页。
2　杜甫：《杜诗全集》卷七《梅雨》，第714页。
3　杜甫：《杜诗全集》卷八《西郊》，第770页。
4　苏轼：《东坡全集》卷十六《送戴蒙赴成都玉局观将老焉》，文渊阁《四库全书》本。
5　冯时行：《梅林分韵诗序》，杨慎编：《全蜀艺文志》卷十九，线装书局，2003年，第497页。
6　乐史：《太平寰宇记》卷七十二《剑南西道·益州》，第1463页。
7　张鷟：《朝野佥载补辑》，中华书局，1979年，第168页。

稚子，余因作小赋，书于画上。"[1]唐人对桐花凤的印象，并不止李德裕，另一位唐代诗人司空曙也咏颂说："白日双流静，西看蜀国春。桐花能乳鸟，竹节竞祠神。"[2]蜀中此鸟到宋代犹见，苏轼说："吾昔少年时，所居书室前，有桐花凤四五，日翔集其间。此鸟羽毛至为珍异难见，而能驯扰，殊不畏人，闾里间见之以为异事。"[3]桐花与凤鸟，成为唐宋成都花木异禽的一段传奇。

桐花凤究竟是一种什么样的鸟？宋祁说："桐花凤，二月桃花始开，是鸟翔羽其间，丹碧成文，纤嘴长尾，仰露以饮。至花落辄去。蜀人珍之，故号为凤。"[4]按李德裕与宋祁的记载，桐花凤体形娇小，羽毛鲜艳，头尾翠碧相间，以吸食桐花花蜜为生，桐花谢后即隐藏。体型小于燕子，而以蜜、露为食的桐花凤，应是曾广泛分布在西南地区的太阳鸟的别名。李商隐诗说："桐花万里丹山路，雏凤清于老凤声。"[5]蜀中桐花与桐花凤的传奇形于诗歌，使烂漫的桐花蕴含了春天的气韵与雏凤的清鸣。桐花与凤鸟中蕴含的优美传说，正是唐宋成都优雅精神之所在。

除了海棠、杜鹃、梅花、芙蓉和桐花外，蜀中还有许多富有乡土特色的花木。宋祁在宋仁宗嘉祐二年知益州，对成都风土有亲身的体会，撰《益部方物略记》。[6]书中共记载了蜀中的65种方物，包括41种特色植物。其中花卉类有22种。书中所记益州花木，大都是从秦汉至唐宋闻名蜀中，或为人广泛种植者。

宋祁所记成都花卉尤多，如蔷薇花、月季花、蜀葵花、红蕉花、荼蘼花等。红蕉花，今称美人蕉；荼蘼花，又称酴醿。蔷薇、月季、蜀葵、美人蕉和荼蘼，不仅受到唐宋时期成都人的喜爱，也是后世蜀中普遍种植的花卉。

---

1 李德裕：《画桐花凤扇赋序》，袁说友编：《成都文类》卷一，中华书局，2011年，第12页。
2 司空曙：《送柳震归蜀》，《成都文类》卷十二，第264页。
3 苏轼：《东坡志林》卷二，文渊阁《四库全书》本。
4 宋祁：《益部方物略记》，文渊阁《四库全书》本。
5 李商隐：《韩冬郎即席为诗相送，一座尽惊。他日余方追吟，连宵侍坐，徘徊久之，句有老成之风，因成二绝寄酬，兼呈畏之员外》，《全唐诗》卷五百四十，康熙扬州诗局刻本。
6 宋祁：《益部方物略记》，文渊阁《四库全书》本。

还有许多奇花异草。如添色拒霜花,"生彭、汉、蜀州。花常多叶,始开色白,明日稍红,又明日则若桃花然"。又如石蝉花,"始生,其苔森擢长二三尺,叶如菖蒲,紫萼五出,与蝉甚类,绿黄相侧,蜀人因名之。又白者号玉蝉花"。还有锦带花,在"蜀山中处处有之,长蔓柔纤,花叶间侧,如藻带然,因象作名。花开者形似飞鸟,里人亦号鬓边娇"。朝日莲,今称为睡莲,"花色或黄或白,叶浮水上,翠厚而泽,形如菱花差大。开则随日所在,日入辄敛,而自藏于叶下,若葵藿之倾太阳然"。还有长乐花,为多年生宿根大型观赏、食用、药用草本植物。《蜀中广记》说:"长乐花,今蜀人谓之月月红也,六朝谓之紫花。"

而经历最为曲折的蜀中奇花是太平花,又称为太平瑞圣花。宋祁《益部方物略记》说:"瑞圣花,出青城山中。干不条,高者乃寻丈。花率秋开,四出,与桃花类。然数十跗共为一花,繁密若缀,先后相继,新蕊开而旧未萎也,蜀人号丰瑞花。故程相国琳为益之年,绘图以进,更号瑞圣花。然有数种,差小者号宝仙,浅红者为醉太平,白者名玉真。成都人竞移莳囿中,以为尤玩云。"[1] 由宋祁的记载,可知北宋仁宗时,成都官府把青城奇花丰瑞花进献朝廷,由宋仁宗赐名为太平瑞圣花。该花在清代又改称为太平花。在宋朝以前,太平花只生长于四川剑南一地;在五代时,被移植到前后蜀宫苑。宋灭后蜀,从成都被移植到北宋都城开封的宫苑。金灭北宋后,太平瑞圣花从开封被移到金中都(今北京)。金朝为蒙古灭亡时,金中都皇城中的太平花与皇城同被毁灭,在京郊离宫中的太平瑞圣花却躲过了劫难。元、明时,京郊的太平瑞圣花被移植到皇宫御苑中;清初,又被移植到畅春园和圆明园里,但清末英法联军进攻北京时再遭毁灭,仅存皇宫内一株。在明代,青城太平花仍有记载。但到清末,太平花却在青城山消失了。于右任《青城纪事诗》中写道:"名山名卉知名久,不见花开醉太平。"直到2017年5月,千年的太平瑞圣花从故宫博物院回到都江堰—青城山,被移植在都江堰景区清溪园,终于又回到了故乡。太平花既是社会安定祥和的象征,也是历史兴亡的见证。

牡丹则是唐末五代开始兴盛的成都名花。五代前蜀时,成都从长安洛阳

---

[1] 宋祁:《益部方物略记》,文渊阁《四库全书》本。

及汉中引种牡丹到蜀宫御苑。宋代《茅亭客话》一书记载牡丹花："西蜀，至李唐之后未有此花，凡图画者唯名洛州花……至伪蜀王氏，自京、洛及梁、洋间移植。"[1] 花蕊夫人《宫词》第五十八首描述道："牡丹移向苑中栽，尽是藩方进入来。未到末春缘地暖，数般颜色一时开。"牡丹盛开时，蜀宫御苑分外妖娆。后蜀时，御苑牡丹花种被引种到彭州，从此彭州开始种植牡丹。宋代《古今杂记》载："孟氏以牡丹名苑。于时彭门为辅郡，典州者多其戚里，得之上苑，此彭门花之始也，天彭亦谓之花州。"[2] 到了南宋，彭州牡丹已享有盛誉。陆游《天彭牡丹谱·风俗记》记述："天彭号小西京，以其俗好花，有京洛之遗风，大家至千本。花时自太守而下，往往即花盛处张饮，帘幕车马，歌吹相属，最盛于清明寒食时。"[3] 陆游喜爱牡丹，其《初到蜀州寄成都诸友》诗说："万里不通京洛梦，一春最负牡丹时。裦笺报与诸公道，罨画亭边第一诗。"[4] 在他离开成都返回家乡后，对天彭牡丹仍念念不忘："常记彭州送牡丹，祥云径尺照金盘。岂知身老农桑野，一朵妖红梦里看。"[5] 成都市郊外的彭州，在宋代即享有"牡丹乡"之美名。1985年牡丹成为彭州市市花，此后彭州连续举办牡丹花会，彭州牡丹花会已与洛阳牡丹花会、菏泽牡丹花会一同成为全国最大、最有影响的三大牡丹花会。

唐宋时期，成都城市内外名花异卉广泛种植于庭院园囿之中，竞相开放，美不胜收。郊外的山边水畔，一年四季桃李盛开，海棠绽放，牡丹如醉，桐花如云，杜鹃红遍，成为园林花卉之都。唐代诗人刘象赞美成都说："未栉凭栏眺锦城，烟笼万井二江明。香风满阁花盈户，树树树梢啼晓莺。"[6] 在诗人的笔下，成都是花木园林之乡与诗情画意之地，这正是一个优雅城市应有的风貌。

---

1 黄休复：《茅亭客话》卷八《瑞牡丹》，上海古籍出版社，2007年，第441页。
2 曹学佺：《蜀中广记》卷五"彭县条"引，文渊阁《四库全书》本。
3 陆游：《渭南文集》卷四十二《天彭牡丹谱·风俗记》，《四部丛刊》影印明华氏活字本。
4 陆游著，钱仲联校注：《剑南诗稿校注》（一）卷三《初到蜀州寄成都诸友》，第229页。
5 陆游著，钱仲联校注：《剑南诗稿校注》（四）卷三十四《忆天彭牡丹之盛有感》，第374页。
6 刘象：《晓登迎春阁》，《全唐诗》卷七百一十五，康熙扬州诗局刻本。

二、翠竹：唐宋成都城市优雅品格的象征

竹是唐宋成都城市优雅品格的又一象征。早在西晋时，竹林七贤的大名，就已和竹结下不解之缘。但在相当长的时期内，竹在人们的心目中，主要还是和房屋建筑以及生活实用相联系的。竹是四川的乡土树木，《华阳国志·蜀志》说，李冰修筑都江堰后，"穿郫江、检江，别支流，双过郡下，以行舟船。岷山多梓柏大竹，颓随水流，坐致材木，功省用饶。"岷山的竹木，是古代成都城市建设的重要材料。而成都郊外临邛出产的邛竹杖，还通过南方丝路，经印度远销到西域的大月氏，成为蜀中的出口商品，为张骞在当地市场上所目睹。

到唐宋时期，蜀中之竹开始成为诗人注目赞美的对象。刘希夷《蜀城怀古》诗说："蜀土饶水竹，吴天积风霜。穷览通表里，气色何苍苍。"蜀中之竹逐渐成为士大夫文人的品格象征。唐王勃《慈竹赋》说："广汉山谷，有竹名慈，生必向内，示不离本。修茎巨叶，攒根沓柢，丛之大者，或至百千株焉，而萦结逾乎咫尺。好事君子，徙为阶庭之玩焉。"[1]白居易撰《养竹记》，以竹之品格喻士大夫，以竹之坚忍、正直、虚心和贞节作为士大夫的要求。[2]杜甫对竹的喜爱更超乎寻常。他在《客堂》诗中回忆在成都的生活："平生憩息地，必种数竿竹。事业只浊醪，营茸但草屋。"[3]杜甫并非随意而言，他的《杜鹃》诗说："我昔游锦城，结庐锦水边。有竹一顷余，乔木上参天。"[4]可见成都草堂内外的竹林风物之盛。杜甫的草堂周边翠竹环绕，风景清幽。《狂夫》诗说："风含翠筱娟娟净，雨裛红蕖冉冉香。"[5]《堂成》诗说："桤林碍日吟风叶，笼竹和烟滴露梢。"[6]草堂风物之美，凝于诗圣笔端。杜甫在《寄题江外草堂》中说："我生性放诞，雅欲逃自然。嗜酒爱风竹，卜居必林泉。"他还自陈"懒性从来水竹居"，因为生性放诞

---

1 王勃：《王子安集》卷二《慈竹赋》，山西人民出版社，1990年，第26页。
2 白居易：《白居易集》卷四十三《养竹记》，中华书局，1979年，第936～937页。
3 杜甫：《杜诗全集》卷十二《客堂》，第1361页。
4 杜甫：《杜诗全集》卷十二《杜鹃》，第1354页。
5 杜甫：《杜诗全集》卷七《狂夫》，第719页。
6 杜甫：《杜诗全集》卷七《堂成》，第710页。

疏懒，所以居住的地方必须有泉水和竹子。杜甫《南邻》诗说："秋水才深四五尺，野航恰受两三人。白沙翠竹江村暮，相送柴门月色新。"[1]翠竹掩映下的草堂江村，勾画出成都郊外的迷人秋色。

北宋名臣宋祁在宋仁宗时知益州，曾撰《益部方物略记》[2]，书中记载蜀中的竹类有紫竹、慈竹、棕竹、方竹等四种，而最为普遍的是慈竹，"性丛产，根不外引，其密间不容笴。笋生夏秋，阅岁枝叶乃茂。别有数种：节间容八九寸者曰笼竹，一尺者曰苦竹，弱稍垂地者曰钩丝竹。或取节修肤致者，用为簟笠。"这些竹类，都是在成都园林或郊野普遍种植的。

唐宋时期的文人，还从蜀中之竹发掘出为人处事的准则。杰出的地理学家乐史是其中的代表。乐史是北宋初年江西抚州人，他编撰的《太平寰宇记》是继唐代《元和郡县志》以后的又一部历史地理名著。宋太宗太平兴国年间，乐史知四川陵州时，见城郊生长有一种慈竹，此竹生根内向而不离本，"干长而劲，节疏而坚，叶秀而清，高低相倚，宛如父子祖孙雍容慈和"。乐史心有所感，遂写下《慈竹》诗五首，其中有句云："蜀中何物灵，有慈竹为名。一丛阔数步，森森数十茎。长茎复短茎，枝叶相峥嵘。去年笋已长，今年笋又生。高低相依赖，浑如长幼情。孝子侍父立，顺孙随祖行。慈爱必孝顺，根基信天成。……我愿移此竹，栽于率土滨。使彼行人见，皆为慈孝人。樵童见此竹，且莫伐为薪。"宋真宗读此诗大为嘉叹，为诗四章答之，其中一首云："堂前慈竹绿阴阴，堂下儿孙孝弟心。和气一门仁道尽，传家何用满籯金。"乐史后把慈竹移归故乡，栽于祠堂侧，并立下族规："凡我同宗人等，各诫子弟，勿剪勿伐，世世相传。"乐氏家族由此被称为"慈竹世家"。[3]

宋代蜀中大才子苏东坡对竹的品格有更为深入的描述与体会。他的《竹》诗说："今日南风来，吹乱庭前竹。低昂中音会，甲刃纷相触。萧然风雪意，可折不可辱。风霁竹亦回，猗猗散青玉。故山今何有，秋雨荒篱菊。此君知健否，归扫南轩绿。"[4]苏东坡离开蜀中故乡后，对故乡的竹念念

1　杜甫：《杜诗全集》卷七《南邻》，第743页。
2　宋祁：《益部方物略记》，文渊阁《四库全书》本。
3　崇仁县人民政府网：《北宋地理学家文学家乐史》。
4　苏轼：《东坡全集》卷二十七《竹》，文渊阁《四库全书》本。

不忘。他说："忆我故居室，浮光动南轩。松竹半倾泻，未数葵与萱。三径瑶草合，一瓶井花温。至今行吟处，尚余履舄痕。"[1]有竹就有诗兴和诗意。其《次韵送徐大正》诗说："千首新诗一竿竹，不应空钓汉江槎。"[2]《次韵子由绿筠堂》诗说："爱竹能延客，求诗剩挂墙。风梢千蘁乱，月影万夫长。"[3]他对竹的最高赞誉是："可使食无肉，不可居无竹。无肉令人瘦，无竹令人俗。人瘦尚可肥，士俗不可医。旁人笑此言，似高还似痴。若对此君仍大嚼，世间哪有扬州鹤。"[4]至今为人传诵。由此，居处有竹，成为高人雅士的标准居住环境配置。竹在人们心目中的地位，已经由普通的绿化树木上升到士大夫内在优雅品格的象征。

除了诗歌之外，从宋代开始，竹成为文人画家笔下的重要描绘题材。首开先河的是宋代蜀中画家文同。文同（1018—1079），字与可。北宋梓州梓潼郡永泰县（今四川绵阳市盐亭县）人。文同以善画竹著称。他对竹特别喜爱，观察入微，胸有成竹而后动笔。他画竹叶，创浓墨为面、淡墨为背之法，为后来的文人画家所遵循，形成墨竹画派，有"墨竹大师"之称，其所创画派则被称为"文湖州画派"。"胸有成竹"这个成语就是起源于他画竹的过程。苏轼《文与可画筼筜谷偃竹记》说："故画竹，必先得成竹于胸中，执笔熟视，乃见其所欲画者。急起从之振笔，直遂以追其所见，如兔起鹘落，少纵则逝矣。"[5]苏轼对文同画的墨竹有极高的赞美，其作《戒坛院文与可画墨竹赞》诗说"风梢雨箨，上傲冰雹。霜根雪节，下贯金铁。谁为此君，与可姓文"[6]，以墨竹喻画家之品格。宋代的画论著作对文同的墨竹给予很高的评价。宋郭若虚《图画见闻志》说："（文同）善画墨竹，富萧洒之姿，逼檀栾之秀。"[7]《宣和画谱》说："文同字与可……善画墨竹，知名于

1　苏轼：《东坡全集》卷十一《正月十八日蔡州道上遇雪次子由韵》，文渊阁《四库全书》本。
2　苏轼：《东坡全集》卷十五《次韵送徐大正》，文渊阁《四库全书》本。
3　苏轼：《东坡全集》卷二《次韵子由绿筠堂》，文渊阁《四库全书》本。
4　苏轼：《东坡全集》卷四《于潜僧绿筠轩》，文渊阁《四库全书》本。
5　苏轼：《东坡全集》卷三十六《文与可画筼筜谷偃竹记》，文渊阁《四库全书》本。
6　苏轼：《东坡全集》卷九十四《戒坛院文与可画墨竹赞》，文渊阁《四库全书》本。
7　郭若虚：《图画见闻志》卷三，人民美术出版社，2003年，第64页。

时。凡于翰墨之间，托物寓兴，则见于水墨之戏。……与可工于墨竹之画，非天资颖异，而胸中有渭川千亩，气压十万丈，夫何以至于此哉！"[1]

竹还与唐宋成都著名美酒"郫筒酒"密切相关。《成都古今记》说："荼蘼花香甚，可以为酒。晋山涛为郫令，以此花酿酒竹中，所谓郫筒酒也。"[2]范成大《吴船录》卷上说："郫筒，截大竹，长二尺以下，留一节为底，刻其外为花纹。上有盖，以铁为提梁，或朱或黑，或不漆，大率挈酒竹筒耳。《华阳风俗记》所载，乃刳竹倾酿，闭以藕丝蕉叶，信宿馨香达于外，然后断取以献，谓之郫筒酒。观此，则是就竹林中为之。"[3]无竹，则不能造就唐宋成都之佳酿。李商隐诗："美酒成都堪送老，当垆仍是卓文君。"[4]郫筒美酒的馨香，催生了成都才子佳人的雅兴。

三、花丽竹韧：唐宋成都女性才貌的写照

花与竹还是唐宋成都女性的写照。唐宋成都女性，以其美丽温柔闻名当世，又以才华名动当时，但其独立自强的品格，又是花之雅丽和竹之劲节精神的象征，既丽且韧是她们才貌的写照。其中以薛涛、浣花夫人和花蕊夫人为代表。

1. 薛涛

薛涛（约768—约832），字洪度，京兆长安（今陕西西安）人。唐代女诗人。她与当时许多著名诗人都有来往，如白居易、张籍、王建、刘禹锡、杜牧、张祜等。史称薛涛"工诗，有林下风致。韦皋镇蜀，召令侍酒赋诗，称为女校书。出入幕府，历事十一镇，皆以诗受知。暮年屏居浣花溪，着女冠服。"[5]薛涛共作诗五百多首，但大多散失，流传至今仅存九十余首。唐代蜀中文风之盛与文化传承之悠久，催生了薛涛这样的女诗人。元稹《寄赠薛涛》诗说："锦江滑腻蛾眉秀，幻出文君与薛涛。言语巧偷鹦鹉舌，文章分

---

1 《宣和画谱》卷二十，浙江人民美术出版社，2012年，第229页。
2 曹学佺：《蜀中广记》卷六十一《方物记》引《成都古今记》，文渊阁《四库全书》本。
3 范成大：《吴船录》卷上，中华书局，1985年，第1~2页。
4 李商隐：《李义山诗集》卷上《杜工部蜀中离席》，文渊阁《四库全书》本。
5 《全唐诗》卷八百〇三《薛涛小传》，康熙扬州诗局刻本。

得凤皇毛。纷纷辞客多停笔,个个公卿欲梦刀。别后相思隔烟水,菖蒲花发五云高。"[1]薛涛虽出身乐伎,社会地位很低,但仍得到当时文人的尊重,认为其文采之秀,可使众多词客为之停笔。

值得注意的是,唐代诗人以枇杷花比喻薛涛。王建《寄蜀中薛涛校书》诗说:"万里桥边女校书,枇杷花里闭门居。扫眉才子知多少,管领春风总不如。"[2]枇杷门巷成为女诗人薛涛的象征。为什么王建以枇杷花喻薛涛?唐代诗人笔下的枇杷非结实之果,应为山枇杷。《广群芳谱》说:"山枇杷,其花明艳,与杜鹃花相似,樵者识之。"[3]山枇杷为蜀中特有之花,白居易《山枇杷花》诗说:"万重青嶂蜀门口,一树红花山顶头。春尽忆家归未得,低红如解替君愁。"[4]薛涛以此植于浣花溪隐居宅门,应是欣赏其艳丽的色彩与内含的品格。白居易另一首《山枇杷》诗说:"深山老去惜年华,况对东溪野枇杷?火树风来翻绛艳,琼枝日出晒红纱。回看桃李都无色,映得芙蓉不是花。争奈结根深石底,无因移得到人家。"[5]白居易诗中描写的山枇杷花,艳胜桃李,但又扎根崖石,不容亵玩,集风情与品格于一身,成为薛涛的写照。

薛涛虽身为乐伎,但品格高洁。不仅山枇杷花是她的象征,她也以凌云之竹自况。薛涛《酬人雨后玩竹》诗写道:"南天春雨时,那鉴雪霜姿。众类亦云茂,虚心宁自持。多留晋贤醉,早伴舜妃悲。晚岁君能赏,苍苍劲节奇。"[6]薛涛以竹自况,虽身为乐伎,却有霜雪之姿和苍苍劲节。她的《筹边楼》诗说:"平临云鸟八窗秋,壮压西川四十州。诸将莫贪羌族马,最高层处见边头。"[7]其慷慨雄奇之意,正如竹之品格。在当时的环境下,一个女性能做到这一点是很不容易的,苍劲独立之竹与艳丽山野之花,成为她自身的寄托与写照。

1　元稹:《寄赠薛涛》,《全唐诗》卷四百二十三,康熙扬州诗局刻本。
2　王建:《寄蜀中薛涛校书》,《全唐诗》卷三百〇一,康熙扬州诗局刻本。
3　《广群芳谱》卷三十九《花谱》,上海书店出版社,1985年,第917页。
4　白居易:《白居易集》卷十四《山枇杷花》,第283页。
5　白居易:《白居易集》卷十七《山枇杷》,第362页。
6　薛涛:《酬人雨后玩竹》,《全唐诗》卷八百〇三,康熙扬州诗局刻本。
7　薛涛:《筹边楼》,《全唐诗》卷八百〇三,康熙扬州诗局刻本。

2. 浣花夫人

浣花夫人，则是唐宋以花喻成都女性的另一代表，造就了流传千百年的传奇故事与游浣花溪的人文风俗。浣花夫人任氏，系出生于成都西郊浣花溪畔之民家女，后嫁剑南西川节度使崔旰。唐大历二年（767），崔旰继任剑南西川节度使。次年崔旰入朝奏事，留其弟崔宽镇蜀。泸州刺史杨子琳趁机攻打成都，崔旰夫人任氏英勇出战，击溃杨子琳，保全成都。朝廷加封崔旰为冀国公，赐名崔宁，封任氏为冀国夫人。

相传任氏居住成都西郊的濯锦江畔时，为一位疮疥和尚浣洗脏敝袈裟，当僧衣入水漂洗，水中立时现出无数莲花，五彩缤纷，此后人称洗衣处的河潭为"百花潭"，称这一段河流为"浣花溪"，称任氏为"浣花夫人"。宋代任正一《游浣花记》说："成都之俗，以游乐相尚，而浣花为特甚。每岁孟夏十有九日，都人士女，丽服靓妆，南出锦官门，稍折而东行十里入梵安寺，罗拜冀国夫人祠下，退游杜子美故宅，遂泛舟浣花溪之百花潭，因以名其游与其日。凡为是游者，架舟如屋，饰以缯彩。连樯衔尾，荡漾波间，箫鼓弦歌之声喧哄而作。其不能具舟者，依岸结棚，上下数里，以阅舟之往来。成都之人，于他游观或不能皆出，至浣花则倾城而往，里巷阗然。自旁郡观者，虽负贩刍荛之人，至相与称贷，易资为一饱之具，以从事穷日之游。府尹亦为之至潭上，置酒高会，设水戏竞渡，尽众人之乐而后返。其传曰：此冀国故事也。冀国姓任，本汉上小家女。任媪尝祷于神祠，梦神人授以大珠，觉而有娠，明年四月十有九日而生女。稍长，奉释氏教甚谨。有僧过其家，疮疥满体，衣服垢敝，见者心恶，独女敬事之。一日，僧持衣从以求浣，女欣然濯之溪边，每一漂衣，莲花辄应手而出。里人惊异求僧，已不知所在，因识其处为百花潭。会崔宁节度西川，微服行民间，见女心悦之，败其家纳以为妾。宁妻死，遂为继室，累封至冀国。既贵，每生日即来置酒其家，舣船江上，访漂衣故处，徘徊终日，后人因之，岁以为常。"[1]按任正一的记载，任氏女从小敬佛，为僧在浣花溪边浣敝衣而出莲花，成为神异。剑南西川节度使崔宁纳女为妾，后封为冀国夫人。夫人不忘旧事，每到生日重游浣花溪故居，乘船江上，后人因之，成为风俗。这一美好的民间传说，

---

[1] 任正一：《游浣花记》，袁说友编：《成都文类》卷四十六，第881页。

使成都西郊的濯锦江与花结下不解之缘。百花潭与浣花溪的地名，为成都作为花城增加了依据和无穷的意味。而这也成为唐代后期至宋代成都民间春季游浣花溪风俗的来源。杜甫到成都后，即卜居于浣花溪畔草堂："浣花溪水水西头，主人为卜林塘幽。已知出郭少尘事，更有澄江销客愁。无数蜻蜓齐上下，一双鸂鶒对沉浮。"[1]百花潭为杜甫常常经行之处，所谓："万里桥西一草堂，百花潭水即沧浪。风含翠筱娟娟净，雨浥红蕖冉冉香。"[2]"万里桥西宅，百花潭北庄。层轩皆面水，老树饱经霜。"[3]由杜甫的诗意描述，可见唐代的浣花溪风物之美，无怪乎其成为唐代中后期成都的游览胜地。

五代后蜀时，春季游浣花溪开始成为习俗。"是时，蜀中百姓富庶，夹江皆创亭榭游赏之处，都人士女，倾城游玩，珠翠绮罗，名花异香，馥郁森列。昶御龙舟观水嬉，上下十里，人望之如神仙之境。"[4]到宋代，这一风俗更盛。元费著《岁华纪丽谱》说，宋代成都每年"四月十九日，浣花佑圣夫人诞日也。太守出笮桥门，至梵安寺谒夫人祠，就宴于寺之设厅。既宴，登舟观诸军骑射。倡乐导前，溯流至百花潭，观水嬉竞渡。官舫民船，乘流上下，或幕帘水滨，以事游赏，最为出郊之胜"[5]，浣花夫人的事迹和传说，成为唐宋成都优雅时尚的重要民间风俗。

3. 花蕊夫人

花蕊夫人是五代前后蜀时的蜀中才女，是一个以花命名的成都女性。据《能改斋漫录》《后山诗话》《十国春秋》《新五代史》等史料所载，五代蜀中被称为花蕊夫人者有两人：一是前蜀王建次妃，徐耕女，前蜀王衍生母，前蜀被唐所灭时死于押解途中；二为后蜀孟昶妃，称费氏或徐氏，四川青城人，后蜀被宋所灭后即入宋，后亡。两人所处时代相同，又都被称为花蕊夫人，均以美丽闻名后世，故到底哪一位花蕊夫人才是《宫词》的作者，历来有两种观点，且至今仍然争执不下。一种是传统观点，认为《宫词》是后蜀孟昶妃所作，其依据为宋人记载。这一看法多为历代文人所认同。另一

---

1 杜甫：《杜诗全集》卷七《卜居》，第701页。
2 杜甫：《杜诗全集》卷七《狂夫》，第719页。
3 杜甫：《杜诗全集》卷十二《怀锦水居止之二》，第1338页。
4 王文才、王炎：《蜀梼杌校笺》卷四，巴蜀书社，1999年，第375页。
5 费著：《岁华纪丽谱》，《全蜀艺文志》卷五十八，第1711页。

种观点则认为,《宫词》作者为前蜀王建妃。此意见最初由浦江清先生在《花蕊夫人宫词考证》一文中提出,此后学者多从此说。

花蕊夫人长于宫词,尝仿王建作宫词百首,对后蜀宫苑生活做了细致而生动的描写,堪称唐末五代最负盛名的女诗人。宫词对前后蜀宣华苑的四季景色做了生动的描写。《宫词》说:"翔鸾阁外夕阳天,树影花光远接连。望见内家来往处,水门斜过罨楼船。""内人追逐采莲时,惊起鸳鸯两岸飞。兰棹把来齐拍水,并船相斗湿罗衣。""新秋女伴各相逢,罨画船飞别浦中。旋折荷花伴歌舞,夕阳斜照满衣红。""晚来随驾上城游,行到东西百尺楼。回望苑中花柳色,绿阴红艳满池头。""立春日进内园花,红蕊轻轻嫩浅霞。跪到玉阶犹带露,一时宣赐与宫娃。""殿前排燕赏花开,宫女侵晨探几回。斜望花开遥举袖,传声宣唤近臣来。""内庭秋燕玉池东,香散荷花水殿风。阿监采菱牵锦缆,月明犹在画船中。""白藤花笼白银花,合子门当寝殿斜。近被宫中知了事,每来随驾使煎茶。""小雨霏微润绿苔,石楠红杏傍池开。一枝插向金瓶里,捧进君王玉殿来。""牡丹移向苑中栽,尽是藩方进入来。未到末春缘地暖,数般颜色一时开。""海棠花发盛春天,游赏无时引御筵。绕岸结成红锦帐,暖枝犹拂画楼船。"[1]按照花蕊夫人的描述,唐末五代的宣华苑中,摩诃池水面宽阔似海,岸边有连绵十里的水槛,湖中有岛屿,上建亭台楼阁,宫城寝殿环绕四周。四季鲜花竞放,湖边柳荫夹岸,花木宜人。

花蕊夫人笔下所记,并非仅仅是鲜花盛开与宫廷逸事。后蜀亡后,花蕊夫人被俘到汴京,在宋太祖面前述作"国亡诗"。"蜀花蕊夫人者,本青城费氏,以才色嬖于后主。尝效王建作宫词百首,国亡入后宫。太祖闻之,召使陈诗,诵其国亡诗云:'君王城上竖降旗,妾在深宫那得知?十四万人齐解甲,宁无一个是男儿。'太祖悦,盖蜀兵十四万耳。"[2]宋陈师道《后山诗话》和魏庆之《诗人玉屑》也有相同记载。因此,这首《述国亡诗》历来被认为是花蕊夫人所作,诗意既述国亡之沉痛,也斥责了不战而亡的君主,其鲜明的个性与悲愤的气节,不是正如蜀中之竹的品格吗?无怪乎此诗千载之

---

1 花蕊夫人:《宫词》,《全唐诗》卷七百九十八,康熙扬州诗局刻本。
2 花蕊夫人:《宫词》,《成都文类》卷十五,第335页。

后，仍能得到人们的称赞。

四、花诗竹画：唐宋成都文化艺术的代表

花与竹还是唐宋成都文化艺术的象征，尤其是在诗歌和绘画领域。唐宋成都的诗歌中，关于花卉与竹的诗歌占据了极其重要的地位。

唐代诗圣杜甫在成都写作的诗歌中，有许多是描写和赞颂成都花卉之美、竹的高洁风貌与环境的美丽优雅。例如杜甫著名的《江畔独步寻花七绝句》："江深竹静两三家，多事红花映白花。报答春光知有处，应须美酒送生涯。"（之三）"黄师塔前江水东，春光懒困倚微风。桃花一簇开无主，可爱深红爱浅红。"（之五）"黄四娘家花满蹊，千朵万朵压枝低。留连戏蝶时时舞，自在娇莺恰恰啼。"（之六）[1]在杜甫的笔下，成都的春天群花竞放，彩蝶翔舞。杜甫所居住的西郊浣花溪畔，更是一派百花盛开的景象。"去郭轩楹敞，无村眺望赊。澄江平少岸，幽树晚多花。细雨鱼儿出，微风燕子斜。城中十万户，此地两三家。"[2]"迟日江山丽，春风花草香。泥融飞燕子，沙暖睡鸳鸯。江碧鸟逾白，山青花欲燃。今春看又过，何日是归年。"[3]"野水平桥路，春沙映竹村。风轻粉蝶喜，花暖蜜蜂喧。把酒宜深酌，题诗好细论。府中瞻暇日，江上忆词源。"[4]在春日的暖阳映照下与和煦的春风吹拂下，在花丛中与宾朋饮酒赋诗，这是诗圣在成都草堂的最高享受。

杜甫也爱竹，在成都所写的草堂诗歌中，就对蜀中之竹有许多的描写与赞美。杜甫经营草堂时就喜种翠竹："种竹交加翠，栽桃烂熳红。经心石镜月，到面雪山风。"[5]甚至还在朋友处要竹栽种。《从韦二明府续处觅绵竹》诗说："华轩蔼蔼他年到，绵竹亭亭出县高。江上舍前无此物，幸分苍翠拂波涛。"[6]幽幽翠竹为诗圣提供了优美的生活环境。草堂又被人比作汉代的扬

1　杜甫：《杜诗全集》卷八《江畔独步寻花七绝句》，第804~805页。
2　杜甫：《杜诗全集》卷八《水槛遣心二首》之一，第782页。
3　杜甫：《杜诗全集》卷十一《绝句二首》，第1203页。
4　杜甫：《杜诗全集》卷十二《敝庐遣兴奉寄严公》，第1274页。
5　杜甫：《杜诗全集》卷十二《春日江村五首》之三，第1281页。
6　杜甫：《杜诗全集》卷七《从韦二明府续处觅绵竹》，第705页。

雄之宅,杜甫在草堂刚建成时所写的《堂成》诗中说:"背郭堂成荫白茅,缘江路熟俯青郊。桤林碍日吟风叶,笼竹和烟滴露梢。暂止飞鸟将数子,频来语燕定新巢。旁人错比扬雄宅,懒惰无心作解嘲。"[1]草堂风物与诗人居住的环境,与竹息息相关,而竹也是浣花溪畔最具有特色的植物。其《南邻》其诗说:"锦里先生乌角巾,园收芋栗未全贫。惯看宾客儿童喜,得食阶除鸟雀驯。秋水才深四五尺,野航恰受两三人。白沙翠竹江村暮,相送柴门月色新。"[2]《寒食》诗说:"寒食江村路,风花高下飞。汀烟轻冉冉,竹日净晖晖。田父要皆去,邻家问不违。地偏相识尽,鸡犬亦忘归。"[3]好一幅竹下江村闲适的田园景象。《严郑公宅同咏竹》诗说:"绿竹半含箨,新梢才出墙。色侵书帙晚,阴过酒樽凉。雨洗娟娟净,风吹细细香。但令无剪伐,会见拂云长。"[4]杜甫喜欢在草堂竹荫下闲适地读书、饮酒,但更期待翠竹不受剪伐,直上云霄的遭际。他以成都草堂的翠竹而自豪:"读书云阁观,问绢锦官城。我有浣花竹,题诗须一行。"[5]花与竹成为杜甫在成都所赋诗歌的鲜明底色。

宋代诗人陆游赞美成都花卉的诗歌也流传千古。陆游在成都前后居住六年,对成都有深厚的感情。他在诗中对成都的花与竹赞美备至,尤其是海棠诗和梅花诗,都是陆游的成都诗篇中最为脍炙人口者。

陆游最爱成都的海棠,歌咏的诗歌特多。他说:"我初入蜀鬓未霜,南充樊亭看海棠。当时已谓目未睹,岂知更有碧鸡坊。碧鸡海棠天下绝,枝枝似染猩猩血。蜀姬艳妆肯让人,花前顿觉无颜色。扁舟东下八千里,桃李真成仆奴尔。若使海棠根可移,扬州芍药应羞死。风雨春残杜鹃哭,夜夜寒衾梦还蜀。何从乞得不死方,更看千年未为足。"[6]陆游对成都海棠一往情深,对成都碧鸡坊的海棠更是推崇备至。他说:"看花南陌复东阡,晓露初干日

---

1 杜甫:《杜诗全集》卷七《堂成》,第710页。
2 杜甫:《杜诗全集》卷七《南邻》,第743页。
3 杜甫:《杜诗全集》卷八《寒食》,第795页。
4 杜甫:《杜诗全集》卷十一《严郑公宅同咏竹,得香字》,第1251页。
5 杜甫:《杜诗全集》卷十《送窦九赴成都》,第1067页。
6 陆游著,钱仲联校注:《剑南诗稿校注》(七)卷七十五《海棠歌》,第454页。

正妍。走马碧鸡坊里去,市人唤作海棠颠。"¹此外,城东园林中的海棠,也使陆游惊叹。他说:"谁道名花独故宫,东城盛丽足争雄。横陈锦障阑干外,尽吸红云酒盏中。贪看不辞持夜烛,倚狂直欲擅春风。拾遗旧咏悲零落,瘦损腰围拟未工。"²春光烂漫时,是陆游在成都最忙碌的日子,走马看花,花间酌酒,对花赋诗,成为诗人的日常生活。他说:"今日春已半,风雨停出游。瓶中海棠花,数酌相献酬。尚想锦官城,花时乐事稠。金鞭过南市,红烛宴西楼。千林夸盛丽,一枝赏纤柔。"(《剑南诗稿》卷十四《海棠》)海棠花与酒宴、诗歌交融。

除海棠外,陆游还爱蜀都的梅花。唐宋时期成都梅花极盛,陆游歌咏成都的梅花诗也流传千载。陆游说:"锦城梅花海,十里香不断。醉帽插花归,银鞍万人看。"³其中西郊青羊宫到浣花溪一带梅花最盛。他说:"当年走马锦城西,曾为梅花醉似泥。二十里中香不断,青羊宫到浣花溪。"⁴他的《西郊寻梅》诗说:"西郊梅花矜绝艳,走马独来看不厌。似羞流落蒙市尘,宁堕荒寒傍茅店。翛然自是世外人,过去生中差一念。浅颦常鄙桃李学,独立不容莺蝶觇。"⁵陆游对梅花的优雅和其独立品格之爱跃然诗中。他说:"老子今年懒赋诗,风光料理鬓成丝。青羊宫里春来早,初见梅花第一枝。"⁶又写浣花溪赏梅诗说:"老子人间自在身,插梅不惜损乌巾。春回积雪层冰里,香动荒山野水滨。带月一枝低弄影,背风千片远随人。石家楼上贪吹笛,肯放朝朝玉树新。"⁷此外成都城南郊外的故蜀别苑中前后蜀时留下的"梅龙",也是陆游寻访的对象。他说:"故蜀别苑,在成都西南十五六

---

1 陆游著,钱仲联校注:《剑南诗稿校注》(一)卷六《花时遍游诸家园》,第417页。
2 陆游著,钱仲联校注:《剑南诗稿校注》(一)卷三《海棠》,第227页。
3 陆游著,钱仲联校注:《剑南诗稿校注》(三)卷二十四《梅花绝句》,第448页。
4 陆游著,钱仲联校注:《剑南诗稿校注》(三)卷二十四《梅花绝句》,第448页。
5 陆游著,钱仲联校注:《剑南诗稿校注》(一)卷三《西郊寻梅》,第224页。
6 陆游著,钱仲联校注:《剑南诗稿校注》(二)卷九《城南寻梅得》,第148页。
7 陆游著,钱仲联校注:《剑南诗稿校注》(二)卷九《浣花赏梅》,第154页。

里,梅至多。有两大树,夭矫若龙,相传谓之梅龙。予初至蜀,尝为作诗,自此岁常访之。"[1]

除海棠和梅花外,陆游对成都作为花卉之都亦是赞美不绝。他说:"蜀地名花擅古今,一枝气可压千林。"[2]他回到家乡绍兴后,对成都的生活,尤其是名花美酒的繁华,依旧怀念不已。他的《怀成都十韵》说:"放翁五十犹豪纵,锦城一觉繁华梦。竹叶春醪碧玉壶,桃花骏马青丝鞚。斗鸡南市各分朋,射雉西郊常命中。壮士臂立绿绦鹰,佳人袍画金泥凤。椽烛那知夜漏残,银貂不管晨霜重。一梢红破海棠回,数蕊香新早梅动。酒徒诗社朝暮忙,日月匆匆迭宾送。"[3]

唐宋时期的其他诗人,也把花与竹作为成都优雅风物乃至人生的象征。唐代诗人岑参的《蜀葵花歌》说:"昨日一花开,今日一花开。今日花正好,昨日花已老。始知人老不如花,可惜落花君莫扫。人生不得长少年,莫惜床头沽酒钱。请君有钱向酒家,君不见,蜀葵花。"[4]玄宗时的韦弇,"开元中举进士下第,游蜀。时将春暮,胜景尚多,弇与其友寻花访卉,日为游宴"[5]。即使是由外地入蜀为官的文士,也往往受到这种风气感染。杜甫在成都时,与剑南节度使严武交往:"元戎小队出郊坰,问柳寻花到野亭。"[6]南宋时曾任四川制置使的范成大,对成都的风物也给予了很高的评价。他在成都少城写的诗说:"新街如拭过鸣驺,芍药酴醾竞满头。十里珠帘都卷上,少城风物似扬州。"[7]在范成大看来,春天的成都,芍药、酴醾盛开,少城风光与扬州不相上下。范成大也喜爱成都的海棠,白天看不足,入夜燃烛继续赏玩。他的《锦亭然烛观海棠》诗说:"银烛光中万绮霞,醉红堆上缺蟾

---

[1] 陆游著,钱仲联校注:《剑南诗稿校注》(二)卷九《故蜀别苑在成都西南十五六里梅至多有两大树夭矫若龙相传谓之梅龙予初至蜀尝为作诗自此岁常访之今复赋一首丁酉十一月也》,第142页。
[2] 陆游著,钱仲联校注:《剑南诗稿校注》(二)卷八《海棠》,第78页。
[3] 陆游著,钱仲联校注:《剑南诗稿校注》(二)卷十《怀成都十韵》,第216页。
[4] 岑参:《蜀葵花歌》,《全唐诗》卷一百九十九,康熙扬州诗局刻本。
[5] 《太平广记》卷三十三《韦弇》,中华书局,1961年,第209页。
[6] 杜甫:《杜诗全集》卷九《严中丞枉驾见过》,第896页。
[7] 范成大:《石湖诗集》卷十七《三月二日北门马上》,中华书局,1985年,影印《诗词杂俎》本。

斜。从今胜绝西园夜，压尽锦官城里花。"[1]锦亭在宋代成都的著名园林西园内，是赏花的胜地。这些唐宋诗人的赞颂诗歌，使成都这个花都的美名流传千载。

成都的花，还在五代前后蜀时催生出文学史上的第一部词集《花间集》。《花间集》是后蜀人赵崇祚编辑的一部词集，成书于后蜀广政三年（940），集中收录晚唐至五代18位词人的500首作品。18位词人除温庭筠、皇甫松、和凝三位与蜀无涉外，其余15位如韦庄、薛昭蕴、牛峤、张泌、欧阳炯等，皆活跃于五代十国的前后蜀，互相唱和，形成了花间词派。纪昀在《四库全书提要》中评论其贡献说，词之写作，"滥觞于唐，而盛行于五代。自宋以后，家数益繁，选录益众。而溯源星宿，当以此集为最古，唐末名家词曲，俱赖以仅存"。花间词作最终确立了"词"的文学地位，并对后代词人的创作产生了深远影响。

为何要把这本词集命名为《花间集》？欧阳炯在序中说："昔郢人有歌阳春者，号为绝唱，乃命之为《花间集》。庶以阳春之曲，将使西园英哲，用资羽盖之欢。南国婵娟，休唱莲舟之引。"意思是说，阳春之曲是古代高雅的曲调，春天是百花灿烂开放的季节，所以命名为《花间集》。以集中高雅的词曲为引，作为西园聚会文人创作新词的借鉴，使南国的姑娘们不再唱采莲的旧曲。欧阳炯在序文中把阳春之曲和春天美景与新词创作联系在一起，可见《花间集》的命名与春景春色紧密相关。

《花间集》里写到蜀中的花卉，如桃花、杏花、杨柳、翠竹的景象等在词中几乎无所不在，使词中凝聚了对蜀中花木的情感，并把这些情感作为作者抒发感情的空间意象。如韦庄《清平乐》："何处游女，蜀国多云雨。云解有情花解语，划地绣罗金缕。　妆成不整金钿，含羞待月秋千。住在绿槐阴里，门临春水桥边。"描写成都春天游玩的《河传》："春晚，风暖，锦城花满，狂杀游人。玉鞭金勒，寻胜驰骤轻尘，惜良晨。　翠娥争劝临邛酒，纤纤手，拂面垂丝柳。归时烟里，钟鼓正是黄昏，暗销魂。"刻画春情春思少女的《思帝乡》："春日游，杏花吹满头。陌上谁家年少，足风流。　妾拟将身嫁与，一生休。纵被无情弃，不能羞。"在韦庄的词中，

1　范成大：《石湖诗集》卷十七《锦亭然烛观海棠》。

春花春景成为蜀中妇女日常生活的背景和所思所想的寄托。

《花间集》中，以花写景，以花喻人，以花寄情的描写比比皆是。如薛昭蕴《喜迁莺》描写清明时节的春色："清明节，雨晴天，得意正当年。马骄泥软锦连钱，香袖半笼鞭。　花色融，人竞赏，尽是绣鞍朱鞅。日斜无计更留连，归路草和烟。"

张泌《河传》写出杏花林下的春光："红杏，交枝相映，密密蒙蒙。一庭浓艳倚东风，香融透帘栊。　斜阳似共春光语，蝶争舞，更引流莺妒。魂销千片玉樽前，神仙，瑶池醉暮天。"

毛文锡《西溪子》描写溪边花前的乐舞："昨夜西溪游赏，芳树奇花千样。锁春光。金樽满，听弦管，娇妓舞衫香暖。不觉到斜晖，马驮归。"

顾夐《河传》写出花前的狂欢："曲槛，春晚，碧流纹细，绿杨丝软。露花鲜，杏枝繁，莺啭，野芜平似剪。　直是人间到天上，堪游赏，醉眼疑屏障。对池塘，惜韶光，断肠，为花须尽狂。"

毛熙震《浣溪沙》是对春光的留恋："花榭香红烟景迷，满庭芳草绿萋萋，金铺闲掩绣帘低。　紫燕一双娇语碎，翠屏十二晚峰齐，梦魂销散醉空闺。"

毛熙震《菩萨蛮》是花谢后的惆怅："梨花满院飘香雪，高楼夜静风筝咽。斜月照帘帷，忆君和梦稀。　小窗灯影背，燕语惊愁态。屏掩断香飞，行云山外归。"

这些词以描写男女思恋之情为主调，而对成都春花春色的描写成为环境的承载空间，透出迷恋春光，惆怅春归，及时行乐的思绪。花间行吟，成为五代那个分裂战乱的时期，成都这片安定富庶的土地，给予诗人群体的精神灵魂寄托。

唐宋时期的成都作为闻名的花都，以西蜀黄筌和北宋文同为代表，兴起了对后世绘画影响很大的花鸟画派。五代前后蜀时的成都，是闻名全国的绘画艺术中心之一，聚集了许多丹青国手，画作以山水画和花鸟画为主。如享有盛名的成都人李升、黄筌等。其中黄筌、黄居寀父子开创的西蜀画派，更是对北宋的花鸟画产生了很深的影响。宋郭若虚《图画见闻志》说，黄筌是成都人，17岁时即供奉前蜀宫廷，至后蜀时地位更高，任前后蜀宫廷画师四十余年。他"善画花竹翎毛，兼工佛道人物山川"。后蜀时，淮南曾赠送六只仙鹤给后蜀，蜀主孟昶"遂命筌写六鹤于便坐之殿，因名六鹤殿。由是蜀之豪贵，请于图轴者接迹。时人谚云：黄筌画鹤，薛稷减价。又画四时花鸟于八卦殿，鹰见画雉，连连掣臂，遂命翰林学士欧阳炯作记。又写白兔于缣素，蜀主常悬坐侧"[1]。可见黄筌所画花鸟之生动精妙。

后蜀亡于宋后，黄筌到开封进入北宋图画院中供职。黄筌的两个儿子黄居寀和黄居宝继承家学，同样善画花鸟。"居宝，字辞玉，筌之次男也……与其父同事蜀为待诏。工画花鸟、松石，兼善八分。"[2]"黄居寀，字伯鸾，筌之季子也。工画花竹、翎毛……事蜀为翰林待诏，与父筌俱蒙恩遇。图画殿庭墙壁、宫闱屏障，不可胜纪。……随蜀主至阙下。"[3]黄筌父子供职于翰林图画院中，得到宋太祖、太宗两代帝王的眷遇，成为北宋著名的宫廷画家。

黄筌开创的西蜀画派，在中国花鸟画史上占有重要地位，入宋后，在花鸟画领域占据主流地位，当时花鸟画无不以"黄家体制为准"。北宋郭若虚在《图画见闻志》中评论当时花鸟画的两大流派开创者黄筌和徐熙的异同时说："谚云：黄家富贵，徐熙野逸。……黄筌与其子居寀，始并事蜀为待诏。……既归朝……复以待诏录之，皆给事禁中，多写禁籞所有珍禽、瑞鸟、奇花、怪石。今传世桃花鹰鹘、纯白雉兔、金盆鹁鸽、孔雀龟鹤之类是也。"[4]指出黄派花鸟画的特色是用笔工整，设色富丽浓艳。

工笔花鸟在唐时已独立成科。初唐薛稷之画鹤，中唐边鸾之画禽鸟和折枝花，均称为一绝。五代前后蜀的画家滕昌佑、刁光胤工于花鸟，为黄筌所宗，直接推动了五代花鸟画的繁荣，到宋代成为北宋初翰林图画院优劣取舍标准，被称为"院体"。仅著录于《宣和画谱》的花鸟画就有三百多幅，传世作品现存有《写生珍禽图》卷。

五代前后蜀以黄筌父子为代表的山水花鸟绘画风格的形成，与成都四季不断、种类繁多、色彩缤纷的花木和众多的公私园林有密切关系。西蜀花鸟

---

1 郭若虚：《图画见闻志》卷二《黄筌》，第47～48页。
2 郭若虚：《图画见闻志》卷二《黄居宝》，第49页。
3 郭若虚：《图画见闻志》卷四《黄居寀》，第93页。
4 郭若虚：《图画见闻志》卷一《论黄徐体异》，第21～22页。

画派的出现及其在中国绘画史上的影响,正是花与竹在艺术领域的体现。

五、花木园林:唐宋成都迷人的城市风貌

花与竹,还是唐宋成都最令人注目的城市风貌。成都的市花芙蓉,在五代后蜀时开始大放异彩。后蜀主孟昶对芙蓉花特别喜爱,广政十三年(950),孟昶"城上尽种芙蓉,九月间盛开,望之皆如锦绣"[1]。唐至五代的成都羊马城环城四十余里,遍种芙蓉,成为游览胜地。

从秦汉时期起,锦江两岸就是成都城市的繁荣地区,到唐宋时期,这里仍然保持了这一城市特色。唐宋时的锦江两岸,正是花木繁盛之地。刘禹锡《浪淘沙》诗说:"濯锦江边两岸花,春风吹浪正淘沙。女郎剪下鸳鸯锦,将向中流定晚霞。"[2]高骈《锦城写望》诗说:"蜀江波影碧悠悠,四望烟花匝郡楼。不会人家多少锦,春来尽挂树梢头。"[3]韦庄《奉和左司郎中春物暗度感而成章》诗说:"才喜新春已暮春,夕阳吟杀倚楼人。锦江风散霏霏雨,花市香飘漠漠尘。"[4]由这些诗歌可以看到,唐代的锦江两岸楼阁相望,花木繁茂,花市飘香。尤其在横跨锦江的万里桥一带,是唐代成都的水陆交通码头,酒家林立,游人如织。

城内另一个花木繁盛之所,是成都城中心的摩诃池,这里也成为唐宋成都文人春季的游览场所。先后担任剑南西川两地节度使的武元衡和高骈,春日都喜在摩诃池上宴饮,武元衡《摩诃池宴》:"摩诃池上春光早,爱水看花日日来。秾李雪开歌扇掩,绿杨风动舞腰回。芜台事往空留恨,金谷时危悟惜才。昼短欲将清夜继,西园自有月徘回。"[5]高骈《残春遣兴》诗则书写醉后之狂放:"画舸轻桡柳色新,摩诃池上醉青春。不辞不为青春醉,只恐莺花也怪人。"[6]

而成都西南郊外的浣花溪两岸,更是唐宋成都园林的集中区域,成为达

---

1 王文才、王炎:《蜀梼杌校笺》卷四,巴蜀书社,1999年,第381页。
2 刘禹锡:《浪淘沙》,《全唐诗》卷二十八,康熙扬州诗局刻本。
3 高骈:《锦城写望》,《全唐诗》卷五百九十八,康熙扬州诗局刻本。
4 韦庄:《奉和左司郎中春物暗度感而成章》,《全唐诗》卷七百,康熙扬州诗局刻本。
5 武元衡:《摩诃池宴》,《全唐诗》卷三百一十七,康熙扬州诗局刻本。
6 高骈:《残春遣兴》,《全唐诗》卷五百九十八,康熙扬州诗局刻本。

官贵人及富豪的遨游与居留之所。晚唐成都诗人裴廷裕在《蜀中登第答李搏六韵》诗中描述成都风俗："何劳问我成都事，亦报君知便纳降。蜀柳笼堤烟矗矗，海棠当户燕双双。……浣花泛鹢诗千首，静众寻梅酒百缸。"[1]唐末诗人韦庄《乞彩笺歌》诗说："浣花溪上如花客，绿暗红藏人不识。"[2]到后蜀孟昶时，浣花溪两岸已是亭台楼阁鳞次栉比，孟昶甚至认为可以胜过长安的曲江池。"（广政）十二年八月，昶游浣花溪。是时，蜀中百姓富庶，夹江皆创亭榭游赏之处，都人士女，倾城游玩，珠翠绮罗，名花异香，馥郁森列。昶御龙舟观水嬉，上下十里，人望之如神仙之境。昶曰：曲江金殿锁千门，殆未及此。兵部尚书王廷珪赋曰：十字水中分岛屿，数重花外见楼台。昶称善久之。"[3]可见五代时的成都西郊、南郊地区沿锦江、浣花溪一带，已形成长达十余里的园林区。唐代成都花木园林众多，诗人刘象赞美道："未栉凭栏眺锦城，烟笼万井二江明。香风满阁花盈户，树树树梢啼晓莺。"[4]在诗人的笔下，成都是花木园林之乡与诗情画意之地。

除郊外园林外，宋代成都城市内的园林最著名的是西园。西园为北宋时在后蜀权臣故宅基础上，营建的规模最大的园林。宋天禧三年（1019）知益州赵稹于二月开西园纵民游观以来，这里便成为成都士庶同游的胜地。元费著《岁华纪丽谱》载，宋代成都寒食节的西园，"每岁寒食辟园张乐，酒垆、花市、茶房、食肆，过于蚕市。士女从观，太守会宾僚凡浃旬，此最府廷游宴之盛。近岁自二月即开园，逾月而后罢。酒人利于酒息，或请于府展其日，府尹亦许之"[5]。花与竹是西园景观的主体。宋吴中复《西园十咏》诗序云："成都西园楼榭亭池庵洞最胜者凡十所，又于其间胜绝者西楼。赏皓月，眺岷山。众熙临清池，濯锦水……有竹洞。杂花异卉，四时递开。翠干茂林，蔽映轩户。足以会宾僚，资燕息。"[6]西园又称转运司园，宋章楶诗序云："转运西园是伪蜀权臣故宅，爽垲清旷，随处足乐。于是作为十咏，

---

1 裴廷裕：《蜀中登第答李搏六韵》，《全唐诗》卷六百八十八，康熙扬州诗局刻本。
2 韦庄：《乞彩笺歌》，《全唐诗》卷七百，康熙扬州诗局刻本。
3 王文才、王炎：《蜀梼杌校笺》卷四，第375页。
4 刘象：《晚登迎春阁》，《全唐诗》卷七百一十五，康熙扬州诗局刻本。
5 费著：《岁华纪丽谱》，《全蜀艺文志》卷五十八，第1711页。
6 吴中复：《西园十咏序》，《成都文类》卷七，第126页。

群公咸和之,备录以志其盛云尔。西园诗云:古木郁参天,苍苔下封路。幽花无时歇,丑石终朝踞。水竹散清润,烟云变晨暮。何必忆山林,直有山林趣。"[1]由宋人诗文可见,西园的景观是以模仿蜀中山水的竹木水石为特色,是园林雅趣的重要组成部分。

成都郊外的园林中,花与竹也是最引人注目的风景。宋吕大防《合江亭记》说:"合江故亭,唐人宴饯之地,名士题诗往往在焉。……俯而观水,沧波修阔,渺然数里之远。东山翠麓,与烟林篁竹列峙于其前,鸣濑抑扬,鸥鸟上下,商舟渔艇,错落游衍。春朝秋夕,置酒其上,亦一府之佳观也。"[2]烟林篁竹,构成了唐宋成都城市风貌的雅趣气韵。到南宋时成都园林范围更为扩大,连绵不断的园林,使成都掩映在花木丛中,形成繁花似锦、竹林清幽、四季飘香的城市景观。

晚唐诗人郑谷的《蜀中三首》组诗[3],更是描述了当时成都作为花木园林之城的秀丽景观和艺术氛围。"马头春向鹿头关,远树平芜一望闲。雪下文君沽酒市,云藏李白读书山。江楼客恨黄梅后,村落人歌紫芋间。堤月桥灯好时景,汉庭无事不征蛮。""夜无多雨晓生尘,草色岚光日日新。蒙顶茶畦千点露,浣花笺纸一溪春。扬雄宅在唯乔木,杜甫台荒绝旧邻。却共海棠花有约,数年留滞不归人。""渚远江清碧簟纹,小桃花绕薛涛坟。朱桥直指金门路,粉堞高连玉垒云。窗下断琴翘凤足,波中濯锦散鸥群。子规夜夜啼巴蜀,不并吴乡楚国闻。"

在郑谷笔下,成都景色秀丽,气候宜人,花木繁多,出产丰富,有许多的名人胜迹可供凭吊欣赏,还有音乐歌舞足以娱情,让人留连其间,忘归故乡。

而唐宋成都的城市建筑,也与花木密切相关,其中最著名的建筑是散花楼。散花楼为隋蜀王秀所建,位于隋唐成都子城东部。王象之《舆地纪胜》

---

1 曹学佺:《蜀中广记》卷四《名胜记第四》引章粢诗,文渊阁《四库全书》本。
2 吕大防:《合江亭记》,《全蜀艺文志》卷三十九,第1216页。
3 郑谷:《蜀中三首》,《全唐诗》卷六百七十六,康熙扬州诗局刻本。

载:"散花楼,隋开皇建,乃天女散花之处。"[1]李白《登锦城散花楼》诗说:"日照锦城头,朝光散花楼。金窗夹绣户,珠箔悬银钩。飞梯绿云中,极目散我忧。暮雨向三峡,春江绕双流。今来一登望,如上九天游。"[2]此诗是李白对散花楼景色的实录,对散花楼的华丽壮观做了形象生动的描述。按明代曹学佺《蜀中广记》所说,子城的"东城楼即散花楼也"[3],为成都东门之名胜,雄伟壮观,成为唐代成都城市东部的标志性建筑。李白《上皇西巡南京歌》说:"濯锦清江万里流,云帆龙舸下扬州。北地虽夸上林苑,南京还有散花楼。"[4]安史之乱后,唐玄宗避乱成都,李白写了十首《上皇西巡南京歌》,其中把散花楼与长安上林苑相提并论,可见在李白心目中,成都的散花楼,已成为故乡城市建筑的代表与象征。除李白外,其他唐代诗人也多赞美散花楼。晚唐诗人张祜《散花楼》诗说:"锦江城外锦城头,回望秦川上轸忧。正值血魂来梦里,杜鹃声在散花楼。"[5]

总的说来,唐宋成都的生态环境、园林建筑、城市风貌、名人仕女、文学艺术的兴盛和变迁,都与花卉和翠竹有着密切的联系。花都竹韵之城,不仅是这个优美城市的景观与吸引力,也是唐宋成都优雅城市精神的表现与象征。

---

1 曹学佺:《蜀中广记》卷二《成都府》引《舆地纪胜》,文渊阁《四库全书》本。
2 李白:《登锦城散花楼》,《全唐诗》卷一百八十,康熙扬州诗局刻本。
3 曹学佺:《蜀中广记》卷二《成都府》,文渊阁《四库全书》本。
4 李白:《上皇西巡南京歌》,《全唐诗》卷一百六十七,康熙扬州诗局刻本。
5 张祜:《散花楼》,《全唐诗》卷五百一十一,康熙扬州诗局刻本。

明代西南上层社会的生活状态

——以蜀府为中心

胡开全[1]

摘　要：明蜀府是朱元璋分封的24个藩府中，一直延续到明末的11个藩府之一。蜀府是唯一长期独占一省，并始终享有"忠孝贤良""宗藩首善"等美名的明代宗藩。由于明末战乱导致成都的文献被毁，这个中国历史上非常难得的贵族群体的正面形象一直没能真正树立起来。本文以珍贵的五部"明蜀王文集"为主要文献资料，从蜀府的角度出发，通过探讨历代蜀王自觉的责任担当、高贵的生活情趣、积极的地方建设、严格的家人约束，多角度呈现中国传统上层社会中高贵、担当、自由且内敛的贵族精神。同时蜀府的生活方式和文雅风范，对成都和西南地方社会和民众产生了积极的影响，尤其是蜀府刊刻书籍、提倡文教、培建公祠、参与音乐欣赏和创作等，起到了明代西南地区上层社会对地方文化和风气的引领作用，在塑造成都城市精神的同时，也成为中华文化闪亮的一部分。

---

[1] 胡开全，成都市龙泉驿区档案局（馆）馆员、四川大学历史文化学院口述史中心顾问、四川师范大学中国现代区域经济社会研究中心研究员。

关键词：明代蜀府；王府生活；贵族精神；文化引领

四川地处中国西南，扼守长江上游，是中华大一统帝国存续的基石。明蜀藩一系，是中国历史上非常难得的贤王群体，是明代高贵人文情怀的代表。关于研究蜀藩的成果，目前比较详尽的主要有陈世松的《明代蜀藩宗室考》（《西华大学学报》2011年第2期）、马士训的《明代蜀藩研究》（广西师范大学硕士学位论文，2015年）、宋立杰的《明代蜀王角色研究》（西南大学硕士学位论文，2015年）等。这些研究从已知的《明实录》、明代文献、明代考古发现，以及《明史》介入，初步勾勒出蜀藩的一些基本面貌，但仍存在许多不足。如受《明史》影响，上述学人普遍将恭王任蜀王的时间压缩成一年，实际第十二任蜀恭王在神宗、光宗、熹宗三帝的实录里都有活动记载[1]，直至崇祯四年（1631）朝廷遣行人龚廷献往蜀府主行丧礼[2]。而末代蜀王朱至澍任的任期，则要推迟到1632年。而关于蜀藩十世十三王中出现三位"友"字辈和两位"申"字辈的情况，前述学者将其引申到蜀府内存在阴诡权力争夺之上，这也与《皇明祖训》中关于继承的原则不符。[3]还有的简单地将蜀藩描述成奢靡者、剥削者、寄生虫等，放在当时的社会环境下，也有欠妥之处。

笔者借助五位蜀王的著作，即四部海外孤本和一部国内仅存的孤本，共五部"明蜀王文集"，结合明朝制度和《明实录》中具体的时间点，配合散

1　见《明神宗实录》卷五四十九、卷五百六十六，《明光宗实录》卷七，《明熹宗实录》卷六、卷十八、卷三十、卷三十七、卷七十九等，"中研院"史语所影印本。
2　《崇祯长编》卷五十二，崇祯四年十一月戊子，"中研院"史语所影印本，第3032页。
3　这个问题比较复杂，按照明朝制定的宗法系统，即第一顺位：父死子继，有嫡立嫡，无嫡立长；第二顺位：无后，兄终弟及，嫡弟优先，庶出其次；第三顺位：叔伯侄，先嫡后庶。有些郡王的继承资格是事先被蜀王剥夺的，后面的研究计划《献王家范详论》将做解释。

落民间的碑文资料，计划做系列研究[1]，力图以蜀府为例来重塑明代中国藩王的形象。落脚西南地区，上层社会的代表性群体有黔国公沐英在云南建立的西平侯府（俗称沐王府），播州的杨氏家族，环列的土司，长期在本地的执政官宦，蜀府下属的郡王如德阳王府和汶川王府等，然后就是以新都杨家"一门七进士"为代表的世家。在这个层次的人群中，蜀府层级最高，彼此往来，其他人都持朝觐的姿态。在整个明朝，蜀府的美誉度是西南上层社会的佼佼者，这主要体现在其自觉的责任担当、高贵的生活情趣、积极的地方建设、严格的家人约束等方面。

一、蜀藩的担当和执政策略

对于藩王这类贵族，在人们印象中大多是循规蹈矩、衣着光鲜、白白胖胖、没有能力或实权的人。西方人也把明藩王们纳入他们理解的贵族体系之中，而且对其想象跟中国人类似。有一位葡萄牙人伯来拉（Galeote Pereira）（活跃于约1545—1565年间）在广西桂林见过靖江王并受到了相当的礼遇。据他描述，这些皇亲国戚在城中的社会地位非常显赫："他们尽情吃喝，多半养得肥肥胖胖，随便看到他们中的任何一个，哪怕我们以前从未见过，我们也看得出他是皇亲。他们彬彬有礼，养尊处优，我们在该城的时候，发现从他们手里接受的尊敬和款待，超过别处。"[2]而事实是，真正贤能的藩王通常在受封时即会立志有所作为，并需经过一系列的历练，包括严格的皇室教育和出外游历以增长见识，蜀藩在这方面的行为及其留下的资料，为全国树立了典范。

---

1 笔者自费从日本公文书馆找到《献园睿制集》《定园睿制集》《怀园睿制集》《惠园睿制集》，并取得扫描件，配合国内的《长春竞辰稿》，目前已经完成基础性研究三篇：《明蜀王文集考——兼论在日本新发现的四部与国内仅存的一部》（《文史杂志》2017年第3期）。《少城一曲浣花溪——明蜀王文集中明代成都的初步印象》〔《成都大学学报》（社会科学版）2017年第4期〕、《壮丽以示威仪——明蜀王府建筑群的文化内涵》（先被《天府文化研究》第一卷收录，后发表在《文史杂志》2018年第2期上）。

2 Charles Boxer（博克舍），South China in the Sixteenth Century, Being the Narratives of Galeote Pervira, Fr. Gaspar da Cruz,O.P.[and] Fr. Martin de Rada, O.E.S.A.（1550—1575）（London, 1953）, pp.40-41.转引自（英）柯律格著，黄晓鹃译：《藩屏：明代中国的皇家艺术与权力》，河南大学出版社，2016年，第14~15页。

在受封之后、就藩之前的历练期间，第一任蜀王朱椿（1371—1423）于18岁时所写下的一首《中都留别》[1]很能代表其志向，其中"昔闻河间献，亦有东平苍。唐宋称宗室，上下相颉颃。顾我才谫薄，志存先哲王"，以历史上著名的河间、东平两位贤能藩王为榜样，读者能从中深切感受其"忠孝为藩奉君父"[2]的决心。就藩之后，他还多次撰文警示自己和教育后人要时时以河间、东平为楷模。后世蜀王也很好地继承了这一点，时时在诗作中重复这一志向。如第七任蜀王朱申鑿（1459—1493）诗作《为善堂》[3]中就有"东平为善非常乐，善足应知降百祥"之句。蜀府的这种姿态以及实际行动被反复赞扬，如明太宗朱棣称赞第一代蜀王朱椿"唯贤弟抱明达之资，敦忠孝之义，处事循理，秉心有诚，稽古博文，好学不倦，东平河间无以过也"[4]。明孝宗赞第八任蜀王朱宾瀚（1480—1508）称"河间礼乐文风盛，江夏忠勤世业昌。异代岂能专美事，吾宗亦自有贤王"[5]。第九任蜀王朱让栩（1500—1548）被杨升庵（1448—1559）赞为"视河间可雁行，而于江夏有过无不及者"[6]，也被后来的蜀府长史赞为"仰唯我成园……感兴操觚泉，达东平之颂"[7]等。这需要蜀府立场坚定，对皇帝，同时也对朝廷忠心耿耿。尤其是朱椿，在明朝初年经历了自己岳父蓝玉的谋反案、"靖难"之役和之后的"谷王反复"，在众多兄弟被削藩的情况下始终屹立不倒，甚至贤名更盛。这种绝对的忠心，严格的自律，是蜀府在明代复杂的皇权政治中一直得以存在的最重要的保证。

除了忠心，有作为，为帝国大一统做出实际贡献，也很重要。四川在明代的版图中非常重要，明代王世贞在《弇山堂别集》中的"名藩择形胜"里

---

1 朱椿：《献园睿制集》卷十三，成化二年刻本，日本公文书馆内阁文库藏，书号"汉16870"。
2 释宗泐：《全室外集》卷四《蜀王江汉朝宗图》，明文书局，1981年，第30页。《明实录》上另有"书'忠孝唯藩'以自警"的记载。
3 朱申鑿：《惠园睿制集》卷六，弘治十四年刻本，日本公文书馆内阁文库藏，书号"汉16874"。
4 《明太宗实录》卷四十二，"中研院"史语所影印本，第680页。
5 杨慎：《长春竞辰稿·序》，《四库未收书辑刊》第五辑第18册，影印明万历间刻本，北京出版社，1997年，第523页。
6 杨慎：《长春竞辰稿·序》，第523页。
7 游淄：《长春竞辰稿·后序》，第625页。

记载:"明封秦晋诸王,皆据名藩控要害,以分制海内。置相傅以下官属,与京师亚冕服,则九旒九章车旗服饰,仅下天子一等。天子之臣,贵重至太师丞相公侯,不得与讲分礼,伏而拜谒。《续文献通考》曰:高巍上言,太祖既定中国,体三代之良法,择形胜之重地,建封诸子……四川虽西南一隅,山川阻深,故以蜀府王之。"明代彭韶在《山川形胜述》有更具体的描述:"蜀之地,南抚蛮獠,西抗吐蕃,上络东井,岷嶓镇其域,汶江出其徼,以褒斜为前门,灵关为后户,峨眉为城郭,南中为苑囿。缘以剑阁,阻以石门,而越负秦,地大且要,诚天府之国也。"[1]四川位置重要,同时距离京城遥远,特别是朱棣迁都北京后,蜀藩是所有藩府里离京城最远的,消息往来的时限最长。事关藩王去世的大事,消息传到京城大约需要七十天,京城反馈的信息再传回成都,这样一来一回就是五个月。如《孝宗实录》有两则关于蜀王朱申鑿薨的内容,就是一例。《明孝宗敬皇帝实录》卷七十八有:"蜀王申鑿薨,王定王第三子,母次妃王氏。天顺三年生,成化七年封通江王,八年进封蜀王。至是薨,年三十五。讣闻,辍朝三日,赐祭葬如制,谥曰惠。"[2]时间为弘治六年七月癸巳,即1493年8月12日。《明孝宗敬皇帝实录》卷八十,又出现内容完全相同的一条,但时间却变成了弘治六年九月甲辰,即1493年10月22日。这应该理解为第一条是朱申鑿死亡的时间,是由后世编修实录时添加上的,而后一条则为孝宗皇帝听到消息并做出处置方案的日子。而普通人员闻知此事和消息往返则更慢,往往需要十一个月。明朝礼部规定:"钦依限期,山东德府等府,山西晋府等府,俱限六个月,代府限六个月半,河南周府等府俱限六个月半,陕西秦府等府俱限七个月,肃府庆府限八个月,江西益府等府俱限八个月,湖广楚府等府俱限八个月,广西靖江王府限十个月,四川蜀府限十一月。"[3]

有鉴于此,蜀府必然需要主动承担更多的责任,并相机择处,宣扬朝廷

---

[1] 刘大谟、杨慎等纂修:嘉靖《四川总志》卷四十八,书目文献出版社,第698页。

[2] 《明孝宗实录》卷七十八、八十,"中研院"史语所影印本,第1497、1524页。

[3] 《礼部志稿》卷七十三,文渊阁《四库全书》本,台湾商务印书馆,1983年,第1112页。

威仪，使西南民众虽然距京城千里却能感受皇恩咫尺。如在守土保疆上，明朝初年蜀府还握有兵权，在宣宗时期遇到松潘军情，要求蜀府出兵配合，由于军情变化莫测，有时不得不临危决断。当时蜀王按照朝廷指令，委派指挥领兵四千出征松潘，并向朝廷汇报。但刚过一个多月，"蜀王友堉奏，前后调发官军校尉七千余人助讨松潘叛寇"[1]，即其由前线战报分析出兵力不够的问题，又临时增调三千人。于是"上嘉其能，尽藩职，恭朝命，赐书奖励之"[2]。蜀府并未以此为骄，反而于四年后，又根据朝廷政策，"蜀王友堉奏成都三护卫，请以中右二护卫归朝廷，留左护卫官军供役。上嘉其能省约，从之"[3]，即蜀王主动交出大部分兵权，用实际行动向朝廷显示忠心，这也是蜀府在明末虽然富有却无力回天的原因之一。

蜀府最大的贡献是其独特的"以文教化一方"[4]策略，以至《明史》载"川中二百年不被兵革"[5]，是明太祖"治天下之道，必建藩屏"理论在全国实施的典范。朱椿在延揽名士、鼓励文教方面成绩卓著。他对宗教的关注和对宗室成员的安置，最能体现其执政策略。从四川明代佛教碑文[6]可以看出，蜀府除重视传统的峨眉山、成都、大足寺庙外，还重点关注南面马湖地区、西南面雅安天安一带、西面茂州至松潘一带的寺庙，为稳固边疆贡献良多。从军事角度而言，四川作为当时的边疆地区，主要受到西北、西、南三个方向的威胁，而南面有四川行都司带领六个卫所，防守相对稳固。蜀府多次用兵，则主要在松茂一带[7]，于是蜀府仿效"天子守国门"的策略，将宗室主要布置在都江堰一带[8]。从实践看，这一策略起到了一定的效果，第五任蜀王朱友垓（1420—1463）受到皇帝降旨表彰，特写下《迎诏》诗，其中对实现民

---

1 《明宣宗实录》卷三十，"中研院"史语所影印本，第790页。
2 《明宣宗实录》卷三十，第790页。
3 《明宣宗实录》卷八十，第1858页。
4 蜀府"以文教化一方"的内涵和具体措施非常丰富，笔者拟撰专文论述。
5 张廷玉等：《明史》，中华书局，2000年，第2367页。
6 见龙显昭主编《巴蜀佛教碑文集成》，巴蜀书社，2004年。
7 朱申鑿：《惠园睿制集》卷六《西岷保障》有"将军挂印镇西岷，攻击羌酋靖房尘"。
8 《鹿樵纪闻》卷中《献忠屠蜀》条有"知蜀府宗支多在灌县，围而屠之；蜀世子亦被害"。《台湾文献史料丛刊》第5辑第96册，大通书局，1987年，第84页。

族团结有这样的描述："日星璀璨华夷见，雨露沾濡草木妍。万古岷峨为保障，亲藩共享太平年。"[1]

蜀府在经济上也力所能及地为蜀中做了一些贡献。首先是利用职权帮助蜀中百姓争取免税的机会，如只进贡蜀锦和川扇。对于朝廷要求的专项"茶马交易"，一方面积极督促地方，一方面在府内设立办茶的专门机构"蜀府正字"[2]，且每年向朝廷进马也成为蜀府的常例，为国家贡献很大。其他有利民生的小项非常多，包括资助修建寺庙、名人祠堂，进行都江堰岁修，给博士生拨款，给名士赐田等。明代在蜀中形成一个传统，凡是涉及修公祠、修庙、修桥等公益事业，牵头人都会想到向蜀府求助。从现有的文献和碑文看，蜀府或捐钱，或捐物，或赐田等，支持良多，让蜀中民众真切感受皇恩咫尺。下面简单举几个例子。

明初文人方孝孺就很赞赏朱椿的善举，曾写道："大明御四海，贤王受封至蜀，以圣贤之学，施宽厚之政。推先生之心以惠斯民，贫无食者赐之以粥，陷于夷者赎之以布。岁所活以万计，欢声远于遐迩"[3]。朱椿有时还主动施恩，"尝视成都郡学，分禄米以给教授，俸月一石，遂为令"[4]。对成都平原重大水利工程都江堰更是长期关注，投入颇多。明陈鉴《铁牛记》记载，在都江堰建铁牛时，"蜀王闻而贤之，命所司助铁万斤，银百两"[5]。正德年间的一次都江堰整治工程，"治之日，蜀府差长史李钧赍币帛羊酒，劳诸从事者。民环而观之者，亿万欢声，震山谷间。其父老皆合掌曰：此吾子孙百世利也……蜀府每年亦助青竹数万竿，委官督织竹笼，装石资筑"[6]。

---

1 朱友垓：《定园睿制集》卷四，成化五年刻本，藏日本公文书馆内阁文库，书号"汉16869"。
2 目前在崇州、大邑、资州都发现有关"蜀府正字"的碑文，具体是承奉正办贡茶等，详细内容后面有专文论述。
3 方孝孺：《成都杜先生草堂碑》，《逊志斋集》卷二十二，宁波出版社，1996年，第716页。
4 刘大谟、杨慎等纂修：嘉靖《四川总志》卷一，第20页。
5 虞怀忠、郭棐等纂修：万历《四川总志》卷二十七，《四库全书存目丛书》史部第200册，影印明万历刻本，齐鲁书社，1996年，第23页。
6 黄廷桂监修：《四川通志》卷十三上《水利考》，影印文渊阁《四库全书》史部第559册，台湾商务印书馆，1983年，第567、572页。

二、王府高贵的生活方式

对于王宫内苑，由于深入观察的机会不多，自古以来人们就对其有很多揣测，西方人同样如此。"他的宫室有墙围绕，墙不高而呈四方形，四周不比果阿的墙差。外面涂成红色，每面各有一门，每道门上有一座门楼，用木料精制。四道门的主门前，对着大街的，再大的老爷都不可骑马或乘轿通过。这位贵人住的宫室建在这个方阵的中央，肯定值得一观，尽管我们没进去看。听说门楼和屋顶上了绿釉，方阵内遍植野树，如橡树、栗树、丝柏、梨树、杉树及这类我们缺少的其他树木，因此形成所能看到的青绿和新鲜的树林。其中有鹿、羚羊、公牛、母牛及别的兽类，供那位贵人游乐，因为如我所说，他从不外出"[1]。从五部"明蜀王文集"来看，蜀府的真实情况是高贵而有条理的。

作为蜀府的主人，在享受荣华富贵的同时，亦能做到守土有责，以勤政为本。王宫里有专门的"勤政堂"，"多士皆知学，三农尽力田。明年应考绩，补内看乔迁"[2]的诗文即描述了蜀王自己及臣属的职责。而蜀王所写的《思政堂》则是蜀王执政理念和工作状态的最佳写照。

思政堂[3]

勤政孜孜有所思，东方向曙早朝时。
奸邪误国当除却，贤俊匡时可荐之。
海内只期兴教化，民间须得乐雍熙。
唐虞稷契商伊尹，一念唯公岂有私。

蜀府如其他藩府一样，被规定不干政，不干军，不从事四业。其所执之政，并不太显性地为外人所知。但其仪式感十足的早朝制度还是被坚持下

---

1 Charles Boxer（博克舍），South China in the Sixteenth Century, Being the Narratives of Galeote Pervira, Fr. Gaspar da Cruz, O.P.[and] Fr. Martin de Rada, O.E.S.A.（1550—1575）（London, f1953），pp.41-42.转引自（英）柯律格著，黄晓鹃译：《藩屏：明代中国的皇家艺术与权力》，第27页。
2 朱申鑿：《惠园睿制集》卷二《勤政堂》。
3 朱申鑿：《惠园睿制集》卷七《思政堂》。

来，因为这是规定的皇家范式，藩府必须接受地方官和镇守太监的监督，这是朝廷在制度设计上对藩府的制衡。早朝内容大致是处理一些府内的人、财、物，以及固定要举行的礼仪、王庄经营等事务。然后就是在初一、十五接待地方官的晋见。似乎可以记录的东西不多，下面是朱友垓和朱让栩笔下的早朝情况。

长至早朝[1]（定王）

葭管已飞灰，阳生暖律回。
早朝鸣鼓吹，上寿奉金杯。
量日添宫线，书云纪鲁台。
喜逢长至日，锡宴醉蓬莱。

早朝[2]（成王）

斜月光迎锁关匀，文仪武卫肃严陈。
股肱待漏能襄理，元首兴明貺自甄。
庭燎腾辉星渐落，旌旗摇绣夜将晨。
九门时听辚辚韵，应是金阶过玉轮。

要实现"忠孝为藩"，除了严格的皇室教育和藩王自己及子弟认真读书外，外出历练也很重要。第一代蜀王朱椿在皇宫学习由宋濂亲自编写的教材，然后又被派到凤阳，即"中都阅武"多年。期间还发生了将西堂开辟出来，请李叔荆、苏伯衡等著名学者来商榷文史的佳话。到四川就藩后，他继续礼聘以方孝孺为代表的文人，并带世子等进京[3]和巡视全川。之后的蜀王也纷纷效仿，长期与蜀籍名人如首辅杨廷和、万安，状元杨升庵，才女黄娥等保持联系，阅读并模仿他们的作品。然后尽可能地利用机会外出历练，以增强执政能力。朱友垓《定园睿制集》中描述沿途景观的有《穆陵关北逢人

---

1 朱友垓：《定园睿制集》卷一《长至早朝》。
2 朱让栩：《长春竞辰稿》卷八《早朝》。
3 据《明实录》，朱椿是进京朝觐次数最多的蜀王。

归渔阳》《陕州河亭陪韦大夫眺别》《巴南舟中》《宿关西客舍寄严许二山人》《江南旅情》《泊舟盱眙》《题江陵临沙驿楼》等,描述细节的有《渔村》《访僧居》《茶人》等。朱申鈘(1448—1471)《怀园睿制集》里有《京城》《旅馆》《商旅》《田家》《卜者》《医者》《樵人》等,观察越来越细致,体察民情也越来越准确。因为出门要使用驿站,蜀王外出诗作中对驿站的描述也很传神。

馆驿[1]

> 万里达枫宸,邮亭倚白云。
> 东南通道路,来往驻车轮。
> 祖饯多归客,星驰有使臣。
> 纷纷劳驲骑,但见起风尘。

朱申鏊的《惠园睿制集》里有《西蜀宦游》《宦途游览》《题永城驿》《长安秋夕》《春日长安即事》《洛阳早春》《江南旅情》等。有时这种外出历练还被描述得比较艰苦,其中比较典型的有《赴京途中遇雪》。

赴京途中遇雪[2]

> 冲寒马一鞭,万里去朝天。
> 玉屑将埋路,琼花正满川。
> 群鹅浮远水,孤鹰落平田。
> 杳杳村墟外,微茫有暮烟。

到宣宗时,朝廷开始阻止藩王进京。蜀王不能随意离开藩地,世子等即便赴京,也不能得到"面圣"的荣宠。再到后来,地方官进一步限制蜀府的行动自由,"旧例各王府亲王郡王以下,凡欲出城祭墓送葬之类,俱先期

---

[1] 朱申鈘:《怀园睿制集》卷二《馆驿》,成化十一年刻本,藏日本公文书馆内阁文库,书号"汉16873"。
[2] 朱申鏊:《惠园睿制集》卷十二《赴京途中遇雪》。

奏请得旨乃行。蜀府自献王以来，每遇亲丧，亲王郡王俱自行送葬，不经奏请。至是，四川守臣奏之，蜀王亦自以本府相承故事为解。命今后各王出城，仍照例先期以闻"[1]。这导致后世蜀王行动不便，从而形成了葡萄牙人印象中"从不出城"的状况。后世蜀王难有更多的阅历，除经营内苑外，对王庄都疏于巡视。这也直接导致第九任蜀王朱让栩只能沉迷于宫苑之中，其《长春竞辰稿》以描写内苑景物和移情宫词散曲为主。其散曲作品不见南曲香艳缠绵的影响，与蜀中人士杨廷和、杨慎、黄娥等有一致的清丽之风与雅趣思力，显示出正德、嘉靖年间散曲创作南北分野之际的不同流脉，对当地音乐鉴赏和创作有一定的影响。另外刘大谟、杨慎纂修的《四川总志》亦记载朱让栩"尝著有《适庵》诸集，多为缙绅博诵"[2]。

虽然行动不自由，但蜀府中人的吃穿用度仍然高人一等。荔枝是蜀府的特产，非常珍贵和稀少，经常作为川南产地向蜀府进贡的礼物。下臣如能得到荔枝赏赐，对其本人和家人来说都是很值得兴奋的事。朱椿有"梁园丹荔初颁赐，夺得归家遗细君"[3]之句，朱申鈘有"颗颗含琼液，枝枝缀火珠……奇果真堪爱，轻红锦作肤"[4]之咏。而"贡珍来上国，劳使走长途"[5]则说明荔枝产地离成都比较远，经笔者查证这些荔枝主要来自川南合江一带，朱椿曾将其作为贡品送到南京。

另外吃新米和喝新茶的日常生活情形也被他们记录下来。如朱申鈘的"秋熟喜登场，晨炊玉粒香。流匙何软滑，乐岁试新尝"[6]，朱友垓的"天产灵芽秀，唯钟谷雨姿。龙团和露采，雀舌候春期。山远步尤健，林深路更危。幽斋自烹啜，清味有谁知"[7]。至于民间一些对蜀府的不同看法，如"况天潢派衍，而腴田膏土尽是王庄，贫民或为彼佃户，以偿租佣，此亦天府中

1　《明孝宗实录》卷一百三十，第2298页。
2　刘大谟、杨慎等纂修：嘉靖《四川总志》卷一，第21页。
3　朱椿：《献园睿制集》卷十五《赐和典宝新荔枝并诗二首》。
4　朱申鈘：《怀园睿制集》卷二《荔枝》。
5　朱申鈘：《怀园睿制集》卷二《荔枝》。
6　朱申鈘：《怀园睿制集》卷七《稻》。
7　朱友垓：《定园睿制集》卷三《茶人》。

之最可悯者"[1]，其实际形成原因比较复杂[2]。

　　成都夏日炎炎，外面酷暑难耐，但王府里面却很惬意，因为有凉亭等凉爽的住所，有冰镇西瓜等解暑的水果。在朱申鈘笔下的王府中，既可在凉亭里"日午寻凉向水隅，脱巾露发总无拘。不须白昼挥纨扇，喜有清水出玉壶。攸而兴来游竹径，坦然倦后卧纱橱。浮瓜沉李随时用，梦入华胥足自娱"[3]，又可利用高大建筑避暑，即所谓"热极似炉中，来乘殿阁风。清凉生细葛，如在水晶宫"[4]。

　　其他蜀王也有同样感受，并将明代成都的消暑写得更有情趣。

松亭避暑[5]

　　万桁松下构山房，直干参天愈老苍。
　　一枕凉阴清入梦，半帘寒影翠流光。
　　浮瓜剖处甘如蜜，新藕尝时冷似霜。
　　此地绝无三伏暑，闲挥白羽且徜徉。

　　"营营扰扰一微躯，利嘴贪婪集体肤。只为恼人眠未稳，扇挥不许入纱橱。"[6]在这样的王宫里，即便有点蚊子也无妨。

　　各代蜀王多喜读书撰文，蜀府藏书丰富，刻书颇多。"初蜀献王好文学，招致天下名刻书傭集成都……故蜀多巧匠"[7]，蜀藩刻书大大推动了四川刻书业的发展，故蜀藩刻书就走在了宗藩刻书的前列。据《中国古籍版本学》的统计，刻书超过10种以上的藩府及种数为"戈阳府56种，蜀藩38种，楚藩26种，周藩23种，宁藩22种，赵藩20种，辽藩18种，庆藩13种，益藩12种，沈藩11种……"[8]蜀藩刻书在数量上也是名列前茅。刻书的基础是藏书，

1　赵世雍：天启《成都府志》卷四，成都时代出版社，2007年，第79页。
2　笔者将有专文《蜀府文教化一方》，拟用一节"尊农"来阐述这个问题。
3　朱申鈘：《怀园睿制集》卷三《凉亭避暑》。
4　朱申鈘：《怀园睿制集》卷七《避暑》。
5　朱申鑿：《惠园睿制集》卷四《松亭避暑》。
6　朱申鈘：《怀园睿制集》卷六《骂蚊》。
7　罗廷权等修：同治《重修成都县志》卷十六，清同治十二年刻本，第33页。
8　曹之：《中国古籍版本学》，武汉大学出版社，1992年，第273页。

清人彭遵泗称:"藏书之富,敝乡之成都,莫比蜀府。成王喜读书,宫中为石楼数十间,藏书数亿万卷,日抄写者数百人。"[1]大多数蜀王也实实在在地爱读书,"潜心孔学应无倦,适间虞琴肯放闲。须信尊贤忘势利,行看礼乐继河间"[2];并且从中找到了乐趣,"简编用志须研究,坟典开心可卷舒"[3]。这些行为都使蜀府在文人群体中树立起文雅高贵的群体形象。

三、蜀府积极参与锦城生活

蜀王府建筑宏伟,设计之初就带有"壮丽以示威仪"的意图,也自然而然地成为成都六百多年的文化中心。这里虽然不是成都的行政中心,但以其模范作为,仍成为西南地区可以代表朝廷的演礼中心。其一举一动,在当地百姓看来都是睿旨纶音,深深地影响着成都和周边民族地区。具体方式包括鼓励名士风范,提携名医,修庙,修名人祠堂,创建市民公园,捐建义冢和桥梁,推崇以散曲为代表的音乐等,积极参与锦城的生活,并以自己的品位影响着成都。

成都自宋末以来,经济萎靡,文化凋敝,明初开始得到恢复。历代蜀王对此非常关注,并贡献良多,这从几代蜀王所写的"成都十景"[4]中就能看出。同时,蜀王除从外省延揽名士外,对当地的文人也大力提携和表彰,为社会树立了一定数量的楷模。有时蜀王命人写诗来赞美蜀中的文人逸事,如"王福,成都人。读书尚义。伪夏时,元御史丁帮翁流寓于蜀,福馆之,事以父礼。既卒,厚殡葬之不吝。蜀王闻其事,更名曰义,命儒臣诗以美之"[5]。有时则直接赐予田产改善文人生活,如"杨敏,字学可,新都人,师杜圭,博经史,避兵云南,还蜀,明玉珍迫之,不仕。洪武赐钞归隐。蜀献王给田八十亩,赠云:流水画桥题柱客,清风精舍读书人"[6]。

对医术高明者,蜀王还积极向朝廷推荐,使之更好地造福于人。如"叶

---

1 彭遵泗:《蜀故》卷十八《蜀府藏书》,清乾隆刻补修本,第52页。
2 朱友垓:《定园睿制集》卷四《书斋闲咏》。
3 朱申鑿:《惠园睿制集》卷四《涌泉书舍》。
4 详见拙著《少城一曲浣花溪——明蜀王文集中明代成都的初步印象》,《成都大学学报》(社会科学版)2017年第4期。
5 赵世雍撰:天启《成都府志》卷二十四《孝义列传》,第324页。
6 赵世雍撰:天启《成都府志》卷二十五《隐逸列传》,第339页。

拱北，字朝贵，彭县人。幼习儒业，有大志，因母病，究心医理，遂精焉。天性孝友，博学能文，尤工诗，嘉靖乙酉（1525），蜀成王深慕其名，卑礼聘之，试辄奇中，赐宅成都。疏荐于朝，应礼部试，居第一，授以良医正。回蜀，曾制《存养省察论》陈于王，王嘉纳焉。每岁制方药施贫乏者，其门如市"[1]。

对于成都西门著名的杜甫草堂，历代蜀王倾注心血最多。朱椿亲自到现场进行调查，"卜居草堂近，梵刹有遗基……缅怀杜陵老，千载同襟期"[2]。修杜甫草堂时，方孝孺在蜀并撰文记载，即后人回忆的"蜀献王之始封也，见祠隘且就圮，曰：'是足以妥灵而处祀乎？'遂拓而新之"[3]。之后多位蜀王又多有维修，到张时彻巡抚四川时，又向蜀王朱让栩禀报要求大规模修缮草堂。蜀府应允，"遂辟廊庑，起甍栋，引流为池，易甓以石，规模壮丽，增于故昔盖十之六七，费白金三千有奇"[4]。杜甫草堂是成都著名景点，来参观游玩的人员众多，他们对蜀府的评价甚高："是举也，见今王绳武之孝焉，尚贤之诚焉，风后之烈焉，非恭俭乐善，其孰能之？"[5]而蜀王本人对修缮工程也很满意，"遥指西郊旧草堂，少陵遗迹未荒凉……游人仰止祠前水，一曲沧浪引兴长"[6]。

之后，张时彻又请蜀王出力为诸葛亮建专祠，结果蜀府也同意了，"辟浣溪之隙地而祠焉"[7]。于是立碑，"盖以昭蜀王尚德之美"[8]。

蜀王曾在成都东门新建祠堂，即净居寺的宋濂祠，经过几代蜀王经营，也成为成都的著名景点。王樵《使蜀记》有记载，杨升庵受邀编撰的《全蜀

1　赵世雍撰：天启《成都府志》卷二十四《孝义列传》，第331页。
2　朱椿：《献园睿制集》卷十三《赐草堂谦巽中长老》。
3　张时彻：《重修杜工部祠堂记》，杜应芳：《补续全蜀艺文志》卷二十九，《续修四库全书》第1678册，影印明万历刻本，第290页。
4　张时彻：《重修杜工部祠堂记》，杜应芳：《补续全蜀艺文志》卷二十九，第290页。
5　张时彻：《重修杜工部祠堂记》，杜应芳：《补续全蜀艺文志》卷二十九，第290页。
6　朱让栩：《长春竞辰稿》卷八《成都十景》之《草堂晚眺》。
7　张时彻：《新建诸葛忠武侯祠碑》，杜应芳：《补续全蜀艺文志》卷二十九，第290页。
8　张时彻：《新建诸葛忠武侯祠碑》，杜应芳：《补续全蜀艺文志》卷二十九，第290页。

艺文志》，就是在净居寺花了28天完成的。对于这个祠堂，王士禛是这样记载的："过桥至净居寺，气象疏豁。入山门为明王殿，次弥勒佛，次大雄殿，皆有画壁。最后藏经阁。西出为文殊殿，即宋（濂）、方（孝孺）二公祠，有宋文宪公（濂）像。殿后文宪墓，高如连阜，其上修竹万竿，扶疏栉比，无一枝横斜附丽。"[1]

蜀府还修建了一些惠及面广的工程，如位于城市中心的市政公园，成都老人口耳相传："王宫之东另建园囿，内有古梨树数十棵，均二三百年古木，每年三月成都士女游玩其间。"[2]城外面修建的小工程亦很多，如新都由蜀府郡王修筑的德阳王桥，"南十一里，旧名大小毗桥，水势极险，往来病涉，王命官督建，巡抚李公大书其碑曰德阳王桥"[3]。还修有供穷人使用的坟地，"义冢地，府城四郊，蜀府置"[4]。

蜀府也喜欢与民同乐，但不声张，不扰民。

元宵[5]

银汉月华明，游人队队行。
笙歌归禁苑，灯火下蓬瀛。
笑语喧花市，星球璨锦城。
良宵堪玩赏，归去马蹄轻。

这种"归去马蹄轻"般悄无声息的参与，导致蜀府存在感不强。但此处无声胜有声，蜀府在公众场合的低调，彰显出其富贵而内敛的贵族气质，在潜移默化中提升了成都的城市品位，恰是"忠孝为藩"的体现。

---

[1] 王士禛：《秦蜀驿程后记》，转引自吴世先主编：《成都城区街名通览》，成都出版社，1992年，第294页。
[2] 吴伟业：《鹿樵纪闻》卷中《献忠屠蜀》，《台湾文献史料丛刊》第5辑第96册，大通书局，1987年，第84页。吴伟业撰，李学颖点校：《绥寇纪略》上海古籍出版社，1992年，第516页。
[3] 赵世雍：天启《成都府志》卷三，第66页。
[4] 赵世雍：天启《成都府志》卷三，第57页。
[5] 朱友垓：《定园睿制集》卷二《元宵》。

四、蜀府对家人进行严格管束

蜀王不仅自己以身作则、主动作为，同时还严格约束家人，包括各郡王及其子孙、姻亲和属臣，有时对他们违法违规的处置是非常严格的，如一些郡王一旦犯错，就被剥夺继承资格，甚至被迁出四川。[1]这些人后来糟糕的境遇对其他宗室的警示教育作用巨大。另外若偶尔发生臣属在地方欺凌跋扈之事，即使不存在尖锐的利益冲突或不可调节的矛盾，蜀府也会妥善处理，既平了民愤，又维持了蜀府的尊严。嘉靖年间刚任职的行人王樵称"蜀藩贤于富，宗人少犯法，亲王尤厚礼士大夫"[2]，就代表了京城对蜀藩的整体印象和评价。之所以能达到这种效果，是缘于蜀府以理学为宗，教育到位。在这方面，第一任蜀王朱椿做出了表率，甚至在其生病时仍然在回忆从宋濂处所受的教诲："却忆潜溪老，清宵魂梦驰。"[3]这使得蜀府总体上呈现为一个比较贤良的群体。其他郡王、"将军"的先进事迹也很多，其中一位奉国将军的事迹尤为显著。

"朱让栋，号几山，汶川奉国将军。生而慈和正静，能笃爱父母，顺承三兄，常捐资济内外婚丧，以居产让贫族。方伯余公建桥塔，助米百石。中年丧淑人唐氏，遂不娶。居常延名师教二子诸孙，家庭礼让，宛然儒风。其冢子中尉承爌，博雅敦伦，绰堪宗范，先栋卒，人多惜之。栋年八十，蜀端王暨本郡王褒礼稠渥交，旌其间焉。栋善事不一，此撮其概。"[4]这则记录中的奉国将军，属于汶川郡王府，为蜀府第五等爵位，按规定"岁支禄米六百石，俱米钞中半兼支"[5]，却能动辄就助米百石，而且还"善事不一"，确实令人敬佩。

而蜀王每年出城谒陵，更是蜀府"孝道"文化的集中展示，必定带动很多成都人效仿。而各个蜀王对于谒陵还有自己特殊的感想，有些被记录了下

1　蜀府第一代郡王华阳王就被迁出四川，这一支后来有很多不良记录，但与蜀府已经关系不大，后面本人拟作的《献王家范详论》将做详细解释。
2　王樵：《使蜀记》，《方麓集》卷六，景印文渊阁《四库全书》集部第1285册，第219页。
3　朱椿：《献园睿制集》卷十四《卧病述怀》。
4　赵世雍：天启《成都府志》卷二十四《孝义列传》，第328页。
5　申时行等：《大明会典》，《续修四库全书》第789册，影印明万历内府刻本，上海古籍出版社，2002年，第666~668页。

来。如朱友垓《谒和园》[1]中有"寝园树木笼葱茂，朝殿丹青焕烂鲜。恩德不忘怀厚土，劬劳难报感苍天"之句，表达要不忘恩德，勤劳执政。朱申鑿《余谒东景山》有"兄王厚土千年固，内翰雄才百世豪"[2]，则有感谢兄长之意。朱让栩《东郊谒奠先考寝园有感而作》有"朝罢匆匆应转首，彷徨东顾不胜哀"[3]，表达了一种拳拳的孝意。

蒯氏是与蜀府关系密切的显贵家族，第一代蒯克随献王来蜀，第二代蒯缙任西城兵马指挥司指挥，其女为定王妃。后世袭职武德将军（正五品）、武略将军（从六品）等职，蜀府遂与蒯氏成为姻亲。蒯氏受到朝廷的表彰，蜀王对其既有褒奖又有告诫，总体不离忠诚、行义、周贫、抚孤、修桥、耕读等，用具体的人和事表现了蜀府对外提倡的处世方式，很有历史价值，遂缀述如下。

题蒯氏八咏[4]

摅忠报国

平生义气许谁同，志在操修竭寸忠。
勉力拳拳期报答，小心翼翼贵谦恭。
数竿劲竹凌霜翠，一点方葵向日红。
为国勤劳无懈怠，致身常近五云东。

行义荣官

捐货易粟济边廷，尚义摅诚答圣明。
恩渥喜从天上至，转输曾向塞前行。
乌纱白纻新仪表，宝马雕鞍倍宠荣。
济济满堂皆贺客，留传千载有芳名。

1　朱友垓：《定园睿制集》卷四《谒和园》。
2　朱申鑿：《惠园睿制集》卷七《余谒东景山》。
3　朱让栩：《长春竞辰稿》卷十一《东郊谒奠先考寝园有感而作》。
4　朱申鑿：《惠园睿制集》卷六《题蒯氏八咏》。

庐暮思亲

墓田结屋得相依,埏隧幽深独系思。
目对丘园唯抱恨,耳闻风木揔含悲。
未逢狐兔心先碎,才有荆榛泪便垂。
乌鸟来巢知孝感,慕亲似尔古今稀。

施棺周贫

营棺济众德犹深,为掩遗骸士不侵。
布泽浑如周麦意,施恩即是脱骖心。
哀怜暴露应埋正,忍遇孤穷便与金。
恻隐端倪由此见,声名洋溢播儒林。

抚孤教侄

两兄去世隔重泉,二侄虽孤有叔怜。
习武每教挥宝剑,右文常使读群编。
相才只欲如夷简,将略应期作谢玄。
抚爱情深犹己子,芝兰玉树各森然。

构桥利涉

利物功多志独超,散金积石作长桥。
伏波隐现鼋鼍背,映日横斜蝴蛛腰。
渡水自今何用乘,济川有此不须舠。
行人来往歌遗爱,免使褰裳跋涉劳。

田园乐趣

田园有乐梦魂清,富贵功名了不惊。
幽径菊松亲手种,平畴来耜早春耕。
常时游涉偏成趣,慎日哦吟可放情。
两耳不随丝竹乱,戛然唯听鹤长鸣。

诗酒遣情

> 美酒数杯诗百篇,老来林下足盘旋。
> 能同赏菊陶元亮,何异观泉李谪仙。
> 玩月开怀擎玉斝,看花遣兴写银笺。
> 悠然自得其中意,坐对云山理七弦。

这虽然是蜀府为蒯氏所写,但可以想象,这些诗句通过各种途径传播,对其他姻亲和本地士绅也能起到引领作用。

结 语

蜀府一系在明末没能够挽救明朝的危亡,合族被张献忠屠杀,王府和陵园也被其破坏殆尽。末代蜀王朱至澍投井,大致效仿明朝末代皇帝崇祯自缢殉国;宗室成员在都江堰附近被杀,也与明初的"天子守国门,死社稷"的政策有关。之后如张象华《哀蜀藩》云"天社星隳古社坛,杜鹃声尽石苔瘢。井花清冷无人汲,留得丹心万古寒",对蜀府消失扼腕叹息的文人不在少数。在明代的社会环境下,延续两百多年的蜀府一系,展现了自觉的责任担当,高贵的生活雅趣,积极的地方建设,严格的家人约束等贵族精神,体现了中国贵族的很多优良品质,虽地处西南,却为全国做出了表率。蜀府这种有实绩,有文献,有文集,有陵墓,有民间口碑支撑的贤王群体,随着今后的系列研究成果陆续出来(如《蜀府文教化一方》《杨升庵与明蜀王》《献王家范详论》等),其形象将被重塑,中国传统贵族精神也将会重现光芒。这也是逐渐富裕起来的中国十分需要的文化自信。

清末成都文人的优雅生活

——以王闿运及其弟子为中心的考察

魏红翎[1]

摘　要：成都尊经书院是清末四川的最高学府，它对四川近代学术文化的发展有着极为重要的意义。院长王闿运则是书院的一位灵魂人物，他决定着书院的学术道路与方向。他与院生们的生活实为当时蜀中文人生活的缩影与代表。他们对于礼仪的推崇，在院中的学习以及课余的兴趣爱好，都体现出一种优雅的追求。

关键词：王闿运；尊经书院；学生

光绪元年（1875）春，成都尊经书院成立，地址就在府城南门文庙街西侧石犀寺附近，毗邻文翁石室（时为锦江书院）。书院大门横匾为"石室重开"四个大字，院内环境清幽，建筑鳞次栉比，又错落有致，分设讲堂、居室、藏经楼、尊经阁等。该书院为四川总督吴棠、学政张之洞应民众呼声而

---

[1] 魏红翎，成都大学文学与新闻传播学院副教授。

兴办的省城最高学府。刘师培曾说:"蜀学之兴,肇端尊经书院。"[1]此为确论,学界公认尊经书院为明清以来蜀学复兴之枢纽,而这其中一个关键人物正是王闿运。

光绪四年(1878)冬,四十七岁的王闿运应四川总督丁宝桢之邀,从湖南乘船溯流而上来到成都,接下山长之职,开始主持尊经书院。到其五十五岁离职,在蜀中度过了一段美好时光。在他的精心培养下,尊经书院产生了杨锐、廖平、宋育仁、吴之英、岳森、胡从简、刘子雄、张祥龄、戴光等一批杰出人物,使蜀学名声大噪。王闿运在致黄运仪的信中也高兴地说:"此来居然开其风气。"[2]他还不无欣慰地致信张之洞说:"尊经筑舍,诸生大盛,复得门下领选,搜岩采兰,极称得士。天不欲踵鄂中之敝,所谓有志者事竟成也。"[3]

对于王闿运主持尊经书院的成绩,前人多有论及。《尊经书院初集》王祖源序言:"蜀学之兴,肇端文翁;讲堂之开,继美高朕。诚知海为百川所归,骥非伯乐不贵。今者西邦秀彦,霞蔚云蒸,文学弥纯,道德加茂,升文中之堂,人皆将相。经大匠之斧,材尽楩楠,将见允陟璇玑,经纶皓素。"[4]此说代表了当时之人的看法,认为书院承继了文翁兴学之风,有造就人才、振兴蜀学之功。这个评价是恰当的。当代熊明安等主编的《四川教育史稿》也肯定这个认识:"经学大师、湖南学者王闿运主持书院期间,以实学为目标,主张以经史词章教诸生,如'三史'《通鉴》《通考》《段注说文》《学海堂经解》等等。王闿运认真讲授,严格督促,要求学生动静语默必合符礼乐。王闿运的学问人品深得学生服膺,学风为之一新,尊经书院也成为清末四川成效卓著,影响最大的一所书院,各地书院纷纷仿效。"[5]那么王闿运与弟子的书院生活具体情形是怎样的呢?本文将就此展开论述。

---

[1] 刘师培:《〈国学学校同学录〉序》,《刘师培全集》第3册,中共中央党校出版社,1997年,第598页。
[2] 王闿运著,马积高主编:《湘绮楼诗文集·笺启卷第三》,岳麓书社,1996年,第911页。
[3] 王闿运著,马积高主编:《湘绮楼诗文集·笺启卷第二》,第845页。
[4] 王祖源:《尊经书院初集序》,光绪十一年尊经书局刻本,第5~6页。
[5] 熊明安等主编:《四川教育史稿》,四川教育出版社,1993年,第181页。

一、注重礼仪

中国是礼仪之邦，孔子便感叹："周监于二代，郁郁乎文哉！吾从周。"完备的礼仪是文明之象征，也是优雅之体现。书院为垂教之所，对于礼仪自然格外重视。

每年新学期伊始，书院都会举行盛大的开学典礼。据王闿运记载："黎明，恐外间早办，唤两仆令开门，则臬使已至矣，遽起要入，久谈。崇道台继至，设汤饼，共食讫。藩使、盐台并来，复坐久之。遣请总督。余还宅小憩。司道出外坐。余饭毕，抄《经》一页。巳正稚公（丁宝桢）始至，入谈。顷之，出，行礼于讲堂，请稚公亲点名，余与司道坐待退堂，又谈。顷之，告退，群公自去。诸生纷纷抄书，余案行三斋，遍见诸生。"[1]各位大员悉数到场，由川督丁宝桢率众完成仪式，然后亲自点名，仪式之隆重典雅可见一斑。之后山长前往院生所住斋舍，与同学见面交谈。

而在平日研习中，礼仪、礼制也是非常重要的学习内容。王闿运不仅让书院学生研究礼经，还尤其注重让学生实践《仪礼》，形成了尊经书院的一道独特风景。

他之所以如此重视礼教，是出于其对礼的意义与用途的认识。王闿运认为"三礼"是儒家经典中最重要的内容之一，与《春秋》适用于乱世相对，"礼"象征着井井有条的盛世。他说："治世备于六经，其最著明者《周官》《春秋》，一文一质，一极治一极乱。……文质相救，各因其世，要在先自治而已。"[2]因此一方面要治《春秋》以言事应对乱世，另一方面也要习礼以达治隆之时。相较而言，他甚至更强调"礼"的重要性，认为一切经义都在言礼。其《论习礼》云："治经必先知礼，经所言皆礼制。……唯讲礼倍难于古，故自汉以来，唯重《礼》学。《官》礼是典制本原，《礼记》推其宜变。诸经所言，有明见三《礼》者，引而释之；有不见三《礼》者，旁推以通之。余所著八笺，略发其例矣。"[3]

另外，王闿运以为在现实生活中，礼是化解利害之争的良方。他说：

1　王闿运：《湘绮楼日记》，岳麓书社，1997年，第749页。
2　王闿运著，马积高主编：《湘绮楼诗文集·王志卷一》，第496～497页。
3　王闿运著，马积高主编：《湘绮楼诗文集·王志卷一》，第525页。

"盖有血气者,必有争。争必从我始,利害起于是非。治以礼,则勉强。"因为"礼者自卑,过则称己,此圣人之弘量,亦处世之大方。非贤智自高浊世可闵,有厌薄流俗之意"。但普通人往往不能明白"礼"的真谛,"孔子教人以敬,敬谓自治也。儒者不知敬字之义,以诚正为敬,如是则平天下惟在毋自欺,全无功用。故儒生未有能齐治者"。王闿运认为需要加强礼教,让学人真正通晓"礼"之大用。"圣学何在?则礼是也。以智用礼,是谓圣人。"[1]他所看重的是以礼自治,小则个人,大到国家,都在其范围中了。虽然礼制的具体条款随着时代的变化会有所改变,但尊礼守礼一直是中华民族的优良传统,王闿运的提倡是有其合理性的。

生活中,他对礼制极其看重,如国忌日,他一般不见客。"(二月)七日。以国忌,令诸生于明日乃入见,教以尊朝廷,重丧纪也。"祈雨之时,他会"以讲习为礼法所出,不可违禁,因令素食"。如有违反礼制者,他会告诫之:"生令妾出行酒,余避席待之。告生以嫡庶体统之礼。"[2]

在教学中,他常与学生言礼,而且往往因势利导。如光绪五年(1879)五月十八日,廖平问郑注殇服中从上下之异。王闿运告知廖生需列出殇例来比较,他自己也列表查看,称:"自此又将从事于《礼经》矣。"[3]光绪六年(1880)九月晦日,讲书时,陈生问"长中继掩尺"(见《礼记·玉藻》),王师说这是不知道长衣为吉服,让大家做一下考订。光绪七年(1881)四月二日[4],在讲课时听闻慈安太后去世,立即改讲考丧礼,云会典殊略,无衣冠带履之制,等等。又以"三礼"出题考查诸生,如光绪六年(1880)十一月五日,思得一《礼记》题,考周朝初年齐、鲁、卫三国的庙制。

王闿运重视经世致用,对于治礼,同样如此,强调礼仪的实际运用。他在书院宣布:"凡言事著书而不身亲行之,良法美意皆足为敝。……恐诸生

---

1 王代功:《湘绮府君年谱》,沈云龙主编:《近代中国史料丛刊》第60辑,文海出版社,第49~50页。
2 王闿运:《湘绮楼日记》,第740、779、782页。
3 王闿运:《湘绮楼日记》,第797页。
4 此处年谱记录有误,慈安太后去世应为光绪七年三月初十日(1881年4月8日)。

不晓此意，或明知而阳昧，故特牌示其在外。"¹在他的指导下，尊经书院举行了多次大型的仪礼演练，场面壮观。

光绪六年（1880）八月初王闿运拟定书院释奠礼及乡饮酒礼的规程。"十日，与诸生演释奠礼及饮酒礼，凡二次，手脚生疏。……薄暮复演，稍已成章。"²十一日丁未释奠先师，午后又演乡饮酒礼。然后十二日中午在院中再演习乡饮酒礼，参加的学生有四十余人，还邀请了锦江书院院长伍肇龄加以辅助。"诸生济济翼翼，几复古矣。"十二月十五日他又考定燕礼仪节，十六日与监院、诸生释奠结束后，在讲堂排练，"未正乃罢，筋力已觉不支，幸馔馐未备，得少息耳。穆、孙、刘三宾来观礼，入谈。已，复集堂上会食。礼成，颇有整肃之观。"³光绪七年（1881）正月令儿子代丰拟定视学礼。二月十黎明演习视学礼，规模宏大，川督司道都来观礼，在堂上下设置饮食达十八席。

经过反复的操练，院生熟练掌握了典礼中的各项要求，在正式的礼仪活动中表现非常出色。光绪七年（1881）二月十五日，书院举行释奠，"释奠时班甚整肃，礼毕后以羊豕祠三君，监院行礼，待□人，至辰正方至。祠已，出堂点名，诸生威仪济济，殊征为学之效，余心甚喜"⁴。这次活动还产生了一个意想不到的结果：院生张祥龄与杨锐不和已经长达四年，同学都认为是无法化解的恩怨，然而这次习礼后，二人置酒修好。王闿运格外高兴，认为这体现了为学的效果，特奖赏风鸭一只。

这样的演练非常实用，因为尊经书院经常要举行一些祭祀活动。祭祀范围较为广泛，有祭先师的："（光绪五年二月）八日。寅正起，致祭尊经阁先师位，行九叩，盖凡学通祀先圣也。……推余主祭先师周茂叔，行六叩礼，礼毕，已午初矣。"⁵也有魁星之祀："（光绪五年七月）五日。……今日请鲁詹治具院中，祭魁星，设廿席，请八学官及诸生百余人会饮。"⁶还

---

1 王代功：《湘绮府君年谱》，沈云龙主编：《近代中国史料丛刊》第60辑，第106页。
2 王闿运：《湘绮楼日记》，第941页。
3 王闿运：《湘绮楼日记》，第974页。
4 王闿运：《湘绮楼日记》，第991页。
5 王闿运：《湘绮楼日记》，第741页。
6 王闿运：《湘绮楼日记》，第813页。

有祭奠友人的，光绪七年（1881）十二月，同院生陈光明逝世，廖平与张祥龄、杨锐等数十人设翰林院庶吉士陈光明位而祭之。[1]尊经书院虽然是一座官办性质的书院，但在祭祀对象上并不局限于孔子，体现了一定的多样性。通过这些礼制的演习以及各式各样的祭祀活动，可以让学子在隆重而庄严的仪式中获得感召，产生强烈的神圣感和尊崇感，激发内心向贤向圣的动力，受到潜移默化的影响。

王闿运希望通过全面系统的礼乐教化感染熏陶学生，在书院营造和谐友爱的学习生活氛围，实现小范围内的"极治"，由此推而广之，"书院有相敬爱之风，然后知王道之易"。[2]"所以他任书院山长，不仅在课士，尤其语默出处之间，必使合乎礼乐，笃尚廉耻，方足称为移风易俗。"[3]他的这番苦心经营，不仅在当时有立竿见影之效，而且对于学生之后的人生发展也产生了深远影响。例如廖平后来弃用传统上以文字区分今古文的学说，另立新论以礼制平分今古文；吴之英则倾其一生研究《仪礼》，作《仪礼奭固》《仪礼奭固礼事图》《仪礼奭固礼器图》等。他们的思想渊源应当可以追溯到这个时期。

费行简评价王闿运在尊经书院的成就和影响时说："院生日有记，月有课，暇则习礼，若乡饮、投壶之类，三年而彬彬进乎礼乐。其后廖平治《公羊》《穀梁春秋》《小戴记》，戴光治《书》，胡从简治《礼》，刘子雄、岳森通诸经，皆有家法，未尝封于阮氏《经解》，视诂经、南菁、学海之徒曰：'经解者，盖不可同日语。'蜀学成，还主长沙校经书院。"[4]

在王闿运开明思想的影响下，尊经书院的学子文质彬彬、沉静好学，跳出了科举的樊篱，开始关心天下大事，敢于抨击时政，献言献策，为四川学界带来了一股清新的春风，也为后来新思想的引入奠定了基础。

二、书院学习

书院学习主要靠自修，学员每日记录所读书籍情况以及心得、疑惑，备

1　事见廖幼平编：《廖季平年谱》，巴蜀书社，1985年，第24页。
2　王闿运：《湘绮楼日记》，第901页。
3　柳定生：《四川历史》，国立浙江大学，1942年，第70页。
4　沃丘仲子：《近代名人小传》，中国书店，1988年，第4页。

山长检查。山长五日一临讲。吴之英回忆王闿运上课的情景时写道："大师据尊席，列坐承口授。我时与讲会，默默无往复。先生故设辞，诘屈引灵窦。颤而机初触，捷而意与遭。终乃挦挦而，精爽交驰骤。先生兀惊咨，为汝遑老耆。我为说我法，家世传以旧。"[1]廖平也曾谈及太原令德堂院长王霞举讲课情形："院长在上，左右则张杨二监院。炕中几萤萤一灯，前一火盆，弟子二十余人环坐，且有商贾来听者。院长将经文念一过，将注说略为润色比说一过，仪节繁琐重复之处，同一解述，颇似坊间童子进学解者。弟子终席不发一语，讲毕而散。"[2]与之相较，王闿运看来更擅长深入浅出、循循善诱的教学方法，而且他还非常注重课下与学生的交流，弟子随时可以来向山长求教。"刘生来问经解，未知门径"，"院生三班入请业"，"院生四人来见……终日为诸生讲说"，"宁生问《经解》各体，及作文门径"……[3]这类记载在《湘绮楼日记》中不胜枚举。

日记还记录了他与诸生会于讲堂考试的场景："光绪五年二月二十九日癸卯，春分。晴。卯正朝食毕，出讲堂，升坐点名，令诸生分经授业，各有欣欣之志。出题十三道。蜀士驯秀虚心，异于湘上，盖文翁之教，师法尚存也。刘生心民及诸生入问者相继，复见院生三班。"[4]自修、会讲、请业、讨论、考课构成了院中日常学习的主要环节。

在教学中，王闿运非常注重方式方法。他提出"分经会讲""诸生分经授业"[5]等办法，要求学生根据自己的兴趣及专长，首先选择一个方向加以学习，教师也分经会讲，这体现了因材施教的思想，又充分尊重了学生择业的自主性。他则针对学生的不同治学方向进行专门辅导，如"为廖生温《春秋》"，与叶生讲《诗经》"桃夭""硕人"，"出讲堂，宁生问鲍诗，岳生问楚词，杨生问蔡碑……略为发明而已"，"因杨生习诗，为说《诗》

---

1 吴洪武、吴洪泽、彭静中校注：《吴之英诗文集》附录一《吴之英先生年谱》，四川大学出版社，2008年，第521页。
2 廖幼平编：《廖季平年谱》，第29页。此为张之洞推崇的太原令德堂院长王霞举上课情况，略资参考。
3 王闿运：《湘绮楼日记》，第750、751、762页。
4 王闿运：《湘绮楼日记》，第755页。
5 王闿运：《湘绮楼日记》，第774、755页。

'葛藟''汉广''汝坟'三篇",等等。¹但他并不以为读书致用便是人生唯一选择,而是会根据实际情况为学生提出合理建议,如"陈云卿来,与之谈耕读之乐。以其人颇朴实,欲劝其归田也"²。这在当时的社会中,还是相当开明难得的。

王闿运还主张抄书。他告诉弟子周(道洽)、陈(观源):"宜先为有恒之学,唯在抄书。"³廖平等都乐于为此。王闿运自己便有此习惯,15岁时家贫无书,"省城求书亦至艰,往往展转假借,择要抄读",十九岁时"手抄《史记》成帙,日夜读之";二十二岁时"定每日抄书之课。……自是日必抄书,道途寒暑不少辍。五十年中书字以万万计,盖自二千年以来,学人抄录之勤未有盛于府君者也"⁴。此言不虚,光绪四年(1878)王闿运乘船经三峡入蜀,时值寒冬,又有风浪颠簸,但他一路抄书不辍;在尊经书院期间,即便再忙,也要每日抄书,相继完成《周官》《唐书》《春秋》等书的抄写。现代科学认为,抄书有利于加深记忆,是值得推荐的学习办法。在王闿运的影响下,诸生纷纷抄书。

实际上,王闿运不仅是一位经学家,而且还是一位文学家,这在晚清学者中是很少见的。世人虽有诟病其经学研究的,但对其文辞之美却持一致肯定的态度。章太炎对王闿运的经学就极其丑诋,但在《与人论文书》里也说:"并世所见,王闿运能尽雅,其次吴汝纶,以下有桐城马其昶为能尽俗。下流所仰,乃在严复、林纾之徒。"又《与邓实书》云:"近世文士王壬秋,可谓游于其藩,犹多掩袭声华,未能独往。康长素(康有为)时有善言,而稍谲奇自恣。仆亦不欲与二贤参俪。"⁵张舜徽也说:"而学人文士,莫不推重其文辞之美。余杭章炳麟,于近世文苑少所许可,而赞王闿运能尽雅。盖闿运之为文,尚能溯源子史,镕铸陈词,典丽渊厚,在晚清自不多见。"⁶王闿运对自己的文笔是颇为自负的,他也乐于指导学子作诗词文赋。

---

1 王闿运:《湘绮楼日记》,第773、763、926、746页。
2 王闿运:《湘绮楼日记》,第752页。
3 王闿运:《湘绮楼日记》,第736页。
4 王代功:《湘绮府君年谱》,沈云龙主编:《近代中国史料丛刊》第60辑,第11、16、23~24页。
5 章太炎:《章太炎全集》四,上海人民出版社,1985年,第168、170页。
6 张舜徽:《清人文集别录》卷二十,中华书局,1963年,第550页。

他说："文不取裁于古，则亡法；文而毕摹乎古，则亡意。然欲取裁于古，当先渐渍乎古。先作论事理短篇，务使成章，取古人成作，处处临摹，如仿书然，一字一句，必求其似。如此者，家信账记，皆可摹古。然后稍记事，先取今事与古事类者，比而作之，再取今事与古事远者，比而附之，终取今事为古所无者，改而文之。如是者，非十余年不成也。人病欲速！"[1]王闿运认为作文之法需要从模仿开始，循序渐进，最后才能摸索出一套属于自己的写作方式，这些见解对于今天学习写作者也是有借鉴意义的。

王闿运还在学子品行、为学态度等方面对院生多有教诲。如光绪五年八月九日，缪生丁父忧未满期便来上课，闿运告知不可，并现身说法，称自己前年居丧，整整一年都没有吃肉，而外间却有人谬传他私下吃肉。王闿运严肃指出私下吃肉比公开吃更坏，因为这关系到礼意，推而广之，"私贪淫愈于公贪淫，剃发愈于迎降，小人之不成人美者，皆以伪君子目之也"[2]。希望学生做人能够真诚。对于新来的同学，王闿运还告之"谦抑下人之道"[3]。

王闿运鄙视贪财之人，曾告知学子不要谈论钱财之事，然而也有令他非常失望的学生："张门生来，言己无大志，但欲得万金以归。甚哉，世俗之衰也。以一平人，无故借六百金捐纳通判，曾无分毫才智，便望万金，犹自以为无大志，此言何为而出其口入吾耳，吾又何所施其教，亦岂有告之当道而弹劾之理？坐视此等妄人往来吾门，又非择交之不慎，此将谁归咎乎？"[4]为避免这类学生的出现，他又告诉学子"蜀士无威仪"[5]，鄙野处多，应当好好反省自己。他还在给尊经院生的信中举贵州为例，言不可眼界狭隘："贵州山川峻驶，气少停回。名利之心，未能淡远。先圣所戒，欲速见小，具有深规。速必多误，是以不达；小则易识，安能更大？笾豆见色，必无海内之乐推；沟浍皆盈，已有孟生之立待。"[6]又劝告弟子不必过于看重科举成绩，他见廖、任二生在优贡发榜后悒悒不乐，感叹："鸡肋犹争，可慨也。"于

---

1 钱基博：《王闿运传》，卞孝萱、唐文权编：《民国人物碑传集》，凤凰出版社，2011年，第355页。
2 王闿运：《湘绮楼日记》，第823页。
3 王闿运：《湘绮楼日记》，第835页。
4 王闿运：《湘绮楼日记》，第849页。
5 王闿运：《湘绮楼日记》，第846页。
6 王闿运著，马积高主编：《湘绮楼诗文集·笺启卷第三》，第895页。

是作文提醒学生需有平和宽容之心："若见人得，而以为不宜得，此必终身不得。"[1]

王闿运对学子一方面严格要求，一方面又关怀备至。他对院生请业非常耐心，与之长谈常至深夜，如"张、廖二生于朔日已移入内院，同话诗文，至亥正散"[2]。有学生来求教，他还常常留饭。对于学生的合理请求也极力满足。如光绪五年（1879）十一月，王闿运即将返湘迎接家眷，每日事务特别繁忙，然而这个时候他也不忘睡前帮学生书写对联。他还尽量帮助有困难的学子："陈诗来假贷，王监院并吝不借发，乃以麓生所假卅金与书办，槌碎以待支取。"[3]对于有才华的弟子，他更是不吝赞美之词，如"书院生范溶来，华阳人，字玉宾，人甚文秀，亦不浮佻，佳士也。与谈读经史之乐，劝其早勤学，恐登第则不暇矣。"[4]

三、课余生活

课余，王闿运与学生们的生活也颇为风雅。师生会一同出游。光绪五年（1879）三月八日[5]，开学不久，廖平、张祥龄、戴光便跟随王师游览草堂。《湘绮楼日记》有："（三月）八日。晴。张子绂尊人招游草堂，与张、廖、戴生步出南门，遇张生孝楷于涂（应为"途"），同至青羊宫。紫荆盛开，小立花下。出，直南行里余，至草堂寺，西偏为杜子美故宅，小有轩馆，未为弘丽，青竹颇密，坐船房久之。张绂翁来，要至其宅，曾氏庄也。凌生作陪，蜀才始见。设食毕，已暮，舁还，不由旧路，循浣花溪至小江边。春虫昏吟，颇有乡思。入红尘中，投人丛，入南门还院，弦月甚朗。"[6]

他们还曾晚上出游。六月十五日，张馥翁邀王闿运夜泛浣花溪。月色下，王闿运带廖平等两生出门，与吴又农、鲁詹等众多朋友相会于曾氏庄，院生张祥龄、范溶皆在。一行人"从曾园登舟，溯洄溪月，三更还。竹蕉露

---

1 王闿运：《湘绮楼日记》，第829页。
2 王闿运：《湘绮楼日记》，第756页。
3 王闿运：《湘绮楼日记》，第762～763页。
4 王闿运：《湘绮楼日记》，第743页。
5 文中未单独标注处均指光绪五年。
6 王闿运：《湘绮楼日记》，第758页。

滴如雨，甚凉，鸡鸣宿"[1]。甚为悠然自得。中国传统教育看重"读万卷书，行万里路"，认为出游实际上也是一种教学活动，而且师生常常在路途中吟诗作赋，讲学不辍。张之洞典试眉州，曾与院生同游三苏祠，留有一首《登眉州三苏祠云屿楼》，诗中自注："仁寿学生毛席（应为"瀚"）丰、绵竹学生杨锐、华阳学生范溶，皆高材生，召之从行读书，亲与讲论，使挚经学。"[2]

院生高中为一大喜事，大家也会出游庆祝。同年九月，廖平等参加乡试，《湘绮楼日记》说："今夜放榜，与季平坐谈至三更，季平逃去轰醉。余就寝，半觉，闻炮声，起披衣，未一刻报者已至院中，共中正榜廿一人，副榜二人，皆余所决可望者……顷之季平、篆甫、治棠、陈子京、吴圣俞、少淹皆入谢，已鸡鸣矣，谈久之，乃还寝。"[3]三十日，王闿运率新科举子十六人出南门，到宝云庵，访百花潭，公宴于二仙庵。令生题壁记之，王题诗其后："澄潭积寒碧，修竹悦秋阴。良时多欣遇，嘉会眷云林。"[4]文章风流，极一时之盛。王闿运一生傲视高官，睥睨世人，但对待学生却如春风般温暖。

青羊宫的花市，也是成都文人们春季必游之所。二月十四，惊蛰。王闿运约竹老"往城外青羊宫看花市"，一行七人或骑马，或坐轿，"出南城"，"循城西行可四里"，只见青羊宫东边的二仙庵中繁花似锦，正所谓"海棠正赤如杜鹃，芍药五六寸无蕊"，"牡丹高者五六尺以上，如椿树。春兰颇多，辛夷亦伙"，其花木以千计，众人遍观而归。[5]

浣花溪、青羊宫均为成都的名胜，南宋陆游《梅花绝句》说："当年走马锦城西，曾为梅花醉似泥。二十里中香不断，青羊宫到浣花溪。"今天这里依然是成都的一张名片。王闿运等人自然深谙成都的妙处。

朋友送别，他们也往往聚于名胜之地。七月二十六日，王闿运送友人往松

1　王闿运：《湘绮楼日记》，第808页。
2　张之洞：《张文襄公全集》卷二百二十五《诗集二》，中国书店，1990年，第975页。
3　王闿运：《湘绮楼日记》，第831页。
4　王闿运：《湘绮楼日记》，第837页。另"良时多欣遇"《廖季平年谱》作"良游多欣遇"。见廖幼平编：《廖季平年谱》，第22页。
5　王闿运：《湘绮楼日记》，第746页。

潘，别于武侯祠，他说祠中"修竹甚密，有荒冢云是惠陵，殆不可信。祠旁客坐雁来红甚艳，桂树将花，甚有秋兴"。大家"设茗酪酥食，申正始别"[1]。

除了游览名胜风景之外，看戏也是文人的一大爱好。七月十五日，城隍出游，众人前往观看，然后往浙江会馆聚餐，又在这里看戏。第一折"活捉"，第二折"弹词"。[2]十月六日，王闿运与岳姓学生等人去武担山看石镜，又至芮园小酌，看墨池、书院。主人芮少海招诸客夜饮，席间众人说"瑞华班"非常难得，商量召之演唱。[3]十日，便在唐宅聚饮赏戏，演的是《玉堂春》。[4]

看书、抄经则是王闿运每日的功课。如三月十二日，"晨雨，朝食后止。抄经一叶。寻春西城，出宣明门……"这天游览了江源楼，古白菟楼（又名张仪楼）等处。黄昏归来，"将暮风凉。抄经一叶。看唐文三本"[5]。闰三月七日，大病稍愈，晚上查看学生后，王氏"看宋小说四本。夜梦张力臣变怪事，甚骇人"[6]。而且他观书多有读书札记，如四月二十六日，看唐文三本后记："李文饶有《益州长史像记》，其时已有草堂寺，去城七里，去浣花溪三里，草堂之名未必因子美也。"[7]

王闿运也爱吟诗填词。三月二十七日，"昨梦，有感少时事，竟日不乐，作小词一首遣之，调倚'梦芙蓉'"[8]。闰三月十三日，从岱祠回书院，"风阴云昏，新绿独明，作词一首寄东墅：'云暗少城东，看夕阳昏处，新绿初显。惆怅独归路，黯送天边春眼。湘水泛舟何时，早燕子，分明檐上见。算别后，便佳期误了，垂杨如线。应忆七载看西山，苦远。郡斋冷，碧云空远。游屐更苕遥，独啼鹃相唤。有些残剩山川，对暮色，付教天管。客里放春归，讶道楚江潮满。'"[9]

---

1 王闿运：《湘绮楼日记》，第819~820页。
2 王闿运：《湘绮楼日记》，第817页。
3 王闿运：《湘绮楼日记》，第839页。
4 王闿运：《湘绮楼日记》，第843页。
5 王闿运：《湘绮楼日记》，第760~761页。
6 王闿运：《湘绮楼日记》，第770页。
7 王闿运：《湘绮楼日记》，第789页。
8 王闿运：《湘绮楼日记》，第767页。
9 王闿运：《湘绮楼日记》，第772页。

光绪六年（1880）十二月，王闿运还为书院构思了一副寓意深远、广为流传的集句联："考四海而为隽，纬群龙之所经。"[1]前句出自晋代文学家左思的《蜀都赋》，后句出自汉代史学家班固的《幽通赋》。该联"颇与此书院相称"[2]，因为它表达了书院兼采众家、融会贯通的学术追求，同时也寄托了王闿运对书院学子的厚望。这副对联被题写在书院的大门之上，熠熠生辉。光绪二十八年（1902），尊经书院、锦江书院同创办于光绪二十二年（1896）的中西学堂合并，组成四川省城高等学堂（四川大学的前身），首任校长胡峻依然采用这副联文题于学堂之上。

在王闿运的认真督促教导下，学子勤奋好学，蔚然成风，"肄业者皆勤勉，无须督课，大有成效"[3]，而且书院师生相互友爱，令王闿运颇为欣慰。除了教学工作外，王闿运还为书院筹划完成了两件重要的事情。第一件是创办尊经书局。随着书院学生的增加，需要的书籍数量日益增多，虽然之前有吴棠开设的书局，但规模较小，不能满足需要。王闿运来后积极筹备，尊经书局于光绪五年（1879）五月建成，六月七日正式开工。之后印刷了大量书籍，既方便了院生的阅读，对文化在四川的传播也起到了重要作用。第二件是刊印《尊经书院初集》。王闿运将尊经学子优秀的文章编辑成册，在尊经书局印行，是为《尊经书院初集》。该集共十二卷，收文二百二十九篇，集中体现了书院学生的学术研究水平。王祖源所作《序》介绍此集产生缘由时说："院生喜于得师，勇于改辙，宵昕不辍，蒸蒸向上。而先生乐其开敏，评改涂乙，不厌详说。每一帖示，等石经之初立，若左赋之方成。四方观临，刀简腹沓。学者既苦抄写之多劳，又恐鲁鱼之滋误，请付梓人，乃成是集。"[4]《尊经书院初集》对于文章被收录的院生而言是一种极大的褒奖，对于省内其他学子而言，则起到了一定的方向指引作用。

总之，王闿运与学生们，或习礼，或观书，或出游，或听戏，悠然自得，不慌不忙，有着属于那个时代的文人的优雅。

---

1 王闿运著，马积高主编：《湘绮楼诗文集·联语卷一》，第1955页。
2 王闿运：《湘绮楼日记》，第976页。
3 王闿运：《湘绮楼日记》，第997页。
4 王祖源：《尊经书院初集·序》，光绪十一年刻本，第5页。

试论优雅时尚的社区文化建设

陈沫吾　侯李游美[1]

摘　要：本文围绕"天府文化"这一主题，从如何建设"优雅时尚"的社区文化着手，阐释了"优雅时尚"的社区文化建设的审美内涵，提出了"优雅时尚"社区文化建设的思考和建议。

关键词：优雅时尚；社区文化；共享；名片

成都市第十三次党代会的主题报告提出了"传承巴蜀文明，发展天府文化"的号召，报告从全面提升城市能级水平，增强西部文创中心功能，以及建设世界文化名城的方面论及了"天府文化"建设。这充分表明，"天府文化"建设在未来的成都城市文化发展建设中的重要性与必然性。成都这座历经二千三百余年城名不变、地址不动、中心不移的古老城市，是公认的"古蜀文化"发祥地。在历史沉淀与当代演绎中，随着"天府文化"的提出，在机制层面做好统筹规划后，面对新时代新要求，如何在顶层设计时界定它的内涵与外延，怎么与"古蜀文化"做好承接与拓展，在传承的基础上赋予它新的时代意义与现实活力，从点到面搞好基层基础经验与效应的积累，这是

---

[1] 陈沫吾，四川省人民政府文史研究馆一级调研员。侯李游美，成都大学美术与影视学院副教授。

我们每一位管理者、专家与学者及市民都必须认真思考和回答的问题。为此，笔者将从天府文化中的社区文化构建方面做一些思考。

一、天府文化在当代境遇中的生成

成都是一座有着四千五百多年城市文明的历史文化名城，也是中国历史最悠久的都城之一。古蜀时即建立都城，汉代时成为全国五大工商业都市之一，在唐代也一直是中国最发达工商业城市之一，到了宋代，蜀商发明了世界上第一种纸币——交子。成都在传承历史文化、凝练城市精神、扩大城市影响力和提升美誉度方面，已做出瞩目成绩。

近年来，成都吸引了很多国际品牌的入驻和时尚活动的举办。成都人非常具有活力、潇洒、豁达、悠闲，整个城市的文化生活氛围非常舒适，包容性极强，无论长幼与男女，成都人都很热爱生活，享受生活。成都人的活力转化为这座城市的时尚基因，而这也正是众多国际品牌、企业、资本青睐成都的重要原因之一。

一个城市的魅力，不止在于快速发展的经济、鳞次栉比的高楼，也在于蕴藏其中的文化底蕴和扑面而来的艺术气息，还有沿街走过时的那种悠然和惬意。成都就有这种迷人的魅力，它蕴藏在这座城市传统而又现代的气质之中，自由与静谧相得益彰，有时尚动感的活力街区，也有闲适静谧的安逸生活。2017年10月，成都成为"中国文创第三城"。文创大数据中，"成都·时尚"在全国以每天0.65篇的人均阅读量数排名全国第一，彰显了成都的时尚潜质。继此之后，11月17日，《参考消息》刊文《成都成中国新时尚之都》，转载了美通社对成都时尚的专门关注和报道。该文称："中国人长期以来都知道，拥有1600万人口的四川省省会成都拥有成为世界一流城市的必要条件。"报道称，在国外，成都以保护大熊猫的努力以及麻辣火锅而闻名于世；在国内，它被认为是现代艺术、嘻哈文化以及炙手可热的科技初创企业的中心。地方政府还努力将该市定位为中国的硅谷，向处于创业初期的企业提供补贴，提供免租金办公室。报道称，自古以来，成都以其高质量的生活在全中国闻名：湿润的空气，让人冒汗的麻辣味食物，以及较慢的生活节奏。2010年，联合国教科文组织授予成都"美食之都"的称号，而两百多年前清朝皇帝就定期从四川选拔御厨。换言之，四川人长期以来就因其品位而出名。

早在农耕文明时代，成都就是天府之国，具有非常富饶的物质条件，这座城市长期以来就饱含时尚的基因，在时尚生活上长期引领全国潮流，在古代文献中就有很多对于成都时尚生活的浓墨重彩的描绘。在近现代化的进程中，成都的市民生活也非常贴近时代前沿，一些新的生活方式在成都一经出现或推广就会迅速传播。成都的市民，特别是青年人，非常容易接受新鲜、新颖的消费和生活方式，所以说作为"新时尚之都"，成都当之无愧。在成都，太古里和大慈寺这种入世与出世的搭配，保持了一种"萧寺可以卜邻，梵音到耳；远峰偏宜借景，秀色可餐"的心境，左手欲望，右手菩提，体现了人满足自身内外需求的极致两面。成都GDP在2019年将会迈过1.5万亿大经济体城市标准线，地铁总批准规划超40条，蓉欧列车贯穿，简阳5000万人次年吞吐的第二机场即将建成。这个绕城路已规划到六环，在全球化与世界城市研究组织（GAWC）城市评级中唯一直跳四级被划入贝塔级（Beta）世界城市，充满无数可能性的城市，长期以来被贴上"吃喝""麻将""茶馆""旅游"标签，现在则正在吹响"天府文化"号角，变"盆地"为"高地"。

习近平总书记在十九大报告中提出全新论断，指出我国社会主要矛盾已经转化为人民日益增长的美好生活需要和不平衡不充分的发展之间的矛盾。将审美纳入城市规划，就是说城市要为与实现人类完美生活有关的价值观和目标服务。这不仅涉及人民对于美好生活需要的政治层面的意义，也关乎从哲学、美学方面对如何实现人的全面自由发展给予新的解答。放置在城市的内涵与外延上，则意味着其功能不仅仅局限于经济和物质的发展当满足人民的需要，还包括应从社会、文化、生态、个人等方面满足群众对于更加全方位发展的现实要求。要达到审美意义上令人感到舒适和满意的城市状态，最关键的是这座城市要有决定和控制形成其独特模式的能力。除了在建筑硬件方面必须满足居民活动的要求，其软件环境还必须是感性的。在海外相关的城市规划实践中，城市规划决不能局限于对建筑对象的布置，相反的，还必须将建筑对象有机整合，从而创造相关联的体验。国外有关研究已较前沿，他们总结出体验创造的多种形式，其中之一便是凯文·林奇（Kevin Lynch）所说的"成像性"或"可读性"，通过这些视觉特征，人们可以在城市的集合体中保持对其地位的认识，并且找到生存的方式。他认为，在保证实用性和安全性的同时，城市环境还应该有能力为人们创造一种特征记忆。[1]

二、"优雅时尚"社区的文化审美内涵

优雅时尚的文化因子，让成都因富庶闲适而优雅别致，因开明进步而引领时尚。"优雅"一词，来自拉丁文eligere，意思是"挑选"。从中文词意解读，它代表一种和谐，类似于美丽。但美丽是上天的恩赐，而优雅则属于文化、艺术等方面的产物。优雅从文化的陶冶中产生，也在文化的陶冶中发展。与"优雅"相关的词汇有优美、清新、典雅、含蓄、婉约、精致、细腻、舒缓、柔媚、对称、均衡、协调等。"优雅"之于成都，既有文人的雅趣，又是一种生活态度，更是一种城市精神。首先，优雅必须让人产生可亲近的协和感，甚至滋生出喜爱、欣赏等情感反应。喜爱、迷恋、欣赏、心旷神怡的审美愉悦是优雅带给审美主体的永恒的生命情调。在审美活动中，主体的境界体验是能够令人身心均产生愉悦感的。其次，优雅表现在自然上是物性与人性、主体与对象的完美、和谐的统一。最后，优雅表现在社会方面则是人与人的和睦相处、互敬互爱，可以表现为天伦之乐、长幼情深，还可以表现为社会清平、国泰民安，人民处于富足美好的生活环境，更可以表现为个体思想观念以及贯穿于日常生活的种种行为与社会时代精神的和谐与一致。

"时尚"，就是当下人们对社会某项事物的崇尚，这里的"尚"是指一种高度。宋代俞文豹《吹剑四录》："夫道学者，学士大夫所当讲明，岂以时尚为兴废。"清代钱泳《履园丛话·艺能·成衣》："今之成衣者，辄以旧衣定尺寸，以新样为时尚，不知短长之理。"时尚的生成是大众审美权利拓展的表现，而时尚的传播则促成了审美趣味的变化，时尚文化丰富的感性内涵使其具有无可否认的审美意蕴，甚至构成了当代人审美生存方式的重要

---

1 凯文·林奇著，方益萍、何晓军译：《城市意象》，华夏出版社，2001年，第15页。

内容。优雅时尚注重和谐与协调，包含内在美和外在美，关注"内在美"，"真""善"是"公正""平衡"；"外在美"则注重视觉的和谐与统一，呼应与均衡，关注悦目、悦心、悦性。只有注重"内在"和"外在"美的和谐，才能真正达到至美的境界。一座城市的精神定位，包括对其人文性、历史感、空间感的时空定位（场所精神），以及城市精神内涵的源头性、表现性研究。城市精神的内涵，应该是市民在精神层面的同心圆，内里是历史与愿景、政府意志与百姓心理、城市文化与人文内涵的有效融合。成都既拥有丰厚的历史文化资源，又拥有丰富的经济旅游资源，从哲学思想、精神文化到生活方式，已打造了属于自己的国际化与现代化典范。如何进一步思索身处环境中的"人"与周遭建立良性和谐的互动持久关系，值得我们从学理层面进行解答。

三、"优雅时尚"社区文化的构建思考

改革开放以来，在城镇化建设进程中，中国的城市面貌虽然发生了天翻地覆的变化，但"千城一面"的格局，让每一位游客只能走马观花似地走一走，瞧一瞧，不停步，难长留，其原因就是"求新失古""求快失序"，在建设中让一些具有地域特色的文化民俗因子流失了。不分东西南北中，只追求眼前利益，忽略了千篇一律的城市建设风格所带来的文化恶果，这已是全国城镇化推进中普遍而客观存在的现象。成功的城市环境图景规划通常会做出这样的非常实在的描述：良好的公共安全秩序、规范有序的个人和公共生活、畅通发达的交通系统、高效可信的公共事业机构、稳固雄厚的经济基础、更多更好的就业机会、丰富多彩的文艺生活及公平优质的教育资源。这几乎描绘了一个发展良好的城市的大致景况，但还缺少能供居民都市生活的集中进行体验的场域与时空统一体。优雅时尚的城市文化是通过一个个充满创造力和文化魅力的社区体现出来，且只有在社会空间统一体中才有可能实现。

"社区"一词源于拉丁语，意思是共同的东西和亲密的伙伴关系。20世纪30年代初，费孝通先生在翻译德国社会学家滕尼斯的著作 *Community and Society*（《社区与社会》，1887）时，从英文单词"community"翻译过来

的,后来被许多学者引用,并逐渐流传下来。近些年,我国很多社会学家开始对"社区"进行深入细致的研究。他们对"社区"的理解和认识有诸多不同。有研究者从社区心理学的角度将其定义为"社区是某一地域里个体和群体的集合,其成员在生活上、心理上、文化上有一定的相互关联和共同认识"[1]。从以上定义可知,社区文化有两个重要特征:一是"社会生活",而不是经济生活、政治生活,即人们的日常生活,包括休闲、社交、文化等活动;二是"共同体",指若干个主体按照一定的规则结成的集体,这个集体的事情都由各主体共同讨论决定。

本文认为,在社区文化的构建思考中,美学意义在当前语境下应该处于优先地位,因为我们正面临解决了基本生存问题之后的更高阶的需求——来自审美的追求。所有的人类体验都存在于感官知觉之中,或起源于感官知觉,并且就作为美学核心的感觉而言,美学领域永远与体验的若干表现牵连在一起,并因此寄寓有关于美好生活的愿望。如果再加上亚里士多德学派的假设,即人类是社会性的、有文化教养的动物,这种受美学影响的现实需求必然能在社会环境中予以实现。

(一)从文化院落到文化共享社区

随着成都城市化进程的不断推进与发展,城市新社区愈来愈多,每个社区居民身份的多样性也越来越凸显,老社区与新社区的物业管理、原住居民与迁入居民管理的不一致性问题也日益突出。虽然成都市的社区文化建设取得了较大的成效,但距离切实满足社区居民的文化需求尚有较大距离,这主要表现在社区文化建设滞后,社区文化基础设施建设短缺,或管理利用水平不高,活动平台少,活动质量低,不利于调动广大社区成员参与的积极性,给社区造成一派懒散、庸俗、杂乱的社会现象。但曾编撰过《成都街巷志》的四川著名民俗学家袁庭栋看到的则是另一面:"成都不少街名由古至今从未更改,街址也从未迁徙,沿街历史建筑得到了保留。"每一条街巷都是历史发展的产物,是语言的、地理的、历史的多侧面综合。今天的成都,各个街道社区基本都是由邻近的条条街巷及所辖人口构成,继而形成一个城市的

---

1 刘视湘:《社区心理学》,开明出版社,2013年,第60页。

总体印象，反映着成都的基本特征。

作为典型的川西城市，成都有着大量以街道为单位的独特风格的背街小巷和传统且不失风韵的老旧院落，如何赋予社区以独具特色的文化，成为建设品质社区的重要环节。作为天府文化的构成基础，社区文化的形成能较好地推动社区品质的提升。根据不同社区历史、人文、资源等构成差异，以独立的文化院落为单位，再接连成街巷相通的文化共享社区，可将社区院落文化落到实处，实体呈现天府文化精粹。让传统优雅的历史记忆与当下时尚风味相结合，代表着既有老成都的文化内涵与文化记忆，又有今日成都城市综合体林立的丰富和多样。千百年来，"市"已成为天府文化中不可或缺的一种存在。成都的集市早在唐宋时期就已有了完备的形态，每逢固定的日子，无论店肆街坊齐全的标准集市，还是村郊野地聚集的"赶场""夜市"，都热闹非凡。今天的"市"更可以是全天候营业的大型购物中心（shopping mall），而古时集市中人与人之间的交谊转而更多地发生于社区院落、中小型商店或茶社。社区院落还可衍生出社区功能式、屋顶花园式、文体开放式、公园融合式、广场活动式等多种业态模式，最大密度可达到一个社区，从而形成一个文化院落。国内外兴起了共享居住空间（co-living space），其分布从伦敦、纽约、旧金山，到北京、上海、广州，再到东京、首尔等。除了居住成本极高的共同点之外，其居住人员大多是流动人口、青年创业家、自由工作者。本文提出的文化共享社区无论形成原因还是表现形态，都异于国外的共享居住空间，前者是在实现"居无忧，食有乐"等物质生存需求后的审美与文化消费，自有从容与优雅等美感的发生，后者则是自发性的生活方式与后现代社会一种特殊的社区形态。

（二）打造有文化创意的成都社区体验场作为时尚新地标

加强"社区文化"建设，凸显文化"软实力"的"软"性作用，科学规划、积极弥补、努力改善、正确引导和纠正社区发展中存在的一些问题，营造一种充满正能量的、积极向上的、文明健康的、优雅时尚的社区文化环境，以构建和稳固"天府文化"的大环境基石，无疑是具有积极而现实意义的。但目前来看，成都各社区开展的文化活动基本上以秧歌队、腰鼓队、广场舞为主,属于居民的自娱自乐,公共文化产品和服务进社区的情况还比较少,为基层提供的公共文化资源总量偏少,质量不高。社区文化建设的资金投入不足,文化设备无法更新,器材难以添置,很多社区文化活动只能依靠"化缘"维持,特别是社区文化的创作、编导、排练、演出等活动的开展没有经费投入,挫伤了群众参与社区文化活动的积极性,影响了社区文化建设的持续深入开展。

本文认为,可通过社区打造文化创意时尚新地标,重构多极多点的成都社区文化中心,营造一批城市公共活动载体。文化创意时尚新地标的社区体验场建设,将调整传统社区的功能属性与职能范围,从所属院落建筑形态打造转变为社区文化氛围营建,以打造前卫且富含人文理念支撑的创新型、理想化、自我生长式的社区体验场,将文化体验作为重点,不仅将建筑转变成"情绪丰富"的有机体,同时还将开展更多创新的商业模式、产品服务以及丰富多彩的文化活动。比如成都的西村院落,既运用了传统的藻井、川西院落这样的建筑形态,同时也加入了跑道、中庭运动场这样的现代功能设施。成都东郊记忆被称为"中国的伦敦西区",这一公共文化品牌已成为成都的新地标,"修旧如旧,旧房新用",传统与现代结合。周边的社区文化定位处于工业传统与音乐时尚的共融之中,在该社区范围内,现有公共文化综合服务平台与其一起,形成了社区公共文化服务阵地双核效应。以年轻时尚的社区文化理念整合文化资源,搭建文化平台,创新文化载体,丰富文化内容,增强社区居民特别是中青年家庭的归属感和认同感,不仅能使居民全方位地体验音乐的魅力,还能使其近距离地感受城市的变迁,让身处其中的人获得精神上的满足和自我价值的实现。2011年,在"新兴国家崛起中的世界城市高层研讨会"上,英国皇家社会科学院院士彼得·泰勒指出:"中国现在的发展在全世界都具有极大的影响力,而成都是我们研究世界城市的首选。"[1]

(三) 根据自身特点打造社区文化名片

城市,跟人一样,需要个性,需要特色。越是国际化的开放都市,就越

---

[1] 《成都晚报》(电子版) 2011年10月16日 第03版。

是注重塑造并坚守自己的独特个性。构成城市的社区，也跟人一样，需要个性，需要特色。城市的社区是这个城市绝大部分人群赖以生存的基本栖息地，也是现代文明的象征。成都有一个有趣的现象，很多楼盘名洋气十足，仅举若干楼盘名称，即可见一斑："爱丽舍""波尔多公寓""财富欧罗巴""金巴黎凯旋帝景""凯莱帝景""莱茵河畔""曼哈顿自然派""普罗旺斯""香榭里""维也纳森林别墅""摩玛城"等。西洋化十足的名字非常多，这反映出有些人一味"唯西"与虚荣的心态，还反映出好些人对传统文化、民族文化的不自信。这些，都需要在将来的城市建设中予以注意。

道教发源于成都，成都人的诗意生活方式充满了道教"神仙式"的诗性。美国哲学家约翰·凯利（John R. Kelly）指出："中国人对生活与休闲有精深的思想，形成了一个悠久的传统。"[1]成都城市精神的生存智慧恰恰是"诗意化栖居"。笔者认为，"诗意化"不应该是简单模仿，而应该是一种独特的、异于他者的生活态度：自由的、精神的、灵性的、自然的。德国诗人荷尔德林说："人充满劳绩，但还诗意地栖居在这片大地上。"成都这座城市的"诗意栖居"，既科学地改变了城乡格局，使城市经济社会中的传统文化延续了下来，又呈现了从乡村（第一家园）到城市（第二家园）文化变迁的诗意图景。成都人所热衷的"诗意栖居"生活，对失去乡村家园的农业人口而言，不仅意味着如何在城市中真正找到身心安顿之处，更意味着它关注从农村到城市的，人的精神家园的重新获得与平衡。这种生活精神直指生命本体意义，包含无上的生存智慧。当成都城市精神以这种独有的诗性生活方式，为全世界提供一个鲜活的样本时，也对世界城市文明做出了有益补充和特有贡献。

位于成都上风上水区域的郫都区，既是成都市重要的水源地，又是传统的农耕之地。作为四川农业发展先行区，为贯彻落实成都"西控"战略方针，郫都区将自身定位为"双创高地，生态新区"。辖区内各社区开展菜园农场认领、栽种项目，鼓励居民签约认种。各个社区给所关联的农场取了极具文化内涵的名字，利用设计生态园林的方式设计生态农园，让农园富有美

---

1 约翰·凯利著，赵冉译：《走向自由——休闲社会学新论》，云南人民出版社，2000年，第82页。

感和生态价值,既提升了社区形象,也打造了共建共治共享的社区治理格局。比如菠萝滩社区利用辖区内废弃电站打造"文化家园"品牌,构建了一个集科普教育、文化传承、公众参与、组织孵化功能为一体的公共开放空间,集中体现郫都区水文化及水利电力发展历程,通过讲述郫都发展故事,打造郫都人的"精神文化家园"。郫都区"亲水、望山、亮田、融城"的定位特色,彰显了古蜀遗韵、亲水望山、创新创造的文化特质和文化个性。

时尚优雅,是一种生活格调,也是一种人文情怀。传承优雅,遵循名士之风并不只是少数精英的事情,而应该是一个区域或城市的居民大众的共同责任与使命。一座城市要被公认为优雅时尚,必须满足四个前提:一是深厚的文化底蕴,这是优雅的底气;二是发达的经济,这是优雅的资本;三是时尚的人群,这是一个城市开放活力的基础;四是时尚的环境,这是展示一个城市开放宜居的标识。天府之国,犹如一个待续的绘本,每一个人都是其中的美景,与这座城市美成一体。现有的风景因为人的加入而更新,人也因为城市的底蕴而改变。巧笑倩兮,美目盼兮。她让人从容自在,顾盼生辉。一座真正优雅时尚的城市,将用她优雅时尚的城市生活改变走近她的人的生活和心性。

雅与俗：聚焦茶馆中的市井艺术

——以成都为例

陈谋　刘珂君[1]

摘　要：茶馆作为成都典型的传统娱乐场所，是在长期社会交往中形成的重要公共空间，也是成都这座城市的著名人文景观。成都茶馆分布广泛，其自身拥有独特的历史沿革，具有商业与文化双重性质，承担着信息交流、文化教育和宗教传播等功能。伴随着城镇化进程的加快和社会经济的高速发展，大量的迁移人口和频繁的往来贸易促进了茶馆内市井艺术的产生、转型与发展。

关键词：成都；茶馆；市井艺术

茶馆作为成都典型的传统娱乐场所，是在长期社会交往中形成的重要公共空间，也是成都这座城市的著名人文景观。据1935年《新新新闻》记载，成都有516条街巷，而茶馆就达599家。截至2012年，成都仅市区的大型茶馆

---

[1]　陈谋、刘珂君，成都商报记者。

就已有五千多家。¹成都茶馆作为承载天府文化的重要场所之一，是不可忽略的研究对象。在茶馆中，精英文化与大众文化不断碰撞融合产生的市井艺术更是天府文化的重要组成部分，集中体现了天府文化雅俗共赏的包容性和多样性。研究分析茶馆中的市井艺术，不仅有利于成都旅游资源开发、经济向上增长，对文化强国建设、"乡村振兴"工程（乡村茶坝文化建设）也可以发挥重要的指导作用。

对成都茶馆的市井艺术进行研究，具有深刻的理论和实践意义：可以进一步丰富、检测已有社会学、心理学等理论体系，为茶馆市井艺术相关研究提供研究对象与研究资料，促进相关研究理论的发展。习近平总书记在十九大报告中明确指出要"推动文化事业和文化产业发展，满足人民过上美好生活的新期待，必须提供丰富的精神食粮"²。研究分析成都茶馆中的雅俗市井艺术，对挖掘、开发"天府文化"旅游物质资源和精神资源，促进城市名片建设、文化地标建设，满足人民美好生活需要有重要的实践意义。

一、研究综述

我国茶馆发展史可追溯至晋唐时期，随着历史的演进，川西茶馆成为国内茶馆中最具代表性的一支。其中，成都茶馆是成都城市不可忽视的重要文化地标和经济产业，在茶馆长期发展中形成的市井艺术也有其新的变化和发展方向。成都茶馆长期以来都是历史学、旅游学、文化学、社会学等学科的重要研究对象，吸引专家学者对其进行了一系列研究和探索。笔者以"茶馆""市井艺术"等为关键词进行检索，对国内外文献进行了梳理和统计，发现国内外学者关于成都茶馆市井艺术的研究焦点主要集中于茶馆中的文化上，研究方法取径社会学、历史学、民俗学、建筑学等学科，研究模式为历史性梳理、功能与影响分析等。

1　白郎提出"2007年10月27日，第四届中国国际美食旅游节在成都举办，一大亮点是'万人品茶盛会'，这一成都有史以来最大规模的饮茶盛会，充分表明了成都人喝茶的劲头"，"成都堪称中国的茶馆之都"。（《成都掌故》，成都时代出版社，2012年，第78页）
2　习近平：《十九大报告》，中国网，http://www.china.com.cn/cppcc/2017-10/18/content_41752399.htm，2017年10月18日。

（一）国外研究

首先来看国外关于茶馆的研究。早在20世纪80年代，日本学者就已经开始对中国茶馆进行描述性研究，其代表是铃木智夫《清末江浙地区的茶馆》[1]。该文从历史学角度对晚清时期江浙地区的茶馆进行研究，研究对象包括茶馆中的活动与参与者，其研究缺陷在于"资料不足"——由于历史原因，作者无法获取足够的研究资料，但该文对中国的茶馆研究起到了先导性作用。美籍华人学者王笛是成都茶馆研究的集大成者，他先后发表了《二十世纪初的茶馆与中国城市社会生活——以成都为例》[2]《茶馆、戏院与通俗教育》[3]《"吃讲茶"：成都茶馆、袍哥与地方政治空间》[4]等多篇文章，从政治学和社会学等角度对成都的茶馆进行了深入研究。他认为茶馆是特殊的政治空间，政府、精英和社会组织通过对茶馆内的文化进行改造，以期有效地对人们进行政治控制；茶馆也是精英文化与大众文化、地方文化与国家文化相互角力斗争的区域。王笛还于2010年出版了其在成都茶馆研究领域的集大成之作《茶馆——成都的公共生活和微观世界，1900—1950》[5]，研究了茶馆与政治、经济、社会的关系，并对当时的成都社会生活进行了深入细致的刻画，论述严谨，逻辑周密，史料翔实，获得2005年"美国城市史研究学会最佳著作奖"。王笛在其《街头文化：成都公共空间、下层民众与地方政治，1870—1930》中认为："茶馆是成都社会的缩影，它集商业空间和日常生活空间于一体。对茶馆的社会、文化和政治角色的研究，有助于对整个城市社会的理解。"[6]

1　铃木智夫：《清末江浙地区的茶馆》，《江海学刊》2002年第1期。
2　王笛：《二十世纪初的茶馆与中国城市社会生活——以成都为例》，《历史研究》2001年第5期。
3　王笛：《茶馆、戏院与通俗教育》，《近代史研究》2009年第3期。
4　王笛：《"吃讲茶"：成都茶馆、袍哥与地方政治空间》，《史学月刊》2010年第2期。
5　王笛：《茶馆——成都的公共生活和微观世界，1900—1950》，社会科学文献出版社，2010年。
6　王笛：《街头文化：成都公共空间、下层民众与地方政治，1870—1930》，商务印书馆，2013年，第49页。

（二）国内研究

不同于国外研究，国内学者更注重对茶馆发展进行历史性梳理，概分流派，选取具体时间段进行描述性研究。

1. 茶馆研究

刘清荣在《中国茶馆的流变和未来走向》[1]中梳理了茶馆从晋唐时期到当代的发展脉络，并按照地域将茶馆分为七个类型，对茶馆的历史发展和区域特色有了整体把握。吕卓红的《川西茶馆：作为公共空间的生成和变迁》[2]将川西茶馆作为研究对象，研究了其与传统公共空间之间的关系。对于茶馆的研究，国内学者的关注点大部分集中在对广东茶楼和四川茶馆的研究上，众学者一致认为茶馆在发展过程中形成了自身的特殊地域特点，并于晚清达到了高峰，此时的茶馆已经有了艺术的萌芽。

2. 茶馆文化研究

陈香白、陈再舜《论"茶馆文化"》[3]提出了"方法"一说，主要对茶馆文化的传播方法进行了论述，认为传播方法是推动茶馆文化产生和发展的重要因素。余瑶《茶馆民俗与茶人生活——俗民视野中的成都茶馆》[4]从民俗学角度分析研究了成都茶馆中的俗民人群，并综合论述了茶馆中的民俗和人群之间的关系。除此之外，江苏省社科院主办的《农业考古》期刊也收录了数篇关于成都茶馆文化的论文，如王镇恒《四川名茶与四川茶馆文化》[5]、刘盛龙《宜宾茶馆文化——玩唱友》[6]等。

（三）目前茶馆市井艺术研究的不足

通过检索相关研究成果，可以发现当前对茶馆市井艺术研究的不足，如

1　刘清荣：《中国茶馆的流变和未来走向》，中国农业出版社，2010年。
2　吕卓红：《川西茶馆：作为公共空间的生成和变迁》，《民间文化论坛》2005年第5期。
3　陈香白、陈再舜：《论"茶馆文化"》，第七届上海国际茶文化节组委会编：《上海国际茶文化节论文选》，上海国际茶文化节组委会，2000年。
4　余瑶：《茶馆民俗与茶人生活——俗民视野中的成都茶馆》，上海大学硕士学位论文，2007年。
5　王镇恒：《四川名茶与四川茶馆文化》，《农业考古》2000年第2期。
6　刘盛龙：《宜宾茶馆文化——玩唱友》，《农业考古》1992年第4期。

对市井艺术的界定不清，没有统一标准，且与茶馆研究相割裂；现有关于成都茶馆内市井艺术的研究多停留在其早期阶段，且较为零散，不成体系；专著较少，大部分论著只将其作为附带研究对象，而没有意识到其重要的主体地位。

二、本文研究思路

本文主要采用历史文献法、比较研究法（纵向比较）和实地考察法等研究方法，通过对已有的关于茶馆和市井艺术的著作和相关研究成果的研读，更好地把握其特点和作用。在此基础上，结合历史演进过程中发生的新变化，总结分析成都茶馆中的雅俗共存的市井艺术的形成、发展过程与现状；比较市井艺术在成都茶馆各个发展演进阶段的特点，为分析市井艺术的现状以及探寻其功能的实现条件和实现路径奠定理论基础；对成都现存的具有代表性的茶馆进行实地考察，为本研究积累基础性资料。

在技术方面，本文主要利用CNKI中国期刊全文数据库、万方等多个数据库和已出版书籍，搜集整理有关成都茶馆、市井艺术、社会学和心理学等文章和专著，对相关文献资料进行梳理和汇总，形成文献综述，在此基础上，了解成都茶馆市井艺术的形成和发展历史，分析其特点和功能，梳理成都茶馆雅俗并存的市井艺术发展现状，并做出合理展望。

笔者在撰写这篇论文之前，做了较为充分的知识积累及理论准备，进行了大量的文献搜集、整理、分析等工作。首先，笔者主修专业开设有心理学、社会学等相关课程，对茶馆市井艺术的研究有着较为可靠的学科背景知识；其次，笔者作为本地人，经常在成都茶馆进行消费，在生活中积累了对茶馆市井艺术朴素的、直观的认知。

三、多样的茶馆市井艺术

茶馆，包括茶社、茶肆、茶屋、茶室。"成都之茶铺多，名曰茶社。"[1]至于市井艺术，学界目前对其尚未形成统一的定义，中国学者彭吉象在《艺术学概论》中对其定义进行了总结，罗列了诸如"客观精神说、主观精神

---

1 傅崇矩：《成都通览》，天地出版社，2014年，第298页。

说、模仿说（或再现说）、形象说、情感说、表现说、形式说"[1]等多种具有一定影响力的说法。通过比较研究，笔者认为美籍华人学者王笛对于"街头文化"的定义与市井艺术较为接近，即"在街头出现的各种文化现象和活动"[2]。艺术是一种特殊的意识形态，茶馆市井艺术是茶馆中的市井活动发展到一定阶段所形成的产物。因此，笔者将茶馆市井艺术定义为，在茶馆中由多个阶层参与的各种文化活动发展到一定阶段所形成的特殊意识形态和物质形态。

以艺术的美学原则为维度，可将成都茶馆市井艺术分为三大类："实用艺术、造型艺术、综合艺术。"[3]

（一）实用艺术

1. 建筑

成都茶馆的市井艺术在建筑上集中体现为浓烈的川西风格。以鹤鸣茶社为例，其内部建筑多采用木石结构，充满了川西崇尚自然、飘逸优雅的气质。茶馆门外放置有净手茶壶，入口是以黑、红为主色调的木石构造牌坊，释放出自然、优雅的信息。院落内是主要饮茶区，保留了典型川西民居建筑的天井、宽屋檐元素，营造出川西传统院落的氛围。这里最具特色的要数檐廊，用瓦片、茅草铺出悬山顶样式，上端自然生长着花草植物，廊内设有茶座、美人靠，与院落、大堂相比更具有私人领域的性质。

1　彭吉象在其《艺术学概论》中对艺术本质进行了探讨，并对"客观精神说""主观精神说""模仿说"和"再现说"进行了阐释。"客观精神说"认为艺术是"理念"或者客观"宇宙精神的体现"；"主观精神说"认为艺术是"自我意识的表现"，是"生命本体的冲动"；"模仿说"或"再现说"认为艺术是对现实的模仿和对"社会生活的再现"。（《艺术学概论》第四版，北京大学出版社，2015年，第3~6页）

2　王笛以"街头文化"来指称街头出现的各种文化现象和活动，"其研究范围包括城市和街道的外貌、街头巷尾民间艺人的表演、集体的庆祝仪式、下层民众在街头谋生的方法等。与街头有直接关联的店铺、茶馆和其他公共场所也在探索范围之内"。（《街头文化：成都公共空间、下层民众与地方政治，1870—1930》，中国人民大学出版社，2006年，第1页）

3　彭吉象在其《艺术学概论》中列出了六种艺术分类方法，其中一种是"根据艺术的美学原则将整个艺术区分为五大类"：实用艺术、造型艺术、表情艺术、综合艺术和语言艺术。（《艺术学概论》第四版，第90页）

2. 园林

成都茶馆多选址在风景优美之地,公园则是其集中地之一。[1]成都茶馆的一大特色就是其常处于园林之中,或其自身就是园林的重要组成部分,这一类茶馆中最具有代表性的要数人民公园的茶馆群。人民公园本身就是一座大园林,由金水溪、金鱼岛、兰草园、盆景园、人工湖、西假山和茶馆群等小型园林景点组成,园内植物众多,古木名树成荫。园内各大茶馆均由人工水系贯通,除所处地点不同,基本都有亭、廊、桥、榭、楼阁、厅、堂、轩等园林元素。因此,成都茶馆又多具有园林艺术价值。

3. 茶具

成都茶馆所用茶具多以盖碗为主。盖碗茶起源于成都,相传由唐德宗建中年间(780—783)西川节度使崔宁之女在成都时发明,因"上有盖,中有碗,下有托",故称"三才碗"或"三炮台"。盖碗茶具上常有名人所绘山水花鸟,碗内又绘避火图。有连同茶托为十二式者,十二碗加十二托为二十四式者,备茶会之用。清代茶托花样繁多,有圆形、荷叶形、元宝形等,具有极高的审美价值和浓郁的地方特色。

(二)造型艺术

1. 书画

书法字画也是茶馆内常见的艺术形式。茶馆内大都会悬挂与茶文化相关的书画作品,以展现茶馆的优雅文化底蕴。传统茶馆,如顺兴老茶馆、鹤鸣茶社等常有书画展出。这些作品常为中国山水花鸟画,偶尔也有能体现四川民俗特色的作品。一些露天茶馆还时有书法爱好者以特质毛笔蘸水书于地上,久而久之,也形成了一种独特的艺术形式。

2. 糖画

糖画起源于明代,糖画艺人起初都是随地摆摊,流动性极强。随着城市管理的渐趋完善,如今的成都糖画艺人转而在庙会、公园、茶馆等人流量大

---

[1] 王笛曾指出:"茶馆更竭力择址在商业发达或有自然风光或文化氛围浓厚之地。街边、路旁、桥头等地人来人往容易引人注目,当然是理想口岸,坐落在风景胜地亦是绝妙选择。"(《街头文化:成都公共空间、下层民众与地方政治,1870—1930》,第62页)

的公共场所摆摊设点。糖画的基本工具包括汉白玉板、糖炉和糖勺。糖画艺人通常收取固定金额的费用，根据顾客在转盘上随机转得的图案进行制作，偶尔也会根据顾客的要求进行专门的"定制"。糖画一般都是平面的，制画时，糖画艺人用糖勺从糖炉中舀取适量糖浆，迅速在汉白玉板上来回浇铸勾勒，待造型完成且半凝固时，将竹签固定在糖画上。技艺精巧的糖画艺人也能制作立体糖画，但立体糖画工艺复杂，需要首先制作构成立体图形的各个部件，再逐个将各部件拼接粘牢。平面糖画所绘传统图案多为花草、动物，创新图案则有体现四川地方特色的熊猫等造型；立体糖画造型则多为花篮、灯笼、自行车等。

（三）综合艺术

1. 川剧

川剧的起源可追溯到清代雍正、乾隆年间，从省外传入并流行于四川各地的高腔、昆曲、胡琴、梆子与四川语音、习俗结合，形成了具有四川地方特色的新剧种。为争取观众，川剧采用了各种声腔同台演出的表演方式，艺人们"高昆胡弹不挡，文武唱做皆能"。最早使用"川剧"这个名字的，是康芷林等人组成的"三庆会"。[1] 当前，川剧作为国家重要非物质文化遗产得到了保护和发展，成都茶馆是其重要的表演场所。琴台路、宽窄巷子、锦里等地的茶馆以及顺兴老茶馆、悦来茶楼等都开设有川剧表演服务，所表演的多为知名度高、文化底蕴厚的剧目，如《白蛇传》《空城计》《柳荫记》等。川剧常被当作茶馆的附属消费项目，不需单独付费。川剧最为典型的特色是"帮腔"，分为领腔、合腔、合唱、伴唱、重唱等。川剧语言生动活泼、幽默风趣，具有浓厚的生活气息。此外，川剧中的"变脸""喷火""水袖"等技能[2]，由于能给观众带来观感上的特殊享受而常常作为单独的表演项目出现在各种表演舞台上。

---

1. 胡度：《川剧的起源》，中国川剧网，http://scopera.newssc.org/system/20111011/000011475.html，2011年10月11日。
2. 蔚力：《什么是川剧？》，中国网，http://www.china.com.cn/guoqing/2014-12/02/content_34203687.html，2014年12月2日。

2. 茶艺

成都茶馆中的本土茶艺全名为"四川长嘴铜壶功夫掺茶艺术",发展至今,长嘴壶茶艺的功能已从实用性转向实用性与艺术性共存。关于长嘴壶茶艺的起源,众说纷纭,大多数学者都认为四川长嘴壶茶艺于清末正式形成。[1] 四川长嘴壶茶艺包含了武术、杂技、体操、茶文化等元素,以地域为界,形成了具有不同特色的流派,如蒙山派、青城山派、芙蓉门派等。掺茶师(或称茶博士[2])通常使用三尺到三尺六寸长的铜壶掺茶,具有很强的实用性和观赏性。长嘴壶掺茶的技艺包含有放碗、掺水、滑盖、关杯四个流程,其中最具视觉冲击力的是托杯(茶艺大师往往一手可拿数十个茶碗,并依次平稳放置于茶桌上)与掺水。[3] 茶艺师在表演时,会根据表演音乐的节奏随性律动,搭配复杂的如舞蹈或杂技般的动作,将滚烫的开水准确无误地注入茶碗中,极具观赏性。

3. 散打评书

评书是茶馆内传承数百年之久的传统说唱艺术。散打评书则特指20世纪90年代出现在川渝地区的即兴评书表演,其特点是即兴发挥,随意展开话题,不受话本限制,形散而神不散。散打评书表演者均需具备极强的幽默感、临场应变能力和语言组织能力。散打评书在四川发展迅速,态势良好,以其内容贴近生活受到观众喜爱。

---

[1] 四川茶艺发源于唐宋时期川东地带,唐宋时期有《斗茶图》为据,唐朝末期西蜀更加注重休闲,茶文化在当时尤其盛行。后来历经战乱,斗茶之风渐渐消失,直到清末民初才又在川东一带兴起。(文琼:《四川长嘴壶茶艺的开发优势与策略研究》,《农业考古》2014年第2期)

[2] 据何满子考证,"茶博士"的叫法源于唐宋时期,那时人们有把各种职业、三教九流冠以官职的习俗,例如医生被叫作郎中,地主被称为员外。(何满子:《五杂侃》,成都出版社,1994年,第155~156页)

[3] 在茶艺表演中,茶艺师一般用1.2米长的铜壶将滚烫的开水注入茶碗中,在掺茶之前会大秀武艺,将中国武术中的十八般武艺套路融于长嘴壶茶艺之中,具有很强的观赏性、实用性和文化性。(文琼:《四川长嘴壶茶艺的开发优势与策略研究》,《农业考古》2014年第2期)

（四）民俗文化

1. 采耳

采耳是成都茶馆内形成的地域民俗文化之一，也是四川重要的非物质文化遗产。采耳师一般四处游走、敲击音叉以寻找顾客，所用工具包括耳扒、鹅毛棒、鸡毛棒、铗子、马尾和刮耳刀等。采耳师常佩戴头灯以观察耳内情况，在采耳时还常常向顾客讲述采耳业发展历史。其入门，必须通过蜡烛挑芯、鸡蛋拔膜、香烟夹丝三门课程的训练，专门锻炼掏耳朵时手指、手腕的巧力和精准度，以确保在采耳时能够达到"稳、准、狠"的效果。这三项基本功练扎实后，方可为客人掏耳朵。[1]

四、发展基础

市井艺术产生和发展的原因众多，本文按照形态维度将其分为理论基础与实践基础两种类型。

（一）理论基础

1. 马克思艺术生产论

马克思提出艺术生产论，阐述艺术是生产的一种特殊形式，艺术生产与物质生产有其内在一致性，并受不同阶段物质生产特点的限制。成都茶馆市井艺术的产生无疑符合马克思艺术生产论。成都茶馆市井艺术起源于成都茶馆市井生活，市井生活起初表现为小贩、手工艺者等人群的商业交易活动。随着工商业的发展、物质资本的大量积累和往来人口的增长，市井生活者的消费需求开始由养家糊口转向更高的物质需求和文化需求，市井艺术的心理需求由此诞生。手工艺人、商人的财富积累，为其维持自身与家人生活所需资料提供了保障，使其有多余的时间和金钱用于自我学习和技艺提升以及扩大再生产，为成都茶馆市井艺术的产生和发展提供了必需的物质条件。

---

[1] 王小瑾：《成都宽窄巷采耳师傅走红 亲手制作采耳工具价值不菲》，新浪四川，http://sc.sina.com.cn/news/b/2017-06-22/detail-ifyhmtek7616243-p3.shtml，2017年6月22日。

2. 马斯洛需要层次理论

马斯洛需要层次理论将人类的需求从低到高分为五类，分别是生理、安全、社交、尊重和自我实现。[1]与马克思艺术生产论类似，茶馆市井艺术的产生体现在马斯洛需要层次理论上也是递进满足。与艺术生产论不同的是，茶馆市井艺术在需要层次理论上更多地体现为双向满足和心理满足。从消费者角度来说，消费者在其基本生存需求得到满足后，心理需求转向了社交、尊重和自我实现，茶馆作为成都的公共场所承担了这样的功能，消费者在茶馆内可以进行信息交流、文化教育和娱乐休闲等活动。从商家来说，其基本生存需求（盈利）得到满足后，心理需求就开始转向尊重和自我价值的实现。这样的心理需求激励和促使茶馆内的文化活动更加积极、精进和扩大化，从而博得业内的良好名声，吸引来更多的客源。这是茶馆市井艺术产生和发展的重要推动力。

（二）实践基础

1. 茶馆

随着商业的发展，日益勃兴的茶馆成为茶馆市井艺术产生和发展的重要场所。成都茶馆具有数量多、个性化突出的特点。茶馆是其市井艺术的物质载体，汇聚商家、消费者和手工艺人，是整个茶馆市井艺术的基础性要素。

2. 商家

商家作为以茶和茶馆市井艺术为依靠的盈利方，为茶馆市井艺术的产生和发展提供了财力支持和场地支持。茶馆市井艺术的发展产生了商家利好，商家因此提供了更多的茶馆市井艺术教育投资和茶馆建设投资，形成良性循环，促进了茶馆、茶馆市井艺术的发展。

3. 消费者

消费者是茶馆盈利的主要来源，为茶馆和茶馆市井艺术的发展提供了物质财富支持，维持了茶馆的生存和创收，并对茶馆市井艺术提出建议，促进茶馆与茶馆市井艺术不断修正精进，以适应消费者和市场的需要。消费者的多来源、多层次是成都茶馆市井艺术雅俗共赏性形成的根本原因，也是茶馆

---

1 彭聃龄：《普通心理学》，北京师范大学出版社，2012年，第371页。

市井艺术产生和发展的根本推动力。

4. 手工艺人

手工艺人是茶馆市井艺术的主要传承者和表演者，是茶馆市井艺术构成的重要组成部分。其职责包括对茶馆市井艺术的表演、创新和传承。手工艺人是茶馆市井艺术得以产生和发展的直接推动力。

五、裂变的发展过程

成都茶馆的市井艺术有其自身鲜明的特征。

（一）多样性

成都茶馆市井艺术的种类极多，是其他地域茶馆市井艺术所不能相提并论的。成都茶馆市井艺术的多样性可分为类型多、种类多、流派多三个特点。其类型可分为实用类、造型类、综合类。其种类有建筑、园林、茶具、糖画、书画和采耳等。成都茶馆市井艺术的流派众多，特色各异，有蒙顶山派、青城山派、峨眉山派、芙蓉派等。

（二）独特性

成都茶馆市井艺术的独特性主要体现在其产生和发展都带有浓厚的地方气息，具体表现为：建筑中传承的川西民居风格、园林中互不相同的公园特色、茶具发展中变化的花纹图样和茶馆标志、川内不同地域发展的茶艺招式（名称和动作）、糖画和书画中的成都地方素材、川剧中的艺术素材和唱词唱腔等，成都茶馆中的市井艺术无一不表现其独特性特点。

（三）融合性

融合性是成都茶馆市井艺术的最大特点，也是其雅俗共赏的特质，贯穿于成都茶馆市井艺术发展的始终。成都茶馆市井艺术的雅俗共赏性体现在其存在空间上与表演的内容上。"雅"的市井艺术（川剧、茶艺、园林、建筑、书画等）和"俗"的市井艺术（糖画、采耳等），在茶馆这个空间内同在。"雅""俗"市井艺术在内容上也相互借鉴、融合，如在外来剧种中加入四川方言，拉近了与观众的距离；糖画艺人在长期的糖画制作中不断精进自己的绘画技艺，为"俗"的市井艺术增添了技术性。

六、发展模式

成都茶馆的市井艺术具有独特的发展模式。

（一）上游：承接传统，艺术的分流与转型

成都茶馆市井艺术有其悠久的发展历史，至今还保留着自身的传统和特色。随着历史的演变，成都茶馆形成了传统型、现代型和复合型三种形态。传统型茶馆内的市井艺术是传统市井艺术的分支，现代型茶馆中的市井艺术则是传统市井艺术的转型，复合型茶馆兼具前两者特点。传统茶馆内的建筑、园林多采用木石结构，带有浓郁的川西民居特点，保留了糖画、采耳等传统民俗文化和川剧表演等传统戏剧表演形式。现代茶馆则多处于人流量集中的地区，以现代化时尚建筑居多，艺术表演形式多为歌唱、舞蹈等。复合型茶馆内建筑和装潢均采用仿古样式，川剧表演多采用传统乐器与多媒体技术相结合的方式。

（二）中游：纵横发展，自主性解读与创新

成都茶馆市井艺术之所以具有多样性的特点，就在于各地方、各茶馆对茶馆市井艺术均有独特的解读和创新。如鹤鸣茶社在其茶具上印有鹤鸣标志或图案；长期的长嘴壶茶艺表演使鹤鸣茶社涌现出一批以吴登方为代表的茶艺大师。成都茶馆市井艺术不但有其传承性的纵向发展，也有其借鉴性的横向发展。光绪三十二年（1906）吴碧澄于会府北街创立了新式戏园——可园，由于成都人历来都有看戏的传统爱好，因此前往可园看戏的观众众多。[1]据考，成都此前并没有戏园，可园兼具戏园与茶馆的功能，是成都最具代表性的传统茶馆之一。可园成功经营的经验促使成都茶馆纷纷"邀戏进馆"，茶馆的川剧表演传统由此而来。

1　傅崇矩：《成都通览》，第97页。

（三）下游：艺术变现，循环式投资与反馈

成都茶馆市井艺术的发展直接促进了茶馆经营的繁荣，营业额的大量提升充分显示了艺术变现的优势。资本的涌入使手工艺人学习、精进的机会和主动性都大大提高。茶馆商家作为利好方，对手工艺人持积极吸收的态度，并乐于保护手工艺人自身的发展。随着茶馆行业从卖方市场逐渐转向买方市场，对茶馆商家而言，顾客的需求也促使茶馆市井艺术向更优良的方向发展，并促使他们对市井艺术是否适合消费市场迅速做出判断（显性批评建议或利用货币选票进行隐性反馈）。综上，顾客与商家共同对茶馆内的市井艺术进行了循环式投资与反馈，促进其良性发展。

此外，茶馆内"雅"的市井艺术的解构与"雅""俗"艺术重构的趋势亦颇值得关注，其背后存在着现实原因。

第一，政治经济赋权——亚群体话语权崛起。

在傅崇矩的记载中，传统茶馆中处于发展前列的成都茶馆的主要顾客是"有闲阶级"[1]和"有钱阶级"，两种人群的生存需求已得到满足，有充分的时间和金钱进行文化艺术消费。且上层阶级通常接受过良好的教育，有更高的艺术鉴赏能力。因此，传统茶馆中的市井艺术消费者通常是上层阶级，茶馆市井艺术的内容和形式也更迎合精英们的喜好和生活环境。随着新中国的成立，尤其是改革开放的推进，市民阶层迅速发展，在政治上拥有了平等权利，在经济上独立发展，相比上层阶级更具有数量上的优势。因此，普通市民成为茶馆市井艺术的消费主力军，茶馆为了获取更多的客源和收入，将市井艺术的内容和形式向更贴近普通市民的方向改革。新中国成立后，在国家赋予人民充分政治权利的背景下，一系列贴近普通市民生活的川剧剧目纷纷出炉，如《黎明十二桥》《活捉黄光辉》《小二

---

[1] 经济学名词。指有资产，不需要拥有固定职业，生活休闲以社交娱乐为主的阶级。有闲阶级在心理上与劳动阶级不同，他们处处显示自己的优越地位，不仅要过有闲的生活，而且要通过对自己生活方式的炫耀来显示自己的阔气。此处特指成都茶馆中的主要顾客群体。（胡天：《成都导游》，蜀文印刷社，1938年，第69页）

黑结婚》等。[1]

第二，艺术素材蜂窝膨胀——一元与多元争鸣。

改革开放以来，市民被全方位赋权。茶馆市井艺术为了迎合消费者对艺术内容和形式的追求而进行了自我改造。相比于传统精英阶级，普通市民的文化具有多样性、普遍性的特点，艺术素材（口语素材、情节素材）总量大大提高，可用素材量得到大幅度提升，茶馆市井艺术的创作和演绎视角下移。散打评书正是在这种背景下应运而生的市井艺术之一，其取材多见于市民生活内容，包括口语、民俗、生活冲突等。散打评书凭借其生活化和幽默诙谐的特点迅速在川渝地区传播开来，形成了独具特色的茶馆市井艺术。

第三，解构重构并举——精英大众碰撞融合。

成都茶馆市井艺术的特点之一在于其融合性或雅俗共赏性。其融合性贯穿于市井艺术发展与解构重构过程的始终。成都茶馆传统市井艺术的解构与重构不是历时性的过程，而是一个共时性的过程，达到了联动构建的效果。市井艺术重新组合，其实质在于从精英与大众之间到地区之间文化的碰撞融合，这一过程形塑了当今成都茶馆市井艺术的形态。以川剧和建筑为例：川剧起初见于上层阶级娱乐，唱词多为文言，具有优雅的特点，到了其发展后期，川剧向市民艺术方向转型，其唱词和形体都做了现代化的改变，更具时尚性；在建筑方面，成都茶馆大多保留了川西民居的特色，但徽派马头墙元素在各传统茶馆中也频繁出现，为茶馆增加了江南建筑特色，使茶馆的建筑艺术更具多元化的特点。

成都茶馆，煮沸八方文化，广收大俗大雅，展示了天府文化的包容精神。茶馆中的市井艺术锻造了天府人民休闲随和的生活风格，是时尚优雅天府文化的重要组成部分。作为重要的文化财富，茶馆市井艺术也是成都市民的集体记忆符号，值得我们高度重视和精心保护。

---

[1] 李世麟：《记忆中的川剧现代戏》，中国川剧网，http://scopera.newssc.org/system/2012/06/21/013554872.shtml，2012年6月21日。

韩国人心目中的天府成都

——围绕旅游景点与汉文学传统的研究

文/朴钟茂 翟海青 译/朴民赫[1]

摘 要：城市是文化之花朵，文化是城市之生命，历史和传统是城市文化的重要成分。成都作为一座城市，能保留独树一帜的文化特征，并在对传统文化进行高度提炼与再造后，使昔日辉煌的汉文化成为被世界所认同和欣赏的天府标志。成都神韵，无疑是从古色古香的优雅与繁华新潮的时尚的相互辉映之中显现的。如此高妙的天府文化传承，或许其动力正出自于成都所独有的优雅时尚精神。中韩人民之间有着悠久的交往历史。本文以中韩间共存的文化纽带为线索，总结了天府文化在韩国人心目中的印象，探讨了蕴含优雅时尚气息的天府成都旅游名胜，并对天府文化优雅时尚的内涵做了发掘与延伸，最后对天府文化的发展提出了新的期望与建议。

关键词：成都神韵；汉文化传统；东洋人文学；优雅时尚

---

[1] 朴钟茂，韩国湖源大学派遣至淄博师专的韩语教师，文学博士，童话作家。翟海青，山东淄博师专教师，哲学博士。朴民赫，四川大学建筑与环境学院工程力学专业学生。

"天府文化"的称呼，无疑是当前中国大规模发展的旅游事业中最具有特色的招牌式称呼。与中国其他地方比较，成都市是中国旅游业发展的顶尖代表，其本身具有的丰富的天府文化内涵则是其旅游业发展"厚积薄发"的基础。从历史上看，"天府"一词来源极其久远。后来，东汉末动乱时期，南阳隐士诸葛亮为刘备筹划战略方案的时候，这虽尚远在千里之外，但仍称呼四川是天府之国，并希望刘备能够将这个有着沃野千里的地方作为政治活动的根据地——这时候的四川是东汉末拥刘派实现政治理想的最佳基地。

　　很少有地方像成都一样，能具现代性和历史性于一身，这或许是天府文化最鲜明的特质。在近年的高速发展中，天府成都的优秀历史文化不仅没有被淹没在现代化建设之中，相反，经济发展使这个城市更有实力保持其优秀传统文化的鲜润，时尚、现代化的成都处处透露出一种融汇古今的面貌。在这里，人们时常能够在最繁华的地方找到最久远的历史遗存，在人数极多的公园找到极其宁静优雅的文化角落。因此，成都的文化是立体的，通过巧妙的布局和匠心的安排而使历史和现实达到了最和谐的安排。在今日世界，凡是对成都有基本了解的人都可以总结出其"优雅时尚"的著名城市品格。这种品格的形成绝非易事，乃是历经千年的四川文化在成都这个人文宜居的城市身上所提炼出来的最完整、最深沉的文化气质的呈现。如果仔细分析"优雅时尚"这四个字本身的内涵，其实包含着"优雅"和"时尚"两种不同的意蕴。两种意蕴虽然不同，但有着共同的人文历史，都来自于历史和时代的塑造。

　　一个城市所具有的"优雅"称号，绝不是纯粹的物质财富和地理面貌所能够快速催生的。成都的优雅其实是四川历史在现代化社会的立体式呈现。很难想象，一个缺乏文化积淀的地区能够产生迷人的文化魅力。同样的事情发生在十九世纪晚期的美国，当美国逐步进入现代化社会以后，急剧增长的社会财富与文化贫瘠的现象形成鲜明对比，美国社会对欧洲文明的羡慕形成了疯狂的文化产品购买风潮。中国其他地区，历史同样悠久，但是逐渐兴起的现代化在最大程度上破坏了其本身的历史感，形成了人们意识领域的历史文化断层，很多地方发展到现代化的时候，人们的思维也紧跟着转向了现代化。但成都，既不缺乏历史，又没有出现断层，于是悠久的历史浓缩在了现代化的今天，丰富的文化遗存无时无刻不在刺激人们的耳目心神，让人在现代化的生活模式之中找到了某种精神寄托的"飞地"。这也进一步影响着成都人的思维方式，在具有立体化历史感的人群中，思维的内涵贯穿了现代和过往，连接了物质和精神，整合了世俗和高雅。一言以蔽之，整个城市变得雅致起来。

成都的"雅致"，绝不是某种故步自封、坐井观天式的盲目狭隘，而是一种具有不断开拓进取的动态的美感，这种动态的美感形成了今天人们所谓的"时尚"精神。成都平原具有西南地区面积最为广大的肥沃土壤，气候温暖湿润，物产丰富，农业的发达成为成都平原经济发展的坚实的第一产业基础。在很久以前就流传着的"老不出蜀"的谚语，揭示了成都经济的稳定和坚实。在这种第一产业发展的基础之上，成都具有发展经济的最佳的条件。加之历史上成都平原较少受到中原战乱的波及，因此，虽然偏安一隅，但却富庶自足，能量有余，即能实现财富的对外输出和先进科技的对内输入。对外的交流整合和对内的富庶安定，使得成都成为西南地区经济最为富饶，文化最为发达，生活最为安闲的地区，人们具备充足的能力实现其内心对于美好事物的追求，"时尚"的品质逐渐形成。只要深入成都的生活，人们即可看到，虽然身处内陆，但是成都的思想绝不封闭，相反，活跃的文化特质使成都成为西南地区的时尚中心，引领了西南地区社会文化的发展。这是一片"时尚"的热土，而不是偏僻的乡壤。"优雅"和"时尚"的结合，使成都产生了一种超凡的魅力。

一、天府成都，一座"来了就不想离开的城市"

近年成都市的旅游发展趋势十分令人瞩目。[1]成都作为"天府之国"，在中国的城市中历来都有其独特的地位。在未来的全球化进程中，成都的文化潜力将焕发出更大的生机，成为世界城市中受人瞩目的一股"清流"。

于此，需要加以注意的事实在于，每年有大量韩国游客到访成都。从

---

[1] 根据成都市旅游局的公开信息得知，2012至2016年仅五年之间，成都旅游总收入翻倍增长：成都旅游总收入从1050亿到3000亿；入境游客从105万人到300万人；旅游总人数从1.223亿人到2.05亿人。从这一系列数据不难看出，成都旅游以破茧成蝶的奋进姿态，实现了持续健康的快速发展。

"2016年来蓉入境旅游人数排名前十位的国家和地区分布情况"表可以看到，来蓉入境游客最多的前几个国家为美国、英国和日本。很明显，在入境游客中，美国人和英国人位居前列前排。韩国入境游客则排名第六。[1]一般而言，出境旅游的亚洲人比较喜欢选择较近目的地，在此情况下，成都已经是名副其实的全球性国际旅游目的地城市。

根据韩国一则关于"海外旅游目的地和选择条件"的报道，当休假时间在一周以内时，移动距离与时间就成为游客的主要考量因素，因此与半岛接壤的中国就自然成为韩国游客最为喜爱的旅游地点。[2]当然，这其中蕴含的一个最重要的因素还在于，中国与韩国拥有共同的文化传统，这也成为中国吸引韩国游客的因素。

韩国作为汉文化圈国家，与华夏文化相伴发展至今的历史传统使得韩国人对中国的风情与文化并不陌生，这种文化纽带同样存在于共享文化脉络的其他东亚国家之间，比如韩国与日本、日本与中国之间。[3]作为汉文化集大成者的汉文学以及儒教传统，是韩国人来到中国之后非常乐于发现和挖掘的文化心理连接，因为在朝鲜半岛的文化中，汉文化一直是不可或缺的主要脉络，两千年的传统已深深植根于半岛的文化基因中。在这种文化背景之下，中国的诸多城市都成为吸引韩国人的最佳旅游目的地，而成都凭借其古今共存之优雅时尚，更是吸引了大量的韩国游客。这表明，除了汉文化对韩国人的吸引之外，成都本地的旅游资源也具有独特的魅力。

---

1. 参见成都市旅游政务网2016年成都旅游经济运行分析报告。据最近的新闻报道，成都还被全球第一的旅游评论网站Tripadvisor评为"中国最受全球旅客欢迎的十大旅游目的地"；入选美国《国家地理旅游者》杂志全球"2017年21个必去旅游目的地城市"；在万事达卡发布的全球旅游目的地指数评选中，位居各地游客最具活力榜全球第二。
2. 参考《东亚日报》刊登之《Skyscanner，2017年韩国人自由旅行趋势分析报表》（2017年12月13日），韩国文化研究院《2016国民旅行实态调查》以及韩国观光公社《海外旅行实态·趋势调查》（见韩国观光公社网站http://kto.visitkorea.or.kr）。
3. 近年来韩国向大阪和东京输出的游客大量增加。经调查发现，在近年到日本的游客中，亚洲地区游客的增加率和占有率较高。从中可知游客主要考虑的条件，除了距离的远近和移动时间的长短，还有文化的亲疏程度。这也是本文特别关注的一点，同属"汉（字）文化圈"的民族之间，如中国人、韩国人、日本人等，因有着共同的文化传统作为纽带而更偏向于同文化圈的旅游目的地。

二、天府成都人文资源的"汉文学"内涵

　　天府成都,是一个具有丰富的人文旅游资源的城市。[1]从游客的视角看,成都无疑是一座富有魅力的城市。成都的"优雅",不是暴发户造家谱一般的人工烘托,而是几千年历史的自然积淀所形成的深厚文化土壤。形成这种土壤的,不仅仅是自然环境,最重要的还是人文景观。应该说,很难有一座城市能像成都这样,能够随手列出如此多的人文景观。

　　谈到此处必然要提出一个问题,那就是对于天府成都的诸多人文景观,韩国人抱持什么样的看法?表达得更具体一点就是:到访成都的韩国游客究竟想要看什么?弄清这个问题具有重要的意义。首先,在现代文化与传统文化分裂日益严重的今天,来自韩国的游客到访成都游览人文遗迹,其中必然存在着对汉文化的复古追求。这个问题也可以落在这样一个视点上:过去和现在,韩国游客对成都的期待是否发生了某种转移?从成都得到的文化体验有哪些细微的变化?相信这样的观察和探讨能为成都和韩国的文化交流提供有利的线索。不过,对于成都来说,韩国人同来自其他国家的人一样皆属外人。韩国人对成都所持的印象,与其他外国游客对成都所持的印象应当相差无几。[2]这么说来,与其一一列举韩国游客对成都的感受,莫若将韩国人才会有的文化联想展开来,如此,才有可能进行更有意义的探讨。

　　众所周知,中国人文学——包括儒家经学和汉文学的传入,在朝鲜半岛的文化史中扮演了非常重要的作用,此种作用不仅仅停留于国民日常之简单娱乐,就最深层次的作用来看,汉文化对于韩国国民心理的塑造也起到了某种不可忽视的影响。而作为韩国人对中国和四川成都的了解,汉文化无疑起到了核心的解释作用,是影响韩国人对中国认知的最重要的文化起点。

　　正是借助于大量的旅游景点,成都人重现了那段持续两千年的历史发展。旅游景点本身是静态的,历史发展则具有鲜明的动态特征,但历史与景物的结合,却使得成都具有一种"寓动于静,静中含动"的文化特质。当人们都在感叹中国厚重的历史感正在逐渐消失的今天,人们却无法否认,成

1　本文中,凡是离成都市中心较近的景点都被视作"成都市内的景观"。
2　本文中的"成都印象",主要围绕"汉文学"的范畴展开。

都正逐步通过努力——通过大力维护历史遗存和文化景点而重塑了这种历史感。

中国本身具有五千年以上的文明历史，中国人对于四川的经营建设同样经历了一个漫长的历史过程，但韩国人对于四川的认知，却有着某种鲜明的历史凝重感。一个比较明显的事实就是，韩国人喜欢撷取几个典型的历史切片去实现对四川的认知，其中古蜀神秘文化、三国故事、唐代文化典故等成为韩国人心目中"天府文化"的重要支点。成都作为一座城市，在悠长的发展历史中呈现出了多层次的特殊文化，营造出了浪漫与才情并具的艺术世界。在一系列具有世界级声誉的文化遗存和旅游景点中，无疑，武侯祠、杜甫草堂、文君酒垆、薛涛井具有更大的文化魅力。通过重点关注这些具有汉文学传统的人文景点，可以从中寻找韩国与成都的文化交集。[1]

三、东洋人文学的"圣地"——武侯祠与杜甫草堂

在那些属于汉文学范畴的成都景点当中，能够很好地代表天府文化优雅时尚特质的两个胜地，当属武侯祠与杜甫草堂。无论是国际知名度，还是历史意义，两处景点都首屈一指。在整个中国历史上，汉末三国时期的诸葛亮实在是中国历史上最具影响力和知名度的人物形象之一。诸葛亮的事迹经过《三国演义》的演绎，形成了一种雅俗共赏的文化现象，是古代中国人对于智者形象的最佳演绎。甚至在东亚一些国家和地区，崇拜诸葛武侯的现象也是维系中外文化认同的最重要的纽带。

（一）武侯祠

在成都的历史发展过程中，东汉末三国时期的诸葛亮无疑是极为重要的人物。以著名的"隆中对"作为基本战略蓝图，刘备集团得以在中国西南建立政权，既在事实上延续了汉朝中央政府的威望和名号，又在更高程度上实现了对西南地区的开发，从此，四川地区成为中国境内不可忽视的重要区

---

[1] 笔者抱着好奇心查了一下韩国有关成都的图书的出版情况，可以得出的结论是，至今韩国人仍然对成都文化，尤其是对其与传统汉文学紧密联系的文化历史感兴趣。

域。说到武侯祠,韩国人对"三国"的故事是相当熟悉的。罗贯中所著的《三国演义》自然对此起到了很大的作用,在所谓的中国四大奇书中,《三国演义》可谓韩国人最喜爱的作品。

"三国"其实是史书《三国志》以及小说《三国演义》的统称,然而对于大众来说,小说《三国演义》的影响显然更为普遍,因此说到与"三国"相关的史实,其实许多人都是通过小说故事进行了解的。甚至,说起三国,有些韩国人比对自己国家的历史还要了解,这种现象自朝鲜时代起就有了。

《三国演义》从16世纪左右传到半岛以后,成为朝鲜人,尤其是被称为"两班"的上层阶级所喜爱的读物。甚至,其中赤壁之战的情节被改编成民众艺术"盘索利"《赤壁歌》(又名《华容道打铃》),是直到19世纪末仍为朝鲜"两班"阶层所喜爱的唱曲。《三国演义》这样的汉文小说,只有具备汉文修养的知识阶层才能阅读,除此之外,大多数民众主要通过观剧才能了解其故事。可以说,朝鲜上层社会是《赤壁歌》的第一享受集团,而知识分子对其的接纳和爱好直接引领了《赤壁歌》在民间的流行。"盘索利"本身是受各阶级广泛喜爱的一种民众艺术,虽然对没有相关历史知识的普通国民而言,理解《赤壁歌》不太容易(因为唱剧台本中有较多的汉字词汇与晦涩的专业历史语言),但是"盘索利"《赤壁歌》仍然对《三国演义》在民间的普及起到了很大作用。众所皆知,三国时期蜀吴联军和魏军的接战是一个客观史实,罗贯中《三国演义》描写了参与赤壁之战的三国英雄的相关活动和全部战况:曹操书信至江东,威胁孙权投降,共擒刘备。诸葛亮借机入东吴,舌战群儒,智激周瑜,终于使得孙权决计破曹。周瑜与诸葛亮不谋而合,定下火攻之策。一夜之间,曹操大军竟至惨败,逃命过程中又遭到赵云、张飞与关羽三次堵截。最终华容道关羽义释曹操,使得曹操逃至南郡。整体来说,蜀吴联军之所以能取得赤壁之战的胜利,诸葛亮起了最大的作用,《赤壁歌》很好地揭示了刘备和诸葛亮这两个人物形象在韩国受欢迎的程度。

朝鲜史书之中也有一处记载,记录了王和臣下之间通过三国之史讨论国家政事的情形,话题的中心是诸葛亮与刘备:

秉泰曰:"昔者宣庙自龙湾返驾,至永清县,有山名卧龙,故遂立武侯祠。圣祖此举,盖因国步危难,寤寐英豪而然也。今日圣教又及于此,岂不以人才渺然,亦有所慨然兴想者乎?如此稀世人物,固不可易得,而天生一世人,自足了一世事,自上一心求访,则岂无所裨补乎?"……上曰:"三顾草庐,与永安托孤等事,千载之下,犹可想见,虽高光,未为胜之,勿以善小而不为,勿以恶小而为之者,学问大致,似为得之矣。"[1]

文中君王与臣下先是谈起求贤的困难,而后话题自然转向诸葛亮与刘备,其中还说到朝鲜宣祖时代建起的一座武侯祠。[2]

在《三国演义》作者罗贯中的笔下,"蜀汉"是"正统"的代表,刘备是"善"的典型人物,诸葛亮是蜀汉丞相、杰出的政治家,为刘备的伟业以及国家的治理做出了极大贡献。诸葛亮形象不仅仅在文学作品中生辉,甚至在政治上也产生了某种不可忽视的影响。古今中外对于人才的渴望,通过演义故事得到了集中的抒发,在最大程度上满足了身处下层、渴求发展的人才和身处高层、渴求得到英才辅佐的统治者的共同心愿。单从这点而言,诸葛武侯的故事早就已经超越了纯粹文学的领域而跨向了政治和管理所涉及的领域。爱惜人才的刘备为了诸葛亮而三顾茅庐的故事已是众所周知的佳话,刘备与诸葛亮两人的观念在以下两句中得到了很好的概括:"孤之有孔明,犹鱼之有水也"(刘备语),"鞠躬尽瘁,死而后已"(诸葛亮语)。

《承政院日记》是朝鲜最重要的两大史书之一,与其并列的是《朝鲜王朝实录》。同后者相比,《承政院日记》对君王言行的记录更为细致入微,

---

1 《承政院日记》第611册(脱初本第33册)英祖二年(1726,雍正四年)二月十六日,出自"韩国古典综合DB"网。李秉常等人与王议论地方行政时说到善用人才的困难,最终他们都认为"刘备"与"诸葛亮"是君臣之典范。
2 《承政院日记》记载:"昔者宣庙,自龙湾返驾,至永清县,有山名卧龙,故遂立武侯祠。圣祖此学,盖因国步危难,寤寐英豪而然也。"宣庙指宣祖王。这是朝鲜时期壬辰倭乱时发生的事。当时在平壤避乱的宣祖迁移到义州,并驻跸数月,在这段时期修建了供奉诸葛武侯的武侯祠(宣祖三十六年,1603)。这座"武侯祠",在英祖十四年(1738)改名为三忠祠。

我们借此可以得知刘备与诸葛亮不仅被韩国人民所喜爱，也广为上流阶层所知。

更引人注目的是，如今"三国"文化正以新的形式在朝鲜半岛引起了又一次热风。近几十年以来，《三国演义》的不同译本以及改编自《三国演义》的影视、音乐剧、儿童电视剧、游戏等作品不断涌现，成功吸引了韩国人民的目光。谈到再读《三国演义》的热潮，韩译版《三国演义》的影响自然是不可忽略的。[1] 在许多译本中，作家李文烈的翻译作品对三国热潮的影响最为深远。其前后虽不乏优秀的译本，但李文烈先生的韩文《三国演义》才真正是韩国读者心目中最经典的翻译文本。[2]

三国文化的热度并没有仅仅局限于朝鲜半岛范围之内，以其本源地中国为中心，日本、泰国等许多国家均表现出了对三国文化的喜爱。如果有人试图通过三国文化挖掘亚洲的内在文化纽带，将是一次非常有意思的考察过程。基于这种文化联系，成都的三国圣地武侯祠，对韩国人而言，具有不可不去巡礼一番的意义与魅力。

（二）杜甫草堂

因为独特的地理位置和交通状况，唐朝时期的四川赢得了普遍的声誉，当时即流传着"扬一益二"的说法，而唐朝中期开始的混乱局面也没有过多地波及四川地区，这为成都的文化繁荣创造了极为有利的环境。杜甫草堂，其国际名声可与武侯祠比肩，也是中国汉文学之圣地。杜甫被众口一词地认定为儒家的知识分子，具有"致君尧舜上，再使风俗淳"的伟大政治抱负，虽然一生坎坷，但却始终忠于唐朝中央政府，是中国封建时代知识分子忠君爱国的典范。在文学创作领域，杜甫也是卓然成家，其诗作被誉为"诗

---

[1] 大众对三国的喜爱自然会延伸到对诸葛亮、刘备等人物的关心，而这种关心可能延伸到对武侯祠的关心。如此说来，如今宣传三国故事的文学、艺术作品同时也扮演了武侯祠宣传者的角色。

[2] 李文烈（이문열，1948—）韩国著名作家，出生首尔。他的名作还有《皮浪的猪》《英雄时代》《边境》《诗人》《选择》《金翅鸟》《青春肖像》《诗人和盗贼》以及译著《三国志》（《三国演义》）、《水浒传》等。他翻译的小说《三国志》（翻译书名为《三国志》，内容实为《三国演义》）自出版以来畅销了30年。

史",具有"沉郁顿挫"的诗风,对仗工整严格,表达了对国家民族命运的深重担忧,是中国古代知识分子心怀天下的代表。因此,杜甫形象对于塑造中国知识分子的内心世界具有不可忽视的力量。早在唐朝,唐诗在汉文化圈的影响力就随着唐朝国力的发展而不断水涨船高。高丽的歌谣《翰林别曲》,以及朝鲜乡乐《横杀门》等作品皆与杜甫诗有关。另外,韩文创制之后不久便刊行的杜诗韩文译本《杜诗谚解》,也进一步印证了杜甫在朝鲜半岛所享的盛名。朝鲜半岛的文人对杜甫的生平与境界敬爱有加,下面出自朝鲜文人的两首诗,就很好地说明了这一点:

> 石花应似浣花居,篱落萧条棘也疏。
> 窥醉月留穿壁影,醒眠风动摊床书。
> 泉源暗涨西山雨,园圃多分东郭蔬。
> 地僻身闲贫不厌,任从白发逼年除。[1]

这里的"浣花居"指杜甫在成都浣花溪边的居所,即今日所称之"杜甫草堂",这首诗以杜甫草堂比喻诗人故友寄居在石花村的居所,意在赞扬这位故人在清贫中自得其乐的状态。

> 杜子新茅屋,陶生旧菊篱。
> 一林晴雪后,千壑夕阳时。
> 委巷过逢少,清樽笑语宜。
> 唯须除万事,尽意快倾卮。[2]

在这首诗当中,诗人将自己的居处以杜甫草堂及陶渊明的田园居所作比,描绘了独自饮酒作诗的清闲。

草堂、茅屋在韩国被称为"초가"(草庐之意),这个词使韩国人首先

---

[1] (朝鲜)朴世堂(1629—1703):《西溪集》卷四《李君长民居石花村自题壁——辄次其韵》二首,出自"韩国古典综合DB"网。
[2] (朝鲜)李睟光(1563—1628):《芝峰集》卷三《酒席口占》其二,出自"韩国古典综合DB"网。

想起乡村角落俭素的家屋。朝鲜的文人们，常常通过将自己朴素的居所比喻为杜甫草堂，来表达自己对能够像杜甫一样在任何境遇中都能够写出不朽诗篇的自我期许。

关于杜甫的诸多事情，比如被誉为"诗圣"，与李白并称"李杜"等，对韩国人来说同样属于文化常识。只是相比过去，现代韩国人接触杜甫、接触古诗的机会越来越少。在中韩合拍电影《好雨时节》中，韩国年轻人（男主人公）来到成都后访问的第一站便是杜甫草堂，或许这种缺失也是将韩国游客的脚步引向杜甫草堂的原因之一。[1]

四、望江楼公园——回忆朝鲜的女人

在成都，并非只有具备凝重品格的武侯祠和杜甫草堂，秀美多姿的山水之间还吹拂着温婉的女性之风，四川女子亦在中国文化史上占据了卓然的地位。秦朝寡妇清在经济发展上的成就让秦始皇都赞赏不已，而唐代薛涛的文采风流与其制作的笺纸一样流传久远。对于韩国人来讲，薛涛的故事实在足以引起惊叹。

薛涛纪念馆建于望江楼公园内，位于美丽的锦江[2]之畔，古意盎然的楼阁"望江"而立，在茂密的竹林之间，可以见到三五成群的市民谈笑自若，这里承载着薛涛的故事与其流传至今的风韵。

薛涛（约768—约832），唐代女诗人，字洪度。长安（今陕西省西安市）人。父亲薛郧在四川做官，幼年时薛涛即随父到成都生活。父死家贫，十六岁堕入乐籍，脱籍后终身未嫁。她与当时的著名文人唱和，也与元稹谱写出千古流传的爱情故事和诗歌。

---

[1] 以杜甫草堂为主要拍摄场景的《好雨时节》（中韩合拍电影，许秦豪导演，2009）从不一样的视角展现了杜甫草堂。实际上，对现代韩国人来说，杜甫的诗理解起来有不小的难度，这是因为如今韩国人大多没有机会深入了解汉文学。

[2] 锦江，是成都的母亲河，又称"府南河"。锦江这一名称的由来与织锦有关。据说，古代在这条河的西南岸就有专门制造古代车辆的"车官城"和织造丝绸锦缎的"锦官城"。之后，"锦官城"便被用于代指成都。位于锦江流域的"浣花溪"，是杜甫与薛涛都曾居住过的地方，这里不展开讨论。韩国也有一条江叫作"锦江"，因而"锦江"这个名字使韩国人觉得十分亲切。

唐朝开放的政治环境成就了各种不同的人群，女性的活动在唐朝历史上同样是一个辉煌的存在。唐朝女性除了在政治活动和文学创作方面时常崭露头角，在各种各样优雅时尚的文化活动之中更是从不缺席，这其中自然不能遗漏薛涛。薛涛的故事对于韩国人有着极大的影响，并且在不小的程度上催生了朝鲜女性的觉醒意识和自立心理。也许是因为这位女诗人的非凡文采，韩国人经常将出名的朝鲜女诗人与薛涛进行比较。

（一）"许兰雪轩"与"李玉峰"

过去朝鲜半岛的文人能够熟练掌握唐诗，所以对成都女诗人薛涛并不陌生，他们往往找出朝鲜有名的女诗人与之进行比较。

> 妇人能文者，古有曹大家班姬、薛涛辈，不可殚记，在中朝非奇异之事，而我国则罕见，可谓奇异矣。有文士金诚立妻许氏，即宰相许晔之女，许篈、筠之妹也。篈筠以能诗名，而妹颇胜云。号景樊堂，有文集，时未行于世。如《白玉楼上梁文》，人多传诵，而诗亦绝妙，早死可惜。文士赵瑗妾李氏、宰相郑澈妾柳氏，亦有名。议者或以为，妇人当酒食是议，而休其蚕织，唯事吟哦，非美行也。吾意则服其奇异焉！[1]

这段文字的大意是，在朝鲜，"文士金诚立妻许氏""文士赵瑗妾李氏、宰相郑澈妾柳氏"等与中土的"曹大家班姬[2]、薛涛"一样，以女子的身份显示出了作诗的才能。许多人认为女人作诗是不务正业且违背妇德的，而笔者则只是叹服那些才女之难得。该文章中"宰相许晔之女"，即"许兰雪轩"，可谓朝鲜时期女诗人中最具代表性人物。许氏去世之后，其文集还流

---

[1]（朝鲜）沉守庆：《遣闲杂录》，出自"韩国古典综合DB"网。
[2] 班昭（约49—约120），又名姬，字惠班，班固之妹，14岁嫁同郡曹世叔为妻，故后世亦称"曹大家"。

传到中国和日本，得到这两国不少文人的赞美。[1]"文士赵瑗妾李氏"，即"李玉峰"，是与许兰雪轩同时代的另一名才女，同样善于作诗。朝鲜文人许筠（1569—1618）在《惺所覆瓿稿》中，对许兰雪轩与李玉峰的才能大加赞扬，这两位才女可以说是一代朝鲜女诗人的杰出代表。不过，我们需要知道，在当时的社会风气下，身为人妻的女子的诗词创作与发表会受到莫大的阻力，无论多好的诗，都很忌讳为人所知。在这样一个时代，携着才华降世的许兰雪轩与李玉峰遭遇了更大的孤独与不幸。李玉峰甚至因为一首由于饱含怜悯之情而赋赠他人的诗而接到夫君的一纸休书。

在中国西汉时期，四川才女卓文君通过一首《白头吟》而留住夫君司马相如，而朝鲜的李玉峰却因作诗而遭到抛弃。两相比较，同属儒家文化圈的不同国家，两名才女的结局竟然如此截然不同。[2]

不管怎样，朝鲜的文人酷爱将半岛文坛的女诗人与薛涛一同谈论，究其原因，主要是因为在朝鲜时期薛涛作为唐代诗人已得到广泛认可，且封建的社会环境给了才女们相似的境遇。[3]

（二）薛涛与韩国的歌曲

与薛涛相关且值得一提的是，到了近代，或许因为社会价值观的变化，朝鲜名妓黄真伊代替许兰雪轩和李玉峰两位女诗人，成为可与薛涛进行比较的新的对象。

---

1 许兰雪轩（1563—1589），朝鲜李朝女诗人。本名楚姬，兰雪轩是她的号，又号景樊。许筠整理而编《兰雪轩诗集》。后来她的诗篇流传于中国和日本。许兰雪轩的作品传入中国较早，1598年明朝东援朝鲜时，明人在朝鲜得到她的作品并带回中国刊行。朱之蕃为《兰雪轩集》撰写小引，钱谦益《列朝诗集》、朱彝尊《明诗综》等均选其诗多首。

2 据传，司马相如发迹后，渐渐耽于逸乐，日日周旋在脂粉堆里，直至欲纳茂陵女子为妾。卓文君忍无可忍，作了这首《白头吟》，呈递相如。

3 无论是许兰雪轩还是黄真伊，都作为封建社会中的女性文人度过了不平坦的一生，关于这一问题值得参考的论文有（韩）金甲起《许兰雪轩之文学作品与她的生平》，《东国大学校大学院研究论集》第7卷，1977年；（韩）赵成桓《关于韩国古典文学中的女流作家之研究——以许兰雪轩及她的遗作为中心》，《论文集》第10卷，1976年；（韩）河成兰《关于许兰雪轩与黄真伊作品中的女权主义意识的研究》，《江南语文》第9卷，1996年等。以上三篇论文均可见于韩国教育学术情报院网。

黄真伊，朝鲜中宗（1506—1544在位）时期妓女，才色兼备，因诗才卓越而和当时一流文人学者等交游，其作品流传至今的有汉诗四首和时调（韩文律诗）六首。除了较为知名的与苏世让的恋情之外，她与其他人物也多有浪漫逸事。黄真伊生活的时代虽然比薛涛晚了七百年，但她们身上有着诸多共同点，比如她们都以仕门出身而成为妓女，都有着出众的才华并交游了许多文坛人物，都留下了经典的爱情故事及凄美动人的情诗等。

韩国李延植（Lee Jeongsik）的《黄真伊之梦》对此进行了研究。在这篇文章中，作者通过介绍改编自《春望词》与《相思梦》的韩国歌曲，对原作者薛涛与黄真伊进行了比较，并揭示了薛涛和黄真伊两位女诗人的诗都被改编为韩国歌曲的事实。[1]

我们先看薛涛的《春望词》是如何被改编为韩国歌曲的。这首诗相传为薛涛思念离去的元稹[2]而作，经过韩国近代诗人金亿的韩译，最终成为韩国歌曲《同心草》，其曲由作曲家金圣泰[3]谱写。"歌曲"指韩国现代声乐曲，19世纪末20世纪初朝鲜半岛人民开始接触西方文化，音乐家借用西方音乐原理创作韩国歌曲。来源于民谣、诗歌等的歌曲，渐渐受到人们的欢迎。与之相关且值得注意的是，当时韩国诗坛正致力于文字上的革命，要远离汉字和韩文古语，即推行"韩文白话"运动。韩国古诗和中国古诗也和其他海外诗歌一样，因被翻译成"韩文白话"而得到重新普及。在这种运动的催动下，诗歌的表现变得更有张力，也更符合韩国国民的情绪。而诗的翻译，在很大程度上促进了古诗的普及与传播。歌曲《同心草》之所以诞生，正是以这种文坛的新气象为其背景的。

一首古诗能否准确地与另一种语言嫁接，在很大程度上取决于翻译者的

1　本文对唐代薛涛和朝鲜黄真伊两人之间共同点的叙述较多地参考引用了韩国李延植（Lee Jeongsik）《歌曲之诞生》一文，萤烛出版社，2017年；亦见于《世宗经济报》2015年11月28日，2015年11月29日。
2　元稹（779—831），字微之，别字咸明，河南府东都洛阳人，唐朝著名诗人、文学家。
3　金圣泰（1910—2012），作曲家，为韩国现代音乐做出了杰出贡献。在他的歌曲《同心草》之后出现了一些同名的影视作品，如电视剧《同心草》（1958）、电影《同心草》（1967）等，歌曲《同心草》被选为同名电影的主题曲从而再一次受到大众的关注。

感受能力。《春望词》原诗的内涵被金亿先生[1]很好地保留并传达给了韩国民众。

黄真伊有汉诗《相思梦》:"相思相见只凭梦,侬访欢时欢访侬。愿使遥辽他夜梦,一时同作路中逢。"由黄真伊《相思梦》改编而来的歌曲《梦》,在歌曲《同心草》发表四年后诞生,有趣的是其韩译者与谱曲者同样是金亿与金圣泰,而且这两首歌曲都成为大受欢迎的韩国经典歌曲。

妓生的身份虽然使得黄真伊在男女有别的朝鲜社会可以获得相对的自由,但这也成为黄真伊始终无法突破的世俗枷锁。她纵然表现出了卓绝的才华,留下了优美的诗句,但是朝鲜文人们的眼光终究更多地停留于她身为妓生的事实上:黄真伊死后,有一位文人[2]在她的墓前作诗凭吊,却被朝廷儒臣议论,最终被免职。

与此相比,薛涛在中国显然受到了更大的尊重。韦皋甚至打算授予她"女校书"的官职,此事虽然没有实现,但如今在薛涛墓碑上,人们依然可以看到"女校书"的字样。[3]而且,这样的故事似乎只能发生在相对比较开明的中国。在朝鲜文人的记载中也可以找到关于薛涛被授职的文字:"女校书。唐薛涛。女进士。"[4]其意思是,在中国唐朝一位名叫薛涛的女性获得了女校书的官职,职位相当于朝鲜的进士。

虽然同样处于封建社会,中国与韩国之间在文化运行模式方面却存在诸多不同。朝鲜的许兰雪轩曾叹恨自己生为女儿身,因为封建体制在国土较小的半岛发展得更加封闭,人民受迫于更多、更严格的条规约束,相对弱势的女性为此承受了更大的痛苦。

---

1 金亿(1896—?),号岸曙,在韩国文学史上占有重要地位,是现代诗萌芽期代表诗人之一,开创传承传统民歌的现代诗歌,对当代诗歌的发展产生了很大影响。
2 林悌(1549—1587),朝鲜的名文章家,在赴任平安道官吏的途中顺路拜访黄真伊之墓,并作诗一首,后因此事被罢免职务。
3 薛涛被韦皋重用,韦皋将她视作"女校书",这官职实虚名却不胫而走。大和六年(832)薛涛去世,第二年,曾任宰相的段文昌为她亲手题写了墓志铭,墓碑上写着"西川女校书薛涛洪度之墓"。
4 (朝鲜)李圭景:《五洲衍文长笺散稿·人事篇》之《官职·女子官爵辨证说》,出自"韩国古典综合DB"网。

总之,黄真伊作为历史人物,在韩国人的认知中具有相当高的地位。[1]她是封建体制中为数不多的能够主宰自己命运的女性代表,具有超前的思想与极高的艺术造诣,因而得到韩国人民很高的评价。薛涛以可与之比肩的形象出现在韩国现代文人和读者眼中,可以说是韩国文坛对其的厚遇,事实上也促成了对于薛涛的活动地域——成都的间接宣传。

(三)"薛涛笺"的声名

除其本人之文采风流之外,薛涛亲手制作的"薛涛笺"[2]更是助长了其名声的传扬。当风雅的诗作用娟秀的书体誊写于时尚精美的"薛涛笺"上时,情感的流露也就借助这种模式得以跨越时空。

或许通过薛涛的诗歌和薛涛笺,朝鲜文人多少能了解天府之国本有的高雅情趣了。纸是文人不可缺少的文房四友之一,薛涛制出"薛涛笺"的事迹,使得她在韩国文人当中也颇负盛名。在朝鲜的文献中也可以看到关于"薛涛笺"的记载,如柳长源《常变通考》卷二十九:"蜀妓薛涛,好制小诗,惜纸幅大,狭小之,谓之薛涛笺。笺纸,盖谓小幅纸也。"[3]可知,朝鲜文人对"薛涛笺"十分感兴趣。《赋新笺呈竹里直学士》云:"芝兰杂佩意怜渠,蛮纸匀柔老茧如。界栏塌得裁新样,不数成都薛校书。"[4]我们还可以注意到,这首诗用"薛校书"的官名指代了薛涛。作者赞扬朝鲜生产的新版纸张,并感叹不输所谓的"薛校书"所制的薛涛笺。

相传,薛涛笺曾是薛涛致信元稹的传情之物,她曾在笺上写下闺怨诗赠予远在千里之外的元稹。元稹是一个充满传奇色彩的才子,其跌宕的人生曾经促成了中国历史上最有名的戏剧之一《莺莺传》的诞生,陈寅恪与鲁迅先生曾经明确指出《莺莺传》就是元稹自己的亲身经历。元稹的诸多故事流传

---

1 黄真伊在生前就颇具声名,而黄真伊的艺术在近代才开始受到越来越多的关注。在现代,黄真伊的艺术与生前逸事,不断通过各种作品得到介绍。而在研究领域,也有剖析其文学世界、女性观念等诸多方面的文章问世。
2 "薛涛笺",薛涛设计的笺纸,是一种便于写诗,长宽适度的笺。此笺原为诗笺,用作写诗,后来逐渐用作写信。
3 (朝鲜)柳长源(1724—1796),该文出自"韩国古典综合DB"网。
4 (朝鲜)徐荣辅(1759—1816):《竹石馆遗集》,出自"韩国古典综合DB"网。竹里,金履乔(1764—1832)之号。

到韩国，逐渐发展成为一些著名典故，被一些朝鲜文学作品引用。比如朝鲜后期的书画家金正喜写的《送心湖丈人游关西》："谢傅伤情日，江郎作赋年。梅花淡如梦，旧雨空怅然。遥忆秦楼月，箫声咽海天。君去即欢乐，吾辈还自怜。努力爱岁华，分寄薛涛笺。"[1] 这里"分寄薛涛笺"是嘱咐离去的朋友即使身在远方也勿断了联系，正是借薛涛通过薛涛笺向元稹传达思念之情的典故。

五、爱情，那永恒不变的传说——文君与相如

成都市区有一处胜景——琴台路，相传司马相如与卓文君曾在这里当垆卖酒，如今这条街已成为纪念这段西汉时期著名爱情故事的著名景点。[2]

卓文君，西汉时期蜀郡临邛人，即今日成都市邛崃市人。她与汉代著名文人司马相如的一段爱情佳话至今被人津津乐道。我们在《史记》《西京杂记》等作品中可以读到他们的爱情故事以及诗作。

在封建社会，婚姻皆需"父母之命，媒妁之言"，在韩国——尤其是朝鲜时期（1392—1910），情况似乎相同。身为寡妇的卓文君与司马相如私订终身，结伴私奔一事，在当时的社会应该也是难以得到理解的。

但是，就算儒家伦理使得社会高度僵滞，朝鲜文人们也不可能对连《史记》都有所记载的爱情故事浑然不知，只是因为自由恋爱本身，尤其对于女性而言，是一项禁忌，因而士大夫和知识分子都尽量不去谈论它。[3]

"长卿去蜀曾题柱，邹子游梁得曳裾"[4] 这一句诗表达了封建社会男性的抱负，也提到了"长卿"——司马相如，借用了司马相如立志求取功名，最

---

1 （朝鲜）金正喜（1786—1856）：《阮堂全集》卷九《送心湖丈人游关西》，出自"韩国古典综合DB"网。
2 有一点不容忽视，即对于司马相如的生平，韩国文人所注重的并不是他的情感生活，而是他的文学成就和立身扬名的一面。
3 司马迁《史记》卷一百一十七《司马相如列传第五十七》中有关于司马相如的详尽记载。司马相如（前179—前117），汉武帝时代的大文学家，字长卿，他在赋方面的成就成为汉魏六朝文人学习的典范，代表作有《子虚赋》《上林赋》《长门赋》等作品。自古以来，司马相如与卓文君自由恋爱的故事流传甚广。
4 （高丽）李齐贤（1287—1367）：《感怀》，出自"韩国古典综合DB"网。司马相如离开蜀都时，在升仙桥的桥柱上写下"不乘赤车驷马，不过汝下也"之句，后成为典故，有成语曰"相如题柱"。

终实现"相如题柱"之志的典故。又如,"世无相如才,谁令复旧好"[1],意思是没有相如一般的才情,怎么才能挽回旧欢的心?

从上述朝鲜文人的诗句可以看到司马相如在情场上的春风得意与仕途上的功成名就,其以大作家的名声吸引了朝鲜文人的广泛关注。对于当时的男性知识分子而言,能得到皇帝重用从而立身扬名,是自身学识的最好归处。司马相如也为了这样的理想而离开了爱妻卓文君,到了皇帝所在的都城,并最终如愿得到皇帝的重用。但是与卓文君阔别已久的相如,不觉起了纳妾的念头,并写信向卓文君告知此事。卓文君故而写下著名的《白头吟》回复相如。相如接信之后,惭愧不已,从此断了此念头,与卓文君白头偕老。而文君诗中"愿得一心人,白头不相离"堪称经典佳句。[2]总之,这对夫妻最终过上了白头偕老的生活。爱情是长久还是无常,历史没有告诉我们答案,但是"白头偕老"的结局,相信在任何一种文化中,都是有情人最好的归宿。

韩国人普遍感到,在成都女性的身上,温婉柔情与热情奔放并存,成为中国独具特色的文化现象。或许这种现象出现的根源并非受外来文化的熏陶,从历史上看,却应是成都文化的内在本性。流传千古的文君的爱情故事就是强盛的西汉时期最著名的传说,可作为了解古代中国女性爱情观的极佳素材。在一定程度上而言,文君的故事就是中国女权主义的雏形,追求自由人生,造就辉煌爱情,是中国女性摆脱社会束缚的缩影。

如果视野更为宽阔一点,我们可以看出,如中国的《白蛇传》、英国的《罗密欧与朱丽叶》以及韩国的《春香传》等各国著名爱情故事,大抵虚构的成分较多,但是卓文君的故事却不然,她与相如的爱恋是从两千年前传下来的真实故事。

六、简短的结论

天府成都的精神特质在于,各种各样的历史情感都在同一个城市得到沉淀,人们在这里总是能够找到可以寄托个人情感的象征。在一系列的文化景

---

[1] (高丽)李谷(1298—1351):《妾薄命用太白韵二首》,出自"韩国古典综合DB"网。
[2] 关于《白头吟》,有些人还认为这不是汉代才女卓文君所作,其作者还存有较大争议。

观之中,天府成都为前来观光的具有不同心理特质的旅客提供了不同类型的文化载体,人们总是能够在这里找到相应的心灵家园。成都的"优雅时尚"之所以代表了天府文化的当代价值,就在于它为人们提供了舒适的心灵栖息地,使之可以借助历史的力量摆脱工业化时代给人们带来的疲惫感和孤独感。

在成都的系列旅游景点中,既有像杜甫草堂或武侯祠那样具有厚重历史感的代表,也有像望江楼或琴台路一样默默为天府成都的人文气息增添色彩的地点。成都更是孕育出了如薛涛、卓文君等坚毅美好、才华横溢的优秀女性,她们展现了成都女性的气质,集温婉柔情与热情奔放于一身,成为成都独具魅力的名片。从现代韩国人的角度而言,出于对美好爱情的景仰,他们对望江楼、琴台路寄予了更高的期待。汉唐的浪漫故事历经千余年的流传,时至今日,则主要呈现于成都的旅游景点之中,诉说着天府成都的优雅与时尚。如若将关于才女、爱情、艺术的共同主题串联为一体,继续予以开发建设,又必将成为成都旅游的另一道风景线,而天府成都给外来游客留下的文化印象也可能因此变得更加丰满和多元。

后 记

殚精竭虑、夙兴夜寐三个月,"优雅时尚卷"总算付梓,天府文化研究院编辑部的诸位同仁终于可以稍事休息了。

天府文化博大精深,其流风雅韵,滥觞于大禹疏河通海的伟力,形诸《山海经》《蜀王本纪》的浪漫,奠基于李冰治水、文翁兴学的沃土,鼎盛于两汉唐宋的锦绣华章,回暖于蜀王朱椿和状元杨慎的文苑英华,扬名于尊经书院、锦江书院和华西坝的济济多士,激荡于现代化、全球化的迅雷疾电。金沙遗址出土之精美绝俗的太阳神鸟金箔,彰显了其至少绵延三千年以上的悠久历史。巴蜀流风雅韵化为寓于城乡人文样态和生产生活方式中的优雅时尚风情,成为人类城市文明中的绚丽奇葩。它既有中华轴心文明的礼仪之大、服章之美,也有异域文明与本土文明的交汇融合而形成的绰约风姿、优美格调。几千年来,这里的人民在和平年代则是国家物质文明和精神文明的拓荒者和建设者,在战乱年代则是国家平息内忧外患、复兴统一的奠基者和拥戴者。数十个世纪,这里的父老守护着、陶醉于中国后花园的雪域冰川、青山绿水,坚持着天人合一、身心自由的人文禀赋,孕育出"优越秀冠"的农耕文明、张弛有道的工商文化、自然天成的城市后现代气质。这座城市,河渠纵横,森林环抱,园圃棋布,鲜花簇拥,笙歌萦绕,美酒熏染,佳肴相伴,书香飘逸。它的子民,或负耒横经,耕读传家,以养子孙,以终天年,以兴桑梓;或乐于琴棋书画、诗词歌赋,诗意栖居,快意行走,平等交往,从容创造,幸福指数焉能不高?它的魅力何止于"一座来了就不想离开的城市"!我和我的同仁们,就是基于这样

的一份认识和情愫,从事天府文化优雅时尚特质的研究工作和组稿编辑工作,岂不快哉!

与"创新创造"相比,"优雅时尚"的研究、阐释相对不易,因为它的理论与实际可涉猎的范围相对较窄。此外,就对优雅、时尚二词内涵的理解、把握、运用而言,其不确定性、发散性更大,学者更难以把握研究方向和重点。所以在前期酝酿的基础上,2017年1月3日,天府文化研究院召开了本卷选题和内容设计的专题研讨会。市委宣传部副部长母涛、理论教育(党员教育)处处长李刚,成都大学党委书记罗波、副书记宋辉莅临会议并给以建言。天府文化研究院学术委员会成员舒大刚、蔡方鹿、陈廷湘、段玉明、彭邦本、谢元鲁、王川、王毅、谢幼田、潘殊闲、粟品孝、王苹、刘兴全、汪启明、谭平,以及客座教授徐学初等专家学者出席会议,高见绕梁,宏识盈耳。谭继和先生因事不能莅临,但专门赐稿表达了精见卓识。以此次会议为契机,研究院迅速确立了基本选题,并向七十多位专家学者发出了约稿函,尽可能保证了研究方向的相对集中和稿件质量。

由于本卷不局限于求真的学术演绎,也运用艺术眼光进行审美,肌理相生,血肉相连,所以,在得到市委宣传部关心、协调的背景下,市文联对本卷的撰写给予了鼎力支持——七位艺术家受邀辛勤笔耕,给本卷提供了他们的深刻思考。梁平主席对此事高度重视,积极玉成。

谨此代表研究院对市委宣传部领导、市文联领导、成都大学校领导表达敬意与感激,向百忙之中为本卷赐予高质量稿件的所有学者表达敬意与感激,向参与本项工作的研究院同仁表达敬意与感激。

居里夫人说过:"科学的探讨和研究,其本身就含有至美,其本身给人的愉快就是酬报。"真正的学术耕耘,的确是痛并快乐着,惟其如此,方能达到太史公"究天人之际,通古今之变,成一家之言"之境界。愿这部论文集,能帮助读者登堂入室,领略天府文化优雅时尚的丰富内涵,助推成都最终成为魅力独具、活力四射的优雅之城、时尚之都。

天府文化研究院院长　谭平
2018.3.20

责任编辑:舒　星
责任校对:刘慧敏
封面设计:格尚广告
责任印制:王　炜

图书在版编目(CIP)数据

天府文化研究. 优雅时尚卷 / 天府文化研究院主编.
—成都：四川大学出版社，2018.6
ISBN 978-7-5690-1866-0

Ⅰ.①天…　Ⅱ.①天…　Ⅲ.①文化发展-成都-文集
Ⅳ.①G127.711-53

中国版本图书馆 CIP 数据核字（2018）第 112061 号

书名	天府文化研究（优雅时尚卷）
	TIANFU WENHUA YANJIU（YOUYA SHISHANG JUAN）

主　编	天府文化研究院
出　版	四川大学出版社
地　址	成都市一环路南一段24号（610065）
发　行	四川大学出版社
书　号	ISBN 978-7-5690-1866-0
印　刷	成都金龙印务有限责任公司
成品尺寸	164 mm×240 mm
插　页	1
印　张	29
字　数	496 千字
版　次	2018 年 7 月第 1 版
印　次	2018 年 7 月第 1 次印刷
定　价	98.00 元

◆ 读者邮购本书，请与本社发行科联系。
电话:(028)85408408/(028)85401670/
(028)85408023　邮政编码:610065
◆ 本社图书如有印装质量问题，请
寄回出版社调换。
◆ 网址:http://www.scupress.net

■ 版权所有◆侵权必究